福建省公路工程
水灾害防治技术

福建省公路管理局
福州大学
编著

人民交通出版社
China Communications Press

内 容 提 要

本书结合工程实例，系统介绍了公路路基、路面、桥涵、隧道等公路工程水灾害形态、成因与防治技术，并简要介绍了公路工程水灾害抢修与恢复原则。本书介绍的大部分内容为福建省公路管理部门近年来在该领域的研究成果和具体工程实践，附录还提供了部分设计图例。该书理论与实践相结合，实用性和示范性较强。

本书可供从事公路工程养护和管理工作的技术人员参考，也可供相关设计及施工技术人员等学习参考。

图书在版编目(CIP)数据

福建省公路工程水灾害防治技术 / 福建省公路管理局，福州大学编著. — 北京 ：人民交通出版社，2014.4

ISBN 978-7-114-11361-1

Ⅰ. ①福… Ⅱ. ①福…②福… Ⅲ. ①道路工程－水灾－灾害防治 Ⅳ. ①U418.5

中国版本图书馆 CIP 数据核字(2014)第 073883 号

书　　名：福建省公路工程水灾害防治技术
著 作 者：福建省公路管理局　福州大学
责任编辑：王文华(125976580@qq.com)
出版发行：人民交通出版社
地　　址：(100011)北京市朝阳区安定门外外馆斜街 3 号
网　　址：http://www.ccpress.com.cn
销售电话：(010)59757973
总 经 销：人民交通出版社发行部
经　　销：各地新华书店
印　　刷：中国电影出版社印刷厂
开　　本：787×1092　1/16
印　　张：18
字　　数：416 千
版　　次：2014 年 4 月　第 1 版
印　　次：2014 年 4 月　第 1 次印刷
书　　号：ISBN 978-7-114-11361-1
定　　价：52.00 元
(有印刷、装订质量问题的图书由本社负责调换)

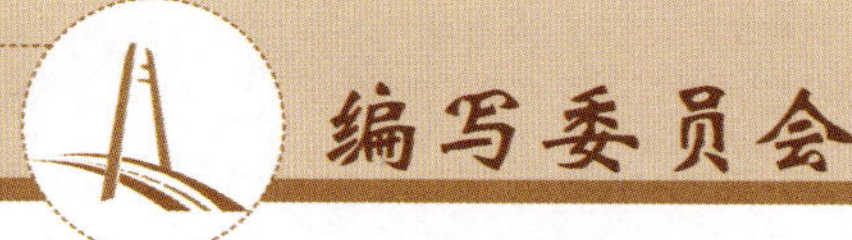

编写委员会

主　　　　编：王增贤

副　主　编：卓卫东　叶岩邦　林国仁

主要编写人员：杨肩宇　苏　燕　郑瑞清　方德铭
杨木森　上官萍　李正平　吴　斌
彭旭青　张继林　刘祖希　颜全哲

前言

福建省地处东南沿海，三面环山，一面临海，丘陵延绵，水系发达，是典型的丘陵山区地貌，属亚热带气候，台风多，汛期长、雨水充沛，年平均降雨量达1 500～2 000mm，每年3～6月为雨季，7～9月常遭台风袭击，导致公路水毁灾害频繁发生，损失严重。

为提高福建省公路工程水灾害防治的技术水平，降低公路水毁灾害损失，保证公路安全和正常使用，福建省普通公路于2006年开始实施水灾害防治工程，按照"安全、耐久、节约、和谐"的原则，贯彻"预防为主、防治结合、因地制宜、综合治理"的方针，对公路工程水灾害采取综合措施进行整治。近几年来结合公路工程水灾害防治，开展了"福建省灾害防治试点工程研究"、"福建省普通公路水灾害防治总体规划"、"福建省普通公路灾害防治工程总结"、"福建省普通公路水灾害防治工程技术指南"等课题，取得了显著成效。为系统总结福建省近年来在公路工程水灾害防治方面的研究成果和具体工程实践，由福建省公路管理局和福州大学的相关人员组成编写组，在认真总结国内外公路工程水灾害防治技术研究及工程应用的基础上，结合福建省实践，完成了本书的编写工作。

本书共计8章和7个附录。第1章主要概述了公路工程水灾害问题、致灾因子及总体防治原则与技术；第2～7章结合福建省工程实例，介绍了公路路基、路面、桥涵、隧道等公路工程的水灾害形态、成因及相应的防治技术;第8章简要介绍了福建省公路工程水灾害抢修与恢复原则。本书附录为资料性附录,主要收集整理了边沟断面、喷锚网、护面墙、客土喷播、三维网防护、骨架植物等设计图例。本书注重理论与实践相结合,实用性和示范性较强。

在本书编写过程中,得到了全省各市公路局的大力支持和帮助。书中图片大部分来自福建省内公路水灾害的调查及公路工程水灾害防治实践,编写委员会在此特向提供资料的单位和个人表示诚挚的谢意!

本书的很多观点和理解仅限于编者当前的认识和水平,未必成熟。限于编者的能力及水平,书中难免有疏漏或者不当之处,恳请同行和读者批评指正。

编者
2013年12月

目　录

第 1 章　概　述

1.1　公路工程水灾害问题

改革开放以来，国家和地方政府为了加快地方经济的发展，投入了大量的资金进行公路基础设施的建设。然而，由于一般公路工程设计等级与建设标准较低，加上养护管理部门长期投资较小，维护费用不足，重视程度不够等原因，造成了我国许多地区的公路工程建成后水灾害问题较多；特别是山区公路，由于公路边坡较陡，地质复杂，稳定性差，且缺少必要的防护，水灾害问题尤为严重。

公路工程水灾害是指公路沿线的工程设施由于受到水的作用而遭受损坏的现象与过程。公路工程水灾害问题是我国各地共同存在的一个普遍问题，属于一种常见的自然灾害。它不仅会对交通基础设施造成严重破坏，而且直接影响到交通运输的安全与畅通，制约当地的经济发展；尤其是山区道路，每年都有公路工程水灾害现象发生，轻者路基路面损坏、影响公路通行能力，重者桥梁冲毁、中断交通，由此造成的损失相当严重。

多年来，公路和桥梁的水灾害及由于水的作用而引发的地质灾害（滑坡、塌方、泥石流）一直都是我国公路工程最大的自然灾害；其中，遭受水灾害较为严重的省份（自治区）包括西藏、湖北、浙江、福建、安徽、湖南、广东和江西等。以福建省为例，由于福建省地处亚热带，全境多山，台风多，雨水充沛，年平均降雨量达 1 500 ~ 2 000mm，每年 3 ~ 6 月为雨季，7 ~ 9 月常遭台风袭击，引起山洪暴发，公路工程都要遭到不同程度的损坏，给山区经济建设和人民群众的生命财产造成了巨大的损失。早在民国时期，就曾发生过几十次严重的水灾害。近几年来，公路工程水灾害仍频繁发生。例如，2005 年 5 ~ 6 月持续的强降雨诱发了福建省多地山体滑坡和泥石流地质灾害，造成许多山区公路路基坍塌、边坡溜方、桥涵冲毁等损坏，全省公路水灾害损失达 14.9 亿元；2007 年 6 月持续强降雨导致福建省龙岩市新罗辖区岩山公路、白沙水库环库公路等主要县道山体滑坡、溜塌方 154 处、14.2 万 m^3，冲毁路基 0.32km、路面 6.1km；2008 年 7 月，由于台风“凤凰”带来的较强暴雨影响，福建省部分公路出现桥涵和路基坍塌、边坡溜方等水毁灾情，造成公路水灾害损失约 2 亿元；2009 年受第 8 号台风“莫拉克”影响，福建省宁德市专养公路严重受损，1 条国道、6 条省道和 15 条县乡道不同程度受灾，累计冲毁路基 12 740m^3，溜塌方 537 处、205 320m^3，冲毁路面 46.3km、267 976m^3，涵洞局部损毁 237 道，全毁 5 道，堵车路段 36 处。

据统计，我国近几年来每年公路工程水灾害的直接经济损失高达几十亿元，甚至上百亿元，而且呈逐年上升的趋势，其中公路边坡水毁损失占很大比重。山区公路在雨后出现堵塞，往往就是由于降雨导致边坡失稳，进而发生路基水毁而造成的。统计数据表明，我国山区公路受水灾害的威胁是十分严重的，水的作用是导致山区公路路基、路面、边坡、桥涵等公路工程破坏的一个重要因素。因此，公路工程的水灾害问题已经引起了各级政府和公路科技工作者的广泛关注和重视。

1.2　公路工程水灾害致灾因子

总结历年来我国公路工程遭受水灾害的原因，可以把主要致灾因子归结为复杂的水文地质条件、台风暴雨气候、排水系统不完善和防护设施不完善四个方面。

1.2.1　复杂的水文地质条件

我国山区公路里程长，水文地质条件复杂，气候多变。山区山峦起伏，河流、沟壑纵横，地貌变化多端，与平原地区相比，汇流时间短，流速快；在降水丰富的月份和年份，瞬间水流冲刷对公路路面、构造物及沿线设施的冲击力量大，破坏严重；部分地区，尤其是山岭重丘区，在雨季降水量突增时，甚至会引发洪水和泥石流，泥沙在洪水的席卷下，具有不可阻挡的破坏力。

山区公路受灾路线常与河道并行，一面依山，一面傍水。由于许多山区公路的路基是半填半挖或全部为填方筑成，因此，当路基因洪水顶冲与淘刷发生坍塌破坏时，便会出现许多缺口和坍塌半个以上路基，继而造成阻断交通的重大影响。

如果山区公路地下水较丰富，会使土基及基层强度下降，在雨季期间，容易造成路基发软下沉，致使行车不畅。某些地区自然环境植被破坏严重，在地面径流冲击下，水土流失，导致边坡过度冲刷，引发塌方。

1.2.2　台风暴雨气候

台风期或雨季连降暴雨，会使山上植被覆盖层全部处于饱和状态，增加了覆盖层的下滑重量。由于雨水渗入，使覆盖层与山体岩层的黏结面摩擦力减小，部分覆盖层失稳，致使深挖路段边坡滑塌。

还有部分路段的塌方是因人工开挖取土不当引起的，在雨水较多的情况下，大量雨水渗入土体，破坏了颗粒间的黏聚力，增加土体重量而塌方。此外，路基改造过程中实施大爆破产生的震动会使下伏岩层产生裂缝，如果之后未采取任何的防护措施，当雨水渗入岩层裂缝中，下伏岩层有可能失稳，从而引起路段的塌方。

1.2.3　排水系统不完善

每年雨季山区公路因水灾害造成的大量交通中断事件主要是因公路排水系统不完善所致。我国不少山区公路排水设施先天不足，排水能力达不到要求，加上养护中对排水系统的养护不及时、不全面，造成个别道路的桥涵淤塞，边沟排水不畅，当突然出现大流量降雨时，由于排水系统障碍，形成雨水溢出排水构造物，冲刷路基，漫向路面，造成水灾害损失。当洪水位骤降时，在路基边坡内就会形成自路基向河道的反向渗流，产生渗透水压力和孔隙水压力，严重时会造成边坡失稳，从而形成不同程度的坍塌。

1.2.4　防护措施不到位

常见的防护措施不到位的情况包括：

（1）在路基上侧山坡有不稳定的坡积地段，但未设置山坡挡土墙或设置方式不合理；

（2）对汇水面积和降雨都较大的路堑上方山坡未设置截水沟，也未进行植物防护；

（3）对路基附近的滑坡体未采取处治措施，或处治措施不当、不力等；

（4）对有可能发生泥石流的地段，或有过泥石流发生历史的地段，未采取拦挡、导流等措施；

（5）在公路改建或改建（增建）涵洞时，涵洞的位置和类型设置不合适，从而对雨季期间公路的正常养护造成了很大的水灾害隐患。

1.3 公路工程水灾害防治原则及技术

公路工程水灾害问题涉及公路建筑物、水文、地质等多个学科，是一个复杂的系统工程。在规划建设水灾害防治工程时，应运用多学科理论和方法，结合实体工程，从孕灾成灾环境要素、致灾因子活动要素、承灾体特征要素、破坏损失要素、防治工程要素等多方面研究出发，准确把握暴雨洪水致灾运动的规律性和确定公路工程防洪灾的主要因素，努力减少超出设计标准、不可抵抗的水灾害给社会经济和环境带来的破坏与损害，提高防治工程的有效性与减灾效益。

由于我国地区经济发展不平衡，各地公路工程的水灾害防治工作应根据当地现有的技术条件、经济发展水平和地形地貌情况，合理选择水灾害防治措施，坚持采取切实管用的措施加强防护；同时，应坚持水灾害发生后及时进行治理修复。

1.3.1 公路工程水灾害防治原则及技术对策

1）公路工程水灾害防治原则

公路工程水灾害防治应遵循“安全、耐久、节约、和谐”的原则，贯彻“预防为主、防治结合、因地制宜、综合治理”的方针，对公路工程水灾害采取综合措施进行整治，鼓励技术创新和采用经过论证的新技术、新材料和新工艺。

在具体实施水灾害防治工程时，应对公路进行详细踏勘，在不破坏现有公路设施，不增加上、下边坡不稳定因素的前提下，因地制宜，灵活多样，通过完善路基边坡的圬工支挡与植物防护，增设路基与桥涵调治构造物，提升公路设施的抗灾和抗毁能力，减少公路工程的水灾害损失。

2）公路工程水灾害防治方案

在分析所收集的公路工程发生水灾害的相关数据后，可针对水灾害隐患的大小和治理方案的难易程度，将水灾害防治工程分为如下两个阶段：

（1）第一阶段主要治理对象为公路沿线的排水系统缺陷；

（2）第二阶段治理对象则以公路上、下边坡和路基、桥涵、隧道水病害隐患为主。

在掌握各种防治措施的适用条件、防护对象和作用机理后，可以根据公路工程水灾害的形态和原因来选用相应的防治措施，根据实际发生灾害的对象、类型和成因机理，并结合当地工程地质条件和各类防治措施的适用条件，制订一个科学合理、针对性强的有效防治方案，从而实现对公路工程水灾害的根本治理。

在选择各种防治措施、制订防护方案时，尤其应注意将各种工程防护措施与生物防护、生态环境建设与保护紧密结合起来。通过采用工程防护和生物防护相结合的综合防护措施，不仅能有效发挥工程措施的水灾害防护作用，而且还可减少公路建设对环境和生态的破坏，有利于环境保护、生态平衡和社会综合经济效益的提高。在实际工程中采用综合防护措施，可使公路与周围环境、景观融为一体，使公路通过区域的生态保持平衡，从而达到真正的防灾减灾的目的。

由于公路工程水灾害成因复杂，影响因素多，防治工程技术难度大，因此，应根据调查摸底结果和公路工程的规模、复杂程度等，针对影响公路设施安全的主要灾害，采取“预防为主、防治结合”的综合治理措施，按照有关标准、规范，本着“安全、经济、环保、和谐”的勘察设计理念，以适当整治、综合治理、节约资源、保护环境、经济实用的实施原则，对公路工程进行详细设计，并对设计方案作充分论证。

3）公路工程水灾害防治技术对策

不同公路设施（路基、桥梁和涵洞等）发生水灾害的形态和原因各不相同，因此，在对其进行防护和治理时，需要针对不同的设施采用相应的防治措施。选用防治措施前，必须充分了解水流与公路设施之间的作用形式、发生水灾害的形态及其原因，在熟悉各种措施防治机理、适用条件的基础上，才能有的放矢，采取相对应的防治措施，从而达到根治水灾害的目的。表 1-1 列出了公路工程常见的一些水灾害类型及其防治对策。

公路工程常见水灾害类型和防治对策 表 1-1

水灾害类型	防治对策
河湾凹岸、游荡水流逼岸和对岸挑流冲刷	峡谷河湾采用挡土墙、砌石护坡配合护坦防护；开阔游荡性河段采用护坡配合护坦、顺坝及漫水短丁坝防护
峡谷和压缩河道的急流冲刷	采用挡土墙、护坡配合护坦等岸坡直接防护为宜，不应用丁坝挤压水流，以免引起对岸垮塌形成挑流，加重本岸冲刷。冲刷深度按一般冲刷计算，但要注意对岸挑流或其他水流作用
淹没和冲蚀	提高公路高程或扩大过流断面、完善排水设施。提高公路高程有困难时，要硬化路肩或修建防水墙
桥梁墩台及引道冲刷	设置适当的调治导流和防护工程
壅水过高或漂浮物堵塞、摧毁桥梁	重建桥梁，加大过流净空
行洪条件恶化造成桥梁基础和路基冲刷	加强河道协调管理，加固地基和基础，并采用护坦或沉排等防冲刷措施
涵洞冲毁或堵塞及由此引起路基冲断	处理好涵洞的位置、进出口与相关排水设施的关系，清除淤积堵塞、加固涵洞或扩大过流净空

公路工程水灾害防治要注意做好以下几个方面的工作。

（1）重视综合排水设计

在干线公路的局部改造（改善）中要重视综合排水设计，提高改造（改善）段的抗洪能力。尤其在公路改造工程中，要把综合排水设计放在第一位，线形选择上尽量避开可能发生泥石流等地质灾害的不良地质路段；公路桥涵的跨径布置应满足设计洪水频率要求，尽量做到设计全面，适度超前，以提高公路的抗洪能力，为正常养护提供良好的条件。

（2）完善排水设施

在公路养护和水毁工程修复工作中，要有计划地增加投入，逐步改造、提高、完善公路排水设施，确保公路排水畅通，路面完好，行车安全，为本地区的经济发展提供稳定、畅通的公路运输环境。

（3）坚持日常养护

日常养护主要通过春、夏、秋、冬不同的季节性养护，达到排水系统的畅通无阻，尤其是春季养护和夏季的汛期检查。春季养护是对排水系统的修复、完善、疏通，达到排水系统的完好；夏季的汛期检查是对排水系统基础、外观、使用质量等的检查，对存在的问题及时进行修复或处理，以确保各种排水设施在汛期完好，功能正常。

（4）坚持汛期巡路制

汛期开展雨中查路，特别是在较强的雨期，意义非常重大。雨中查路，可以及时发现小型水灾害隐患，能够做到及时处理，防止水灾害的扩大，为抢修争取时间，从而大大减少公路水灾害损失。

总之，通过对公路工程水灾害的分析，建立公路工程水灾害防御系统，制订相应的防护对策，使公路工程排水设施完好，功能正常，在汛期抗洪能力得到提高，从而确保公路安全畅通，为社会提供良好的公路行车条件。

1.3.2 水灾害防治工程基础资料

在对公路工程水灾害采取预防措施和进行治理时，基础资料的准确与全面对最终设计方案的形成、实施效果的优劣都有着重要的影响。因此，在实施水灾害防治工程之前，应充分收集、掌握工程区域的设计基础资料，特别是水文、河道地形和河床地质资料。水灾害防治工程的基础资料包括以下几个方面。

1）公路总体设计资料

水灾害防治工程属于公路工程项目的组成部分。为满足工程项目的总体要求及与路基连接、调治水流结构、防渗排水等各项要求，需要收集与公路总体设计有关的下述资料：

（1）公路等级及设计标准；

（2）公路平、纵断面布置图；

（3）公路在施工期以及正常运营时河道的各种水位。

2）水文气候资料

需要收集的水文资料如下：

（1）地面水和地下水。对地下水应了解其性质和流量，以便分析选用土的物理力学性质指标，分析静水、动水压力的影响，并采取必要的排水措施。

（2）河床土的粒径，水流的流速、流向，河流的变动和下切情况，根据这些资料确定防护设施基础的埋深。

（3）河道多年流量、各种水位（包括测量时水位、枯水位、设计水位）资料，洪水季节洪峰持续时间。

(4) 防治工程处汇水面积计算的地形图，对于山前区公路也可以通过野外勘测，收集山前区的汇水面积，以确定通过公路的洪水流量。

需要收集的气候资料主要为水灾害路段的气候条件和降雨资料，包括全年气温变化和降雨量分布资料，这些资料为分析当地降雨在时间上的分布规律、预测洪峰流量提供依据。

3) 地形地质资料

为了因地制宜地布设防护工程和抗洪建筑物，必须测绘河段平面图、地形图。测绘内容包括：河床形态、沙滩分布，洪水位、枯水位和流向，两岸岩嘴及其他地形变化，防护工程范围内基岩裸露和不利地质现象，如滑坡、断层、坝岸、泥石流，两岸植被情况，公路及房屋等建筑物。

测绘范围应覆盖对洪水情势和河床变形有重要影响的地形和地物，并满足水灾害防护工程设计的要求。测设地形图的比例尺一般取（1∶2 000）~（1∶5 000）。此外，还需要测绘工程布设范围内的河流横断面、纵断面、洪水比降或河床比降、河床糙率，以作为防护工程设计的依据。如果工程所在河段能调查到 3 ~ 4 个以上洪痕点，则应测量洪痕点的高程，投影到中泓线上，量出距离，计算洪水比降。

为进行防护工程的设计，需要获得工程地点地基岩土层结构及其工程性质，如承载力、基底摩擦系数和强度指标等。当进行浸水挡土墙设计时，还需要收集有关回填土的物理力学性质指标。对于大中型及重要工程，应通过野外或室内试验提供；对于小型工程，可参照已建工程或按经验选取。

对于河道，需要测绘河槽、河滩位置，并收集河床变形的趋势、位置、高程及年份等资料。此外，对需要设置防护设施的河段，还需要对河床质进行取样和粒径分析，绘制粒径级配曲线，计算其代表粒径，如平均粒径、中值粒径。在对河床质取样时，为防止取样受床面泥沙粗化影响，一般取床面以下 0.50m 的土作为土样，当工程设计范围内土质无明显变化时，土样个数至少取 2 个；当土质有明显变化时，根据土样代表性的要求，酌情增加土样个数。河床质为卵砾石时，需采集最大粒径质量 10 倍以上的土样；河床质为砂质河床时，一般取质量为 3 ~ 5kg 的土样。

1.3.3 水灾害预防与根治

公路工程水灾害防治应以预防为主，消除水灾害隐患，防患于未然。

首先，要做好现有抗洪建筑物的水灾害预防。对现有抗洪建筑物的水灾害预防，需要进行科学预测，即利用当前的科学计算方法，验算已建抗洪建筑物在设计洪水条件下是否安全可靠，做出评定，不够安全的才进行预防。

要真正做到科学预防，需要工程技术人员掌握公路工程水灾害防治的专业知识，做好科学预测工作；同时，水灾害预防经费也必须得到保证。只有这样，才能真正贯彻“预防为主”的方针，节约水灾害防治费用。

其次，要重视非抗洪建筑物的水灾害预防；非抗洪建筑物主要指未进行冲刷防护的路基等。半挖半填路基在受到较大洪水淘刷后，路基边坡中的较细颗粒被冲走，会造成路基坍塌，我国各地已发生的路基水灾害很多属于这种情况。过去，我国公路路基大多未做预防加固，都是在遭受水灾害后才进行修复，这样花费的投资自然要比提早预防多得多。另外，因河道的不利演变造成的路基和桥梁水灾害，除了少数是突然而来、难以提早预防外，大多数是可以根据河道的演变过程提前做好预防的。

只要认真做好公路工程的水灾害预防工作，水灾害就会大大减少，水灾害抢险自然也就随之而减少。所以，水灾害预防与抢险之间有互为消长的关系，而且“防重于抢”。然而，在当前公路工程水灾害的防抢工作中，却还存在“抢重于防”的现象；特别是对滑坡、崩塌的处治，不论大型的和小型的均采取清除的方法，少有重视保护生态环境、积极采取综合治理者，以致有的小型滑坡、崩塌越清越大，方量越清越多，花费也相应增大，最后变成难以治理的大型滑坡、崩塌。在目前公路养护资金较为缺乏的情况下，更不应采取只清不防的方法，至少对一些小的滑坡、崩塌，可以多防少清，进行综合治理，这是完全可以做到的，在经济上也是十分有利的。

要根治公路工程水灾害，首先应从加强公路勘测设计中的水文、水力设计工作入手，重点是公路建筑物的水力设计。对新建公路，只有设计部门提出的设计能够保证在设计洪水条件下安全可靠，才能使公路工程水灾害防患于未然，公路工程水灾害才能逐步达到根治。其次，我国各省（自治区、直辖市）公路每年都可能遭受不同程度的水灾害，对这些水灾害进行认真调查和技术总结是非常重要的。只有通过调查总结，弄清公路工程水灾害的真正原因，才能对当前的科技成果进行检验、筛选和改进，加快根治公路工程水灾害，减少水灾害损失。

1.4 公路工程水灾害防治工程效益

我国普通公路水灾害分布范围广、类型多，公路工程水灾害防治是我国减灾防灾的重点之一。通过实施水灾害防治工程，公路的通行能力和行车安全水平可得到明显的提高，可实现降低公路水灾害损失、减少公路阻车的目标，保证公路的完好、畅通，促进地方经济发展，从而得到地方政府和人民群众的广泛认同，提升公路行业的社会形象，取得良好的社会效益、环境效益和经济效益。

进入21世纪以来，随着我国经济的快速发展，公路服务功能和服务水平在不断提升；与此同时，人民群众对公路交通安全的要求也在进一步提高。但另一方面，由全球气候变暖等因素带来的极端天气气候事件发生的频率在增加，强度在增大，如近几年频繁出现的超强台风“龙王”、“圣帕”，2008年年初袭击南方诸省的低温冰冻灾害等，这些极端天气气候给我国公路交通系统造成了大量的水灾害事件。因此，积极、科学、有效、全面地防治公路工程水灾害，对于充分保障公路基础设施的完好和公路交通运输的畅通，显著减少因水灾害造成的经济损失和社会影响，具有极其重要的意义。

公路工程水灾害防治按照“安全、耐久、节约、和谐”的原则，贯彻“预防为主、防治结合、因地制宜、综合治理”的方针，对公路工程水灾害采取综合措施进行整治，鼓励技术创新和采用经过论证的新技术、新材料和新工艺，如可采用三维挂网植物防护等生态防护工艺；在施工中将削坡土方合理用于公路沿线绿化，可减少废弃土方等。通过采用综合性的措施对公路工程水灾害进行治理后，防治工程可起到拦截降水、保水固土、保护坡面、调节径流、削减洪峰、减小地表侵蚀、增强土体稳定性和抗蚀能力的作用，使区域内生态环境得以改善，具有良好的环境效益。另外，公路工程水灾害的减少，可使山区水土流失和环境保护得到改善，对保护农田、森林和生态环境均有积极的作用。

当前我国正大力推进生态文明建设，自然生态系统保护和环境保护是关系人民福祉、关乎民族未来的长远大计，也是全党全国的一项重大战略任务。因此，公路工程的生态防护建设已成为公路建设的一种趋势，代表着和谐公路建设的发展方向。将“坚持人与自然相和谐，树立尊重自然、保护环境的理念”应用到公路工程水灾害防治工作中，对于推进公路工程的生态文明建设具有重大意义。

第 2 章　公路路基水灾害防治

2.1　路基水灾害形态及成因机理

水是影响公路路基工程质量的主要因素，也是引起路基病害的主要因素之一。危害路基的水源包括地表（面）水和地下水。地表水包括大气降水以及河、海、湖、水渠、水库水等；地下水包括土层滞留水、潜水、层间水、裂隙水以及毛细管水等。地表水对路基可产生冲刷和渗透作用，导致路基整体稳定性受损害，降低路基强度；地下水可使路基湿软、膨胀，降低路基强度，并引起冻胀、翻浆、边坡滑坍、山坡滑坡等，甚至引起整个路基沿倾斜基底滑动。水还可能造成掺有膨胀土的路基工程毁灭性的破坏。

在对公路路基水灾害进行预防和根治前，需要弄清路基水灾害的常见特征及成因机理，从而有的放矢，制订出系统完善的预防及根治计划和措施。常见的公路路基水灾害形态包括路基缺口、路基滑移、路基沉陷或塌陷、路基整体坍塌、路基被冲断，以及路基边坡失稳等。

1）路基缺口

路基缺口通常发生在未防护的路基上，对沥青、砂土路面，常表现为路基缺口（图 2-1）；对水泥混凝土路面，常表现为路面结构“悬空”。路基缺口宽度一般不足一个车道宽度，未水毁的路基结构基本完好。

路基缺口的主要成因是路基受水流长期的冲刷和周期性的浸泡作用，造成路基填料松散、流失，在行车荷载的作用下，路基边坡塌方，出现缺口。

2）路基滑移

公路路基在洪水长期性或间断性的浸泡下，路基可能沿某一破裂面整体向外滑移。路基滑移大部分出现在顺直河段，滑移范围较长、宽度相对较窄（图 2-2）。

图 2-1　路基缺口

图 2-2　路基滑移

3）路基沉陷及塌陷

图2-3所示为公路路基典型的沉陷现象。对于沥青路面，常表现为路面沉陷、波浪，有车辙；对于砂土和碎石路面，常表现为路面出现大的坑洞或大面积凹槽；对于水泥混凝土路面，常表现为水泥混凝土路面板出现裂缝和块板破碎，甚至块板错位。路基沉陷主要是因路基压实度未达到设计标准或路基边坡渗水引起路基压实度降低、在行车荷载的反复作用下所致。

在路基靠山侧边坡、洼地、边沟或水渠等渗水以及可能存在的地下渗流的长期重复侵蚀作用下，填方路基可能出现底部填料松软流失，并逐步扩大，从而造成路基局部塌陷的现象。对于沥青路面和砂石路面，路基塌陷表现为路面局部塌陷，路面形成上小下大的穿透式洞穴；对于水泥混凝土路面，常表现为混凝土面板断裂、错台和板底淘空。

a)砂土和碎石路面

b)混凝土路面

图2-3　路基沉陷

4）路基整体坍塌

路基整体坍塌主要发生在河岸转角位置，坍塌长度不长，但坍塌宽度大，往往超过一个车道，甚至是整个路基，公路基本丧失通行能力，如图2-4所示。路基整体坍塌一般发生在沿河公路水流冲刷严重的路段，路基整体或大部分被水流冲垮。

a)山区公路

b)沿河公路

图2-4　路基整体坍塌

5）路基冲断

泥石流、洪水或持续暴雨还经常造成公路路基被冲断的现象，尤其是山区公路（图2-5）。此外，由于桥涵构造物的修建，改变了部分水流的方向，桥涵上游水的冲刷和下游水迂回淘蚀共同作用，使桥头引道、涵洞前后的路基填料被淘空，也会导致路基被冲断。

6）路基边坡失稳

路基边坡失稳主要表现为**边坡溜坍**、**边坡坍塌**、**滑坡**和**风化剥落**等形态。

图 2-5　路基被冲断

边坡溜坍是指路基边坡在大气风化及水的侵蚀作用下表层破碎的土体沿局部软弱面滑动坍塌的现象。

边坡坍塌也称崩落、垮塌或塌方等，是路基较陡斜坡上的岩土体在重力作用下突然脱离母体崩落、滚动、堆积在坡脚（或沟谷）的地质现象；在土体中发生的边坡坍塌称土崩，在岩体中发生的边坡坍塌称岩崩。

滑坡是指斜坡在一定自然条件下，部分岩（土）体在重力作用下，沿着一定的软弱面或软弱带，整体地或者分散地顺坡向下滑动的地质现象，如图 2-6 所示。路基滑坡就是路基边坡岩土体沿着贯通的剪切破坏面发生的滑移现象。滑坡一般具有蠕动变形、滑动破坏和渐趋稳定三个阶段，有时也具有高速急剧移动的现象。滑坡是在长时期内逐渐发展，在偶然因素作用下可表现为突然滑动或崩坍；其产生的基本条件是斜坡体前有滑动空间。从斜坡的物质组成来看，松散土层、碎石土、风化壳和半成岩土体的抗剪强度低，容易产生变形面下滑。同时，降水对滑坡的影响很大，主要表现在雨水大量下渗，导致斜坡上的土石层饱和，从而增加了滑体的重量，降低了土石层的抗剪强度，导致滑坡产生。因此，不少滑坡有“大雨大滑，小雨小滑，无雨不滑”的特点。

路基边坡**风化剥落**是指岩性较差、强度较低、易风化的岩质边坡表层因风化、胀缩等原因形成的碎落，如图 2-7 所示。对坚硬岩层的岩质边坡，若风化破碎、节理发育，也会发生表层风化剥落。

图 2-6　路基边坡滑坡

图 2-7　路基边坡风化剥落

分析表明，造成公路路基边坡水灾害的主要因素包括以下几个方面。

（1）地质条件

在地质条件方面，岩土体的力学性质决定了边坡失稳的方式。坚硬岩石边坡失稳以崩塌和结构面控制型失稳为主；软弱岩石边坡失稳以应力控制型失稳为主。对其他因素给定的边坡，岩土体的工程地质性质越优良，边坡的稳定性越高。

此外，结构面的发育程度、规模、连通性、充填程度及充填物成分和结构面的产出状态对边坡稳定性都具有较大影响。在评价结构面对边坡稳定性的影响时，要特别注意结构面的产出状态与边坡面的相互关系。结构面与边坡面的组合不同，边坡的稳定性也不同，如图 2-8 所示。

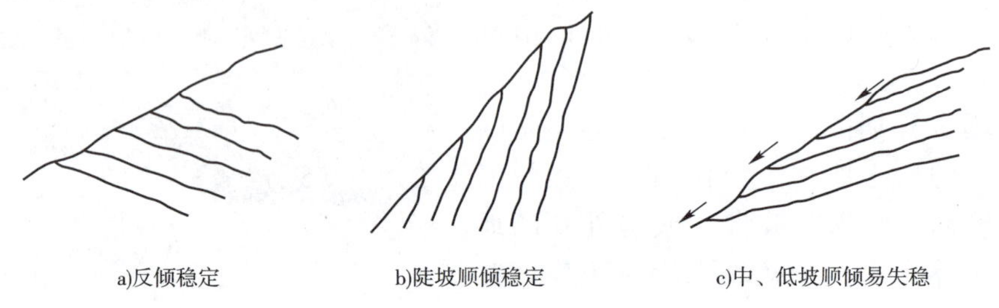

图 2-8　结构面与边坡面组合类型对边坡稳定性影响示意图

（2）水文地质条件

“十个边坡九个水”，边坡失稳往往与地下水的活动有密切关系。水文地质条件包括地下水的赋存、补给、径流、排泄条件。地下水的富集程度既与气候条件有关，又与水文地质条件有关。水文地质条件变化（如地下水活动）在滑坡形成中起着重要的作用，主要表现在其可软化岩石、土体，降低岩石、土体强度，产生动水压力和孔隙水压力，潜蚀岩石、土体，增大岩石、土体重度，对透水岩石产生浮托力等，尤其是对滑坡（带）的软化作用和降低强度作用最突出。

边坡水文地质条件的改变必然导致其地下水富集程度的改变。由于岩土体的力学性质受水的影响很大，地下水富集程度的提高一方面增大坡体下滑力；另一方面降低软弱夹层和结构面的抗剪强度，引起孔隙水压力上升，降低滑动面上的有效正应力，导致滑动面的抗滑力减小。因此，地下水富集程度的改变相应地引起边坡稳定性发生改变。有不少边坡失稳与边坡水文地质条件恶化有关，而治理边坡也往往是由于改善了水文地质条件而获得成功。

（3）新构造运动

新构造运动往往引起边坡形态、产出状态及水文地质条件发生改变而导致边坡失稳，强烈的新构造运动——地震对边坡稳定性的影响极大，地震往往伴有大量的边坡失稳。地震作用导致边坡稳定性降低，主要是由于地震作用产生水平地震附加力，当水平地震附加力的作用方向不利时，边坡的下滑力增大，滑动面的抗滑力减小。另外，在地震作用下，岩土中的孔隙水压力增加和岩土体强度降低，也对斜坡的稳定不利。

（4）地貌因素

边坡的形态和规模等地貌因素对边坡稳定性的影响是显而易见的，具有不利的形态和规模的边坡往往在坡顶产生张应力，并引起坡顶出现张裂缝；在坡脚产生强烈的剪应力，出现剪切破坏带，这些作用极大地降低了边坡的稳定性。边坡面与地质结构面的不利组合还会导致边坡结构面控制型失稳。

（5）气候因素

大气降雨是地下水的主要补给源。气候类型不同，大气降雨量也不同，因此，在不同的地区由于大气降雨量不同，即使其他条件相同，边坡的稳定性也不相同。暴雨或长期降雨过后，往往可以见到边坡失稳增多的现象，这说明大气降雨等对边坡的稳定性有很大影响。大气降雨提高了地下水的补给量，一方面降低岩体的强度，增大孔隙水的压力，使边坡滑动面的抗滑能力降低；另一方面增大边坡的下滑力，两者结合起来极大地降低了边坡的稳定性。岩土风化速度、风化层厚度以及岩石风化后的力学变化和化学变化（矿物成分的改变），均与气候有关。山坡上乱采滥伐，坡体失去保护，雨水等流水渗入而诱发滑坡。

（6）风化作用

风化作用使岩土的抗剪强度减弱，裂隙增加、扩大，影响斜坡的形状和坡度；透水性增加，使地面水易于浸入，改变地下水的动态等，沿裂隙风化时，可使岩土体脱落或沿斜坡崩塌、堆积、滑移等。

（7）人类的工程活动因素

随着人类工程活动规模的日益扩大，其对边坡稳定性的影响越来越显著，不当的人类工程活动引起的边坡失稳事故频繁发生，使得人们不得不重视其对边坡稳定性的影响。对边坡稳定性产生显著影响的人类活动有削坡、坡顶加载和地下开挖等。

不当的削坡往往使坡脚结构面或软弱夹层的覆盖层变薄或切穿，减小坡体滑动面的抗滑力，而边坡的下滑力却没有相应地减小，导致边坡的稳定性降低。当结构面或软弱夹层的覆盖层被切穿时，结构面与边坡面构成不利组合，边坡产生结构面控制型失稳（图2-9）。

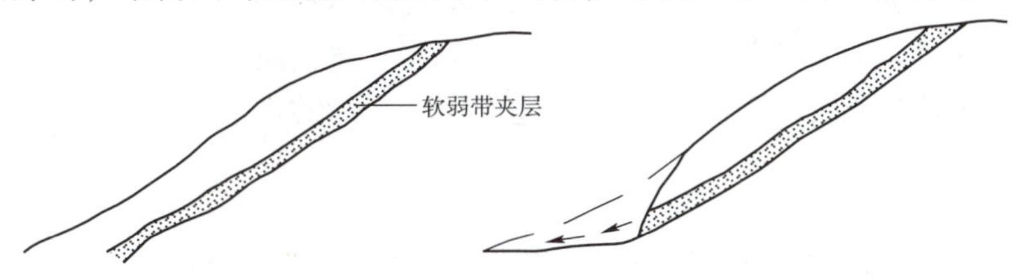

图2-9　削坡引起边坡失稳示意图

坡顶加载一方面增加了坡体下滑力，而没有成比例地增加滑动面的抗滑力；另一方面加大了坡顶张应力和坡脚剪应力集中程度，使边坡岩土体破坏，强度降低，因而引起边坡稳定性降低。当坡顶加载物为松散物时，情况就更为严重。因为松散加载物减少大气降雨的地表径流，增加大气降雨的入渗量，也会降低边坡稳定性（图2-10）。例如，在边坡上方兴建楼房，修建重型工厂，大量堆填土石矿渣等都可能使边坡失去平衡而顺软弱面下滑。

地下开挖主要包括采矿和开掘铁路、公路隧道等，例如修建公路时开挖坡脚，依山建房、建厂等，常因坡体下部失去支撑而发生下滑。它引起的地表移动与边坡失稳常具有下列特征：

①受地下开挖位置影响。地下开挖越接近边坡面，地表移动和边坡失稳越强烈，但其范围却显著减小；近地表的地下采掘往往引起小范围沉降和塌陷，边坡的变形和破坏是局部的；当地下开挖埋深较大时，地表移动和失稳的范围比较大，失稳往往是整体的。

②受地下开挖规模影响。地下开挖规模越大，边坡的应力场改变就越大，在坡顶和坡脚引起的应力集中也越强烈，边坡稳定性的降低也就越大。

③受边坡地质条件影响。地下开挖对边坡的影响程度受边坡地质条件控制，在图2-11所示的顺倾边坡中，地下采掘工程平行于边坡走向，开挖活动往往切割边坡的锁固段，降

低了边坡稳定性，甚至使其失稳。如果地下工程垂直于边坡走向，地下开挖对边坡的影响就要小得多。

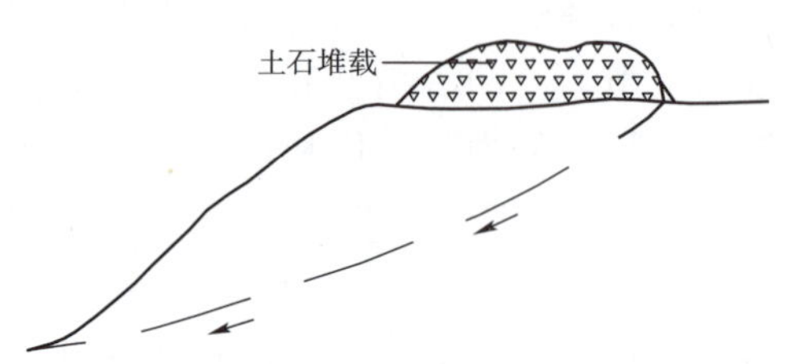

图 2-10　坡顶加载松散物导致边坡失稳

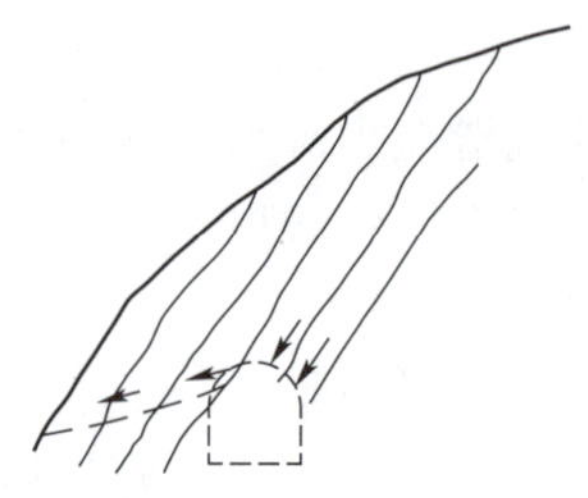

图 2-11　沿岩层走向开挖导致边坡失稳

④具有先沉陷、后开裂、再滑动的活动规律。地下开挖首先引起边坡地表移动，当地表移动到一定程度时，边坡坡顶附近拉裂，出现拉裂缝，坡脚附近出现剪切破坏带。当边坡岩土体破坏较严重时，拉裂缝与剪切破坏带贯通或近于贯通，边坡滑动面的抗滑力急剧下降，边坡的稳定性显著降低，甚至失稳。例如，劈山采矿的爆破作用使斜坡岩土体振动破碎，产生滑坡。

除了上述的几个主要因素外，蓄水排水、水渠和水库的浸溢漏水、工业生产用水和废水排放、农业灌溉等，均使水流渗入滑坡体，加大孔隙水压力，软化土石，增大坡体容量，也可能诱发滑坡；水库水位上下急剧变动，加大坡体动水压力，也可诱发滑坡。

此外，公路在设计时，由于对沿线地质了解不深，造成路线从大的滑坡体经过。在修路过程中难免对土体进行开挖和回填，可能造成原已平衡的古滑坡体失去平衡而产生古滑坡体复活。

2.2　路基水灾害防治的一般原则

公路路基水灾害的预防和治理，应从寻找和分析引起水灾害的具体原因入手，认清水流结构和导致水灾害的机理，对症下药，采取相应的对策和防护、治理方案，才能成功。否则，凭经验办事，只从水灾害路段的局部着眼，修建防治工程，往往造成屡建屡毁，重复水灾害的现象。

公路路基水灾害预防和治理的一般性原则如下。

(1) 路基水灾害防治应以**“预防为主、防治结合”**为原则，对冲刷防治则应遵循**“顺应水势、因势利导”**的原则。首先，应顺应洪水流势，通畅泄洪；其次，利用防治工程逐渐消耗洪水动能，改变冲刷水流方向，最终使洪水平稳地流向下游。力求做到尽量保留水流天然状态，既提高了公路抗灾能力，又做到与河流等环境相协调。

(2) 路基水灾害防治应与当地地形、地貌和生态环境相配合，力求做到公路工程与当地环境成为一个和谐的整体，**“因地制宜、就地取材”**。

(3) 路基水灾害防治宜根据当地气候、水文、地形、地质和病害等条件采取综合工程措施。山区河流因地形地质多变，水情复杂。要区别具体河段的河势演化特征和水流特点，经过调查、计算分析后制订相应的防治对策和工程设计，不能盲目套用已有的工程设计，盲目加大工程尺寸或单凭经验办事，以避免陷入一边治理一边重复水灾害的困境。

（4）构造物宜采用混凝土材料，混凝土强度不应低于C20。

（5）水灾害发生后应及时进行修复，公路养护部门应设有一支具有专业知识的技术队伍，精心设计，精心施工，修一处、保一处。

公路路基水灾害防治工程是防治路基病害、保证路基稳定、改善环境景观、保护生态平衡的重要设施，其设计应按照**“顺势、挫锋、调向、稳流”**的原则。

对公路边坡进行防治，必须考虑以下问题：

（1）边坡稳定问题。应保护路基边坡表面免受雨水冲刷，减缓温差与温度变化的影响，防止和延缓软岩土表面的风化、破碎、剥蚀演变过程，从而保护路基的整体稳定性。

（2）环境保护问题。应使工程对环境的扰乱程度减少到最小，并谋求人工构造物与自然环境相协调。

（3）综合效应问题。应综合防光、防眩、防烟以及诱导驾驶员视线、改善景观等目的进行边坡绿化防治，充分发挥防治工程的综合效应。

2.3 路基水灾害防治工程分类和形式

公路路基水灾害防治工程按其部位和功能，可分为**支挡防治、坡面防治**和**冲刷防治**三类；此外，尚需配合必要的路基养护和路基排水系统等。

支挡防治系指在路旁设置支挡工程（如挡土墙、预应力锚索、格构锚固、抗滑桩等），以抵抗侧向土压力，防止边坡或路基主体崩塌的防治措施。

坡面防治是为了防止路基两侧坡面的暴雨淋洗和洪水冲刷以及岩石风化、崩坍、脱落等坡面破坏而采取的防治措施，主要有两类：坡面生态防治（如种草、铺草皮、植树、客土喷播、三维植被网、骨架植物防护等）和坡面工程防治（如喷浆或喷射混凝土、喷锚网、钢绳网、护面墙等）。

冲刷防治系针对沿河路基、河滩路基、桥头引道、海岸公路等路基临水面边坡所采取的防治措施，包括抛石防护、混凝土护坡、混凝土预制板护坡、土工模袋防护、水泥砂袋护坡、浸水挡土墙、格宾网防护、丁坝防护、顺坝防护、导流堤防护、河道整治等；此外，桥梁墩台及其调治构造物的防治等也都属于冲刷防治类型。根据公路路基水灾害防治形式的水流结构和机理，冲刷防治又可分为直接防治和间接防治两类。直接防治是指从直接加固坡脚或基础、提高其抗冲刷能力出发而修建的附着在边坡坡面、坡脚及其基础上的工程设施，包括护坡（护面墙）、挡土墙护坦式基础、抛石、混凝土预制板、土工织物、石笼、梢料等。间接防治是指修筑丁坝、顺坝等工程或进行河道整治（疏浚、理顺、改道），改变河道水流结构，使水流偏离被防治的河岸、墩台或将冲刷段变成淤积段，从而达到防治的目的；丁坝护岸、桥梁导流堤等都属此类。这类工程侵占河道，对河道水流改变较大，对上下游甚至对岸都有一定影响，相应地这些构造物也受水流的强烈冲刷。洪水中即使丁坝、导流堤的坝（堤）端部冲毁，也不致立即危及路基安全，从而达到了路基防治的目的，汛后修复即可。我国多采用砌石的丁坝、导流堤，发达国家因人工费昂贵，多采用便于机械施工的抛石防治。采用哪种材料和工艺，要因地制宜，就地取材。在路基水灾害防治中，局部河道整治应用较少，只在难以找到更好的处理方案时才使用。河道整治造价大，风险高，整治后的河床演变对上下游的影响也难以把握；对复杂的河道整治方案，应通过水工模型试验研究来确定。

当前我国正大力推进生态文明建设，公路养护部门应大力倡导上述三种防治工程与生态防治相结合，如同时在河滩、河岸植树造林、植草护坡以及采取其他生态环境保护措施等，从而形成综合防治措施，以收到积极的防治效果和环境效果。

公路路基水灾害各种防治措施，如图 2-12 所示，常用的路基防治工程类型如表 2-1 所列。

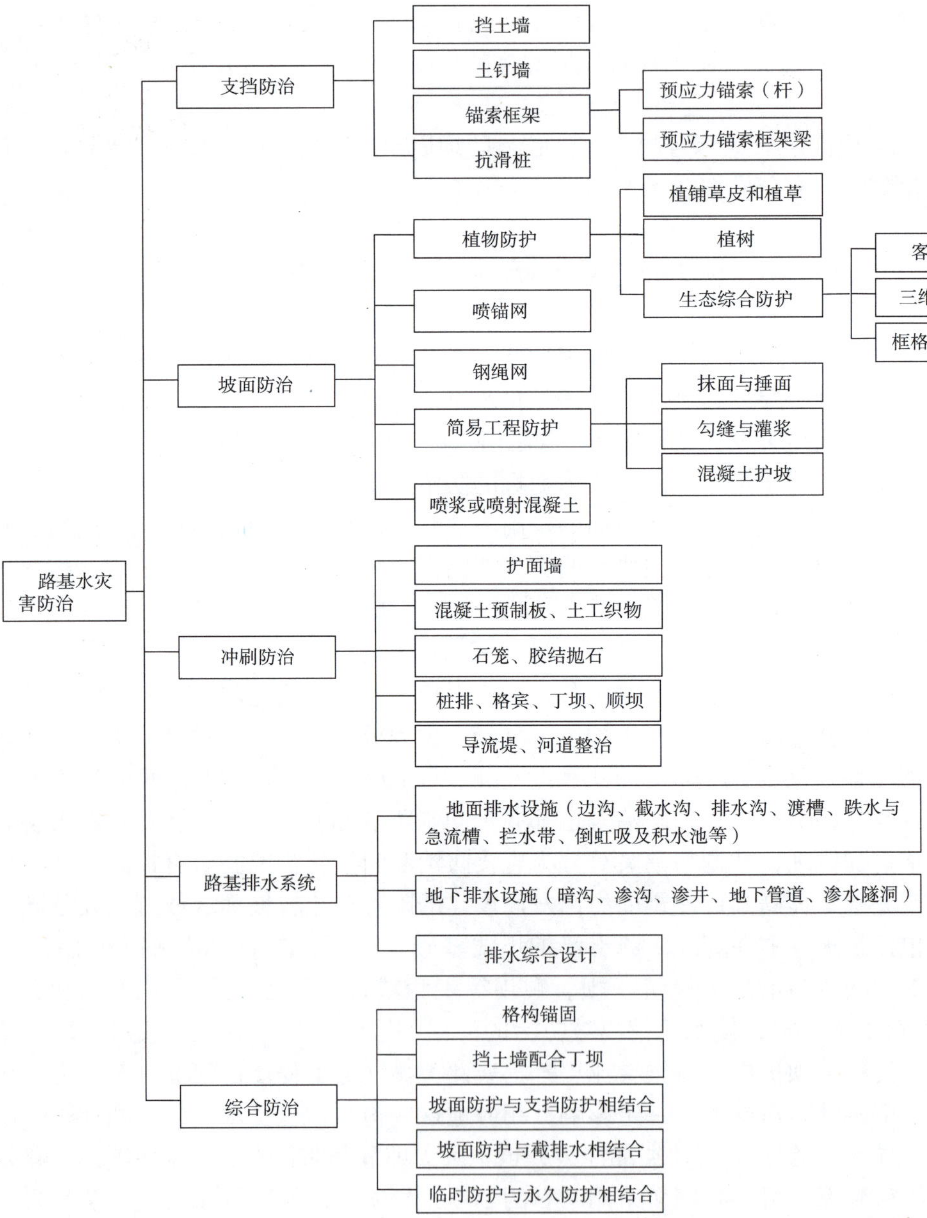

- 路基水灾害防治
  - 支挡防治
    - 挡土墙
    - 土钉墙
    - 锚索框架
      - 预应力锚索（杆）
      - 预应力锚索框架梁
    - 抗滑桩
  - 坡面防治
    - 植物防护
      - 植铺草皮和植草
      - 植树
      - 生态综合防护
        - 客土喷播
        - 三维植被网
        - 框格骨架植物
    - 喷锚网
    - 钢绳网
    - 简易工程防护
      - 抹面与捶面
      - 勾缝与灌浆
      - 混凝土护坡
    - 喷浆或喷射混凝土
  - 冲刷防治
    - 护面墙
    - 混凝土预制板、土工织物
    - 石笼、胶结抛石
    - 桩排、格宾、丁坝、顺坝
    - 导流堤、河道整治
  - 路基排水系统
    - 地面排水设施（边沟、截水沟、排水沟、渡槽、跌水与急流槽、拦水带、倒虹吸及积水池等）
    - 地下排水设施（暗沟、渗沟、渗井、地下管道、渗水隧洞）
    - 排水综合设计
  - 综合防治
    - 格构锚固
    - 挡土墙配合丁坝
    - 坡面防护与支挡防护相结合
    - 坡面防护与截排水相结合
    - 临时防护与永久防护相结合

图 2-12 公路路基水灾害防治分类

常见公路路基防治工程一览表　　表2-1

防治类型	容许流速（m/s）	土质	适用坡度	适用范围	备注
种草	0.4~0.6	适于长草的土质	不陡于1:1	坡面冲刷轻微和任何适于长草的路堤、路堑边坡，且边坡高度不高者；不适于经常浸水或长期浸水的边坡	非浸水边坡坡面防治
平铺草皮	<1.2	适于长草的土质	1:1.5	坡面冲刷较重和任何适于长草的路堤、路堑边坡，不适于经常浸水或长期浸水的边坡	非浸水边坡坡面防治
干铺叠置草皮	<1.8	适于长草的土质	(1:1)~(1:1.5)	坡面冲刷较严重和任何适于长草的路堤、路堑边坡，不适于经常浸水或长期浸水的边坡	非浸水边坡坡面防治
种树	<3.0	适于生长植物的土质	不陡于1:1.5	任何适于长草的路堤、路堑边坡和河滩河岸	非浸水边坡河滩、边坡坡面防治
抹面			不陡于1:0.5	易于风化而尚未严重风化的岩石边坡及软硬岩层路堑坡面防治	边坡与一般路基边坡相同，坡面防治
捶面			不陡于1:1	易受冲刷的土质边坡和易风化剥落的岩石边坡	边坡与一般路基边坡相同，坡面防治
喷浆或喷射混凝土			不陡于1:0.5	风化但较完整坚硬的路堑边坡	边坡与一般路基边坡相同，坡面防治
勾缝与灌浆				较坚硬不易风化的岩石路堑边坡，节理裂缝多而细者用勾缝，大而深者用灌浆	边坡与一般路基边坡相同，坡面防治，
护面墙			(1:0.5)~(1:1)	①易于风化的软质岩层的路堑边坡；②破碎不严重的硬质岩层地段；③夹有松散层处	非浸水边坡护面防治，
胶结抛石	3.0		(1:1.25)~(1:3)	受水流冲刷和淘刷的路堑边坡和坡脚、盛产石料的地段，最适于砾石河床	浸水边坡、坡脚冲刷防治
石笼	5.0		10.5	受水流冲刷和淘刷较严重、与大风浪作用的路堑坡脚和河岸	冲刷防治

续上表

防治类型	容许流速（m/s）	土质	适用坡度	适 用 范 围	备 注
挡土墙及浸水挡土墙				①支承路基填土或山坡土体；②防治沿河路基受水流冲刷和淘刷；③受地形限制或其他建筑物干扰，必须约束坡脚时；④防止多占农田；⑤路线通过悬崖峭壁，占河砌墙加宽路基	坡面防治，冲刷防治
抗滑桩				易滑体或正在活动的浅层和中层滑坡前缘附近的防治	坡面防治，冲刷防治
预应力锚索				有条件施加预应力的边坡预加固和边坡加固	坡面防治
丁坝	6～10			路基受水流冲刷严重，需要改变水流流向，使路基坡脚淤积变坦的地段	冲刷防治
顺坝				①路基受稳定水流冲刷的地段，使之不再发展而基本不改变水流原有的特性；②导治线与河岸距离较近及通航河段，并可用于河岸河床地质较差的地段	冲刷防治
梢料	2.0～3.5		(1:1) ～ (1:1.5)	①暂时浸水的边坡或河岸；②为一种临时性防治，适用于盛产树枝的地区	冲刷防治
混凝土预制板	4～8			抵抗较大的流速与波浪、动水压力	冲刷防治
土工织物			不陡于1:1	兼有加固、反滤和排水作用	冲刷防治
护坦	4～8			砌石、浸水挡土墙、丁坝、顺坝、桥台、桥墩基础防治	冲刷防治

2.4 路基养护

路基养护是预防公路路基出现水灾害的一项重要的常规性工作。公路路基是公路的重要组成部分，是路面的基础，它贯穿全线，连接桥梁和隧道。路基的强度和稳定性是保证路面强度与稳定性的条件，桥头引道路基对桥梁的使用及破损也有直接的影响。因此，必须通过日常和定期的检查，发现问题，分析原因，及时采取养护、处理措施，使之达到路基土密实，排水性能良好，各部分尺寸和坡度符合规定，并及时消除不稳定因素。

路基日常养护是根据路基养护的基本内容和要求，对路基各部分进行经常性的维修保养工作，以保持路基各部分的完整和功能完好。路基日常养护工作主要包括：维修、加固路肩、边坡，清除路肩杂草杂物，以保持路容整洁；疏通改善排水设施，以保持排水系统通畅；维修、处理各种防治构造物，包括清除挡土墙、护坡、护栏滋生的杂草，处理伸缩缝、泄水孔以及松动的石块；消除塌方，处理塌陷，检查险情，防治水毁。

为防止公路路基出现水灾害，路基日常养护工作应满足下列基本要求：

（1）路基各部分保持完整，各部分尺寸保持规定的标准要求，无损坏变形，处于完好状态。

（2）路基边坡稳定、坚固、平顺，无冲沟、松散、坍塌，横坡符合规定的要求。

（3）路基边沟、排水沟、截水沟、跌水井、泄水槽等排水设施无淤塞，无杂草，纵坡符合要求，排水畅通，进出口和消能防治措施维护完好，路基、路面及边沟内不出现积水。

（4）路基挡土墙、护坡设施保持完好无损，不出现砂灰脱落现象，泄水孔无堵塞。

2.5 路基排水系统

2.5.1 路基排水系统设计基本原则

路基排水系统是为防止和控制路基受水侵害而设置的拦截引排地表水（降水及雨雪形成的地面径流）及地下水（上层滞水、潜水及层间水等）的系统，通常由地表排水设施及地下排水设施组成。路基地表排水设施的作用是将影响路基稳定的地面水予以拦截，并排出到路基范围之外，防止漫流、聚积和下渗；路基地下排水设施的作用是将影响路基稳定的地下水予以截断、疏干、降低水位，并引导到路基范围以外。通过路基排水系统的作用，保持公路路基经常处于干燥、坚固和稳定状态，从而避免或大大减轻路基水灾害。

路基排水系统在路基水灾害防治中具有重要作用，其设计一般应遵循下列的原则和要求：

（1）设计前必须进行调查研究，查明水源，制订规划，防重于治，防治兼顾。重点路段要进行排水系统的全面规划，做到路基路面综合设计和分期修建。排水设施的尺寸和形式应根据地形地质条件、降雨量、汇水面积等实际情况合理选择。

（2）应**防、排、疏**结合，并与路面排水、路基防治、地基处理以及特殊路基地区（段）的其他处治措施等相互协调，形成完善的排水系统。

公路路基排水设计包括地表排水和地下排水两大部分。设计时应根据公路等级，结合沿线地形、地质、水文、气象等条件以及桥涵设置情况进行综合考虑，强调各类排水设施应相互衔接配合，使水迅速排出路基范围。

排水设计应防、排、疏结合，保证路床处于干燥、中湿状态。我国幅员辽阔，各地均有特殊的气候、地质条件，路基排水设施通常与路面排水、路基防治、地基处理工程是不可分开的，地表排水与地下排水也是密不可分的。因此，排水设施要因地制宜、全面规划、合理布局、综合治理、讲究实效、注意经济，并充分利用有利地形和自然水系。

（3）应遵循**总体规划、合理布局、少占农田、环境保护、景观协调**的原则，并与当地排灌系统协调。

道路排水应自成系统，与农业灌溉沟渠互不干扰，一方面为了防止冲毁农田或危害其他水利设施，另一方面从环境和水资源保护的目的出发，防止由于交通事故或其他原因造成的路面污水污染水源及环境，并方便公路的维护。

节约土地与保护环境是我国的基本国策。国家颁布了一系列的环境保护法规，其中《水污染防治法》、《水土保持法》等，均与公路排水有关，进行设计时必须遵循。路基排水设计在满足排水主功能的前提下，应做到节约用地，少占农田；选择的排水设施的形式应与沿线周围自然景观相协调，注意防止附近山坡的水土流失，尽量不破坏天然水系，尽量选择有利地质条件布设人工沟渠，营造公路与自然和谐的环境。

（4）排水困难地段，可采取降低地下水位、设置隔离层等措施，使路基处于干燥、中湿状态。

水是危害公路的主要自然因素，路基沉陷、冲刷、坍塌等都不同程度地与地表水和地下水的侵蚀有关。稳固的路基对保证公路的使用性能和使用寿命具有十分重要的意义。公路路基排水设计，应对排水困难地段予以高度重视。

（5）施工场地的临时性排水设施，应尽可能与永久性排水设施相结合。各类排水设施的设计应满足使用功能要求，结构安全可靠，便于施工、检查和养护维修。

公路施工必然会对沿线原有排灌体系有所影响，加之全球气候变暖，小流域暴雨突发性强、暴雨强度大、破坏性大的特点，公路排水设计、施工时必须对此予以重视，施工阶段的临时排水设施是保证路基、路面、桥涵施工质量，保护沿线自然环境所必需的设施，为节约投资，方便施工，路基排水设计时，应考虑施工场地的临时性排水设施与永久性设施相结合。各项排水设施应便于施工、检查和维修，为养护创造必要的条件。

2.5.2 地表排水设施

常用的公路路基地表排水设施包括边沟、截水沟、排水沟、跌水与急流槽、拦水带等，必要时还可设置倒虹吸、渡水槽等。它们分别按排水的需要，可单独或综合设置于路基的不同部位。

路基地表各类排水设施的布设应充分利用地形和天然水系，及时疏散、就近分流，并做好进出口位置的选择和处理，防止出现堵塞、溢流、渗漏、淤积、冲刷和冻结等现象，以免造成对路基、路面和毗邻地带的危害。一般情况下，路基沟渠不能用于其他排水用途。

计算路基地表排水设施的径流量时，对高速公路和一级公路，应采用15年重现期内任意30min的最大降雨强度；对其他等级公路，应采用10年重现期内任意30min的最大降雨强度。边沟、截水沟、排水沟、跌水和急流槽的断面尺寸，须保证宣泄全部设计流量而不致溢出沟外，同时，沟管内水流的最大和最小流速应控制在允许流速范围内。各类地表水沟沟顶应高出设计水位0.2m以上，沟渠宜短不宜长。

从环境保护要求出发，公路排水不应对沿线饮用水源、养殖水体造成污染。因此，路基地表排水沟管排放的水流不应直接排入饮用水水源、养殖池，而应引排至地方排水体系中。在不得已的情况下必须排入敏感水体时，应采取相应措施，以达到现行《城镇污水处理厂染物排放标准》（GB 18918—2002）中相关水质指标要求。

1）边沟

边沟是为汇集和排出路面、路肩及边坡的流水，在路基两侧设置的纵向排水沟，多与路中线平行，用于汇排路基范围及流向路基的少量地面水。

边沟常设于挖方路基的路肩外侧或低路堤的坡脚外侧，分为明沟和加设盖板的暗沟等形式。在挖方地段和填土高度小于边沟深度的填方地段，均应设置边沟；路堤靠山一侧的坡脚应设置不渗水的边沟。边沟断面形式及尺寸应根据地形地质条件、边坡高度及汇水面积等确定，常用的断面形式主要有矩形、碟形和梯形等（图2-13），其断面构造设计图例可参见附录A。边沟纵坡宜与路线纵坡保持一致，且不宜小于0.5%；施工困难情况下，沟壁铺砌也不应小于0.12%。边沟长度一般不大于500m，多雨地区梯形边沟每段长度不宜超过300m，碟形边沟不大于200m。

a)矩形边沟

b)蝶形边沟

c)梯形边沟

图2-13　路基边沟常见截面形式

边沟以往常用石块砌成，近年来常用C20混凝土砌筑。在平曲线边沟施工时，沟底纵坡应与曲线前后沟底纵坡平顺衔接，不允许曲线内侧有积水或外溢现象发生，曲线外侧边沟应适当加深，其增加值等于超高值。当边沟位于土质地段且沟底纵坡大于3%时，应采取加固措施。

为了防止边沟水流漫溢或冲刷，在平原区和山岭区，边沟应分段设置出水口；在路堤、路堑交界处，应将路堑边沟出水口延伸至路堤坡脚以外。边沟水流向桥涵进水口时，为避免冲刷，应设跌落式雨水井，通过涵洞将边沟水引至另一侧排出（图2-14），或根据地形需要，在进口前设置急流槽或跌水等构造物，将水流引入涵洞。当边沟水流流至回头弯处，流水一般已充满边沟断面，流速也较大，应顺着边沟方向沿山坡开挖排水沟，将水流引至路基范围以外的自然沟（图2-15），或用急流槽引下山坡，以免增加对回头弯边沟的冲刷。

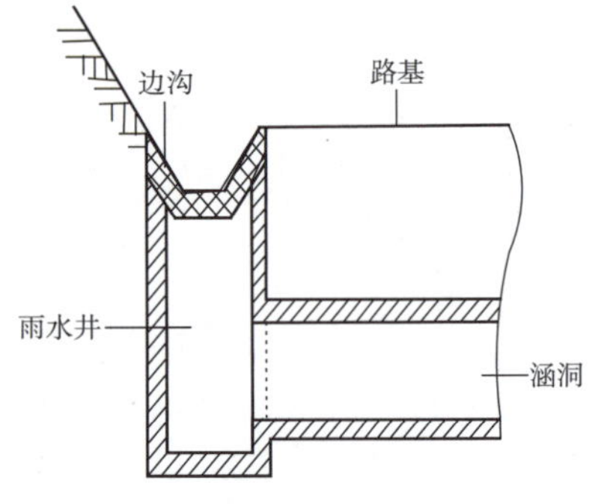

图2-14　边沟、雨水井和涵洞的衔接

应在边沟与填方毗邻处、桥头翼墙或挡土墙之后设置急流槽或跌水，将水流直接引到填方坡脚之外或引入河道，以避免冲刷边坡，影响路基稳定。在暴雨较大的地区，如挖方路基的纵坡陡长，且下端接有小半径曲线或平缓的纵坡路段，为避免水流漫溢、冲刷或软化路基，危及路面，可在变坡点附近或进入弯道前，设置横向排水沟，必要时可增设涵洞将边沟水排出于路基范围以外。

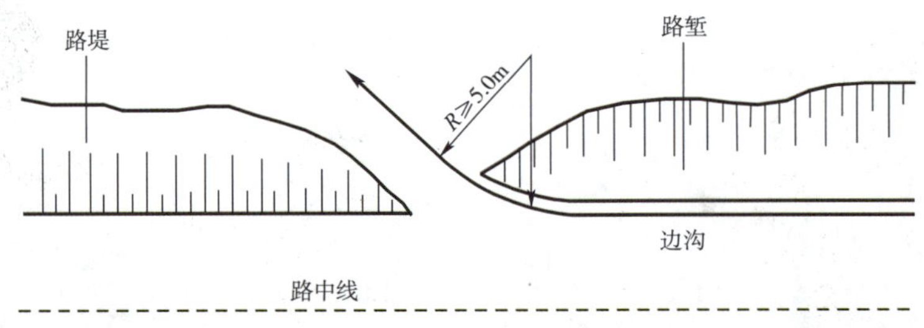

图2-15　边沟出水口回头曲线的设置

从安全和视觉效果看，矩形边沟加盖板形式对于汇水面积较大的挖方路基边沟（与狭长的路基及高陡边坡配合）、与之相接的填方路基排水沟、沿街路段、设置有内挡结构的挖方路基内侧等路段的适应性较好，可具有路基视觉增宽、防止车轮卡陷和边坡碎落堵塞等功能［图2-16a)］；浅碟式边沟对于地形平坦、纵坡平缓的低填、浅挖路段适应性较好，可与原地面舒缓自然衔接，克服沿路基边缘设置规则深排水沟所带来的行车不安全隐患，同时形成流畅优美的视觉效果［图2-16b)］；梯形边沟适用于防止水流冲刷要求高的路段，然而视觉生硬不美观，与环境适应性差，宜设于高路堤或其他视线以外的路段。

a)加盖板的矩形边沟

b)浅蝶式边沟

图2-16　推荐的两种路基边沟形式

2）截水沟

截水沟也称为天沟。截水沟的作用是拦截并排除路基上方流向路基的地面径流，减轻边沟的泄水负担，保证挖方边坡和填方坡脚不受流水冲刷。

截水沟应设置在路堑边坡坡顶以外、高边坡平台或山坡路堤上方的适当处，垂直于山坡水流方向或基本与等高线平行；视降雨量，可以不设或设计多道。截水沟的具体布置及设置要求可参见表2-2，其断面形式主要为梯形和矩形，如图2-17所示。一般土质截水沟断面常采用梯形，其宽、深不小于0.5m，边坡值为（1∶1）～（1∶1.5）；当地面横坡较大时，可采用矩形断面。截水沟长度以200～500m为宜，纵坡不宜小于0.5%，一般为1%。边坡平台上的截水沟应采用C20以上混凝土加固，以防下渗。截水沟位置应尽量与地表水流方向垂直，以利截水及缩短沟的长度。截水沟必须有牢靠的出水口，必要时须设置排水沟、跌水或急流槽；截水沟的出水口必须与其他排水设施平顺衔接。当截水沟长度超过500m时，应选择适当的地点设出水口，将水引至山坡侧的自然沟中或桥涵进水口。

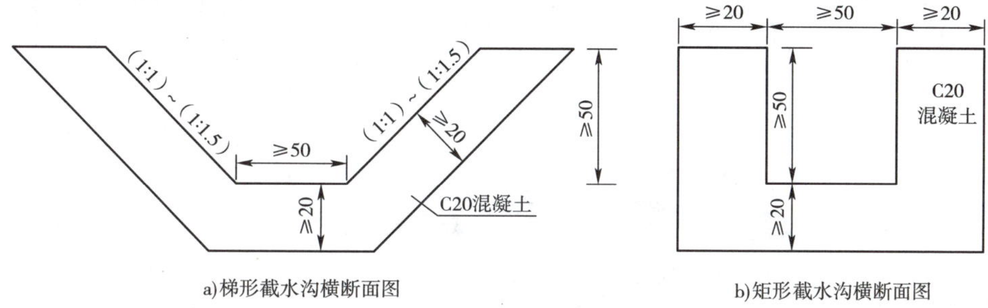

图2-17　截水沟横断面图（尺寸单位：cm）

在无弃土堆的情况下，截水沟的边缘离开挖方路堑坡顶的距离视土质而定，以不影响边坡稳定为原则。对一般土质至少应离开5m，并应进行防渗加固。截水沟挖出的土，可在路堑与截水沟之间修成土台并进行夯实，台顶应筑成2%倾向截水沟的横坡（见表2-2中④图）。当路基上方有弃土堆时，截水沟应离开弃土堆坡脚1～5m，弃土堆坡脚距离路基挖方坡顶应不小于10m，弃土堆顶部应设2%倾向截水沟的横坡，如图2-18所示。山坡上路堤的截水沟应离开路堤坡脚至少2m，并用挖截水沟的土填在路堤与截水沟之间，修筑向沟倾斜坡度2%的护坡道或土台，使路堤内侧地面水流入截水沟排出（见表2-2中⑥图）。为防止水流下渗和冲刷，截水沟应进行严密的防渗和加固。地质不良地段和土质松软、透水性较大或裂隙较多的岩石路段，对沟底纵坡较大的土质截水沟及其出水口，均应采用加固措施，以防止渗漏和冲刷沟底及沟壁。

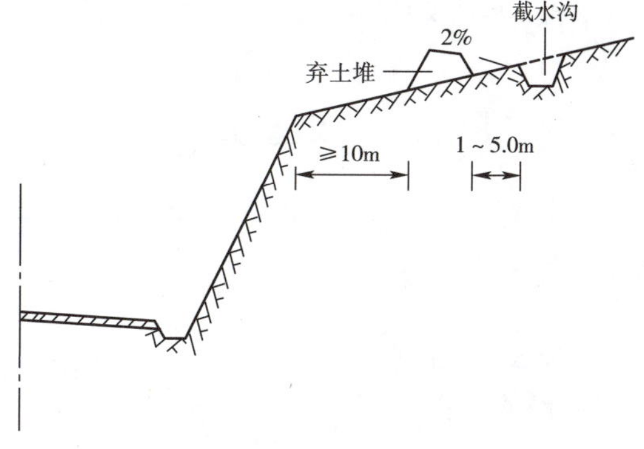

图2-18　挖方路段截水沟与弃土堆的关系

截水沟的布置图示及设置要求

表 2-2

名　称	图　示	设置要求
①截水沟与截水沟的衔接	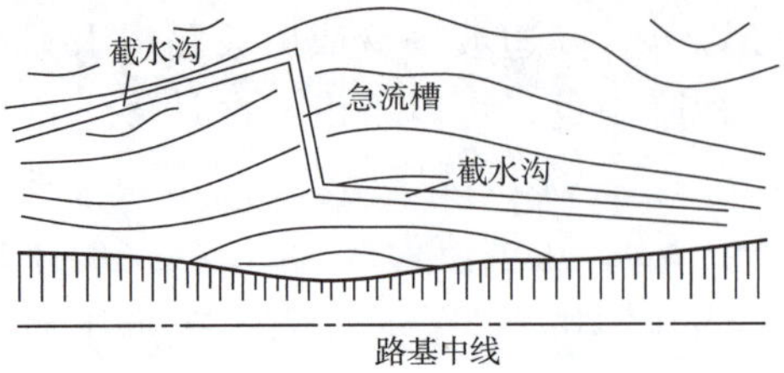 截水沟；急流槽；截水沟；路基中线	当受地形限制，绕行较长，工程艰巨，附近又无出水口时，可分段考虑，中部用急流槽衔接
②截水沟与涵洞的衔接	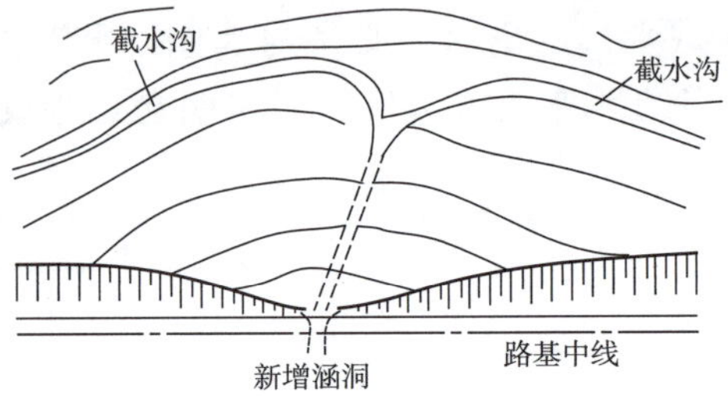 截水沟；截水沟；新增涵洞；路基中线	当有条件时，可采取增设涵洞，用急流槽与涵洞衔接
③多道截水沟的布置	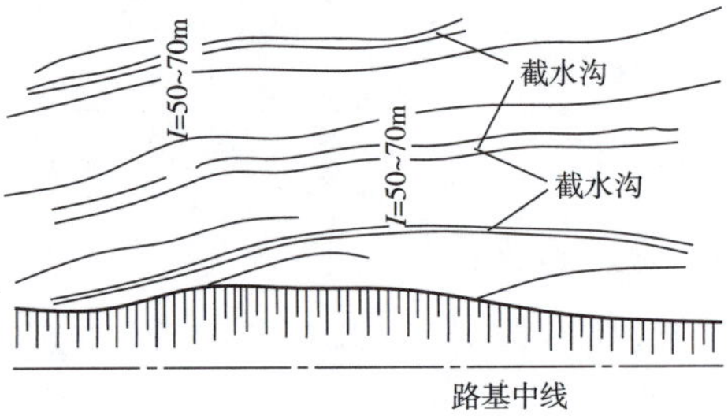 l=50~70m；l=50~70m；截水沟；截水沟；路基中线	当边坡口距分水岭距离较长、山坡坡面土质较差，且坡度较陡、植被较差时，应布置多道截水沟
④截水沟的横向布置	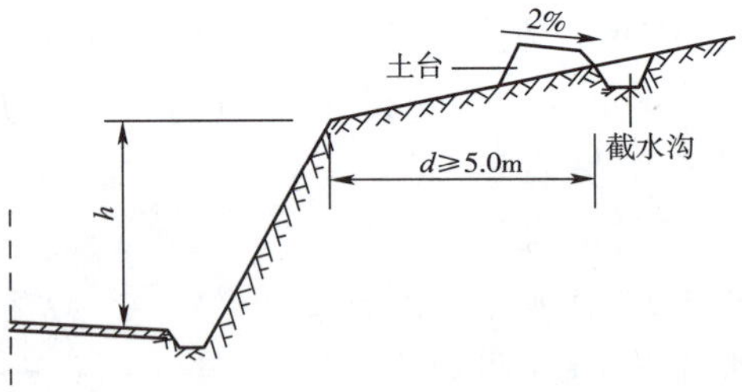 2%；土台；h；d≥5.0m；截水沟	一般土层 $d\geq5$m；有软弱夹层 $d\geq5$m，黄土地区 $d\geq10$m
⑤边坡平台上截水沟横向布置	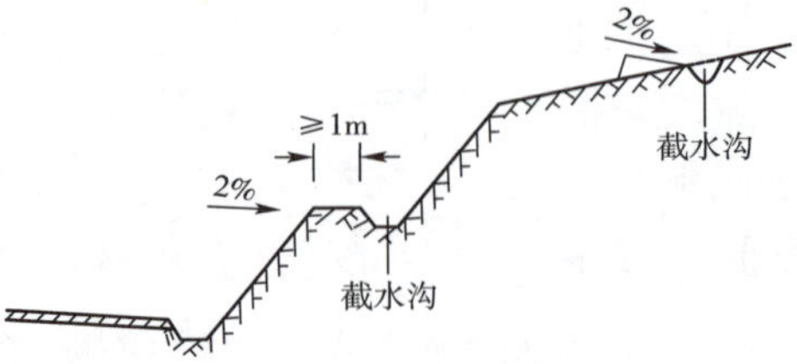 2%；≥1m；2%；截水沟；截水沟	当土质边坡高度较大、降雨量较大时，可考虑在边坡平台上设置截水沟

续上表

名　　称	图　　示	设置要求
⑥山坡路堤上方截水沟横向布置	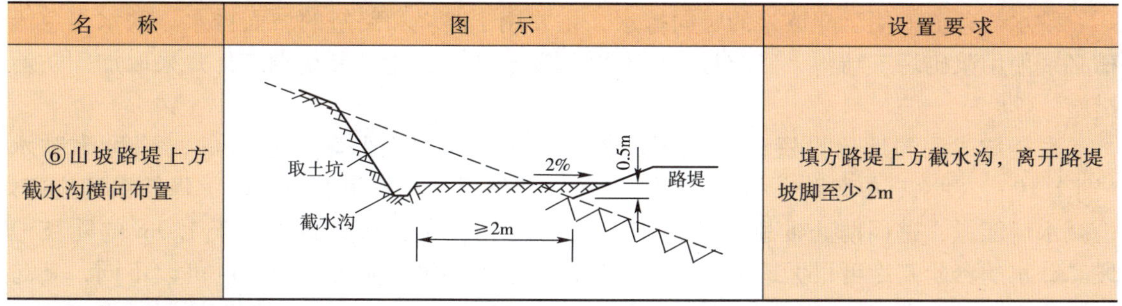 	填方路堤上方截水沟，离开路堤坡脚至少2m

3）排水沟

排水沟也称为泄水沟，是一种人工沟渠。其作用是将路基范围内各种水源的水流（如边沟、截水沟、取土坑、边坡和路基附近积水）引排至桥涵或路基范围以外的指定地点。

排水沟常设于地面沟渠曲折或低洼处积水影响路基稳定处，或为了减少涵洞数量、用于合并沟渠时设置。排水沟应具有合适的纵坡，以保证水流畅通，不致流速太大而产生冲刷，亦不可流速太小而形成淤积，为此宜通过水力计算而择优选定；一般情况下，可取0.5%～1.0%。排水沟的长度一般在500m以内，断面以梯形为主，其宽、深均应大于0.6m，并经水力计算确定。由于分段汇流，排水沟的断面可采用变截面。排水沟的布置图示及要求可参见表2-3。

排水沟的布置应尽可能远离路基，通常距路基坡脚不宜小于2m，平面上应力求平顺短捷，且以直线为宜；需要转弯时也应尽量圆顺，做成弧形，其半径不宜小于10～20m，连续长度宜短，一般不超过500m。排水沟水流注入其他沟渠或水道时，应使原水道不产生冲刷或淤积。通常应使排水沟与原水道两者成锐角相交，交角不大于45°，有条件可用半径$R=10b$（b为沟顶宽）的圆曲线朝下游与其他水道相接。当排水沟、截水沟、边沟因纵坡过大产生水流速度大于沟底、沟壁土的容许冲刷流速时，边沟表面应采取加固措施。

排水沟的布置图示及要求　　表2-3

图　　示	布置要求
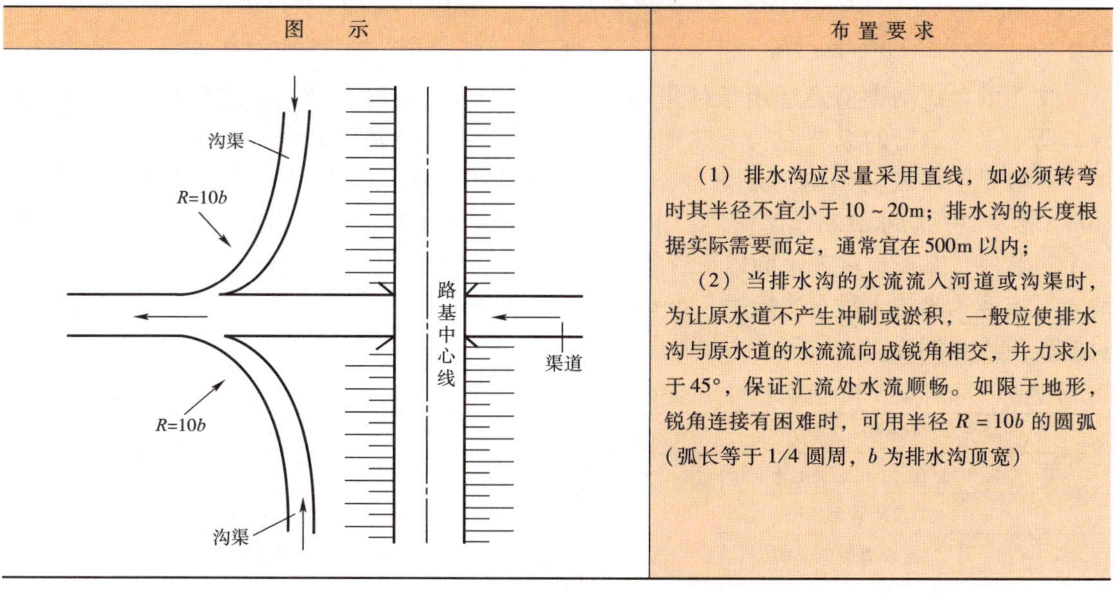 	（1）排水沟应尽量采用直线，如必须转弯时其半径不宜小于10～20m；排水沟的长度根据实际需要而定，通常宜在500m以内； （2）当排水沟的水流流入河道或沟渠时，为让原水道不产生冲刷或淤积，一般应使排水沟与原水道的水流流向成锐角相交，并力求小于45°，保证汇流处水流顺畅。如限于地形，锐角连接有困难时，可用半径$R=10b$的圆弧（弧长等于1/4圆周，b为排水沟顶宽）

4）跌水与急流槽

跌水与急流槽用于陡坡处的竖向排水，主要用于路堤和路堑的坡面排水。跌水与急流槽必须使用浆砌圬工结构，目前常采用C20混凝土或混凝土预制块砌筑，并采取加固防治措施。

在陡坡或深沟地段设置的沟底为阶梯形、水流呈瀑布跌落式通过的沟槽称为**跌水**（图2-19）。跌水有单级跌水和多级跌水之分，其作用是在较短的距离内，降低水流流速，消减水流能量，进而防止冲刷，主要用于坡度大于10%、水头高差大于1.0m的陡坡地段。跌水的台阶高度可根据地形、地质等条件决定，多级台阶的各级高度可以不同，其高度与长度应与原地面坡度相适应，通常不应大于0.5～0.6m，一般情况下可取0.3～0.4m。跌水常设置于涵洞进出水口处，或设在落差较大且距离较短的陡坡或深沟地段以及与急流槽之间的连接处。

在陡坡或深沟地段设置的坡度较陡、水流不离开槽底的沟槽称为**急流槽**（图2-20），其特点是水流不离开沟底，纵坡比跌水的平均坡度更陡，但一般不宜超过1：1.5，而且对结构的稳定性要求更高。其作用是在较短的距离内以沟渠的方式引排水流、降低水头，以防止冲刷。急流槽多用于涵洞的进出水口，也常用于高路堤路段，以排泄路面汇水至边沟中，或用于高速公路超高段横向排水。

图2-19　跌水

图2-20　急流槽

常用的急流槽类型及适用条件可参见表2-4，其构造以及与跌水之间的衔接。如图2-21所示。急流槽的纵坡应与天然地面坡度相配合；当急流槽较长时，槽底可用几个纵坡，一般是上段较陡，向下逐渐放缓。当急流槽很长时，应分段砌筑，每段不宜超过10m，接头处用防水材料填塞密实；急流槽的砌筑应使自然水流与涵洞进、出口之间形成一个过渡段，基础应嵌入地面以下，基底要求砌筑抗滑平台并设置端护墙。路堤急流槽的修筑，应能为水流入排水沟提供一个顺畅通道，路缘石开口及流水进入路堤边坡急流槽的过渡段应连接圆顺。

急流槽类型及适用条件　　表2-4

类　型	适用条件
C20混凝土（或混凝土预制构件）	适用于一般山坡段沟槽
金属管急流槽	适用于纵坡坡度陡于1：1.5的急流槽
路堤边坡急流槽	适用于高路堤边坡，与拦水带出水口相接的排水急流槽

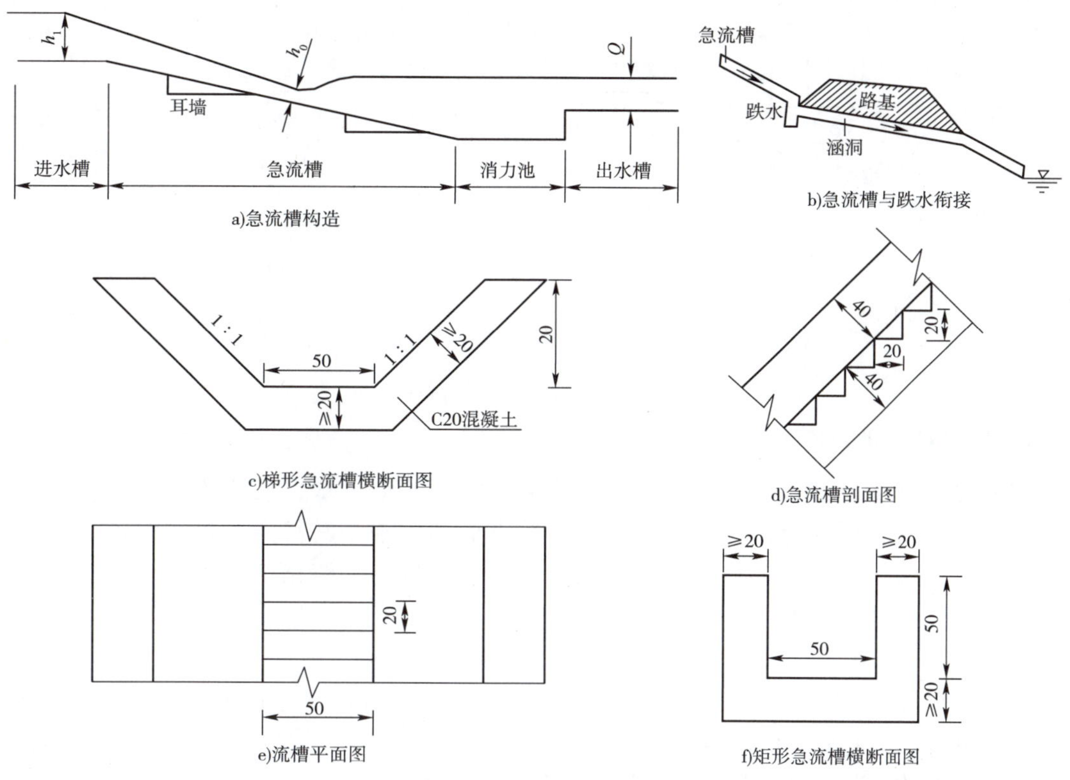

图 2-21　急流槽构造及其与跌水的衔接（尺寸单位：cm）

在高路堤道路纵坡不大的地段，急流槽进水口在路肩上可做成簸箕形，导引水流流入急流槽；在纵坡较大地段，急流槽进水口于路肩上增设扩水带，拦截上流来水使其进入急流槽。在长草的土质高路堤，为防止雨水漫流冲刷边坡，可在路肩外缘设拦水带，将路面和路肩上的雨水分段集中，通过路堤边坡上的急流槽（俗称水簸箕）排出于路基范围以外。

5）拦水带

拦水带设在路堤硬路肩外侧边缘，将水流拦截至边沟或适当地点排离路基，其作用是防止路面汇水对高路堤边坡的冲刷，主要用于较高等级公路的坡面排水。设置拦水带路段的路肩宜适当加固，以免水流集中后造成冲刷。拦水带目前常用混凝土预制块铺砌而成，也可由沥青混凝土现场浇筑，其平面布置和断面设计分别如图 2-22 和图 2-23 所示。

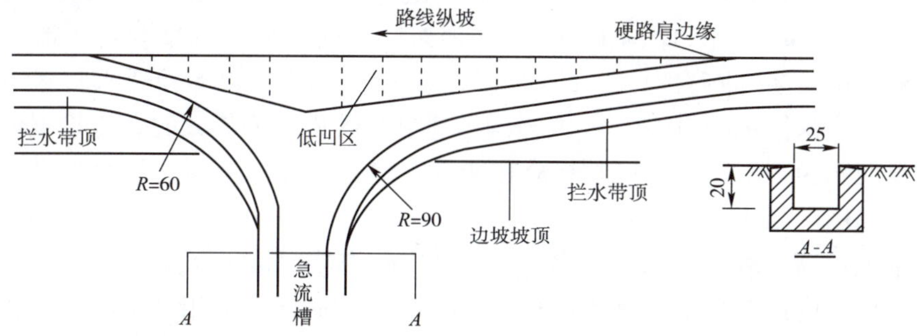

图 2-22　纵坡坡段上拦水带不对称泄水口的平面布置示意图（尺寸单位：cm）

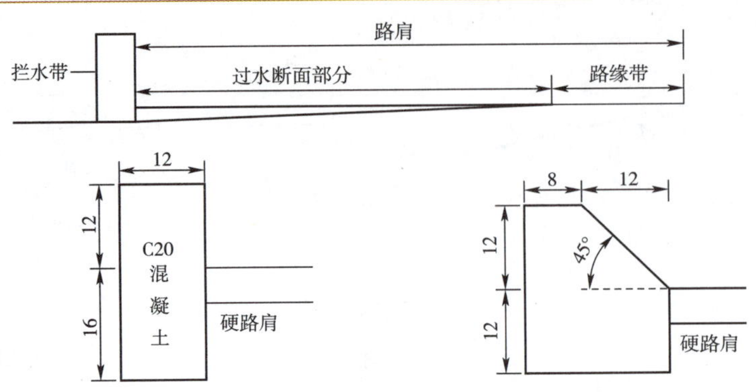

图 2-23　拦水带断面设计（尺寸单位：cm）

2.5.3　地下排水设施

路基地下排水设施的作用是截断与排除流向路基的地下水，使之不致侵蚀路基，亦可降低地下水位，隔断毛细水上升或排除路基下面的积水。其特点是排水量不大，主要以渗流方式汇集水流，并就近排出路基范围以外。常见的公路路基地下排水设施主要有暗沟、渗沟、渗井和渗水隧洞等；对于流量较大的地下水，还应设置专用地下管道予以排出。

地下排水设施投资大，维修困难，因此，凡能用地上排水设施代替的，尽量不设或少设地下排水设施。此外，由于地下排水设施埋置在地面以下，不易维修，在路基建成以后又难以查明失效情况，所以要求地下排水设备牢固有效。

1）暗沟

暗沟是设在地面以下用以引导水流的沟渠，无渗水和汇水作用，适用于排出泉水或地下集中水流。暗沟可兼排地表水，但在寒冷地区不宜用于排出地下水。

当路基范围内遇有个别泉眼，泉水外涌，路线不能绕避时，为将泉水引至填方坡脚以外或挖方边沟加以排除，可在泉眼与出口之间开挖沟槽，修建暗沟。暗沟设在路基旁侧时，宜沿路线方向布置；设在低洼地带或天然沟谷处时，宜顺山坡的沟谷走向布置。

暗沟构造比较简单。在路基填土之前或挖出泉眼之后，在泉眼范围的大小剥除泉眼上层浮土，挖出泉井，砌筑井壁与沟壁，上盖混凝土或石盖板。井深应保证盖板顶面的填土厚度不小于 50cm，井宽按泉眼大小决定。暗沟沟底的纵坡不宜小于 1%，施工困难时亦不得小于 0.5%，出水口处应加大纵坡，并应高出地表排水沟常水位 0.2m 以上。暗沟一般高约为 20cm，宽 20 ~ 30cm。暗沟采用混凝土浇筑砌筑时，应在沟壁与含水地层接触面的高度处，设置一排或多排向沟中倾斜的渗水孔，沟壁外侧应填以粗粒透水材料或土工合成材料作反滤层。沿沟槽每隔 10 ~ 15m 或当沟槽通过软硬岩层分界处时，应设置伸缩缝或沉降缝。如沟身两侧为石质，盖板可直接放在两侧石壁上。过水暗沟，如两雨水井之间的水道连接，亦可采用混凝土水管。

当地下水位较高、潜水层埋藏不深时，可采用暗沟截留地下水及降低地下水位，沟底宜埋入不透水层，内沟壁最下一排渗水孔（或裂缝）的底部宜高出沟底不小于 20cm。

暗沟造价一般高于明沟，且一旦淤塞不易疏通，甚至需开挖重建。因此，设计时必须与修建明沟方案进行经济比较，择优选用。

2）渗沟

（1）渗沟的作用和一般构造

采用渗透方式将地下水汇集于沟内，并通过沟底通道将水排至指定地点，此种地下排水设备统称为**渗沟**。公路路线经过地段遇有潜水、层间水，路堑顶部出现地下水，或地下水位较高，从而影响路基或路堑边坡稳定时，则需修建渗沟将水排出。

渗沟的作用是采用渗透方式来吸收地下水并降低地下水位，在地面以下汇集和拦截流向路基的地下水，并通过沟底通道将水排至指定地点，使路基上部保持干燥。具体而言，即通过拦截作用引排地下潜水、层间水，通过渗流作用降低地下水位，通过透析作用疏干坡体内的潮湿土，以此保证路基工作区稳定或路堑边坡稳定。渗沟按其构造不同，分为填石渗沟、管式渗沟和洞式渗沟三种。各种渗沟的常见构造如图2-24所示，一般都设有排水层、反滤层、封闭层和隔渗层等。

排水层的作用是将通过渗透而汇集的地下水疏浚到出水口加以排出，具体有填石、管式、洞式三种形式。

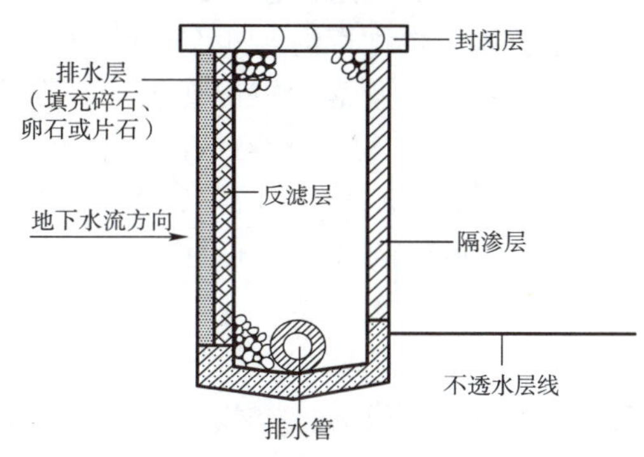

图2-24 渗沟一般构造图

反滤层是为了汇集水流以及防止含水层中土粒堵塞排水层而设置的。在有渗流的土层中，为防止渗透变形或颗粒被动水压力带入排水通道，必须在含水的土层和排水层之间设置反滤层，使渗水流畅又能阻止土粒移动和堵塞排水层。反滤层通常用砂石材料分层填埋，粒径由细到粗直至排水层；并应尽可能选用颗粒大小均匀的砂石材料，分层填埋，相邻两层颗粒直径之比不小于1∶4，设计时填料的颗粒应为含水层土的最大粒径的8～10倍。用碎（砾）石做渗沟的填充材料时，外面应加铺一层土工布；若用砾砂做反滤层兼排水层（盲沟）时，则可以不加铺土工布。

封闭层是为了防止土粒落进填充石料的孔隙、以免造成渗沟堵塞而设置的，同时也能起到防止地面水渗入沟内的作用。封闭层通常采用浆砌片石、干砌片石水泥砂浆勾缝，用黏土夯实，厚约50cm，下面铺双层反铺草皮或土工布。

隔渗层是为了防止沟内的水渗入或渗出而设置的。通常当沟底挖至不透水层形成完整式渗沟时，反滤层设在迎水面一侧，背水面一侧则做成隔渗层，隔渗层的形式与做法与封闭层相同。

渗沟是公路工程中常用的一种构造物，同时又是隐蔽工程，因此，需要精心施工。各种渗沟均应设置排水层、反滤层和封闭层。渗沟沟内用作排水和渗水的填充料常用的有碎石、卵石和粗砂等，使用前须经筛选和清洗。渗沟的槽宽（人工开挖）视沟深而定，一般深度在2m时，宽度为0.6～0.8m；深度在3～4m时，宽度不小于1m。渗沟的出水口宜设置端墙，端墙下部留出与渗沟排水通道大小一致的排水沟，端墙排水孔底面距排水沟沟底的高度不宜小于0.2m，在寒冷地区不宜小于0.5m。端墙出口的排水沟应进行加固，以防止冲刷。渗沟基底应埋入不透水层，渗沟沟壁的一侧应设反滤层汇集水流，另一侧用黏土夯实或浆砌片石拦截水流。如含水层很厚，沟底不能深入不透水层时，两侧沟壁均应设置反滤层。

渗沟的开挖宜自下游向上游进行，并应随挖随支撑并迅速回填，不可暴露太久，以免造成坍塌，支撑渗沟应间隔开挖。当渗沟开挖深度超过6m时，宜选用框架式支撑，在开挖时自上而下随挖随加支撑，施工回填时应自下而上逐步拆除支撑。

为检查维修渗沟，宜隔30～50m或在平面转折和坡度由陡变缓处设置检查井。检查井一般采用圆形，内径不小于1.0m，在井壁处的渗沟底应高出井底0.3～0.4m，井底铺一层厚0.1～0.2m的混凝土。井基如遇不良土质，应采取换填、夯实等措施。兼起渗井作用的检查井的井壁，应在含水层范围设置渗水孔和反滤层；深度大于20m的检查井，除设置检查梯外，还应设置安全设备。井口顶部应高出附近地面0.3～0.5m，并设井盖。

（2）渗沟分类

渗沟按排水层的构造形式，可分为填石渗沟、管式渗沟和洞式渗沟三种类型。

填石渗沟也称盲沟，其作用是截断路堑路堤交界处路堑层间水，其构造如图2-25a）所示。填石渗沟通常为矩形或梯形，在渗沟的底部和中间用较大碎石或卵石（粒径3～5cm）填筑，在碎石或卵石的两侧和上部，按一定比例分层（层厚约15cm）填较细颗粒的粒料（中砂、粗砂、砾石），做成反滤层，逐层的粒径比例大致按4：1递减。砂石料颗粒小于0.15mm的含量应不大于5%。用土工合成材料包裹有孔的硬塑管时，管四周填以大于塑管孔径的等粒径碎石、砾石，组成渗沟，顶部做封闭层，用双层反铺草皮或其他材料（如土工合成的防渗材料）铺成，并在其上夯填厚度不小于0.5m的黏土防水层。填石渗沟的埋置深度应满足渗水材料的顶部（封闭层以下）不得低于原有地下水位的要求；当排出层间水时，渗沟底部应埋于最下面的小透水层上。填石渗沟只宜用于渗流不长的地段，且纵坡不能小于1%，坡度宜采用5%，出水口底面高程应高出沟外最高水位0.2m。

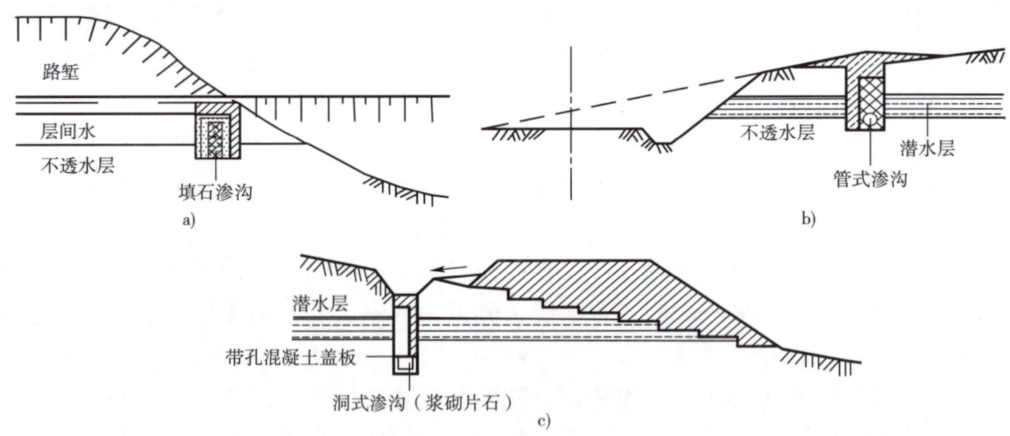

图2-25　起拦截作用的渗沟示意图

管式渗沟用于截断路堑上方的潜水，其构造如图2-25 b）所示。管式渗沟适用于地下水引水较长、流量较大的地段。当管式渗沟长度为100～300m时，其末端宜设横向泄水管分段排出地下水。管式渗沟的泄水管可用陶瓷、混凝土、石棉、水泥或塑料等材料制成，管壁应设泄水孔，交错布置，间距不宜大于20cm。渗沟的高度应使填料的顶面高于原地下水位。沟底垫枕采用混凝土，如沟底深入到不透水层时，宜采用混凝土或土工合成的防水材料。

洞式渗沟用于拦截地下出露的潜水，其构造如图2-25 c）所示。洞式渗沟适用于地下水流量较大的地段，洞壁宜采用浆砌片石砌筑，洞顶应用盖板覆盖，盖板之间应留有空隙，使地下水流入洞内。洞式渗沟的高度要求与管式渗沟相同。

（3）渗沟布置

渗沟可设置在边沟、路肩、路基中线以下、路基上侧山坡的适当位置。渗沟的平面布置应尽可能与地下水流向相互垂直，使之能拦截更多的地下水。除路基边沟下（或边沟旁）的渗沟应按路线方向布置外，用于截断地下水的渗沟的轴线均宜布置成与渗流方向垂直；用作引水的渗沟应布置成条形或树枝形。

渗沟除了能起拦截作用外，还可用于降低路基一侧或两侧地下水位，其构造如图2-26所示。边坡渗沟则是用于边坡排水的集水构造物，引排、疏干局部出露的上层滞水或泉水，改善不稳定坡体的潮湿状态，其形式有条形、Y形、拱形，如图2-27所示。

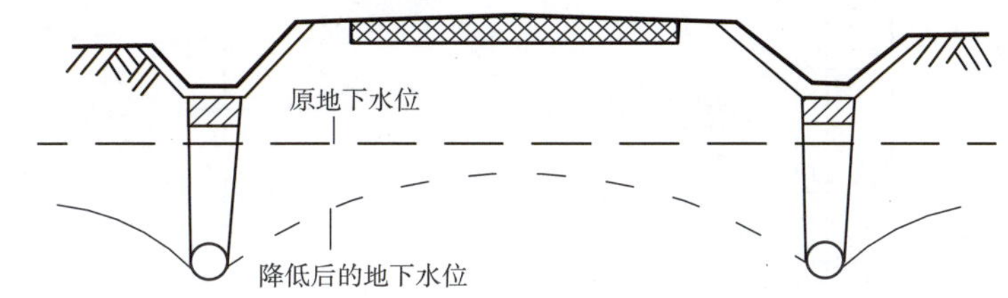

图2-26　降低路基地下水位的渗沟

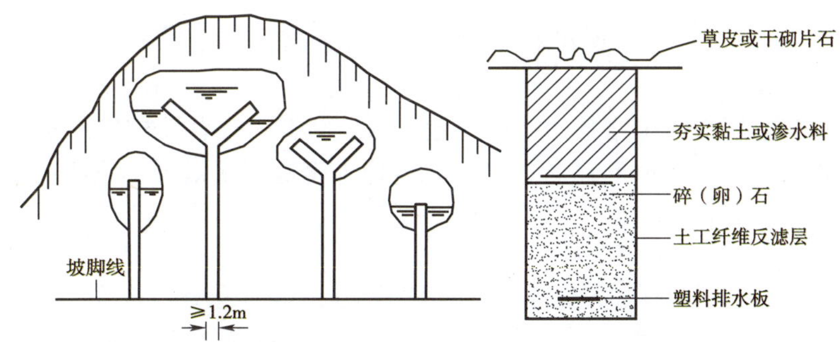

图2-27　边坡盲沟示意图

3）渗井

渗井的作用是在路基下卧层不深处存在有透水性土层时，将路基上层的滞水（或地面汇水）引入到该透水层中去。在公路路线经过城镇段、路基附近地面水或浅层地下水排出困难时，或在路基含水率较大而影响路基路面强度、其他地下排水设施又不易布置时，常需设置渗井。此外，在路线低凹处（如立交桥下）地面汇水无法自然排出，采用渗井一般也较为经济适用。

在公路路线穿过雨量稀少地区的村落或集市，若路线高度与原地面相仿，因建筑物障碍不能贯通边沟，而距地面不深处有渗透性土层，且地下水流向背离路基，地面水流量不大，此时可修渗井，将边沟水流分散到地面1.5m以下的透水层中，使之不致影响路基稳定。

桥下的通道路线为凹形竖曲线时，如通道路基下层有良好的渗水性土层，则可在凹形竖曲线的最低部位设置渗井，井口宽可取与一般雨水井相同，上盖铁箅盖板，总宽与通道宽相等，使低洼处积水由渗井排走，比之采用涵管或水泵排水更为经济、简单。

渗井构造如图2-28所示，分为上部构造和下部构造两部分。上部构造为集水结构，下部构造为排水结构。渗井一般可采用直径0.7m的圆井，或0.6～1.0m的方井，具体渗井面积的大小取决于路基表面的流量。渗井的下部必须穿过不透水层而深达渗透层，井内填充材料用碎石或卵石，上部不透水土层内填充砂和砾石。透水性土层离地面较深时，可用钻井机钻孔，钻井的直径不应小于15cm，有时可达50～60cm。填充料采用筛选过的不同粒径的材料，应层次分明，不得粗细料杂乱填塞。渗井的井壁与填充料之间应设反滤层。

渗井离路堤坡脚不应小于10m，渗井顶部四周（进口部分除外）应采用黏土筑堤维护，并应加混凝土盖，严防渗井淤塞。

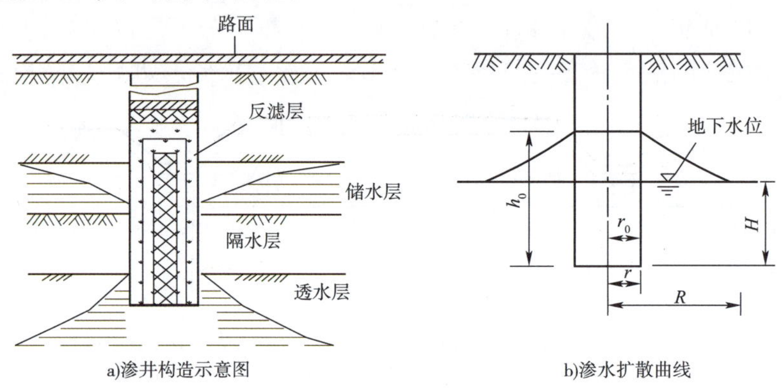

图2-28 渗井构造及渗水扩散曲线

4）排水管（孔）

仰斜式排水孔适用于引排路基边坡内的地下水。仰斜式排水孔排出的水宜引入路堑边沟排出。仰斜式排水孔的仰角不宜小于6°，长度应伸至地下水富集部位或潜在滑动面，并宜根据渗水情况成群分布，其结构示意图见图2-29。

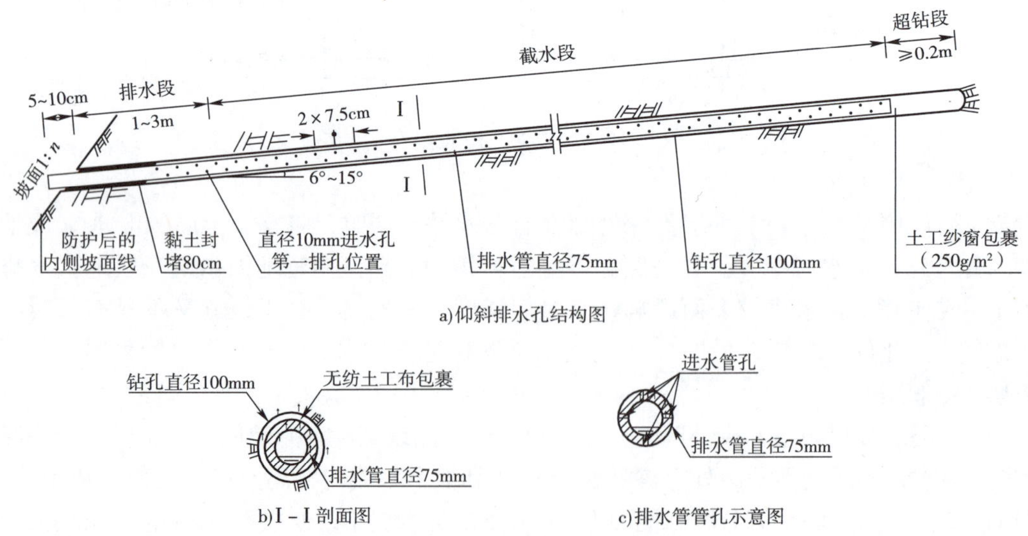

图2-29 仰斜式排水孔结构示意图

渗池与暗管通常是由渗池汇积山坡地下水，再由暗管配合排出。渗池多采用矩形，其中间填片石或块石，四周填粗砂、砾石作反滤层。池底及与水源不接触的壁面采用草皮、黏土做成隔水层，渗池顶面应高于含水层顶面20cm，暗管底面应低于含水层底面。暗管可用陶瓷管、瓦管、混凝土管或塑料管，暗管纵坡不得小于0.5%，管底应用碎（砾）石及粗砂垫平，管四周的填土应夯实。

2.5.4 路基排水综合设计

在疏导公路路基水流和完善排水系统时，经常需要各种地面和地下排水设施的搭配，进行排水综合设计。公路路基排水综合设计的主要内容包括：地面与地下排水设备的协调配合，路基排水设备与桥涵等泄水结构物的合理布置，排水工程与防治加固工程的相互配合等。综合设计要点如下：

（1）流向路基的地面水和地下水，需在路基范围以外的地点设置截水沟与排水沟或渗沟进行拦截，并引离至指定地点。

（2）路基范围内的水源，应分别采用边沟、渗沟、渗井与排水沟予以排出。

（3）路基排水一般向低洼一侧排出，必须横跨路基时，应尽量利用拟设的桥涵，必要时可设置涵洞、倒虹吸或渡槽；水流落差较大时，应在较短段落上设置跌水或急流槽。

路基排水综合设计，必须做好事先调查研究工作，作出总体规划，提出总体布置方案，做好细部设计及工程核算。总之，因地制宜和综合治理，是路基排水综合设计的基本要求。

2.5.5 路基排水系统施工技术要求

1）路基排水系统施工总体要求

对公路路基各类排水设施的施工技术的总体要求如下：

（1）各类排水设施的位置、断面、尺寸、坡度、高程及使用材料应符合设计要求；

（2）沟渠边坡必须平整、稳定，水沟底地基稳固、密实；

（3）排水设施应纵坡顺适、沟底平整、排水畅通、无冲刷和阻水现象；

（4）排水沟、天沟要求线形美观，直线线形顺直，曲线线形圆顺；

（5）各类防渗加固设施要求坚实稳定，表面平整美观；浆砌片石工程砂浆配合比应通过试验确定，砌体咬扣紧密，嵌缝饱满、密实，宜勾凹缝，且勾缝平顺、无脱落，缝宽大体一致；干砌片石工程要求咬扣紧密、错缝，禁止叠砌、贴砌。

2）地面排水设施施工要求

（1）路基地面排水设施如排水沟、侧沟、天沟等要与周围天然沟渠和相邻的桥涵、隧道、车站等排水设施衔接配合，组成完整的排水系统；

（2）地表排水设施的平面位置应符合设计要求，并与周围实际地形相协调，不得反坡积水；

（3）排水沟铺砌背后及顶部与地面之间要填塞封严；

（4）侧沟、路堤横向排水沟采用混凝土预制构件砌筑时，砌缝砂浆应饱满，沟身不漏水；预制混凝土构件的强度、尺寸应符合设计要求，有破损、裂缝的构件禁止使用；

（5）路堤横向排水沟沟底纵坡由中心向两侧宜为4%，横向排水沟与路堤边坡排水沟应相接将水排出路基，路堤横向排水沟和路堤边坡上的排水沟均应在路堤处于稳定后方可施工；

（6）采用浆砌片石加固水沟时，砌缝砂浆应饱满，沟身不漏水；

（7）截水沟应防止水流下渗和冲刷，地质不良地段和土质松软、透水性较大或裂隙较多的岩石路段，对沟底纵坡较大的土质截水沟及截水沟的出水口，均应采取加固措施，防止渗漏和冲刷沟底及沟壁；

（8）急流槽的纵坡不宜超过1：1.5，同时应与天然地面坡度相配合，急流槽、平台防护及截水沟应随路基防护圬工同步砌筑，排水坡度、沟槽断面应符合设计要求；

（9）当路堤基本成型或跨雨季填筑时，路堤边坡较高地段宜每隔30m左右于路堤边坡上设置临时排水沟，路堤面边缘设置土埂，以免冲毁路基。

3）地下排水设施施工要求

（1）地下排水设施应与地表排水系统相配套，水路保持畅通，沟槽内碎石回填均匀、密实；

（2）当地下水位较高、潜水层埋藏不深时，可采用排水沟或暗沟截流地下水及降低地下水位，沟底宜埋入不透水层内，沟壁最下一排渗水孔底部宜高出沟底不小于0.2m；

（3）排水沟或暗沟采用混凝土浇筑或浆砌片石砌筑时，应在沟壁与含水地层接触面的高度处，设置一排或多排向沟中倾斜的渗水孔，沟壁外侧应填以粗粒透水材料或土工合成材料作反滤层，沿沟槽每隔10～15m或当沟槽通过软硬岩层分界处时应设置伸缩缝或沉降缝；

（4）排除地下水的渗沟均应设置排水层、反滤层和封闭层，渗沟沟内用作排水和渗水的填充料在使用前须经过筛选和清洗；

（5）渗沟的出水口宜设置端墙，端墙下部留出与渗沟排水通道大小一致的排水沟，端墙排水孔底面距排水沟沟底的高度不宜小于0.2m，端墙出口的排水沟应进行加固，防止冲刷；

（6）当管式渗沟长度为100～300m，其末端宜设横向泄水管分段排除地下水；

（7）渗沟的开挖宜自下游向上游进行，应随挖随即支撑并迅速回填，不可暴露太久，以免造成坍塌，支撑渗沟应间隔开挖；

（8）用于排水隔离层的土工合成材料的种类、性能指标和其上铺筑的材料应符合设计要求。

4）检查井施工要求

（1）检查井应按设计位置、尺寸施工；

（2）检查井基础应与渗水暗沟混凝土基础同时施工；

（3）为检查维修渗沟，应每隔30～50m或在平面转折和坡度由陡变缓处设置检查井；

（4）井身混凝土强度及井盖形状、强度、拉手安设应符合设计要求，井身混凝土表面平顺光洁，井盖安装平稳、密贴，拉手牢固；

（5）检查井基坑回填应按路基相同部位的材料和压实要求采用人工分层回填，夯击密实，施工时应避免机械损伤检查井井壁。

5）质量通病

公路路基各类排水设施施工时可能出现的质量通病如下：

（1）排水系统与实际地形不协调，与周围结构物的排水系统衔接不畅，地上排水系统与地下排水系统不配套；

（2）排水设施流水断面几何尺寸达不到要求，沟底地基不密实；

（3）流水坡度存在反坡或沟内局部下沉、凹陷、积水、淤塞。

2.6 边坡支挡防治

路基边坡是指在路基建设场地或其周边的自然边坡以及由于路基施工（开挖、填筑、采集填料或废方堆积等）所形成的人工边坡。路基边坡在水的因素等作用下，一方面可能发生边坡地质灾害，如落石、崩塌、滑坡等，影响公路安全营运；另一方面，由于植被及地表土被破坏或大量松散弃土，易引起水土流失、农田受淹、河流阻塞、水质污染等恶化环境事件的发生。

为确保路基的强度与稳定性，对路基边坡的防护与加固是不可缺少的工程技术措施。随着公路等级的提高，为维护正常的汽车运输，减少公路水灾害，确保行车安全，保持公路与自然环境协调，路基边坡的防护与加固更具有重要意义。路基边坡的防护详见本章第2.7节；边坡加固的类型一般分为辅助工程措施和支挡防治。前者主要有边坡排水系统，通常是外截内排，坡面封闭，恢复植被，改变地形等辅助手段；后者主要是设置支挡工程，以维持和恢复其自然力学平衡，防止主体崩塌。

支挡防治是边坡处治的基本措施。对于不稳定的边坡岩土体，使用支挡工程对其进行防护，是一种较为可靠的处治手段。它的优点是可从根本上解决边坡的稳定性问题，达到根治的目的。支挡工程是一种能够抵抗侧向土压力、防止边坡或路基主体崩塌而设置在路旁的结构物。目前常用的支挡工程包括重力式挡土墙、抗滑桩、锚杆挡土墙、土钉墙、锚喷网、板桩式挡土墙、预应力锚索、加筋挡墙等；在实际应用中，往往采用多种加固措施的组合，如预应力锚索与抗滑桩的组合（简称锚拉抗滑桩），预应力锚索与绿化结合（简称格构地梁锚索）等，以保证路基在自重及各种自然因素作用下保持稳定。具体工程措施详见第7章滑坡灾害防治。

在公路和铁路路基工程中，支挡工程被广泛应用于稳定路堤、路堑、隧道洞口以及桥梁两端的路基边坡等，主要用于承受土体侧向土压力。在水利、矿场、房屋建筑等工程中，支挡工程主要用于加固山坡、基坑边坡和河流岸壁。当以上工程或其他岩土工程遇到滑坡、崩塌、岩堆体、落石、泥石流等不良地质灾害时，支挡工程主要用于加固或拦挡不良地质体。支挡工程是岩土工程中的一个重要组成部分，随着我国支挡工程技术水平的不断提高以及减少环境破坏、节约用地观念的不断加强，支挡工程应用越来越广泛，尤其是在公路、铁路路基及建筑基础工程中所占的比重也越来越大。目前在福建省公路工程中常用的支挡工程包括：

（1）为降低挖方边坡的高度，减少挖方的数量，避免山体失稳崩塌［图2-30a)］而修建的路堑挡土墙；

（2）为收缩路堤坡脚，减少填方数量［图2-30b)］或减少拆迁［图2-30c)］或在土地珍贵处减少占用耕地及农田面积，以保证路基稳定而修建的护脚、护堤或挡土墙；

（3）为避免路基挤压河床，防止沿河、海、湖泊路基的边坡被水流冲刷［图2-30d)］而修建的路肩挡土墙或驳岸；

（4）岩堆地区为防止山坡覆盖层下滑［图2-30e)］而修建的山坡挡土墙；

（5）滑坡地区在滑坡体前缘抗滑段设置的抗滑支挡结构，以防止滑坡体向下滑动［图2-30f)］；

（6）为防止隧道洞口坍方而修建的洞口挡墙；

（7）为便于桥梁与路堤相接而修建的桥头挡墙。

此外，采用护肩、护脚、砌石等加固陡坡上的路堤边坡等，也都属于公路路基中应用的支挡工程形式。一般情况下，修建永久性支挡工程的造价相对较高。因此，在决定采用支挡工程之前，应同如下的其他工程方案进行比较后确定，以达到路基安全稳定、造价经济、技术合理的目的：

（1）与移动路线位置进行比较；

（2）与放缓边坡后所增大的土石方工程数量进行比较；

（3）与拆迁妨碍路基的构造物（房屋、河道、水渠等）相比较；

（4）与设置其他类型的构造物（如桥涵、导流结构物、护墙等）相比较；

（5）与刷坡清方或其他防治坍塌的措施相比较。

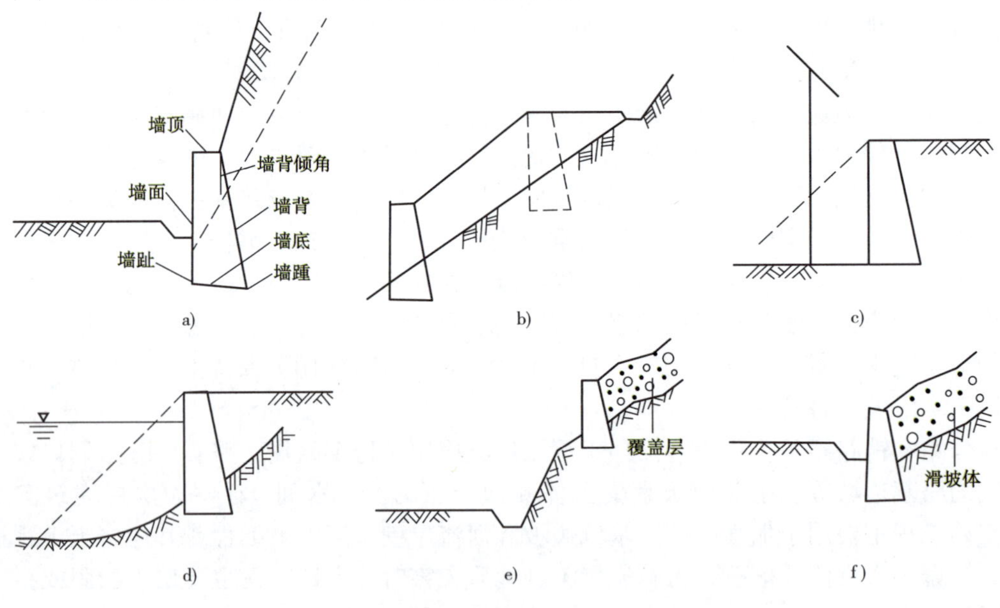

图2-30　设置支挡工程的位置

2.7　边坡坡面工程水灾害防治

边坡坡面工程水灾害防治包括生态防治和工程防治两种类型。其作用是保护路基边坡表面免受雨水冲刷，减缓温差及湿度变化的影响，从而防止和延缓软弱岩土表面的风化、碎裂、剥蚀演变进程，保护路基边坡的整体稳定性；此外，在一定程度上还可兼顾路基美化和协调自然环境。与支挡防治不同，边坡坡面防治的最大特点是不承受外力作用，且要求坡面岩土整体稳定牢固。

2.7.1 坡面工程水灾害生态防治

坡面工程水灾害生态防治也称为植物防治，是指利用草皮、灌木以及三维植物网等植被覆盖于边坡表面，使其免受雨水直接冲刷，从而起到固定边坡土体、改善生态环境的作用。它对于坡高不大、边坡比较平缓的土质坡面是一种简易有效的防护设施，其技术主要有种草、铺草皮、植树、客土喷播、三维植被网和骨架植物等。

采用生态防治，增加坡面植被面积，减少地表径流，可从根本上减少路基边坡的水土流失。植物覆盖对于地表径流和水土冲刷有极大的减缓作用。枝叶繁茂的树冠能够截留一部分降水量，庞大的根系能直接吸收和涵蓄一部分水分，还可稳定地表土层。而没有植被覆盖的地方，降水量全部落在地表面，形成径流，造成水土侵蚀和冲刷。植被的根系能与土层密切地结合，根系与根系的盘根错节，使地表层土壤形成不同深度的、牢固的稳定层，从而有效地稳定土层，固定沟坡，阻挡冲刷和塌陷。

福建省地属亚热带季风气候，雨水丰沛，特别是每年4~6月，雨量集中，常有暴雨、特大暴雨，雨水对地表冲刷特别严重，常常造成边坡冲沟，并引发滑坡。植被有很好的水分涵养功能，同时植物根系对土体有很好的固化作用，因此生态防治是一种非常有效的边坡处治手段，且植物有较好的环境保护功能和视觉效果，是路基边坡防治的一个很好的选择。

2.7.1.1 种草

种草是通过人工在边坡坡面简单播撒草种的一种传统的边坡生态防治措施，具有施工简单、造价低廉等特点。种草设计图例参见附录B。草能覆盖表土，防止雨水冲刷，调节土的湿度，防止裂缝产生及坡面风化剥落，有利于路基边坡的稳定。然而由于人工播撒草籽不均匀、草籽易被雨水冲走、种草成活率低等原因，往往达不到满意的边坡防治效果，近年来该技术已应用较少。

1）适用条件

种草适用于适宜草类生长且边坡坡度较缓、边坡不高的土质路堑和路堤边坡。对边坡稳定、坡面冲刷轻微的路堤或路堑边坡，一般要求边坡坡度不陡于1：1，边坡坡面水径流速度不超过0.6m/s；长期浸水边坡不适合种草。

对边坡不宜于种草者，可先铺一层有利于草生长的种植土，铺土厚10~15cm，为使种植土与边坡结合牢固，可在边坡上间隔100cm的距离挖20cm宽的台阶。

2）草种的选择

应选择适合当地土质和气候条件，根系发达、茎干低矮、枝叶茂盛、生长能力强的多年生草种，如白茅草、毛鸭嘴、鱼肩草及两耳草等。

3）种植方式

（1）种子撒播法：适用于边坡土质较软，厚度在25mm以下的砂性土，厚度在23mm以下的黏性土，以及边坡缓于1：1的情况。

（2）喷播法：适用于砾间有砂的砾质土，或厚度在25mm以下的砂质土，厚度在23mm以下的黏性土、亚黏土土坡；或当厚度在25mm以上的硬质土时，在常降暴雨地区，与铺席工程并用。

(3) 客土喷播法：客土喷播技术是一种改善边坡植生环境，促进植物生长，在普通条件下无法绿化或绿化效果差的边坡上实现立体绿化、恢复自然植被的新技术。客土喷播法具有广泛的适应性，土质或岩质边坡都适用。

(4) 点穴、挖沟法：适用于公路两侧绿化用地条件较差的情况，如硬质土或花岗岩风化砂土挖方边坡。点穴法是在边坡上用钻具挖掘直径5~8cm、深10~15cm的洞，每平方米8~12个，将固体肥料等放入，用土、砂等将洞埋住后，再种种子。挖沟法是在边坡上大致按水平间隔50cm左右，挖掘10~15cm深的沟，放入肥料后，撒播种子。

4) 施工工艺

(1) 草籽应均匀撒布在已清理好的坡面上。为使草籽撒布均匀，可先将草籽与砂、干土或锯末混合播种，草籽埋入深度应不小于5cm，种完后将土耙匀拍实。

(2) 路堤的路肩和路堑顶边缘应埋入与表层土齐平的带状草皮，草皮厚度不小于5cm，宽度不小于20cm。

(3) 播种时间一般应在春季、秋季，不能在干燥的风季和暴雨时播种。

(4) 路堑边坡或路堤较高时，可通过试验采用草籽与含肥料的有机质泥浆的混合物，喷射于坡面上。

(5) 草籽播种后，应适时进行洒水施肥、清除杂草等养护管理，直到草覆盖坡面。

2.7.1.2 铺草皮

铺草皮是通过人工在边坡面铺设天然草皮的一种传统的边坡生态防治措施，具有施工简单、工程造价较低等特点。其作用是利用植被覆盖坡面，其根系固定坡面表土，美化路容，协调与保护环境，调节边坡土的温湿状况，防止水土流失，阻止水流对坡面的冲刷，固定和稳定边坡，增强坡面的稳定性。铺植草皮的缺点是平铺草皮易被雨水冲走，且成活率低，工程质量有时难以保证，达不到满意的边坡防治效果。

1) 适用条件

铺草皮适用于各种土质边坡及严重风化的岩层和成岩作用差的软岩层边坡。特别是坡面冲刷较严重、边坡较陡（可达60°）、径流速度达0.6m/s时，为防止表水冲刷产生冲沟、流泥等病害，而种草成活率低，且附近草皮来源较容易的情况下，可用铺草皮防护。

2) 草皮选择与要求

(1) 草皮应选择根系发达、茎矮叶茂的耐旱草种，如白茅草、假俭草、绊根草等。干枯腐朽及喜水草种不宜采用，泥沼地区的草皮禁用。

(2) 草皮规格：挖草皮时草皮的两端最好斜切，横断面呈扁平四边形，长30cm，宽20cm，厚10cm。干燥和炎热地区，厚度可增加到15cm。

(3) 草皮应与坡面密贴，并用木锤将草皮的斜边拍紧拍平。每块草皮的四角用长20~30cm的木桩或竹桩固定。当边坡缓于1:1.5时，可不钉桩。对有的岩层，钉木桩或竹桩有困难时，可将坡面挖成深为5~10cm的锯齿形，用浸湿变软的草皮块铺上并拍紧。

(4) 草皮应铺过堑顶肩部至少100cm或铺至截水沟。坡脚应选用厚度适当且整齐的草皮或作其他加固处理。

(5) 当草皮来源不足而草根容易蔓延时，在高度不大的土质路堤边坡，可改用方格草皮结构。条状草皮应嵌入边坡4～8cm，草皮条宽20～30cm，在坡顶和坡脚50～100cm高度内满铺草皮，也可在方格内撒播草籽。

3）铺草皮的方式

草皮铺装可根据坡面情况、边坡坡度、坡面、水流速度条件，分别采用平铺、水平叠铺、垂直叠铺、斜交叠铺等形式。铺植方法为先在边坡上开挖宽15cm、深50cm的沟，用边长15～20cm草块条铺，上覆细土1～2cm厚压实。覆土既可保湿，秋季施工有利草坪越冬，又可使草块压条与土紧密。根据现场调查，该铺设方法能提高草坪初期的抗冲刷能力，减少边坡水土流失，达到快速稳定边坡的效果；同时，对秋季施工的草坪有利越冬，提高成活率。铺草与种草具有同样的作用，但后者根系固坡效果更好，且施工更为简便、成本更低。

4）施工工艺

（1）铺草皮前，边坡表层要挖松整平，洒水湿润。

（2）铺草皮可自坡脚向上铺钉，也可自上而下铺钉。护坡顶部和两端的草皮应嵌入坡面内，草皮护坡的边缘与坡面衔接处应平顺，防止雨水沿草皮与坡面间隙渗入而使草皮下滑。

（3）铺草皮施工一般应在春季或初夏。

（4）铺种的草皮应洒水养护，使坡面湿润，直至草皮成活。

2.7.1.3　植树

在路基边坡上合理地植树，对于加固路基有良好的效果。植树也可以与种草、铺草皮配合采用，使坡面形成良好的防护层。植树、植爬山虎植物防护设计图例参见附录B。植树具有如下作用：

①植树可以加强路基的稳定性。

②降低流速，防止和减少水流对路基的冲刷。

③植树能防风沙。

④植树可以美化路容、调节气候，并可获得部分木材，增加收益。

1）适用条件

植树适用于土质边坡及严重风化的岩质边坡和裂隙黏土边坡，一般要求边坡坡度不陡于1∶1.5。在经常浸水、盐渍土和经常干涸的边坡及粉质边坡上不宜采用。

2）树种选择和要求

（1）树种应为根系发达、枝叶茂盛、能迅速生长分蘖的低矮灌木，如紫穗槐、夹竹桃；

（2）选择紫穗槐的树苗至少要有一年的树龄，挖掘树苗时，不得损伤大的根系，最好附带些土，以利成活；

（3）夹竹桃是截枝插栽，用来截枝的夹竹桃树要有两年以上的树龄，每根截枝最少要有四节，下端切成斜形，上端切齐平，并用泥土包好，防止水分蒸发；

（4）植树布置有梅花形和方格形，植树间距40～60cm，植树坑深为25cm，坑直径20cm，每坑内栽紫穗槐两棵、插夹竹桃三根。

3）植树的形式和间距

植树的形式可以是带状（图2-31）或条形，也可以栽成连续式（图2-32），即栽满防护的全部区域。防护林带由多行树木组成，需密植，乔、灌木间种，间距可参考表2-5选用。

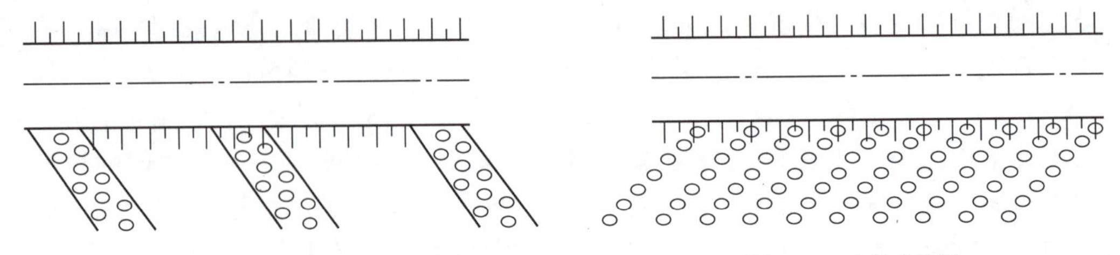

图2-31　带式植树　　图2-32　连续式植树

防护林植树间距参考表　　表2-5

种植方法	树的种类	行距（m）	株距（m）
单株种植	柳树类	1.5	0.8
	杨树类	1.0	0.6
	灌木类	0.5	0.5
一窝一窝地种植	乔木类	1.0	1.0
	灌木类	0.8	0.5

4）施工工艺

（1）植树宜选用在当地土壤与气候条件下能迅速生长、根系发达、枝叶茂密的树种，用于冲刷防护的树种宜选用生长很快的杨柳类，或不怕水淹的灌木类，常用的有紫穗槐、夹竹桃等。

（2）栽种灌木应当在当地的植树造林季节。灌木栽种后，坑中应及时填土压实，并经常浇水，使坑内保持湿润，直到灌木发芽成活。栽种灌木的边坡，在大雨过后要进行检查，发现问题及时处理。

（3）植树后在树木未成长前，应防止流速大于3m/s的水流侵害。当植树地带可能受到流水冲击作用时，应在前方设置障碍物加以保护。

（4）采用植树方法防护路基，应使树木尽早成林，才能起到防护作用。

2.7.1.4　客土喷播

客土喷播是指在岩质坡面营造一个既能让植物生长发育而种植基质又不被冲刷的多孔稳定结构，并利用特制喷混机械将土壤、肥料、有机质、保水材料、植物种子、水泥等混合干料加水后喷射到岩面上。它是近十年来新开发的一项边坡生态防治措施，其设计图例参见附录C。其特点是施工简便快捷，工程造价较低，适用性广，且草籽喷播均匀，发芽快、整齐一致，防护效果好；正常情况下喷播1个月后坡面植物覆盖率可达70%以上，2个月后形成防护、绿化功能。目前，客土喷播已在国内的公路、铁路、城市建设边坡防护与绿化工程中得到较多的推广应用。

1）适用条件

适用于所有开挖后的岩体边坡，以及岩堆、软岩、碎裂岩、散体岩、极酸性土岩和挡土墙、护面墙、混凝土结构边坡等不宜绿化的恶劣环境；当边坡坡度陡于1：1时，宜设置挂网或混凝土框架。

2）施工工艺

（1）修整边坡：必须保证施工前作业面的凹凸度平均为±10cm，最大不超过±15cm。

（2）锚杆、挂网：先在坡面上打孔，然后将机编网开卷铺挂在坡面上，再用锚杆或锚钉固定。对于坡度较小（小于1:1）、岩体结构稳定的边坡，或已做拱架的陡坡，可不挂网，面向岩面直接喷射混合好的材料。

（3）喷混：喷射分两次进行，首先喷射不含种子的混合料，喷射厚度7~8cm，第二次喷射含有种子的混合料，喷射厚度2~3cm。喷射混合材料平均厚度10cm，变幅为3~15cm。

（4）覆盖：喷射后覆盖无纺布、草帘、遮阳网、稻草等保湿及防止雨水冲刷。

（5）养护：喷播后需保持土壤湿润。

2.7.1.5　三维植被网

三维植被网护坡是指利用活性植物并结合土工合成材料等工程材料，在坡面构建一个具有自身生长能力的生态防护系统，通过植物的生长对边坡进行加固的一门新技术。根据边坡地形地貌、土质和区域气候的特点，在边坡表面覆盖一层土工合成材料，并按一定的组合与间距种植多种植物。通过植物的生长活动达到根系加筋、茎叶防冲蚀的目的，经过生态护坡技术处理，可在坡面形成茂密的植被覆盖，在表土层形成盘根错节的根系，有效抑制暴雨径流对边坡的侵蚀，增加土体的抗剪强度，减小孔隙水压力和土体自重力，从而大幅度提高边坡的稳定性和抗冲刷能力。

三维植被网又称防侵蚀网，以热塑树脂为原料，是由多层塑料凸凹网和高强度平网复合而成的立体网结构。其结构分为上、下两层，上层为一个经双面拉伸的高模量基础层，强度足以防止植被网的变形，并能有效防止水土流失；下层由凹凸不平的网包组成。三维植被网90%以上的空间可填充土壤及草籽，并可将草籽及表层土壤牢牢固定在立体网中间。同时，由于网垫表面凸凹不平，可使风及水流在网垫表层产生无数小涡流，起到缓冲消能作用，并促使其携带物沉积在网垫中，这样就有效地避免了草籽及幼苗被雨水冲走流失，大大提高了植草覆盖率。当植草生长茂盛后，植物根系可从网垫中穿过，深入地下达0.5m以上，从而与网垫、泥土三者形成一个牢固复合整体。植被根系可增加土壤的透水性能，一旦遇有雨水可迅速渗透；植被的覆盖可使地表土壤免受雨水的直接冲击，并缓冲雨水流速、阻止水流形成，即使形成水流也几乎是清澈而不含任何泥土的；同时，三维网垫及植物根系还可起到浅层加筋的作用。因此，这种复合体系具有极强的抗冲刷能力，能够达到有效防护边坡的目的。

三维植被网具有以下特点：

①固土效果极好。试验证明：在草皮形成之前，当坡度为45°时，三维植被网的固土阻滞率高达97.5%。即使坡面角达到90°时，三维植被网仍可保留阻滞住60%的土壤。

②抗冲刷能力强。三维网垫及植物根系可起到浅层加筋的作用，这种复合体系具有极强的抗冲刷能力，能够达到有效防护边坡的目的。

③网垫原材料采用聚乙烯，无毒且化学性质稳定可靠，埋在地下寿命可达50年以上，即使暴露在阳光下寿命也长达10多年。

④草种采用混合草种，生长成坪快；抗逆性强、耐贫瘠、耐粗放式管理等。

三维植被网护坡技术综合了土工网和植被护坡的优点，可有效地解决岩质边坡、高陡边坡防护问题。已有工程应用实例表明，三维植被网护坡不仅可显著提高边坡的整体和局部稳定性，而且还有利于边坡植被的生长，同时工程造价也较低，符合边坡工程的发展方向，在我国水土保持中有很大的推广应用前景（图2-33）。

a)治理前病害情况

b)治理成效

图2-33　三维植被网应用实例

下面介绍挂网液压喷播、挖沟挂网喷播和土工格室挂网喷播三种常见的三维植被网防护措施，其相关的设计图例参见附录D。

1）挂网液压喷播

（1）适用条件

挂网液压喷播适用于坡度小于1∶1的风化岩边坡。

（2）施工工艺

①铺设三维网。铺设三维网包括铺网及固定。

铺网包括：a. 挖方边坡，在坡顶须延伸80cm以上并埋入截水沟中或坡顶平台中；b. 填方边坡，三维网在坡顶须延伸50cm以上埋入路缘土石中；c. 坡顶的三维网埋置固定好后，则自上而下进行铺设，前后两片之间搭接长度须不小于10cm。

固定包括：a. 在坡顶及三维网搭接处用主锚钉（ϕ8mm的U形钢钉）固定，其中坡顶布置一行，锚钉纵向间距50cm，坡面三维网搭接处布置一行，锚钉间距100cm；b. 在坡其余位置按100cm×100cm布置铺锚钉；c. 对个别不平顺的坡面须增设锚钉，务必保证三维网紧贴坡面；d. 锚杆固定时，网务必贴紧坡面，避免出现空网包。

②回填土。包括：a. 回填土采用客土、复合肥或泥炭土的混合物；b. 复合肥建议采用进口或国产三元复合肥，成分按N∶P∶K=15∶15∶15，如采用N∶P∶K=10∶8∶7，则应加大复合肥用量；c. 填方边坡的底肥用肥量按50g/m^2，挖方边坡的底肥用量按60g/m^2，视客土肥力情况可适量增减；d. 填土的厚度要求不小于3cm，并且确保坡面平顺，无网包、空包或压包现象；e. 回填土的施工方法有泥浆覆盖和干土覆盖两种。其中填方边坡可采用二者之一，挖方边坡须采用泥浆覆盖法施工。

③喷播植草。包括：a. 喷播植草须采用专门的液压喷播技术及机械进行；b. 喷播前须将草籽和促使其生长的附着剂、纸纤维、复合肥、保湿剂及水按一定比例混合搅拌，形

成均匀混合液；c. 上下边坡的草籽配方以喷播植草设计为准，并根据不同气候特点、土壤性质对各种草籽比例作相应调整；d. 喷播植草施工完成之后，须在边坡表面覆盖无纺布，以保持坡面水分，减少降雨对种子的冲刷，促使种子均匀分布。

④盖无纺布及养护管理。喷播植草后盖无纺布，而后进行养护管理，养护管理包括：a. 三维网植草施工完成后必须定期进行养护，养护内容包括浇水、施肥、补种、除杂草、防止成虫害等；b. 在养护前期，应保持坡表湿润至草种全苗、齐苗，干旱季节，应适当增加浇水次数，雨季可适当减少，6 周以后，视生长情况浇水和施肥，施肥可与浇水同时进行，中期靠自然降水养护，中、后期遇干旱浇水应遵循“多量少次”的原则；c. 待草生长高度为 5cm 左右时，应揭开无纺布，以免阻碍植物生长；施工完成 1 个月后，应全面普查生长情况，对于生长不均匀的位置应予以补种，并除杂草和喷农药除虫，对重点位置应加强养护。

2）挖沟挂网喷播

挖沟挂网喷播是指在坡面上按一定的行距人工开挖楔形沟，在沟内回填改良客土，并铺设 EM3 网，然后进行喷播绿化的一种植被恢复技术。

（1）适用条件

直接液压喷播和挂网液压喷播技术适用于坡度较缓的较矮边坡，一般坡率不超过 1：1.0，结合挖沟措施，则可用于坡率为 1：0.75 的较陡风化岩边坡。

（2）施工工艺

挖沟挂网喷播技术施工工艺流程为：平整坡面→排水设施施工→楔形沟施工→回填客土→三维植被网施工→喷播施工→盖无纺布→前期养护。具体如下：

①平整坡面。垫平坡面至设计要求，并采用人工修坡，清除坡面浮石、危石等。

②排水设施施工。边坡排水系统的设置是否合理和完善直接影响到边坡植草的生长环境，对于长大边坡，坡顶、坡脚及平台均需设置排水沟，并根据坡面水流量的大小考虑是否设置坡面排水沟。一般坡面排水沟横向间距为 40 ~ 50m。

③楔形沟施工。在坡面上按设计行距开挖楔形沟，楔形沟竖向保持直立，横向设置 50% 的倒坡，以保证回填客土的稳定。楔形沟应开挖到位。

④回填客土。在楔形沟内回填改良客土，为保证回填客土的稳定，应将填土轻轻压实，并适量洒水润湿，润湿厚度 1 ~ 3cm。

⑤三维植被网施工。与挂网液压喷播技术中三维植被网的施工相同。

⑥喷播施工。按设计比例配制草种、木纤维、保水剂、黏合剂、肥料、染色剂及水的混合物料，并通过喷摇机均匀喷射于坡面。

⑦盖无纺布。雨季施工，为使草种免受雨水冲失，并实现保温、保湿，应加盖无纺布促进草种的发芽生长，也可采用稻草、秸秆编织席覆盖。

⑧前期养护。a. 洒水养护：用高压喷雾器使养护水成雾状均匀地湿润坡面，注意控制好喷头与坡面的距离和移动速度，保证无高压射流水冲击坡面形成径流。养护期限视坡面植被生长状况而定，一般不少于 45d。b. 病虫害防治：应定期喷光谱药剂，及时预防各种病虫害的发生。c. 追肥：应根据植物生长需要及时追肥。d. 及时补播：草种发芽后，应及时对稀疏无草区进行补播。

(3) 注意事项

①坡面治理中削坡要做到小平大不平。

②开沟借客土是在开好的平行沟槽内回填优质的种植客土，以达到改善沟内植物生长条件的目的，客土由优质农田耕作土 + 有机肥（干鸡粪） + 复合肥 + 微肥稀土 + 稻草（长度为 3 ~ 5cm），用水进行搅拌调制成稀泥状。

③三维植被网安装的几个技术指标：网与网的搭接宽度为 8 ~ 10cm；“J”形锚钉与“U”形锚钉的规格要求为：“J”形钉用 $\phi 9$ 螺纹钢，长度 35 ~ 45cm，每平方米使用 6 ~ 8 根，每根“U”形钉大小为 15 ~ 25cm。

④安装的几个关键技术：网子从上而下铺向坡面，上下搭接，上面的网子应在表面网子的下一层，网子尽可能与坡面紧贴，不能形成“空壳”现象。

⑤筛土使用较好的农田耕作土，用网子分筛出细土，同时加入复合肥及其他肥料混合准备好。

⑥冲土与沉降：用筛好的细土，从坡上向下慢慢冲下时，使用人工在坡上不同部分用土板挡着冲下的土，用手将细土往三维网中紧压，让网包中冲满细土，然后用水冲淋，使网上泥土得以沉降，最后达到网上的泥土较紧，使冲的细土，以及网下坡面及三维网形成实心的复合层，而复合层表面看不见网为最后目标。

⑦喷播与覆盖：种子配方应是本地区最佳的边坡护草种组合：狗牙根 25% + 弯叶画眉草 25% + 高羊茅 40% + 草木樨 10%，狗牙根 30% + 弯叶画眉草 30% + 高羊茅 30% + 紫花苜蓿 10%。播种前将草种浸泡于温水（水温 25 ~ 35℃）中 12h 处理，与喷播素材（SC-NF）混合，然后放入 LY - 2000 型液压喷播机中进行充分搅拌混匀后直接喷播于坡面。喷播后用无纺布覆盖。

⑧养护管理：苗前及苗期主要进行水分管理，播种完毕后立即覆盖无纺布（采用 22g 以下的无纺布）。待出苗正常，苗高 3cm 左右揭去覆盖物，根据坡面情况进行灌水。修剪：该草在弱风化岩石坡面生长不旺盛，仅考虑在每年 11 月份左右有进行一次较高水平的刈剪，留茬高度在 12cm 左右为宜。

3) 土工格室挂网喷播

土工格室挂网喷播是指在展开并固定在坡面上的土工格室内填充改良客土，然后在格室上挂三维植被网，进行喷播施工的一种植被恢复技术。利用土工格室为草坪植物生长提供稳定、良好的生存环境。采用土工格室植草，可使不毛之地的边坡充分绿化，带孔的格室还能增加坡面的排水性能。

(1) 适用条件

土工格室挂网喷播技术适用于坡度不陡于 1 : 0.5 的岩石边坡，常用坡度为 1 : 0.75。

(2) 施工工艺

土工格室挂网喷播的施工工序为：平整坡面→排水设施施工→土工格室施工→回填客土→三维植被网施工→喷播施工→盖无纺布→前期养护。

①平整坡面。坡面平整关系到土工格室挂网喷播工程的成败，坡面凹凸不平时铺设土工格室易产生应力集中，使得格室焊点开裂，造成格室垮塌等。因此，须整平坡面至设计要求，并采用人工修坡，清除坡面浮石、危石等。

②排水设施施工。边坡排水系统的设置是否合理和完善直接影响到边坡植草的生长环境，对于长大边坡，坡顶、坡脚及平台均需设置排水沟。并根据坡面水流量的大小考虑是否设置坡面排水沟。一般坡面排水沟横向间距为40～50m。

③土工格室施工。

a. 采用插件式连接法连接土工格室单元。连接时未展开的土工格室组件并齐，对准相应的连接塑件，插入特制圆销，然后展开。连接时，根据不同坡率的边坡采用不同单元组合形式。

b. 在坡面上按设计的锚杆位置放样，采用ϕ38～42mm钻杆进行钻孔，孔径基本可达ϕ50mm，按要求进行冲孔，在钻孔内灌注M30砂浆。

c. 按设计要求弯制锚杆，并除锈、涂防锈油漆，悬在坡面外的锚杆应套内径为ϕ25mm的聚乙烯软塑料管，管内所有的空间应用油脂充填，但不应密封。

d. 铺设时，在坡顶先用固定钉或锚杆进行固定，按设计图纸要求开展，在坡脚用固定钉或锚杆固定，其间按图纸要求用锚杆固定。土工格室应预系土工绳，以备与三维网连接绑扎。

e. 施工边坡平台及第一级平台填土，以固定土工格室于坡面上。

④回填客土。土工格室固定好后，即可向格室内填充改良客土，充填时要使用振动板使之密实，靠近表面时用潮湿的黏土回填，并高出格室面1～2cm，并保持预系的土工绳露出坡面。第一段铺设完毕后，即可进行第二段的铺设，直至最终完成。土工格室内填土要从最上层开始分段进行，初期铺设时，上端一定要锚固好，可新增附加锚钉。一般来说，上部至少每隔一个格室间距布置一个锚杆或锚钉，等全部铺设完成并填充压实后，附加锚钉可取掉。

⑤三维植被网施工。与挂网液压喷播技术中三维植被网的施工相同。

⑥喷播施工。按设计比例配制草种、木纤维、保水剂、黏合剂、肥料、染色剂及水的混合物料，并通过喷播机均匀喷射于坡面。

⑦盖无纺布。雨季施工，为使草种免受雨水冲失，并实现保温、保湿，应加盖无纺布，促进草种的发芽生长，也可采用稻草、秸秆编织席覆盖。

⑧前期养护。

a. 洒水养护：用高压喷雾器使养护水成雾状均匀地湿润坡面，注意控制好喷头与坡面的距离和移动速度，保证无高压射流水冲击坡面形成径流。养护期限视坡面植被生长状况而定，一般不少于45d。

b. 病虫害防治：应定期喷光谱药剂，及时预防各种病虫害的出现。

c. 追肥：应根据植物生长需要及时施肥。

d. 及时补播：草种发芽后，应及时对稀疏无草区进行补播。

土工格室挂网喷播的施工技术要点如下：

①土工格室质量要好，边坡处理要基本平整；

②坡面土工格室受力要均匀，坡面锚杆受力要均匀；

③土工格室内填土应紧贴坡面；

④土工格室内填土应密实，含水率在18%左右时土壤容易被人工压实；

⑤坡面排水顺畅。

2.7.1.6 骨架植物

骨架植物是指采用“植物+工程”一体化防治设计的概念，把路基边坡生态防治与工程防治结合起来的边坡防治技术。骨架植物以其较好的防治和绿化美化效果、适用范围广及施工方便等优点，近年来在高速公路的路基边坡防治中得到较多应用。

1）主要类型

常见的骨架植物防护包括水泥混凝土骨架植草护坡、多边形水泥混凝土空心块植物护坡和锚杆混凝土框架植物防护等几种类型。其相关设计图例参见附录E。

（1）水泥混凝土骨架植草护坡

适用于坡度缓于1:0.75的土质边坡和全风化的岩石边坡。当坡面受雨水冲刷严重或潮湿时，坡度应缓于1:1。应视边坡坡率、土质和当地情况确定骨架形式，并与周围景观相协调。框架内应采用植物或其他辅助防护措施。在降雨量较大且集中的地区，骨架宜做成截水沟型。截水沟断面尺寸由降雨强度计算确定。

（2）多边形水泥混凝土空心块植物护坡

适用于坡度缓于1:0.75的土质边坡和全风化、强风化的岩石路堑边坡。并视需要设置浆砌片石或混凝土骨架。多边形空心预制块的混凝土强度应不低于C20，厚度应不小于150mm。空心预制块内应填充种植土，喷播植草。

（3）锚杆混凝土框架植物防护

适用于土质边坡和坡体中无不良结构面、风化破碎的岩石路堑边坡。锚杆采用非预应力的全长黏结型锚杆，锚杆间距、长度应根据边坡地质情况而定。锚杆保护层厚度应不小于20mm。框架应采用钢筋混凝土，混凝土强度应不低于C25，框架几何尺寸应根据边坡高度和地层情况等确定，框架内宜植草。

2）施工工艺

框格内植草，通常采用客土喷播法或植草皮等方法。骨架形式主要有正方形、菱形、拱形、主肋加斜向横肋或波浪形横肋以及几种几何图形组合等形式，骨架及横肋宽0.4～0.6m，主肋宽一般1m左右，框格间距2.5～3.5m。应根据情况设置固定桩或锚固筋固定。

2.7.2 坡面工程水灾害防治

坡面工程水灾害防治主要用于不宜使用生态防治措施的陡坡面，其技术主要包括喷浆或喷射混凝土护坡、喷锚网护坡、钢绳网护坡、护面墙等；此外，还有干砌片石护坡、浆砌片石护坡、浆砌预制块护坡等，这些技术因较为费时费力，目前在福建省公路工程中已较少采用。

2.7.2.1 喷浆或喷射混凝土护坡

喷浆或喷射混凝土护坡技术适用于边坡易风化、裂隙和节理发育、坡面不平整的岩石边坡，其主要作用是封闭边坡岩石裂隙，阻止大气降水及坡面流水浸入，从而阻止裂隙中侧向水压，防止边坡岩石继续风化，保护边坡不发生落石崩坍。对需要大面积防治的边坡，以及高而陡、上部岩层较破碎而下部岩层完整的边坡，采用喷浆或喷混凝土较为经济；但对成岩作用差的黏土边坡和全风化岩石边坡不宜采用。

在施工喷射混凝土前，坡面不应有风化碎渣和风化土层。为防止喷射混凝土硬化收缩产生裂缝或剥落，要求在混凝土内设置菱形金属网或高强度聚合物土工格栅，并通过锚杆或锚固墩固定于边坡上；当岩体具有沿倾向路面的岩层顺层滑动的潜在危险时，还应采取加抗剪锚杆的锚固措施。

喷浆厚度不宜小于5cm，喷射混凝土的厚度不宜小于8cm，浆体两侧应凿槽嵌入岩层内。为防止坡面水的冲刷，沿喷浆（喷射混凝土）坡面顶缘外侧应设置一条小型截水沟。

喷浆和喷射混凝土材料的技术要求及配合比如下：

（1）水泥可采用普通硅酸盐水泥，混凝土强度等级不低于C20。

（2）喷浆应采用粒径为0.1～0.25mm的纯净细砂；喷射混凝土采用粒径为0.25～0.5mm的中粗砂，砂的含量不得超5%。

（3）喷射混凝土的粗集料应采用纯净的卵石或碎石，最大粒径不得大于25mm，粒径大于15mm的颗粒含量不得超过15%。

（4）速凝剂应采购信誉好的厂家生产的产品，掺量应根据需要通过试验确定。

（5）水泥砂浆及混凝土的配合比应根据施工机械及当地的材料供应情况，通过试验确定。常用的配合比（质量比）：水泥砂浆为1∶4（水泥∶砂），水泥石灰砂浆为1∶1∶6（水泥∶石灰∶砂），混凝土为（1∶2∶2）～（1∶2∶3）（水泥∶砂∶粗集料）。

喷浆和喷射混凝土的施工要点如下：

喷浆施工的砂浆强度不应低于M10，厚度宜为5～7cm；喷射水泥混凝土的强度不应低于C25，厚度宜为10～15cm。在喷射过程中应添加速凝剂，以促使其早凝固。施工时需要专用喷射机械设备，并在坡面隔2～3m设置泄水孔；对大面积坡面防治，还应设置伸缩缝。

喷浆或喷射混凝土的周边与未防治面衔接处应严格封闭，做法与抹面、捶面相同。坡脚岩石风化比较严重时，应设高1～2m、顶宽40cm的浆砌片石护裙。

在施工中，应注意以下事项：

（1）施工前应将坡面浮土、碎石清除，并用水冲洗。

（2）喷浆及喷射混凝土的机械设备，在正式施工作业前应进行试喷，以便调整施工配合比。当水灰比过小时，灰体表面颜色灰暗，出现干斑，有粉尘飞扬；水灰比过大时，则喷射灰体表面起皱、拉毛、滑动或流淌；水灰比合适时，喷射灰体呈黏糊状，表面光泽平整，集料分布均匀，回弹量小。

（3）为保证施工安全，喷枪手应配戴防护面罩，穿防护服，戴防尘口罩；其他施工人员也应戴防尘口罩。

（4）喷射作业应自下而上进行。喷枪嘴应垂直坡面，并与坡面保持0.6～1.0m的距离。喷射混凝土厚度大时，应分2～3次喷射。

（5）为防止堵塞，输料管直径以20～30cm为宜，其喷射工作压力为0.15～0.20MPa。喷嘴供水压力要比喷射工作压力大0.05～0.10MPa，以保证水与干料拌和均匀。

（6）喷浆灰体初凝后应立即洒水养生，养生时间应持续7～10d。

（7）喷射作业时应按要求制取试件，在标准条件下养护28d后试压，作为喷浆或喷射混凝土的强度凭证。

（8）喷射作业严禁在大雨天进行。

（9）喷浆及喷射混凝土防治工程应经常检查维修，有杂草及时拔除，开裂处要及时灌浆勾缝，脱落处要及时补喷。

当岩石坡面的岩体破碎时，为加强喷浆及喷射混凝土的防治效果，可采用挂网喷射。铁丝网采用 ϕ4～10mm 的圆钢筋编制而成，孔径视边坡岩石情况而定，一般为 10cm。铁丝网平铺于坡面上，与坡面距离不得小于 20mm，并用钢筋锚钉固定。为了节省钢筋，可用高强度聚合物土工格栅代替钢筋网。土工格栅是工厂生产的岩土工程材料，其原料为高强度聚合物聚乙烯，经热压成型，具有强度高、质量轻、耐腐蚀等特点，是新型的公路路基、路面加固和边坡防治材料，具有价格低、操作简便、效率高的优点。土工格栅挂网喷浆已在国内的一些工点上做过试验，结果是成功的，但因其应用时间还较短，其长期防治效果仍需检验。挂网喷射时，喷浆厚度应不小于 3cm，喷射混凝土厚度应不小于 5cm。沿框条延伸方向每隔 10～12m 设一道伸缩缝，缝宽 2cm，用沥青麻筋填塞。

挂网喷射施工注意事项如下：

（1）在灌注固定锚杆的砂浆时，要捣密实；

（2）喷浆及喷射混凝土的厚度要均匀，防止铁丝网及锚钉头外露。

2.7.2.2 喷锚网护坡

喷锚网护坡技术适用于岩性较差、强度较低、易于风化的岩石边坡防治；或虽为坚硬岩层，但风化严重、节理发育、易受自然应力影响、导致大面积碎落以及局部小型崩塌、落石的岩质边坡防治。喷锚网具有较高的强度和较好的抗裂性能，能使坡面内一定深度内的破碎岩层得以加强，并能承受少量的破碎体所产生的侧压力。

锚杆的类型有树脂锚杆、全长砂浆锚杆、塑料锚杆、水泥锚杆和缝管锚杆。锚杆应嵌入稳固基岩内，锚固深度应根据岩体性质确定，用 1：3 的水泥砂浆固结。必要时须通过延长锚固段长度、二次压浆、采用端头扩大或多段扩大头锚杆、重复高压灌浆和改变锚杆传力特征的剪力或压力型锚杆等提高锚杆承载力。

当岩石边坡破碎、节理发育时，可在锚杆与坡面间同时采用喷浆或挂网喷浆，以提高防治能力，锚杆采用 ϕ16～32mm 钢筋制作，孔眼直径应大于锚杆直径 30mm 以上，以保证锚孔内砂浆对锚杆的握裹力。锚固深度应根据岩体性质确定，并伸入到稳定基岩内，孔深应比锚固深度深 20cm，锚杆间距宜采用 1.0～1.5m。锚孔插入钢筋锚杆后，即用压力灌注 1：3 水泥砂浆。若采用挂网喷浆，铁丝网可使用较细的普通镀锌铁丝（如直径为 2mm）编制，网孔 20～25cm，也可以采用高强度聚合物土工格栅代替铁丝网。喷锚网护坡设计图例参见附录 F。

1）施工要点

施工时，岩石边坡应尽量垂直于岩层倾角钻孔，凿岩机钻孔至稳定岩层区，将锚杆插入，并用水泥砂浆锚固，使坡面岩体和有下滑可能的岩石与基岩连成整体。具体施工流程如下：

逐级垂直开挖并加固放坡→搭设脚手架→整修边坡→制作安装设施排水孔→第一次喷射混凝土→锚杆钻孔、注浆→钢筋网制作（挂网）→第二次喷射混凝土→养生→拆除脚手架。

(1) 全长黏结型锚杆施工

水泥砂浆锚杆的材料及砂浆配合比应符合下列规定。

①锚杆杆体应平直、除锈、去污；

②水泥：对水泥的要求同喷浆；

③砂：宜采用中细砂，粒径不大于2.5mm，使用前应过筛；

④砂浆配合比：水泥：砂=（1:1）~（1:2）（质量比），水灰比为0.38~0.45。

砂浆应拌和均匀，并随拌随用。每次拌和的砂浆应在初凝前用完，并严防石块及杂物混入。注浆作业应遵守下列规定：

①注浆开始或中途停止超过30min时，应用水或稀水泥浆润滑注浆罐及其管路；

②注浆时，注浆管应插至距孔底5~10cm处，随砂浆的注入缓慢匀速拔出；杆体插入后，若孔口无砂浆溢出，应及时补注。

③杆体插入孔内长度不应小于设计规定长度的95%。安装锚杆前应检查锚杆型号、规格及孔位、孔径、孔深及布置是否符合设计要求，孔内积水及岩粉应吹洗干净。

④锚杆安装后，不得随意敲击，3d内不得悬挂重物。

(2) 预应力锚索施工

锚索体加工和组装应遵守下列规定：

①锚索表面无损伤，除锈去污，并严格按设计尺寸下料；

②编排钢丝或钢绞线，应安设排气管；每股钢丝或钢绞线沿锚索轴线方向应平直、头齐，每隔1.0~1.5m设置隔离架或内芯管，必要时可设置对中支架；锚索体应捆扎牢固，捆扎材料不宜用镀锌材料；

③锚索体与内锚头及外锚具的连接必须牢固，其强度应大于锚索的张拉力。

孔口支承墩应符合下列规定：

①支承墩尺寸和强度，应根据所施加的预应力大小、岩体强度和施工场地等条件决定；

②支承墩的承力面应平整，并与锚索的受力方向垂直。

预应力锚索的安装必须遵守下列规定：

①机械式内锚头安装时，宜采用活扣捆扎，待内锚头送至锚固部位后，再松绑固定；安装过程中应防止捆扎材料损伤和磨断，以防外夹片脱落；

②胶结式内锚头的胶结材料，可采用灰砂比为1:1，水灰比为0.45~0.50的水泥砂浆；胶结材料未达设计强度时，不得张拉锚索；

③安装锚索时，必须保护好排气管，防止扭压、折曲或拉断。

锚索张拉和锁定的规定：

①锚索张拉前应对张拉设备进行标定；

②锚索张拉应按规定的程序进行；在编制张拉程序时，应考虑邻近锚索张拉时的相互影响；

③锚索正式张拉前，应预张拉1~2次；预张拉力取设计张拉荷载的20%~30%，锚索是否超张拉应按锚索的材料性质决定；非低松弛钢绞线及钢丝应张拉到设计荷载的105%~110%，持荷2min后再进行锁定；

④锚索锁定后48h内，若发现有明显应力松弛时，应进行补偿张拉。

封孔注浆注意事项：

①注浆前应检查排气管是否畅通，发现堵塞应采取措施；

②注浆材料及配合比可采用灰砂比为1：1，水灰比为0.45～0.50的水泥砂浆。

（3）喷射混凝土施工

喷射混凝土施工要求同第2.7.1节喷射混凝土。

（4）施工一般规定

①锚杆钻孔前应根据设计要求及坡面岩石情况，定出孔位并作标记。

②锚杆孔距误差不宜超过15cm，预应力锚索孔距误差不宜超过20cm。

③预应力锚索的钻孔轴线与设计轴线的偏角不应大于30°，其他锚杆的钻孔轴线应符合要求。

④水泥砂浆锚杆孔深度误差不宜大于±50mm，其他锚杆应符合设计要求。

⑤锚杆孔径应符合下列规定：水泥砂浆锚杆孔径应大于杆体直径15mm；树脂锚杆和快硬水泥锚杆孔径宜为42mm；其他锚杆的孔径应符合设计要求。

⑥喷浆厚度不小于3cm，喷射混凝土的厚度不小于5cm；钢筋网喷射混凝土支护厚度100～250mm，钢筋保护层厚度应不小于20mm。

⑦喷浆（喷射混凝土）坡面顶缘外侧应设置截水沟。

⑧在施工作业时和施工完工后一段时间内要有必要的形变监测。

（5）施工安全注意事项

施工前应认真检查待处理锚喷作业区的危石，以确保施工人员的安全。坡面破碎严重时应先喷后锚。喷射混凝土厚度应不小于5cm。喷射作业时应设专人跟随观察坡面情况，锚杆施工宜在喷射混凝土终凝3h后进行。

施工用电线路、开关应设防触电设施。针对施工机械操作，应制订安全操作规程。对施工人员进行安全教育，非施工人员不得进入施工区。

施工用的工作平台，应牢固可靠，必要时应经过专门设计计算。平台上应设安全护栏。

预应力锚索的施工安全应遵守下列规定：

①张拉锚索时，孔口前方严禁站人；

②施工面在上层作业时，下方严禁有人作业或停留；

③封口水泥砂浆未达到设计强度的70%时，不得在锚杆端部悬挂重物或碰撞锚具；

④防尘注意事项同喷浆防治。

2）质量检查与工程验收

（1）喷射混凝土和锚固砂浆的强度应符合设计要求，一般每喷射50～100m^{3}的混合料或小于50m^{3}的独立工程，不得少于一组试件，每组不得少于3块。材料配合比变更时应增加试块。在标准养护条件下养护28d的抗压强度，作为喷射混凝土及锚固砂浆的强度。对喷射混凝土及锚固水泥砂浆的强度评定，应按下列有关规定执行：

①混凝土的抗压强度应以边长为150mm的立方体尺寸标准试件测定。试件以同龄期者三块为一组，并以同等条件制作和养护，每组试件的抗压强度应以三个试件测值的算术

平均值为测定值，如有一个测值与中间值的差值超过中间值的15%，则取中间值为测定值；如有两个测值与中间值的差值均超过15%，则该组试件无效。

②水泥砂浆的强度应以标准养生28d的试件为准；试件边长为70.7mm的立方体，试件6个为一组。

（2）喷射混凝土的厚度检查，可用凿孔法检查，检查的频率可按设计规定执行。设计无规定时，应取有代表性的断面不少于3个点。验收标准为：每个断面上，全部检查孔处喷层厚度的60%不小于设计厚度，最小值应不小于设计值50%，同时检查孔的厚度平均值应不小于设计厚度。

（3）锚杆质量检查要求：

①锚杆的抗拔力试验，每300根必须抽一组，每组锚杆不少于3根；当设计变更或材料变更时应另取一组；

②质量标准：同批试件抗拔力的平均值不得小于锚杆的设计锚固力；同批试件抗拔力的最小值不得低于抗拔力的90%；

③当抗拔力不符合要求时，可加密锚杆予以补强。

2.7.2.3　钢绳网护坡

钢绳网（或钢丝绳）护坡又称为边坡柔性防护系统，是以钢丝绳网为主要特征构件，以覆盖（主动防护系统）和拦截（被动防护系统）两种基本形式来防治各类坡面地质灾害和爆破飞石、坠物等危害的柔性安全防护系统。它是一种集构件设计与加工、系统配置设计与定型、现场设计选型、现场布置与施工设计的系统化技术。自1995年边坡柔性防护系统技术引入我国以来，已经在多个工程中得到应用，解决了传统边坡防护措施难以解决的难题。其可靠的安全保障性、施工的快速标准化和利于环保等综合技术经济优势，及其新颖而巧妙的防护观念和设计思想使边坡柔性防护技术有着很好的推广应用前景。

钢绳网防护系统从防护原理和目的上可以分为主动防护系统和被动防护系统两类，其中钢绳网被动防护通常称为SNS防护网。

1）钢绳网主动防护系统

主动防护系统是采用锚杆和支撑绳固定方式将钢丝绳网和钢丝网覆盖在具有潜在地质灾害的坡面上，从而实现坡面加固或限制落石运动范围的一种边坡柔性防护系统。适用于风化破碎较严重的岩石边坡，当落石较大，边坡倾角大于40°时，被动防护网不再适用，可设置锚钉，并拴在网上，遏制落石动能的增大。

（1）设计原理

通过锚杆和支撑绳以固定方式将钢绳网盖在坡面上，其作用机理为：通过固定在锚杆或支撑绳上并施以一定预张拉力的钢绳网，以及在用作风化剥落、溜塌或坍落防治中抑制细小颗粒洒落或土体流失时铺以的金属网或土工格栅，对整个边坡形成连续支撑（图2-34）。其预张拉作业使系统紧贴坡面，形成了局部岩坡或土体移动或发生细小位移后将其裹缚于原位附近的预应力，从而实现其主动防护的功能。其系统作用原理类似喷锚支护等层面防护体系。然其柔性特征能使系统将局部体中下滑力向四周均匀传递，以充分发挥整个系统的防护能力，从而使系统能承受较大的下滑力，同时它与三维植被网一样与植物配套实现植物防护，使植物根系的固土作用与坡面防护系统结为一体，实现最佳边坡防护和环保。

设计指标如表2-6所示。

主动防护系统的设计主要包括以下步骤和设计内容：

①选择合适的锚杆，通过计算确定锚杆长度和布置方式；

②确定支撑绳及缝合绳的直径、长度及其固定方式；

③选用钢丝绳网的规格，确定其层数；

④格栅规格的选定及其联结方式。

主动防护系统　　表2-6

型　号	基本构成	防护功能
WF	上边缘钢丝绳锚杆＋支撑绳＋钢丝绳网＋缝合绳	柔性防护网，限制大块落石的运动范围，部分抑制崩塌的发生
WF－A	同WF	同WF，增加防腐性能，不适用于体积大于1m^{3}大块落石的防护
JG	系统钢丝绳锚杆＋支撑绳＋钢丝绳网＋缝合绳＋孔口凹坑＋张拉	柔性防护主动加固系统，主要抑制崩塌、风化剥落及坍塌的发生，限制局部或少量落石运动范围
JG－A	预应力钢筋锚杆＋高强钢丝绳＋孔口凹坑＋缝合绳	同JG，能满足更长的防护寿命要求，但加固能力较JG低，不适合于体积大于1m^{3}大块落石的防护

a)治理前病害情况

b)治理后

图2-34　钢绳网主动防护图

（2）施工工艺

主动防护系统的主要施工步骤：清除或就地临时处理坡面防护区域内的浮土及浮石；放线测量确定锚杆孔位，对于标准主动防护系统，需在每一个孔位处凿一深度不小于锚杆外露环套长度的凹坑；按设计深度钻凿锚杆孔并清孔；注浆并插入锚杆；安装纵横向支撑绳，张拉紧后两端用绳卡与锚杆外露环套固定连接；从上而下铺挂钢丝网；在钢丝网铺设的同时，从上而下铺设钢绳网并用缝合绳进行缝合。

2）钢绳网被动防护系统

被动防护系统是采用锚杆、钢柱、支撑绳和拉锚绳等固定方式将钢丝绳网在坡面上形成栅栏形式的拦石网，从而实现拦截落石的一种边坡柔性防护系统。其功能是拦截和堆存坡面落石。适用于岩体交互发育、坡面整体性差、边坡度不太陡（小于40°）、有岩崩可能的高路堑边坡。

(1) 设计原理

该系统由钢绳网、固定系统、减压环和钢柱四部分组成，如图2-35、图2-36所示，是一种能拦截和堆存落石的柔性拦石网。其作用机理是当落石冲击拦石网时，冲击力通过网的柔性首先得以消散，并将剩余荷载从冲击点向绳网系统周边逐级加载，最终传到锚固基岩和地层，且由锚杆及其基础承受的最终剩余荷载已达很小的程度。

被动防护系统的设计主要包括以下步骤和设计内容：

①根据落石的计算动能选择防护系统型号。认真调查、了解工程地段崩塌落石灾害历史，做好地质测绘和分析，摸清危石分布情况和危岩大小，计算其滚落到SNS柔性防护网位置时所具有的能量，据此选择被动防护系统的型号。

②根据计算落石的弹跳高度，确定防护系统的高度。

③根据能有效而经济地拦截落石的原则，确定防护系统设置的位置。计算落石弹跳的高度，结合初设的防护系统高度，以落石不能腾越防护系统为原则，灵活布设SNS柔性防护系统的位置；必要时，可修建落石槽。设计指标如表2-7所示。

④确定防护系统的布置方式，即确定防护系统的长度与系统走向。

⑤选择合适的钢柱、柔性锚杆、基座、连接件等构件，计算确定钢柱间距。

⑥通过分析确定基座及系统的铅直方位；必要时应采用防倾倒螺杆。

⑦拉锚系统的设计。

⑧选择和确定合适的支撑绳、减压环、钢丝绳网、缝合绳、格栅等相应配套设施的型号及规格。

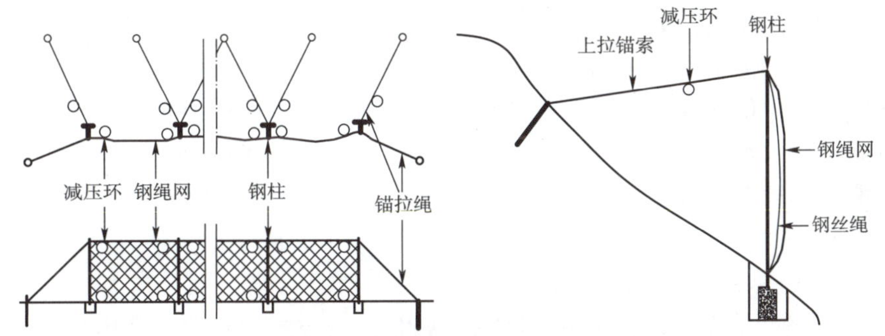

图2-35 被动防护系统的构成

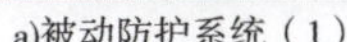
a)被动防护系统（1）

b)被动防护系统（2）

图2-36 被动防护系统的现场照片

被动防护系统设计指标 表 2-7

型 号	基 本 构 成	防护能量（kJ）
PD－025	钢柱，带减压环的 ϕ12mm 双支撑绳和 ϕ16mm“1”字形上拉锚绳（每跨 3 个减压环），ϕ12mm 侧拉锚绳（单绳），DO/08/250 型钢丝绳网，ϕ8mm 缝合绳	250
PD－050	钢柱，带减压环的 ϕ16mm 双支撑绳和 ϕ14mm“人”字形上拉锚绳（每跨 6 个减压环），ϕ16mm 侧拉锚绳（单绳），DO/08/200 型钢丝绳网，ϕ8mm 缝合绳	500
PD－075	钢柱，带减压环的 ϕ18mm 双支撑绳和 ϕ16mm“人”字形上拉锚绳（每跨 10 个减压环），ϕ18mm 侧拉锚绳（单绳），DO/08/150 型钢丝绳网，ϕ8mm 缝合绳	750

（2）施工工艺

被动系统的主要施工步骤为：清除或就地临时处理坡面防护区域内的浮土及浮石；放线测量确定锚杆及基座位置；基坑开挖与混凝土灌注（土质地层）、钻凿锚杆孔并清孔；基座及锚杆安装；钢柱及拉锚绳安装与调试；支撑绳安装与调试；钢绳网的铺挂与缝合；格栅网的铺挂。

3）柔性主动安全防护工程加固山体计算实例

柔性主动安全防护是近年来以物理学原理开发的坡面防护系统，主要应用于较破碎的岩石坡面，对于防止碎石、滚石滑落效果较好。柔性防护特点如下。

（1）柔性网对山体表面产生法向压力

刚性防护——挂网喷浆，属封闭式的蛋壳结构模式，基本上对危石无法向压力作用。柔性网对山体的法向压力使处于临界状态、摇摇欲坠的危石向非临界状态转化，利用法向压力，增大了危石的下滑摩擦阻力，阻止了危石势能的释放，并使其处于稳定状态，避免了临界状态危石因山体振动或水动力作用而崩落。下面举例计算说明这个问题。

取危石质量 $m=1\ 000$kg（密度 $\rho=2.7$g/cm^3，体积 $V=0.6$m$\times0.6$m$\times1.02$m），危石受到阻止下滑的静摩擦力按式（2-1）计算：

$$F_{阻}=\mu_1(P+mg\cos\theta)+\mu_2P \tag{2-1}$$

式中：$F_{阻}$——危石受到的最大下滑阻力，危石的下滑阻力来自两个方面：一是山体对危石的阻力，二是柔性网对危石的阻力；式中法向压力 P 出现两次，这就是柔性防护网具有的优势；

m——危石的质量；

θ——坡度；

μ_1——危石与山体的静摩擦系数；

μ_2——柔性钢绳网与危石的摩擦系数；

P——柔性网对危石的法向压力。

危石的具体受力情况见图 2-37 a）。将 $\mu_1=1$，$\mu_2=1$，$P=4$kN，面积 $S=1$m^2，$\theta=60°$ 代入上式得：$F_{阻}=13$kN，$F_{下}=mg\sin\theta=8.66$kN（$F_{下}$ 为危石的下滑分力），$F_{阻}>F_{下}$，静摩擦阻力大于危石的下滑分力，表明危石被锁定住了。

（2）柔性防护网整体承载能力

当山体表面局部出现险情时，即使有大型坠石，主动柔性防护网系统仍能有效地将其兜入网中，结构庞大的锚杆系统整体承载（刚性防护不具有这个优势，它是局部受力，局部承载，巨型危石下坠，刚性防护蛋壳结构系统一触即破）。下面取巨大的孤立“危石 m”作为研究对象，见图2-37 b)。危石的体积约3.7m^3（2m×1.85m×1m），密度为$\rho=2.7\text{g/cm}^3$，而质量为$m=\rho V=10\ 000\text{kg}$。坡度达90°极限状态时（山体表面呈垂直状），危石兜入网中，求固住“危石 m”需要的上拉锚杆数量。需要的上拉锚杆数$n=F_{拉}/F_{抗}=49/50=0.98$（根），上拉锚杆数实际取为1根。其中：$F_{抗}$代表锚杆的抗拔力，$F_{抗}=50\text{kN}$；$F_{拉}=mg/2=10\ 000\times9.8/2=49\text{kN}$；认为应增大1倍安全系数，上拉锚杆数实际增加到2根。采用FSS-JG-300-G系统，就可完全达到上述对锚杆数量的要求。

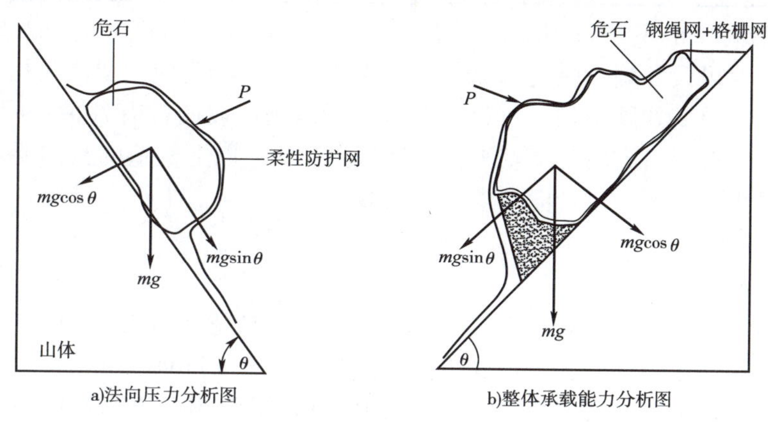

图2-37 柔性防护网分析图

2.7.2.4 护面墙

护面墙的类型有实体护面墙、孔窗式护面墙、拱式护面墙和肋式护面墙等，具体应用时应根据边坡地质条件确定。

1）适用条件

（1）护面墙适用于防治易风化或风化严重的软质岩石或较破碎岩石的挖方边坡以及坡面易受侵蚀的土质边坡，边坡不宜陡于1∶0.5；

（2）多用于易风化的云母岩、绿泥片岩、千枚岩及其他风化严重的软质岩层和较破碎的岩石地段，以防止继续风化；

（3）所防护的边坡本身必须是稳固的；

（4）实体护面墙适用于一般土质及碎石边坡；孔窗式护面墙防护的边坡不应陡于1∶0.75，孔窗内可采用捶面（坡面干燥时）或干砌片石；拱式护面墙适用于边坡下部岩层较完整而上部需防护的路段，边坡应缓于1∶0.5；肋式护面墙适用于需要防护上部边坡者或通过个别软弱地段的岩层较完整且坡度较陡的边坡。

2）技术要点

（1）护面墙基础应设置在稳定的地基上，埋置深度应根据地质条件确定，护面墙前趾应低于边沟铺砌的底面。

（2）护面墙是浆砌片石的坡面覆盖层，用于封闭各种软质岩层和较破碎的挖方边坡，要求墙面紧贴坡面，表面砌平，厚度可不一。护面墙石料应符合相关规定。护面墙除自重外，不承受其他荷载，亦不承受墙背土压力。墙高与厚度及路堑边坡的关系参见表 2-8。

护面墙墙高与厚度及路堑边坡坡度关系表　　表 2-8

护面墙高度 H（m）	路堑边坡坡度	护面墙厚度（m）	
		顶宽 b	底宽 d
≤2	1∶0.5	0.40	0.40
≤6	陡于 1∶0.5	0.40	$0.40+0.10H$
$6<H\leqslant 10$	（1∶0.5）~（1∶0.75）	0.40	$0.40+0.05H$
$10<H\leqslant 15$	（1∶0.75）~（1∶1）	0.40	$0.60+0.05H$

（3）护面墙高一般不超过 10m，若超过 10m，可以分级砌筑，每一级高度 6 ~ 10m，中间设平台，墙背可设耳墙，纵向每 10m 设一条伸缩缝，墙身应预留泄水孔，基础要求稳固，顶部应封闭。墙基软硬不匀，可设拱跨过软弱地基。坡面常有各种不同的地质现象，开挖后形成凹陷，应以石砌圬工填塞平整，称为支补墙。以上构造的具体要求与尺寸，均可参考有关设计手册；相关设计图例参见附录 G。

3）一般规定

（1）实体护面墙

①厚度视墙高而定，一般采用 0.4 ~ 0.6m，底宽一般等于顶宽加 $H/10 \sim H/20$；单级护墙的高度一般不超过 10m，多级护墙的总高度一般不超过 30m。

②沿墙身长度每隔 10m 设置一道 2cm 的伸缩缝，缝内用沥青麻筋填塞。在泄水孔后用碎石和砂做成反滤层，以排出墙后水。

③修筑护面墙前，对所有的边坡清除风化层至新鲜岩层，对风化迅速的岩质（如云母岩、绿泥片岩等）边坡，清挖出新鲜岩面后，应立即修筑护面墙。

④顶部应用原土夯填，以免水流冲刷。

（2）孔窗式护面墙

孔窗式护面墙的窗孔通常为半圆拱形，高 2.5 ~ 3.5m，宽 2 ~ 3m，半径 1 ~ 1.5m。其基础、厚度、伸缩缝等与实体护面墙相同，窗孔内视具体情况，采用干砌片石、植草或捶面。

（3）拱式护面墙

拱跨较小时（如跨径为 2 ~ 3m），拱圈可采用 M10 水泥砂浆砌片石；拱跨较大时，可采用混凝土拱圈。拱高视边坡下面完整岩层高度而定。

2.8 冲刷防治

沿河及水库地区公路由于地形地质条件及工程设置要求的限制，大多依山傍水顺着河谷或水库岸边行进。此时沿河路基、河滩路基及水库地区路基往往由于侵占河床、压缩过水面积或阻挡水流，改变水流方向和速度，从而形成水流对河床、岸坡或公路建筑物基础的经常性或周期性冲刷作用，影响路基的稳定与安全。本节所述的冲刷防治，专指河道、水库水流等的冲刷防治，不包含雨水等漫流表水对坡面的冲刷防治（这部分内容参见 2.7 节“边坡坡面防治”）。

冲刷防治是针对沿河路基、河滩路基、桥头引道、海岸公路等路基临水面边坡所采取的防治措施，包括直接防治和间接防治两类。其原理就是根据水流的动水压力、波浪和壅水高及冲刷作用等水流特性，结合线路位置及地形地质因素，设置合理、适宜的冲刷防治措施，以防止岸坡及基础因冲刷作用而失稳，从而确保线路路基的稳定和运营安全。其特点是针对水流的破坏作用而设，同时起到防水治害和加固堤岸的双重功效。以下介绍福建省公路工程中常用的冲刷防治技术措施。

2.8.1 混凝土预制板护坡

混凝土预制板护坡是一种直接防治技术措施，通常由预制成适当大小的混凝土块板并配置一定的构造钢筋拼铺而成（图2-38）。

1）适用条件

混凝土预制块板防护能抵抗较大的流速和波浪冲击，其容许流速为4m/s以上，而容许波浪高可达2m以上。

2）技术要点

（1）混凝土预制块板可设计成方形，并配置一定的构造钢筋。

（2）每块尺寸按所受荷载计算确定，其最小厚度不宜小于6cm；为抵抗较强烈的水流或波浪的作用（如$v \geq 6m/s$），块板宜设计成2m×1m或2m×2m、厚0.2～0.3m的大型块状。

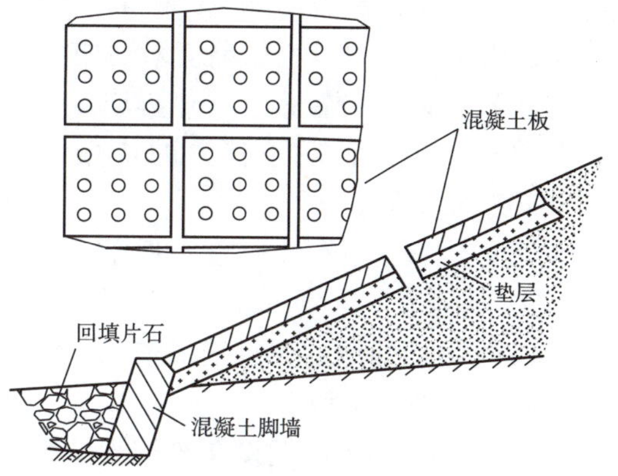

图2-38 混凝土预制板护坡示意图

（3）块板的混凝土强度不低于C20。

3）施工工艺

（1）混凝土预制块板可采用钢模或木模制成，其侧板和底板必须平整光滑。

（2）块板铺砌由下至上进行，相邻块板之间不相联结，靠近铺砌即可；砌缝宽1～2cm，用沥青麻筋或沥青木板填塞。

（3）为了减小水流和波浪的上举力，可在预制块板上留出泄水孔眼，孔眼大小应不大于块板垫层颗粒的粒径。

（4）施工时土坡与混凝土块板之间应按反滤层要求设置砂砾或碎石垫层，其厚度一般为：干燥边坡采用10～15cm，较湿的边坡采用20～30cm，潮湿边坡采用30～40cm。

（5）因为混凝土块板对于其下卧土层的不均匀沉降特别敏感，故必须在夯实平整的边坡上铺设；板体应做到表面光滑平顺，颜色一致，且上下端及顶部与边坡或岸坡衔接牢固、平顺、密贴，从而使水难以流入护坡内。

（6）如无吊装机具，也可就地分块立模灌注。

2.8.2 柔性混凝土块板

柔性混凝土块板又称混凝土沉排，是由同一规格形态和尺寸的混凝土板与铰链连接而成的；它是一种强有力的柔性护面，也属于直接防治类。其作用是随着基础脚下冲刷的加剧，柔性护面将能自动沉入冲刷坑内覆盖住坑壁，从而防止水流对基础的进一步冲刷和淘刷，确保基础稳定。

1）适用条件

柔性混凝土块板主要用于防护沿河路基或导流建筑物的基础。柔性护面适用于中等粒径的砂砾石河床基础上；对于颗粒较小的砂性土和黏性土河床基底，必须设置垫层，并用麻筋热沥青灌缝；对于大孤石较多的河床，则不宜采用。

2）技术要点

（1）块板平面尺寸一般采用0.5m×0.5m、0.75m×0.75m及1.0m×1.0m，厚度不宜小于0.2m。当采用较大的块板时，整个护面通常采用同一种规格的块板组成；当采用较小的块板时，为了防止块板移位，应将整个护面的前缘端部两排和迎水流方向的端部两列换成加大加厚的块板（如1 050mm×50mm的块板）；同时，为了减小固定端所受的拉力，在靠近固定端的两排块板也应采用加大加厚的块板。

（2）板内应设置钢筋并作为连接钩环用，其钢筋尺寸一般为：对于尺寸较小的块板用ϕ14～18mm钢筋；对于较大的块板用ϕ18～22mm钢筋；对于固定端的锚定钩环采用ϕ28～32mm钢筋。

（3）块板的混凝土强度不低于C20。

3）施工工艺

（1）块板铺设前先将基底整平，清除大孤石，或先铺一层砂砾垫层，并顺河床地形由河岸向河心做成缓坡。

（2）柔性块板应铺设在较枯水位稍低的位置，块板错缝安装，并串筋勾缝。

（3）根据水流情况，柔性护面应按与主体防护建筑物基础轮廓线相垂直的方向，一组一组地铺设在防护范围的河床上。当基础轮廓线为曲线时，采用梯形板块按放射状扇形铺设；当基础轮廓线为直线或接近直线时，采用方形块板按直线平行铺设。靠近基础的一端锚定于基础端脚或特设的固定桩上。

（4）块板的铺砌长度应使块板压入冲刷坑后能覆盖住全部坑壁。在靠近固定脚墙的一端应加上约2m的安全长度。

2.8.3 土工模袋护坡

土工模袋是一种双层织物袋，袋中充填流动性混凝土或水泥砂浆或小粒径石料混凝土，凝固后形成高强度和高刚度的硬结块石，可用于护坡。膜袋上下两层之间用一定长度的尼龙绳拉接，用以控制填充时的厚度。其主要特点是土工模袋可根据工程地形地貌加工制作，保证混凝土等充填料按要求形成；适用于水上、水下施工，不需构筑围堰，能在各种现场条件下组织施工，尤其适用于沿江江堤、沿海海岸的防护；该护坡整体性好，无需大型的机具设备，施工中不影响通航，施工速度快，劳动强度低；防护面不需常年维修、维修费用少。

1）适用条件

采用土工模袋护坡的坡度不得陡于1:1。如在水下施工，水流速度不宜大于1.5m/s。土工模袋可用于替代干砌块石、砂浆块石等修建堤坡堤脚，构筑丁坝、堤坝主体，还可以用于堤坝崩塌、江河崩岸等险情的抢护。

2）技术要点

（1）土工模袋的主要应用场合及铺设形式如图2-39所示。

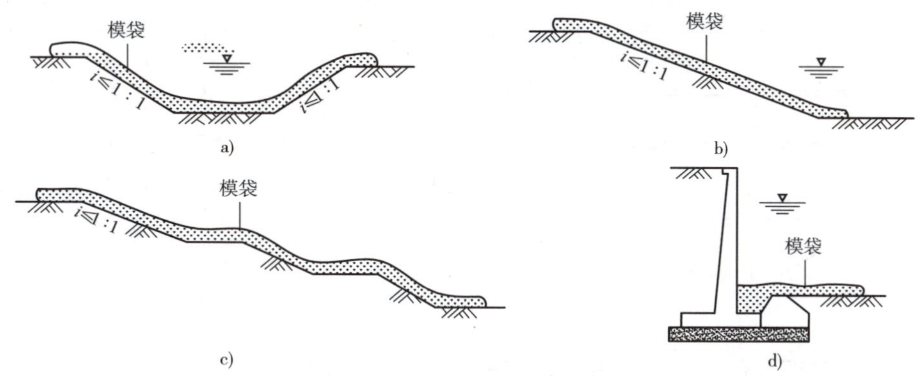

图2-39　土工模袋的应用及铺设示意图

（2）土工模袋材料应满足表2-9的技术要求。充填混凝土时，粗集料最大粒径应符合表2-10的要求，坍落度不宜小于20mm，其强度等级不低于C20；充填砂浆时，其强度等级不低于M10。

土工模袋材料要求　　表2-9

指标内容	指标要求	指标内容	指标要求
顶破强度（N）	≥1 500	等效孔径 O_{95}（mm）	0.07～0.15
渗透系数（10^{-3}cm/s）	0.86～10	延伸率（%）	≤15

混凝土粗集料的最大粒径要求　　表2-10

土工模袋厚度（mm）	集料最大粒径（mm）	土工模袋厚度（mm）	集料最大粒径（mm）
150～250	20	≥250	40

（3）模袋选型应根据工程要求和当地土质、地形、水文、经济与施工条件等确定。应根据水流量选定模袋滤水点分布数量，当选用无滤水点模袋时，应增设滤水渗管。模袋应用尼龙绳编制。

（4）土工织物及土工合成材料可单独或与其他材料配合，作为过滤体和排水体，用于暗沟、渗沟、坡面防护和坡面排水。

2.8.4　土工织物软体沉排

土工织物软体沉排是采用土工织物缝接成一定尺寸的排布，在排布上绑扎块石或者预制混凝土块体，以形成大片排体的护坡或防冲护底结构。土工织物软体沉排耐久性较好，整体性强，施工进度和质量容易控制，造价适中，是一种沿河路基冲刷防护的新技术。

1）适用条件

土工织物软体沉排适用于流速为2～3m/s的沿河路基冲刷防护，兼有加固、反滤和排水作用；也适用于水下工程及预计可能发生冲刷的河床和岸坡土面上。

2）技术要点

土工织物软体沉排主要有单片垫和双片垫两种结构形式。单片垫是利用土工织物拼接成大面积的排体；双片垫是将两块单片垫重叠后按一定距离和形式将两片垫连接在一起而构成管状或格状空间，在其中填充透水性砂石料（如砂卵石等），起到防冲和反滤的作用。

双片垫的结构形式见图 2-40，土工织物用于过滤和排水的主要形式见图 2-41。

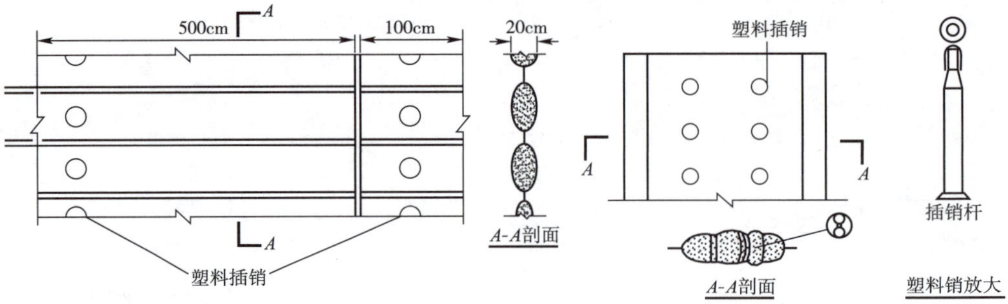

图 2-40　双片垫的结构形式

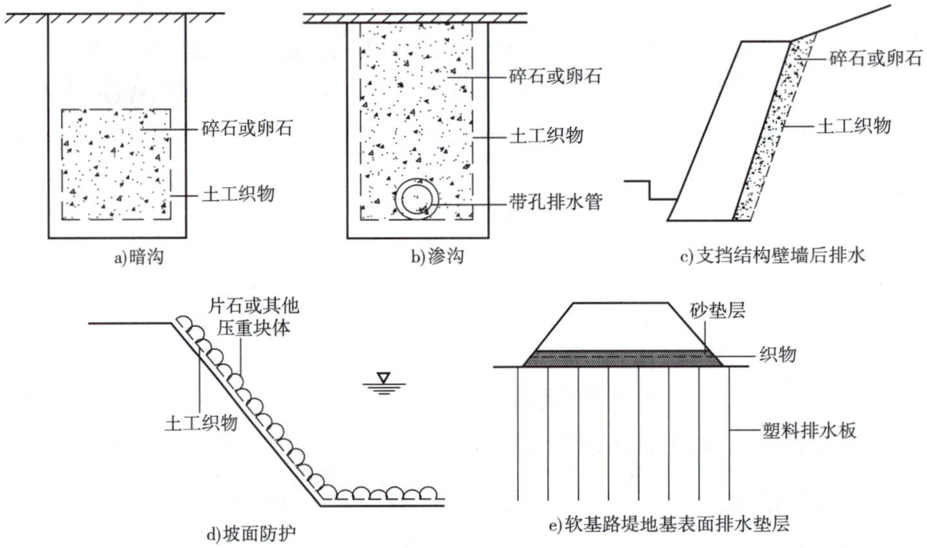

a)暗沟　b)渗沟　c)支挡结构壁墙后排水

d)坡面防护　e)软基路堤地基表面排水垫层

图 2-41　土工织物用于过滤和排水的主要形式

2.8.5　水泥砂袋护坡

对于缺少石料的地区或作为洪水来临前的应急或洪水抢险措施，使用水泥和砂或水泥和土混合均匀后装入编织袋，码砌即可达到护坡的作用。对于永久性护坡，采用 15% 的水泥和 85% 的砂混合为宜。采用价格低廉的农用编织袋亦可，一年后虽然编织袋在日光作用下破坏，但是装填的水泥砂在河水浸泡后已凝固成块体。水泥砂袋护坡如图 2-42 所示。

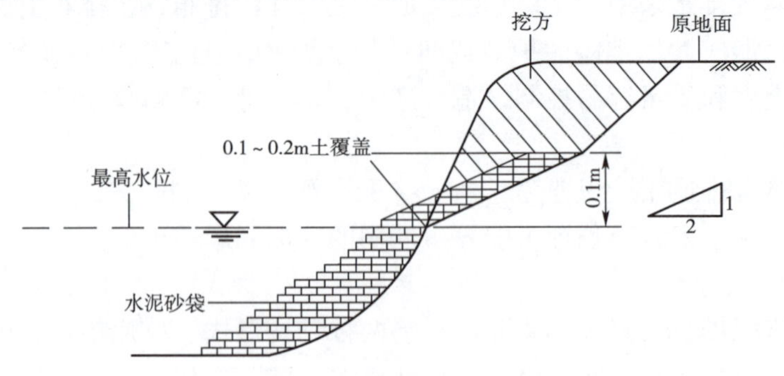

图 2-42　水泥砂袋护坡位置示意图

2.8.6 石笼防护

石笼防护是采用铁丝编织成框架，内填石料，设在坡脚处，以防急流和大风浪破坏堤岸的防护措施；也可用来加固河床，防止淘刷。用于河床加固时，是将一定尺寸的块石装填在按设计尺寸编制的石笼内，形成石笼排体，然后将石笼排体连片，形成排体石笼，再在水上将排体石笼沉到设计规定的高程，使河床免受水流淘刷及浸蚀。石笼防护是加固河床、防止冲刷的常用措施，其优点是具有较好的强度和柔性，而且可利用较小的石料。当水流中含有大量泥砂时，石笼中的空隙能很快淤满，而形成一个整体的防护层。其缺点是铁丝网易锈蚀，以致石笼解体，因此其使用期限约为 8 ~ 12 年（镀锌铁丝网）或 3 ~ 5 年（普通铁丝网）。

1）适用条件

（1）石笼防护适用于受洪水冲刷但无滚石河段和大石料缺乏地区，也宜用于防洪抢险。

（2）适用于受水流冲刷和风浪侵袭，且防护工程基础不易处理或沿河挡土墙、护坡基础局部冲刷深度过大的沿河路堤坡脚或河岸。

（3）在缺乏大石块作冲刷防护的地区，用石笼来填充较小的石块，亦可抵抗较大的流速；在洪水期，石笼也可用于临时抢修工程；在流速大、有卵石的冲击河流中，铁丝笼易被磨损而导致早期破坏，一般不宜采用，这时可在石笼内浇灌小石子混凝土，或采用钢筋混凝土框架石笼。

（4）在含有大量泥沙及基底地质良好的条件下，宜于采用石笼防护，这样石笼中石块间的空隙很快被泥沙淤满而形成整体层。

（5）石笼一般用于容许流速为 5 ~ 6m/s，容许波浪高为 1.5 ~ 1.8m 的水流。

2）技术要点

按石笼框架材料的不同，可以将石笼分为铁丝石笼和竹石笼两种。常见的石笼尺寸如表 2-11 所示。

铁丝石笼可用镀锌铁丝或普通的铁丝编制，有规则形状的石笼应用 ϕ6 ~ 8mm 的钢筋组成框架，然后编织网格。可选用直径 ϕ2.5 ~ 4.0mm 的铁丝编网，网格形状可用六角形或方形，以六角形为好；网孔大小通常为 6cm × 8cm、8cm × 10cm、10cm × 12cm、12cm × 15cm 等。具体采用何种规格应根据填充石料的最大粒径确定，网孔宜略小于最大粒径。

为节省钢材，在盛产竹材的地区，可用竹石笼代替铁丝石笼，其防护加固作用与铁丝石笼基本相同。竹石笼的强度、柔韧性以及耐久性均不如铁丝石笼，但造价低廉，故常用于临时防护工程。如能在短期内被泥沙淤塞团结，则仍具有长期使用效果。

石笼用于防护岸坡时，一般采用垒砌形式，只有当边坡等于或缓于 1：2 时才可用平铺形式。用于防护基础淘刷时，一般采用在河床上平铺并与坡脚线垂直的形式，同时固定坡脚处的尾端，靠河床中心一端不必固定，淘底时便于向下沉落；其铺设长度宜不小于河床冲刷深度的 1.5 ~ 2 倍。用于垒砌的石笼宜用长方体，用于平铺的石笼宜用扁长方体，用于防洪抢险的石笼一般采用有骨架的圆柱体（便于滚动）或无骨架的网袋。单个石笼的重量以不被水流或波浪冲移为原则；为了安全稳固，施工时应将所有单个石笼用铁丝捆扎，使之成为一个整体。表 2-11 列出了一些常用的石笼尺寸，常见的石笼形式见图 2-43。

常见的石笼尺寸 表 2-11

石笼		适用石笼类型	表面积（m^2）	容量（m^3）	装石粒径（cm）
形式	尺寸（m）				
箱形	3×1×1	铁丝笼及木笼	14.0	3.0	5～20
箱形	3×2×1	铁丝笼及木笼	22.0	6.0	5～20
扁形	4×2×0.5	铁丝笼	22.0	4.0	5～20
扁形	3×2×0.5	铁丝笼	17.0	3.0	5～20
扁形	2×1×0.25	铁丝笼	5.5	0.5	5～20
扁形	4×3×0.5	铁丝笼	31.0	6.0	5～20
扇形	3×1×0.5	铁丝笼	10.0	1.5	5～20
圆柱形	ϕ0.5×1.5	铁丝笼及竹笼	2.4	0.30	5～15
圆柱形	ϕ0.6×2	铁丝笼及竹笼	3.8	0.57	5～15
圆柱形	ϕ0.7×2	铁丝笼及竹笼	4.4	0.77	5～15

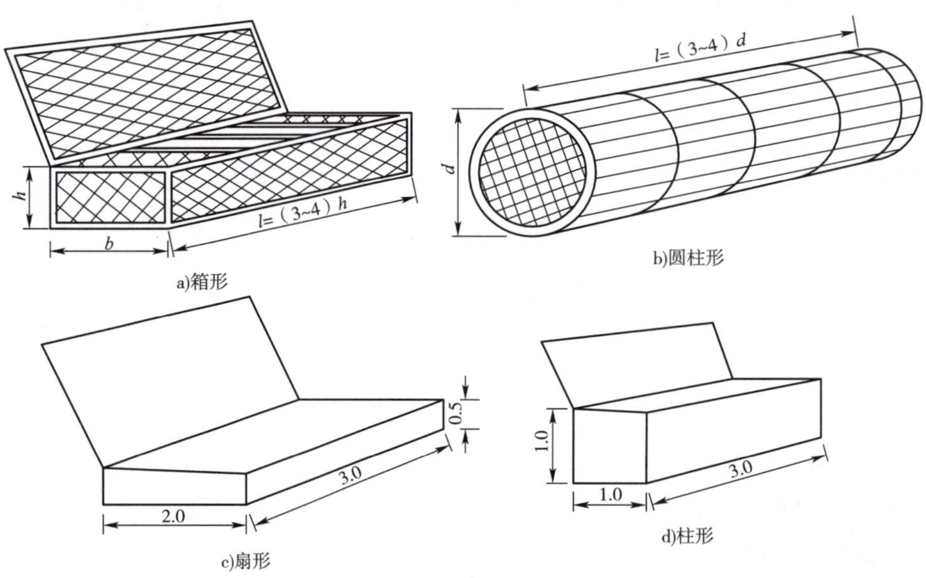

图 2-43 常见的石笼形式（尺寸单位：m）

3）施工工艺

石笼施工，主要是控制石笼制作材料及加工制作、填充块石的质量、吊装运输及投放定位的准确，具体要求如下：

（1）编制石笼时，要严格保持石笼各部分的正确尺寸，以利于石笼与石笼之间的紧密连接。编织网格时宜用双结，以防网孔变形；长度较大的石笼，应在内部设横墙或铁丝拉线。

（2）骨架筋的连接宜采用环绕其自身紧缠三圈的扭结，以防石笼受力下垂时被拉散。底层扁长方体石笼一端的上下纵向主骨架筋可做成挂环，作为锚定石笼用。

（3）沿笼盖和笼体的连接线以及相邻石笼之间的连接线每隔 0.2m 应采用铁丝对折双绕两圈，并将铁丝扭三个花，以保证其连接牢固。

(4) 石笼内填充石料宜选用浸水不崩解、坚硬、密度较大的石块，块径应大于网孔尺寸，装笼必须全部码砌、塞严，两层石笼接触面应平整，严防片石棱角砸断铁丝而使整个石笼损坏。贴近网孔外层应用较大尺寸的块石，仔细码砌，并使石块的棱角突出网孔以外，以保护石笼。

(5) 有底无盖或有盖无底的石笼，可用于多层石笼的中间部位。

(6) 铺设石笼的基底应以卵石、砾石或碎石做垫层，并大致整平，垫层厚度一般为0.2~0.4m。必要时底层石笼的各角可用10~20mm的钢筋固定于基底土中。

(7) 为了施工方便，一般宜于枯水季节施工。

2.8.7 混凝土胶结抛石防护

1) 适用条件

混凝土胶结抛石适用于经常浸水、水流方向较平顺、河床地层承载力较强且无严重局部冲刷的路基边坡防护，还可用于防治受水流冲刷和淘刷的路基坡脚、挡土墙及护坡的基础等。

混凝土胶结抛石防护常用于抢修工程。在水流或波浪作用很强烈的地方以及缺乏石料的地区，也可用预制混凝土块作为抛投材料。

2) 技术要点

抛石或预制混凝土块须装入石笼后进行抛筑，石笼可采用铁丝或竹子编织，常见的石笼尺寸见表2-11，石笼的形式见图2-43。抛石的技术要点包括确定抛石坡度、粒径、厚度和反滤层大小四个方面的内容，公路上常用的抛石防护形式如图2-44所示。

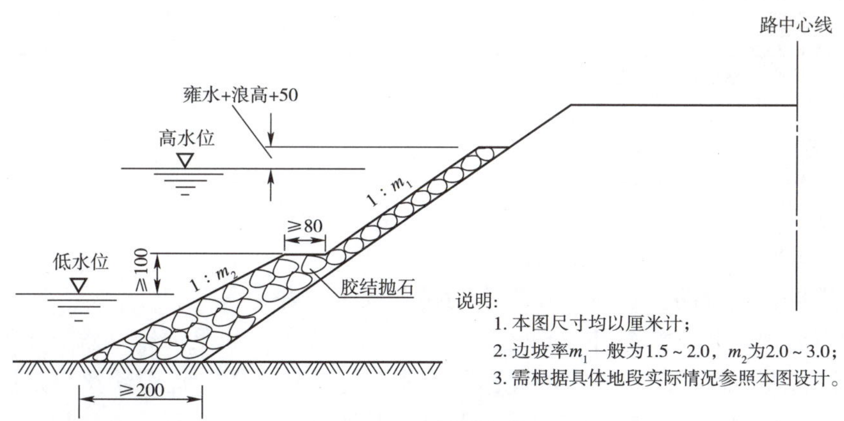

图2-44 抛石防护设计图

(1) 抛石坡度

抛石堆的边坡坡度视水深、流速和波浪情况而定，不应陡于所抛石料浸水后的天然休止角。为了增加抛石防护的稳定性，抛石堆的水下边坡不宜陡于1:1.5；当水深和流速较大时，也不得小于(1:2)~(1:3)；表2-12列出了抛石边坡的参考坡度值。抛石堆的顶面宽度不应小于最小石块尺寸的两倍。

(2) 抛石粒径

石料粒径一般不小于0.3~0.5m，在流速大、波浪高及水很深三种情况兼备的地方，应采用较大粒径的石块。抛石粒径可按其与水深、流速之间的关系，从表2-13中选用。

抛石边坡坡度参考值表 表2-12

水文条件	采用边坡
水浅、流速较小	（1：1.25）～（1：2）
水深2～6m，流速较大，波浪汹涌	（1：2）～（1：3）
水深大于6m，在急流中施工	缓于1：2

（3）抛石厚度

抛石厚度一般为粒径的3～4倍，采用大粒径时，至少不得小于粒径的2倍，水深流速大处宜增大。顶面在低水位以上，距低水位的距离大于1.0m。

（4）反滤层

反滤层的作用是为了在洪水退走后，使路堤本身迅速干燥，减少路基土被冲走，适用于黏质土路堤，并应在枯水时施工。应在抛石背后设置级配良好的反滤层，一般分层设置，从里向外第一层可用10～15cm厚的粗中砂；第二层可用厚10～20cm，粒径为1～3cm的砾石；第三层可用厚度为20cm的碎石或卵石。

抛石粒径与水深、流速关系 表2-13

抛石粒径（cm）	水深（m）				
	0.4	1.0	2.0	3.0	5.0
	容许流速（m/s）				
15	2.70	3.00	3.40	3.70	4.00
20	3.15	3.45	3.90	4.20	4.50
30	3.50	3.95	4.25	4.45	5.00
40	—	4.30	4.45	4.80	5.05
50	—	—	4.85	5.00	5.40

3）施工工艺

边坡抛石防护在施工中应当注意以下几点：

（1）采用抛石加固路基边坡，在洪水前抛置效果较好。

（2）抛石防护除防洪抢险外，一般应于枯水季节施工。如果河床枯水时干涸，可进行人工挖基，将石块抛置到最后稳定位置；若不能进行挖基工作，宜用铁丝石笼护脚。

（3）当路基填料为土质时，应在抛石与路基填土之间加设卵砾石反滤层，其厚度一般为0.5～0.8m，并伸出抛石堆坡脚以外1.5～2.0m。如路基坡脚浸水较深，反滤层分层设置有困难时，可将卵石与砾石土混合为一层，顺边坡倾填作为反滤层。

（4）石料应选用质地坚硬、耐冻且不易风化的石块，其密度不小于2t/m^3。为使抛石堆具有一定的密实度，宜选用不小于设计尺寸、大小不同的石块掺杂投抛，但底部及迎水面宜用较大石块。

（5）当出现块石架空且不易调整时，可采用高强度等级水泥砂浆及中、小块石对孔洞进行砌筑封堵。

（6）抛石石块须用C20以上混凝土胶结，胶结抛石的混凝土要将抛石填实。

2.8.8 格宾网防护

所谓格宾网，通俗地讲就是便于组装的石笼网，也称作生态绿格网，它是采用经表面处理的低碳钢丝由专用机械将双线绞合编织成多绞状、六边形网目的网片。格宾网防护就是将蜂巢形的格宾网片组装成箱笼，并装入块石等填充料后用作护底护坡的新技术（见图2-45）。

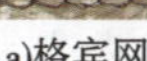
a)格宾网

b)格宾网防护

图2-45 格宾网及格宾网防护

格宾网的主要用途包括提高河床边坡的稳定性，保护河床防止冲刷，提高河岸粗糙系数，以及护岸护坡等。按结构形式可分为格宾挡墙、护坡、护底、护脚等，习惯上将护坡、护底工程上常用的较薄的一种箱笼称为格宾护垫（高度一般在20~30cm），挡墙、护坡、护脚常用的较厚的一种称为格宾网箱（一般高度在50cm以上）。格宾网防护具有以下特点：

（1）适应性强，能很好地适应地基的变形；

（2）柔韧性高，不易断裂，可以承受大范围的变形仍不坍塌；

（3）耐腐蚀抗冲刷，有很强的抵御自然破坏、恶劣气候及地震冲击力的能力；

（4）具有透水性或不透水性，可防止由流体静力造成的损害；

（5）提供给植被绿化美化所需的土壤，石头缝隙间的淤泥有利于植物生长，可与周围自然环境融为一体；

（6）施工简便，不需特殊技术，只需将石头装入笼子封口即可；

（7）节约运输费用，可将其折叠起来运输，在工地上装配；

（8）施工进度快，可多组同时施工，平行流水作业。

1）适用条件

在公路工程中，格宾网主要用于路基坡脚的冲刷防治，同时也可作为护坡、挡墙的基础防治措施。此外，格宾网还可用于生态驳岸防护、生态河道建设、市政园林以及水利工程和海防工程中。

2）技术要点

格宾网箱由格网片和填料组成。为保证钢丝的材质在编织过程中不受损伤、施工方便，以及体现其柔韧性特点，编织格宾网的钢丝只能采用低碳钢丝；如果在低碳高镀锌钢丝或10%铝锌锡合金钢丝表面包覆一层PVC或者PE（不可采用其他聚合物），其成品结构将具有更佳的防锈、防静电、抗老化、耐腐蚀及抗压、抗剪等性能，能有效抵抗海水或高度污染环境的侵蚀。格宾网材质量检测应具有国家级质检单位质检报告，并符合现行《公路工程质量检验评定标准》的有关规定。目前常用的格宾网材包括：

（1）镀锌钢丝：这种网材系采用优质低碳钢丝经表面热镀锌工艺处理后的产品，镀锌量不小于250g/m^2；钢丝的直径一般为2.0～4.0mm，抗拉强度不低于420MPa，伸长率不小于12%。

（2）锌—5%铝（10%铝）—混合稀土合金钢丝：这种网材也叫高尔凡钢丝，是近年来国际上新兴的一种新材料，其耐腐蚀性是镀锌钢丝的3倍以上，钢丝的直径一般为1.0～3.0mm，抗拉强度不低于1 380MPa。

（3）镀锌钢丝包塑：这种网材系在优质低碳钢丝的表面包一层PVC保护层，PVC保护层可有效抵抗海水或高度污染环境的侵蚀，并且通过不同颜色的选择，使其能和周围环境融合。

（4）锌—5%铝（10%铝）—混合稀土合金钢丝包塑：这种网材系在锌—5%铝—混合稀土合金钢丝的表面包一层PVC保护层，其作用与镀锌钢丝包塑产品的相同。

格宾填充料必须是坚实、耐风化的石料，严禁使用风化石。填充石料应采用粒径级配好的碎石或卵石，非裸露部位可以适当用废混凝土碎块或耐火化的建筑废料作为填料。对格宾网箱，粒径8～25cm的填充石料（碎石或卵石）应占80%以上；对格宾网垫，粒径5～10cm的填充石料（碎石或卵石）应占90%以上；其余以良好级配的碎石填满空隙，以确保结构的密实度。有特殊要求可由设计提出专门要求。

格宾网的网目孔径有60mm×80mm、80mm×100mm、80mm×120mm、100mm×120mm、120mm×150mm等几种规格，其中双线绞合部分的长度不得小于50mm，以保证绞合部分钢丝的金属镀层和PVC镀层不受破坏。格宾网的钢丝分为网丝、边丝和绑丝三种，网丝的直径一般为2.0～4.0mm，边丝比网丝略粗（粗0.5～1mm），绑丝的直径一般小于网丝，常见的以2.2mm居多。

3）施工工艺

（1）施工前准备

在进行施工以前，首先需要清除现场块石、树根、草皮等障碍物；并修整进出场道路，方便车辆运输作业和人员进出现场。对格宾挡墙或护坡的基底土质及其密实度、平整度，以及基础层网箱入土深度和轮廓线长度、宽度等，都应该进行认真的检查与校核，以满足设计要求。

（2）施工顺序与要点

①按图纸要求，先进行测量放线，严格按设计高程及坡度进行整坡，最后对坡面进行夯实，使土密度达到设计要求。

②伴随格宾网的安装从坡脚向坡顶方向铺筑10cm厚砂石垫层。

③安装格宾网石笼脚槽和石垫。

④填充石料。石笼脚槽分3次填充石料，每次填1/3高度，每次填充后，分别在1/3和1/2高度处加向内拉筋，以防石笼变形。向内拉筋每隔300mm加1根。

⑤铺设格宾网时，网间上下左右要连接好，坡脚要有足够的埋深。

2.8.9 丁坝防护

丁坝又叫挑水坝，是一端与河（海）岸相接、另一端伸到水域中、形似堤坝的水工建筑物，因其与堤岸构成“丁”字形，故称为“丁坝”。在河道与航道整治中，丁坝是经常采用的一种整治建筑物；在公路工程中，丁坝也常用来作为路基冲刷防护建筑物和桥渡调治建筑物。丁坝在改善航道、维护河相以及保护水生态多样化方面也可发挥作用，它能够阻碍和削弱斜向波和沿岸流对海岸的侵蚀作用，促进坝田淤积，形成新的海滩，达到保护海岸的目的。

丁坝由坝头、坝身和坝根三部分组成，其根部与河岸或路基连接，坝头伸入河道，坝轴线与水流方向正交或斜交，在平面上与河岸或路基构成“丁”字形（见图2-46）；公路工程中常用的砌石丁坝断面构造如图2-47所示。丁坝的主要用途是导流和挑流，把水挑离河岸，改善水流状况，从而保护河岸不受来流直接冲蚀而产生掏刷破坏。采用丁坝防护路基冲刷的优点是防护长度大，相当于其自身长度的3～10倍以上；若配合其他路基冲刷防护建筑物，如护坡、抛石加固等，可取得更佳的综合防治效益。此外，采用丁坝防护路基冲刷，对于保证路基安全更为有利，因为丁坝属于间接防治类的防护建筑物，当丁坝出现水毁时，如果及时进行抢险，将不会影响交通运输安全和造成运输经济上的损失。

图2-46 丁坝实图

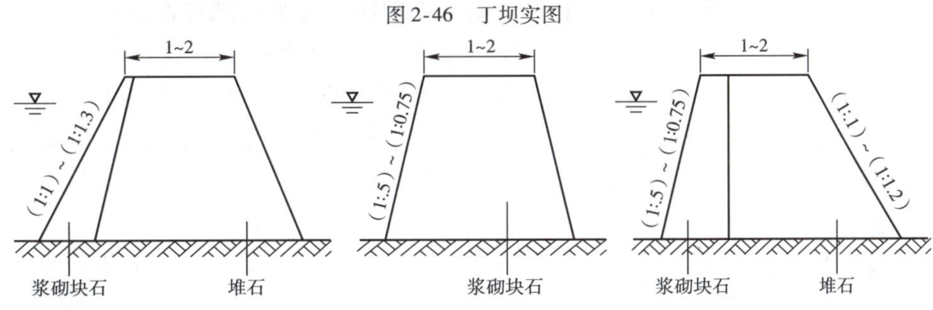

图2-47 砌石丁坝断面示意图（尺寸单位：m）

1）适用条件

丁坝对上、下游水流甚至对对岸都有一定的影响，是一种较为剧烈地改变水流结构的河道整治建筑物，主要适用于较开阔的河段，河流容许流速为6～10m/s，山区狭窄的急流河段应慎用。具体来讲，丁坝主要适用于下列几种情况：

（1）需挑流或减低流速，以减轻水流对河岸或路基冲刷的山前区变迁性河段；

(2) 河床较宽、水流较急，且凹岸冲刷严重的河段；

(3) 需限制水流方向以稳定河床的变迁性河段；

(4) 路基受水流冲刷严重，需要改变水流流向、使路基坡脚淤积变坦的地段；

(5) 局部冲刷严重，采用其他防护措施无法满足时。

2) 技术要点

(1) 丁坝的分类及作用

按外形划分，丁坝可分为普通丁坝和勾头丁坝两种，其中普通丁坝为直线形，勾头丁坝在平面上坝头呈勾形。按照水力条件的不同，可以将丁坝分为非淹没丁坝、淹没丁坝和潜坝三种。按照丁坝的长度，可分为长丁坝和短丁坝；其中，长丁坝是指坝身长度超过1/3河宽的丁坝；而短丁坝是指坝身长度小于等于1/3河宽的丁坝。长丁坝有束窄河槽、改变主流线位置的功效；短丁坝则只起迎托主流、保护滩岸的作用。一般来说，数百米甚至上千米的丁坝，多用于航道的枯水整治，为淹没式丁坝。对于航道的中水整治，则应尽量控制在100～200m，以免严重阻水，形成紊乱的水流结构，危及坝体安全或者引起对岸、坝下游岸线崩塌。按照坝轴线与水流方向的夹角θ，可将丁坝分为上挑（$\theta>90°$）、正挑（$\theta=90°$）和下挑（$\theta<90°$）三种，这三种丁坝对水流结构的影响和形成的坝后回流区大小有很大的不同：就绕流情况而言，以下挑为好，其水流较平顺，绕流所引起的冲刷较弱，相反上挑将造成坝头水流紊乱，局部冲刷十分强烈；就漫流情况而言，则恰好相反，以上挑式为好，因为水流漫过上挑丁坝后，可将泥沙带向河岸一侧，有利于坝挡之间的落淤，而下挑丁坝则与之相反，造成坝挡间冲刷，河心淤积，且危及坝根安全；就丁坝的防护长度而言，下挑丁坝的回流区长度较短，上挑和正挑的回流区长度较长。按丁坝的作用和性质，又分为控导型和治导型两种：控导型丁坝坝身较长，一般坝顶不过水，其作用是使主流远离堤岸，既防止坡岸冲刷，又改变河道流势；治导型丁坝工程的主要作用是迎托水流，消减水势，不使急流靠近河岸，从而护岸护滩、防止或减轻水流对岸滩的冲刷。

丁坝具有导流、护岸、防冲和稳定河势的作用，是沿河公路、河滩公路常用的防护构造物，也是桥位河段常用的防护和调治构造物。丁坝作为公路路基冲刷防护建筑物有两种用途：一是以防护为主，用以防护水流对河岸或路基的有害冲刷，它只改变局部水流方向，不改变主流方向，这时多用较短的丁坝；二是以挑流为主，用于改变主流方向，使其远离被防护的河岸或路段，这时多用较长的丁坝。以挑流为主的丁坝在路基冲刷防护中使用不多，采用时一般都要进行专门的水工模型试验。

(2) 一般原则

丁坝长度应根据防护长度、丁坝与水流方向的交角、河段地形、水文条件及河床地质情况等确定，垂直于水流方向上的投影长度不宜超过稳定河床宽度的1/4。用于路基防护的丁坝宜采用漫水坝或潜坝，丁坝与水流方向的交角以小于或等于90°为宜。

丁坝的横断面形式和尺寸应根据材料种类、河流的水文特性等确定，坝顶宽度根据稳定计算确定。

当设置群坝时，坝间距离不应大于前坝的防护长度。丁坝间的河岸或路基边坡所能承受的允许流速小于水流靠岸回流流速时，应缩短坝距，或对河岸及路基边坡采取防护措施。

(3) 单丁坝防护设计

①丁坝的平面布置设计

单丁坝的长度应满足设计的一般原则要求。由于公路工程中所采用的丁坝一般在常水位下为非淹没丁坝、在洪水位下为淹没丁坝，为避免因水位不同形成不同的水流结构，从而造成完全不同的冲淤效果，在设计中往往采用正挑布设丁坝。

②坝顶高度 H 计算

$$H = h_{设计} + h_{壅水} + h_{浪侵} + K \tag{2-2}$$

式中：$h_{设计}$——设计水位（m）；

$h_{壅水}$——壅水高度（m）；

$h_{浪侵}$——波浪侵袭高度（m）；

K——安全距离，一般 K 可取为 0.25 ~0.50m。

③丁坝局部冲刷深度计算

丁坝的局部冲刷深度是确定丁坝基础埋深的关键因素。丁坝附近的河床冲刷，除考虑河床自然演变冲刷外，还应计算丁坝自身的局部冲刷。丁坝的最大冲刷深度可按下式计算：

$$h_s = 1.95 F_r^{0.20} A_Z^{0.50} C_\alpha C_m C_{sm} \tag{2-3}$$

式中：h_s——丁坝附近最大冲刷深度（m），自平均床面高程算起，包括一般冲刷和局部冲刷；

F_r——行进水流弗汝德数，$F_r = v^2/gh$；

A_Z——丁坝阻水面积（m^2），以垂直于流向的投影面积计，对于宽浅断面 $A_Z = L_D h$，L_D 为丁坝长度（垂直水流方向）；

h——行进水流平均水深（m）；

C_α——挑角系数；

C_m——边坡减冲系数，$C_m = e^{-0.07m}$（m 为边坡系数）；

C_{sm}——漫水减冲系数。

④丁坝回流区长度计算

自丁坝轴线起到下游回流区末端，沿河岸的长度是该丁坝对河岸的防护长度 L_H。因此，丁坝下游回流区的长度是决定丁坝下游防护范围及其对下游河道影响范围等问题的依据。在丁坝设计中，可以采用下式来确定丁坝回流区长度 L_H：

$$L_H = \frac{C_0^2 h L_D}{L_D + 0.05 C_0^2 h}\left(\ln \frac{B}{B - L_D} + 0.58\right) \tag{2-4}$$

式中：L_H——回流区长度（m）；

L_D——丁坝（路堤桥台）阻水长度（m），以垂直流向计；

h——平均水深（m）；

C_0——无量纲谢才系数，$C_0 = \frac{C}{\sqrt{g}} = \frac{h^{1/6}}{n\sqrt{g}}$，$n$ 是粗糙系数；

C——形状系数，上下游和端部都带边坡 $C = 1.10$；端部为竖直墙的桥台 $C = 2.15$。

(4) 丁坝群布设方法

在公路桥渡水灾害防治和路基冲刷防护中，特别是在弯曲河段上，由于防护范围较长，采用单丁坝防护往往达不到所需的效果，故多采用群坝防护。采用群坝防护路基冲刷时需要考虑两个问题：一是要合理布设坝距，以发挥群坝的防护效果；二是要安全设计群坝基础的埋置深度，使群坝防护安全可靠。

由于弯道水流存在螺旋流，因此布设在河湾凹岸的丁坝群与布设在直线河段上的丁坝群相比，其最大的差异是处于凹岸不同位置的丁坝，其冲刷深度和回流区长度都将不同。因此，在确定丁坝群间距和冲刷深度时，需要对这两种情况分别加以计算。

根据原交通部“八五”科技攻关项目的试验研究，应用丁坝群进行顺直沿河路基防护和河岸防护工程设计时，应遵循以下原则与方法：

①对于山区开阔河段、山前变迁河段、河道顺直、水流基本平行的情况，丁坝群防护效果显著，最为适宜。对于峡谷性河段、弯道凹岸，首先考虑采用护坦、潜坝等不阻水型防护设施；必要时应用短、低、圆的淹没丁坝群，也可达到很好的防护效果。

②建议1号坝长为下游各坝长度的一半，而2号坝与下游各坝长度相等，即

$$L_{D1}=0.5L_{D2}=0.5L_{D3}=\cdots=0.5L_{Dn}$$

③2号坝和下游各坝长度，最大不应超过河槽宽度的15%；用于沿河路基防护的丁坝，对于山区河流，一般坝长不宜超过10m。

④各个丁坝，一般取正挑，即$\alpha=90°$。根据河岸地形条件，为了保证1号坝水流平顺地与下游各坝衔接，1号坝可设为下挑，即$\alpha<90°$，可取$\alpha\approx60°$，但应使坝长在垂直水流方向的投影长度$L_{D1}=0.5L_{D2}$。

⑤各坝之间的距离，在水流平顺的条件下，可取为相等，即偏安全地取各坝间距离为1号坝是单坝时下游回流长度L_{H1}的0.8倍。

⑥1号坝头的冲刷深度h'_{s1}等于其单坝时冲刷深度的0.82倍，即$h'_{s1}=0.82h_{s1}$，亦可偏安全地取两者相等。

⑦2号坝头的冲刷深度h'_{s2}，取其单坝时冲刷深度的0.62倍，即$h'_{s2}=0.62h_{s2}$。

⑧3号坝及下游各坝的冲刷深度，在2号坝及下游各坝长度相等的条件下，取2号坝为单坝时冲刷深度的0.4倍，即$h'_{s3}=h'_{s4}=\cdots=h'_{sn}=0.4h_{s2}$。

⑨最下游丁坝的回流区长度：

若丁坝群只有两个坝体组成，且$L_{D1}=0.5L_{D2}$，则取$L'_{H2}=0.6L_{H2}$；

若丁坝群由2个以上的丁坝组成，且2号坝及下游各坝长度相等，则取$L'_{H2}=0.8L_{Hn}$，L_{Hn}是当最下游丁坝（n号坝）为单坝时的回流区长度。

⑩1号坝上游回流区长度与单坝时无明显变化，一般，$L_{HS}=(1.2\sim1.5)L_D$，近似取$L_{HS}=1.35L_D$。

坝群基础的埋置深度主要决定于各坝的局部冲刷深度，它与单坝不同，受前后坝长和坝距的影响很大。处于凹岸的丁坝，其冲刷深度和回流区长度都随着丁坝所处弯道位置的不同而发生变化。因此，对弯道凹岸上单个非淹没丁坝，其冲刷深度h_{sw}需要在由式(2-3)求得的直河槽相同水力条件下冲刷深度h_s的基础上，再乘以表2-14中丁坝相应位置的h_{sw}/h_s值（令$S_\theta=h_{sw}/h_s$）才能得到，即单个非淹没丁坝在凹岸的冲刷深度h_{sw}按下式计算：

$$h_{sw}=h_sS_\theta=1.95F_r^{0.20}(L_Dh)^{0.50}C_\alpha C_mS_\theta \tag{2-5}$$

单个淹没丁坝在凹岸的冲刷深度 h_{swm} 由下式计算：

$$h_{swm}=h_sS_\theta C_{sm}=1.95F_r^{0.20}(L_Dh)^{0.50}C_\alpha C_mC_{sm}S_\theta \tag{2-6}$$

式（2-5）和式（2-6）中，水流速度按下式计算：

$$v_m=(1.1\sim1.5)v_{cp} \tag{2-7}$$

式中：v_{cp}——设计采用的平均流速，一般采用 $v_m=(1.2\sim1.3)v_{cp}$（m/s）。

弯道凹岸丁坝冲刷深度的位置修正系数 S_θ　　表2-14

丁坝位置（θ_i）	0°（进口）	30°（θ/6）	60°（θ/3）	90°（θ/2）	120°（2θ/3）	150°（5θ/6）	180°（θ）
$S_\theta=h_{sw}/h_s$	0.73	0.82	0.95	1.18	1.12	1.21（1.15）	1.54

计算位于弯道凹岸的丁坝群中每个丁坝的冲刷深度，首先计算相同水力条件下直河段的各序号（i号）丁坝的冲刷深度；然后，按各序号（i号）丁坝自己在弯道中的位置，乘以表2-15中相应的位置修正系数 S_θ，即可得到弯道凹岸丁坝群中各丁坝的冲刷深度 h_{swi}。如果是淹没丁坝，再乘以淹没减冲系数 C_{sm}，即得弯道淹没丁坝群中各坝的冲刷深度 h_{swim}。

（5）淹没丁坝防护

在路基冲刷防护中，丁坝多与其他防护建筑物如护墙、护坡等配合使用，这时丁坝的作用主要是保护护墙和护坡的基础免遭冲刷破坏，所以多采用淹没丁坝，以尽量减少阻水和坝头局部冲刷深度，有时甚至采用潜坝。在弯道上，有时采用一个淹没丁坝就可达到防护目的，但在长大弯曲河段上，则须采用淹没丁坝群。

淹没丁坝在设计中存在以下两种最不利状态：

①设计洪水位对应的最不利状态，即设计洪水通过时的最不利状态，一般用这种状态的坝头冲刷控制设计。

②涨水过程中水位与坝头顶部高程齐平时的最不利水位状态。坝顶一般设有纵坡，水位与坝头顶部齐平，是该丁坝非淹没的最高水位，计算时作为非淹没丁坝的最大冲刷深度，供设计丁坝时的校核之用。此外，淹没丁坝在坝体构造、横断面设计以及冲刷防护设计等方面都与单坝设计相同。

（6）潜坝防护

潜坝是指坝顶面布设在冲刷后平均床面以下的丁坝。它因势利导，对相邻坝之间的床面、坡脚的防护效果良好，在水流流速较大的情况下防护效果则更佳。在平面布置上，潜坝可与水流方向或主要防护建筑物基础边缘轮廓线成垂直，而坝根与建筑物基础衔接。用于防护建筑物基础淘刷的潜坝，伸入河中的长度，约为冲刷深度的2~3倍。

用于促使深河槽淤平和减缓流速的潜坝，坝长宜跨过深槽，或横跨比较狭窄的河槽全宽，坝高可略高于浅槽地面或与之齐平。潜坝的坝距，可采用非淹没丁坝防护长度的一半以策安全。对于比较稳定坚固的河床地层，潜坝的间距约与坝长相等；如果地层比较软弱，间距可以缩短，此时可取为坝长的0.5~0.7倍。关于潜坝设计其他方面的内容，与单丁坝相同。

3）施工工艺

丁坝按建筑材料不同可以分为土石坝、抛石坝、砌石坝、铅丝石笼坝、混凝土坝等类型。坝型选择可根据水流速度的大小、河床土质、当地建筑材料以及施工条件等因素综合分析确定。用于公路路基冲刷防护的丁坝多采用块石（片石）砌筑而成。在施工中，对石料的选择、胶结材料的制备、施工质量及施工技术管理等是确保所修筑丁坝经久耐用的关键因素。

（1）丁坝石料的选择

丁坝用材应选用质地坚硬、不易风化、比重合理的花岗岩、石灰岩、玄武岩、石英砂岩等石料。

（2）丁坝施工前的准备工作

丁坝施工前的准备工作主要是落实施工队伍、根据施工图纸用测量仪器测出坝轴位置，并用一定标志表示出来。当一切工作筹备完毕，方可进场开工。

（3）坝基的清理

河床表面一般都较为松动，如果不将松动层清除掉，所砌筑的丁坝将产生“漏底”现象。因此在砌筑丁坝前必须将坝位置上床面的松动层清除，并适当进行整平。

（4）坝体的砌筑

坝体砌筑可从坝根砌筑慢慢向外延伸，也可分点分段进行。凡水深流速大的滩点，以分点分段砌筑为宜。对于水下部分坝体，应按先抛筑大径块石、笼石以保护坝底和坝脚，后抛小径块石填缝的次序来进行施工。坝上下边坡及坝顶面均用大块石压面，并填缝整平，使其不易被冲淘，而且美观大方。

2.8.10　顺坝防护

顺坝又称导流坝，是指坝轴线大致与河岸平行、引导水流与下游平顺衔接的水工建筑物（见图2-48）。在公路工程中，其主要作用是导使水流较匀顺和缓地改变方向，偏离被防护的河岸，是常见的一种护岸工程。

图2-48　顺坝实图

1）适用条件

顺坝适用于河床断面较窄、基础地质条件较差的河岸或沿河路基防护，用于调整流水曲度和改善流态。

2）技术要点

（1）顺坝与上下游河岸的衔接，应使水流顺畅，起点应选择在水流匀顺的过渡段，坝根位置宜设在主流转向点的上方。

（2）坝顶宽度应根据稳定计算确定，坝根应嵌入稳定河岸内不小于3m。漫溢式顺坝，应在坝后设置格坝。

（3）顺坝的结构与丁坝基本相同，坝头受力比丁坝小，一般无需加宽，顶宽1～2m，迎水面边坡为（1∶1.5）～（1∶2.5），背水面边坡为（1∶1）～（1∶1.5）。坝的长度为防止冲刷取河岸长的2/3。

（4）顺坝的起点应选择在水流匀顺的过渡地段，坝根应牢固嵌入河岸3～5m，终点可与河岸连在一起，下游端与河岸留有缺口，以宣泄坝后水流。顺水坝一般以漫水式居多，坝顶与中水位齐平。

2.8.11 桩排防护

桩排是由单排或数排钻孔灌注桩按一定的距离排列组成、中间连以挂板或其他网格建筑物，它是一种不改变水流方向的防护措施。作为丁坝的一种特殊形式，它既不属于柔性丁坝，也不属于刚性丁坝，但其防护效果却优于丁坝。

1）适用条件

（1）适用于河床较宽、流速较大（一般大于5m/s）的直河段或河弯段；

（2）工程附近河床砂砾天然级配中小于起动泥沙粒径临近值 D_c 的含量应不小于5%，否则认为河床不受冲刷，不设防护措施；

（3）沿河路段河床地质差，基岩深，设置丁坝或浸水挡墙时，基础稳定难以满足或造价高、施工难度大时，可采用桩排；

（4）局部冲刷严重，水流中多为夹杂着泥沙（悬浮质），采用其他防护措施无法满足时。

2）技术要点

桩排的设计内容主要包括桩径、桩长、桩高、桩中心距、桩基础埋深、桩排数量、挂板形式和尺寸，以及与河岸的夹角、局部冲刷计算等方面。此外，在综合防治中还要注意桩排与防护设施的距离，如桩排防护桥梁墩台时，桩排应设在桥位三倍桥长范围以外，设置桩排后不应形成巨大淤积扇，以防堵塞桥孔，引起新的压缩冲刷。

（1）桩径

目前，桩排常用的桩径为0.6m和0.8m，较大的可做到2m以上；由于桩本身局部冲刷深度随桩径的增大而增大，因此，桩的直径不宜太大。在实际工程设计中，最小桩径一般采用试算法确定，即先假定桩径，根据水流对桩和挂板的冲击力计算桩所受到的最大弯矩及其作用位置；其次，根据最大弯矩截面强度计算出桩径，如果不满足要求，再重新设定桩径进行计算，直到所取的桩径满足要求为止。

（2）桩的高度

在设计桩的高度时，需要考虑的影响因素主要有防护范围、桩身局部冲刷深度、基础埋深等三个方面，最终设计的桩的高度 h_d 取为洪水水流高度 h、桩的冲刷深度 h_s 与桩的埋置深度 h_t 三者的总和，即按下式计算：

$$h_{d} = h + h_{s} + h_{t} \tag{2-8}$$

(3) 桩中心距

在实际工程中，桩的布置间距可以参考表2-15的规定选用。试验结果表明，当桩距大于桩径的3倍以上时，计算冲刷可以不考虑桩之间的相互影响；当施工中采取减小挤土效应的可靠措施时，桩距还可根据当地经验适当减小。

桩的最小中心距　　表2-15

土类与成桩工艺		排数不少于3排，且桩数不少于9根的摩擦型桩基	其他情况
非挤土灌注桩		3.0d	3.0d
部分挤土桩		3.5d	3.0d
挤土桩	非饱和土	4.0d	3.5d
	饱和黏性土	4.5d	4.0d
钻、挖孔扩底桩		2D或D+2.0m（当D>2m）	1.5D或D+1.5m（当D>2m）
沉管夯扩、钻孔挤扩桩	非饱和土	2.2D，且4.0d	2.0D，且3.5d
	饱和黏性土	2.5D，且4.5d	2.2D，且4.0d

注：①d为圆桩直径或方桩边长，D为扩大端设计直径。

②当纵横向桩距不相等时，其最小中心距应满足“其他情况”一栏的规定。

③当为端承型桩时，非挤土灌注桩的“其他情况”一栏可减小至2.5d。

(4) 桩排长度

桩排的长度主要由需要防护的范围确定，实践表明，在直道上桩排的防护范围是自身长度的5~6倍，在弯道上桩排的防护长度大约是自身长度的4倍。据此，可以根据实际需要防护的河岸范围，确定出桩排的设计长度。

(5) 桩排数量

对整个凹岸防护而言，以多排最好，单排最差；对防护桩后深槽冲刷而言，单排已有明显效果，双排更好，多排效果同前者相近。若以弯道护岸为主，应采用多排；若以防护弯道深槽中建筑物如桥台、桥墩的冲刷为主，则在建筑物上游适当位置（注意不应太近）布置两道桩排即可。若以提高河床面、减小防护后水深为主要目的，则宜采用密距、高桩；若希望减少桩排本身冲刷深度，则采用稀距、低桩；若需两者兼顾，则可前排稀低、后排密高、排头稀低、排根（即靠岸处）密高。

总而言之，对于桩排的数量，视具体情况而定，为满足不同的要求，可以进行相应的调整。

(6) 桩排与水流的角度

桩排与水流的角度取60°~90°即可，一般采用90°。

(7) 桩排局部冲刷深度

桩排前的局部冲刷深度可按下式计算：

$$h_{bd} = K_1 h_b + K_2 (h_{pd} - h_{po}) \tag{2-9}$$

式中：h_{bd}——桩排前的冲刷深度（自床面以下计）(m)；

h_b——作为单柱墩的局部冲刷深度(m)，按桥墩局部冲刷公式计算；

h_{pd}——各桩柱间由压缩而引起的一般冲刷深度（m），由水面算起；

h_{po}——无桩柱时桩排断面的天然冲刷深度（m）；

K_1、K_2——桩顶在水中不同高度的折减系数，其取值可参考《公路与桥梁水灾害防治》（高冬光，人民交通出版社，2002）。

应当注意，桩排在使用期间如果被漂流物等堵塞后冲刷深度会大大增加，此时就有被掏刷冲毁的危险，所以在使用期间需要仔细养护，不断观察使用状况，定期清除滞留的漂流物。

（8）挂板设计

挂板根据经验，统一按 240cm ×25cm ×7cm 进行设计，采用钢筋混凝土浇筑，上下板布设间距为 5cm。

3）施工工艺

桩排通常采用钻孔灌注桩施工工艺。其施工顺序主要分为三大步：成孔、沉放钢筋笼、导管法浇注水下混凝土成桩。水下钻孔成孔过程中，通常采用具有一定重度和黏度的泥浆进行护壁，泥浆不断循环，同时完成携土和运土的任务。

桩排在使用期间如果被漂流物等堵塞后冲刷深度会大大增加，此时就有被掏刷冲毁的危险，所以在使用期间需要仔细养护，不断观察使用状况，定期清除滞留的漂流物。

2.8.12 河道整治

公路工程中，河道整治的主要目的包括：将直接冲刷路基的水流引向旁处；路基占用河槽后，需要拓宽河道；挖滩改河，清除孤石，改移河道，以保护路基；裁弯取直，有利布置路线或桥涵等。河道整治防护工程主要包括导流构造物、防护林带以及改河道防护三方面内容。

1）导流构造物

公路工程中常用的导流构造物主要有丁坝和顺坝，详见本章相关内容。

2）防护林带

植林须有适宜的条件，主要应该有利于林带的成活和快速生长，适宜于被防护的路基外侧有宽阔的河滩或仅在洪水时才被淹没的台地、河滩及台地的土质适宜树木生成的地方种植，有洪水时的流速不大于 3.0m/s。

防护林带的作用是洪水期使流速降低，减缓冲刷，泥沙沉积，从而起到防护的效果。防护林带最适宜栽植杨柳类的乔木和灌木。其特点是生长快，对土的要求低，根系发达，枝梢茂密，较长期经受水淹而仍能成活。栽培时育成行，行列可与水流方向成正交或逆水方向斜交约 45°。当水流流速小于 1m/s 时，可用单棵插枝法；当流速大于 1m/s时，宜用成束插枝法，每束 5 ~6 棵。插枝时应插在预先挖好的小圆穴并注意培土。林带的边缘部分易受水流冲击，应采用编笆插枝法。在预先挖好的引水沟内成束插枝并按棵距钉入木桩，用长 1.5 ~2.0m 的柳条组成编笆。林带的行距可用 0.8 ~2.5m，棵距 0.4 ~0.8m。

沿河岸或路基护脚宜采用灌木与乔木间植，并每隔 10 ~20cm 的相等间距设置编笆一道，以促使泥砂淤积，防止坡脚冲刷。植树宜在秋末季节进行。

防护林带的布置应按导流堤设计原理，即应为顺上游流势的圆顺曲线。由水流的边缘轮廓线至被防护的河岸或路基坡脚之间，按规定的行距和棵距整片栽植，行列的方向宜与逆水方向倾斜45°。

3）改河道防护

改河道防护适用于山区及半山区河道弯曲不规则的河段，通过改弯取直或将急转弯改圆顺，以达到路基防护的目的。

改河道防护时，挖河道的工程量较大，施工时应组织机械设备赶在洪水期之前完成，以保证已施工路基的安全，改河施工时，应按设计要求开挖河道及处理弃方。

2.9 路基水灾害防治其他措施

2.9.1 边沟整治

为根本解决路面重铺后，原有边沟超宽超深、边沟养护困难、行车安全隐患多的现状，应对原有边沟进行整治，包括对原有边沟进行改造、沟墙加高、边沟超深超宽处理和边沟修复等。在边沟整治时应因地制宜地实施生态边沟。生态边沟将生态防护的理念与边沟整治相结合，与沿线地形、地貌、自然环境相协调，充分考虑驾乘人员的安全和视觉感受，发挥植物的视觉诱导和柔化遮挡作用。

改造后的边沟断面形式宜为矩形、梯形或蝶形，沟底厚20cm，沟墙厚30cm，断面外侧沟墙宜加高至路面以上至少20cm（图2-49）；采用矩形边沟时，断面尺寸宜为60cm×60cm；采用梯形边沟时，沟底宽和沟深均宜为60cm。新改造的边沟应采用现浇C20混凝土结构，并注意与前后边沟连接平顺。

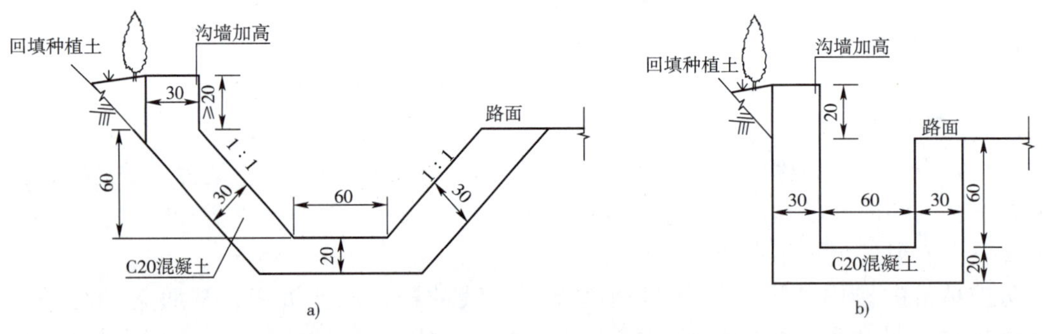

图2-49 边沟改造图（尺寸单位：cm）

对深度超过75cm的边沟，应回填砂砾并在沟底浇筑一层15cm厚的C20混凝土[图2-50a)]；对深度不超过75cm的边沟，则直接在沟底浇筑一层厚10~15cm的C20混凝土；对于沟底宽大于60cm的边沟，或边沟砌体大面积破损、勾缝剥落严重的，应在边沟两侧墙立钢模板，浇筑10cm厚的C20混凝土墙[图2-50b)]。若边沟两侧沟墙出现勾缝脱落、长青苔或砌体局部损坏等情况，可对边沟两侧沟墙采用2cm厚M10水泥砂浆进行抹面处理；抹面前应对原沟墙进行刷洗清理，凿除损坏的勾缝砂浆，用钢刷去除已长青苔的沟墙面，确保抹面水泥浆与现有砌体密贴、牢固。

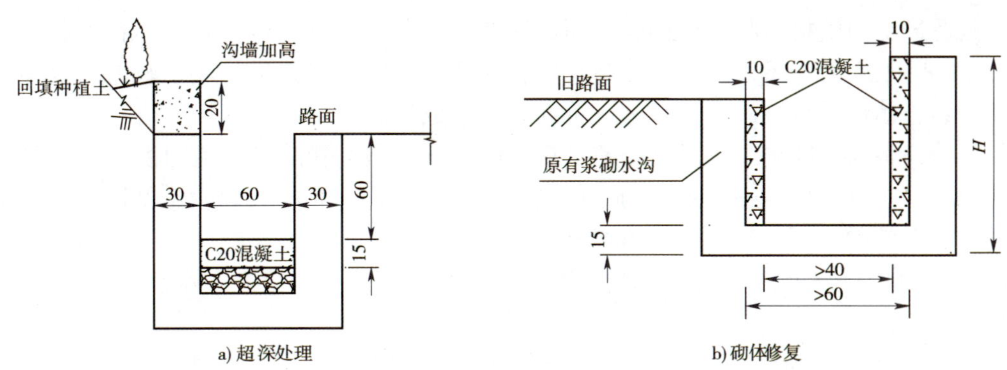

图2-50　边沟超深超宽处理（尺寸单位：cm）

2.9.2　路基病害处治

填方路堤由于施工和工程完工后在水灾害影响和汽车重复荷载作用下，容易出现一些路基病害，引起路基整体下沉、局部沉陷和边坡坍塌，从而影响公路的正常使用，降低公路的评定等级。为了更好地发挥公路的正常作用，对填方路基出现的严重病害必须采取行之有效的处治措施，使路基保持良好的技术状态。下面介绍福建省公路工程中常用的几种路基病害处治措施。

1）换土复填法

对因填筑土质不符合要求使路基出现下沉，然而面积不大且深度不深的情况，采用换土复填是一种简便快捷的方法。此法是将原路基出现病害部分的土挖去，更换新的、符合规范要求的土。一般采用级配较好的砂砾土或塑性指数满足规范要求的亚黏土为宜。回填时，挖补面积要扩大，且逐层挖成台阶状，由下往上，逐层填筑，碾压密实，压实度要求高出原路基压实度1～2个百分点为宜。这种方法只要掌握好路基的填筑方法即可，没有复杂的技术要求。

2）固化剂法

在处理填方路基的下沉中，如果更换路基填料受到限制，且填筑料数量不大时，可在原填料中掺入一定品种与数量的固化剂来处理路基病害。这种方法在我国已有应用的先例，实践证明效果较好。

固化剂作为一种特殊的建筑材料，其不同的物理性质和化学组成成分决定了不同的类别、特点和固化方法。路用材料固化剂从形态上看，可分为固态和液态两大类；从化学构成上看，可分为主固化剂和助固化剂两大部分。其中固体粉状固化剂中主固化剂以石灰、石膏、水泥为主，助固化剂采用高聚物，如聚丙烯酰胺、聚丙烯酸或含有活性基的有机化合物；液态固化剂中主固化剂多采用水玻璃，助固化剂则采用各种无机盐，如碳酸镁、碳酸钙等。前者与土混合加压，适合于表层或浅层土的固化；后者使用时，采用特殊工艺将浆液注入土中使土固结，适合于深层土的固结。

目前，固化剂的种类很多，在道路工程中使用时，可根据路用土的种类与固化剂的成分、类型选用。其各种固化剂的性能与使用方法可参照有关资料。

3）粉喷桩法

粉喷桩加固技术对处理10m以内的路基下沉病害是一种较为理想的方法。粉喷桩处理软土基是通过专门的机械将粉体固化剂喷出后在地基深处就地与软土强制搅拌，利用固化剂和软土之间发生的一系列物理、化学反应，在原地基中形成强度、刚度较大的桩体，同时也使桩周土体性质得到改善，桩体与桩间土体形成复合地基共同承担荷载。

使用粉喷桩加固路基应认真调查路基病害的情况，做好粉喷桩施工的设计（桩径、桩距、固化剂掺入量、桩身强度等）。施工中要严格掌握固化剂掺入量、粉喷桩龄期、土样含水量、混合料搅拌的均匀性。着重抓好施工中的几个环节：

（1）严格按粉喷桩施工规范施工，严格掌握钻机的就位、钻进、停钻、提升、停喷、重复的工艺流程。

（2）做好粉喷桩的质量控制。粉喷桩处理软基属隐蔽工程，通常是昼夜连续施工，必须做好粉喷桩的质量控制，内容包括桩距、桩位检查，逐桩控制喷粉量、桩长等。

4）灌浆法

灌浆法是利用液压、气压或电化学原理，通过注浆管将浆液均匀地注入地层中，浆液以充填、渗透和挤密等方式占据土粒间或岩石裂缝中的空间，经人工控制一定时间后，浆液将原来松散的土粒或裂隙胶结成一个整体，形成一个结构新、强度大、防水性能高和化学稳定性良好的“结石体”。灌浆法已在我国煤炭、水电、冶金、建筑、交通和铁道等部门被广泛使用，并取得了良好的效果。

高填方路基是山区公路的一大特点，而填料多取自于路基附近的挖方段，常以碎石土为主。出于多种客观因素的影响，高填方路基的特点是路基边缘的压实度往往难以达到标难，久而久之，势必影响路基的稳定性，继而影响行车安全。用灌浆法使水泥浆液在适当压力下，充分填充路基孔隙，形成新的结石体，这对于提高路基的强度将起到很好的作用。

由于浆液的扩散能力与灌浆压力的大小密切相关，所以对不同填料及形态的路基，采用多大压力灌浆，主要取决于路基的密实度、强度和初始应力、钻孔深度、灌浆位置及灌桩次序等因素。而这些因素又难以准确得知，因而必须通过现场试验来确定。水泥浆液在不同地质条件和不同灌浆压力条件下，在地下流动的形式不同。当灌浆压力较小时，路基填料渗透性较好，水泥浆在中等浓度的情况下以渗流的方式渗入路基土的孔隙，这时认为路基原结构未受扰动和破坏，灌浆量及浆液扩散半径常用线性渗流理论求解。当压力逐渐加大、其他条件不变时，浆液的流动由线性转变为紊流。在紊流条件下的灌浆量与浆液扩散半径常用紊流理论求解。上述两种情况总称为渗流注浆法，适用于碎石土、砾石土夯填料的路基。对于黏性土夯填的路基，由于其渗透性很小，通过渗入灌浆法难以奏效。当灌浆压力提高到一定程度时，会发现单位时间注浆量明显上升，实际上黏性土路基已在注浆孔周围发生径向劈裂，浆液沿裂隙流入土体，并将土体切割成不规则的块体，在块体之间形成互相穿插的脉状水泥结石，黏性土又受到充填浆液时的压缩，形成一种复合型岩土，从而提高路基的强度和刚度。这种方式称为劈开式或胀裂式灌浆。

用渗入式灌注碎石路基，灌注压力可由小到大，压力控制在0.5~1.5MPa即可。黏性土类路基适宜采用劈裂法，常用注浆压力范围为1.0~4.0MPa。

公路灌浆法施工程序为：

（1）布孔原则及方法。根据路基的强度要求，结合固结灌浆的特点、路基形态等因素考虑。遵循既要充分发挥灌浆孔的效率，又能保证浆液留在路基有效范围以内的原则，布孔时还应视路基实际情况而定。若全幅灌浆，应采用等距离梅花形方格网布孔，中间孔浅，边缘孔较深，孔间距以2.0m为宜。

（2）成孔钻机选型。成孔必须是干法钻进，钻进时绝对不允许加水。因此，应尽量选用小型潜孔钻成孔较好，其优点是进尺快、易搬动、操作简单、钻进成本低。尤其对碎石类路基更为显著，宜广泛推广。

（3）下注浆花管。注浆花管应根据钻机钻孔的孔径与孔深而定，并采用简单易行的方法。一般来说，注浆结束后注浆花管很难拔出，如果强行拨出，则会破坏路基。因此，注浆结束后将注浆花管作为非预应力锚杆留在路基内，可以起到管架的作用，对于提高路基强度有很大好处。尤其对高填方路基边坡稳定程度效果更优。

（4）灌浆施工的方法。灌浆施工主要包括灌浆压力、浆液浓度、灌浆量、灌浆次序等内容。如何选择和控制灌浆压力和浆液浓度等因素，是灌浆施工中首先要解决的问题。灌浆压力是保证灌浆质量的重要因素之一。如果压力过小，浆液射流达不到预计范围内，扩散半径小，易形成空白区；如果压力过大，则会破坏路基原结构，抬升路面或冲垮边坡，还会使浆液沿路基薄弱部位冲出路基，达不到灌注目的。因此，在大范围灌注前，应先做试验，根据注浆段的路基类型，结合单孔注浆量选择合适的注浆压力。浆液浓度通常用水灰比（质量比）1：1较为合适。在密实度较好的黏土路基中，可适当增大水量，使稀浆更易充分进入黏土路基中。

灌浆次序是指灌浆孔的受注顺序。一般以三次序灌注为好，事前应根据灌浆孔平面图，设计好灌浆次序。第Ⅰ、Ⅱ次序孔以单孔注浆量为控制标准，第Ⅲ次序孔为加压灌注。灌浆结束应以设计的终孔压力和平均单孔注浆量为双重控制标准。单孔灌注量 = 排距 × 孔距 × 孔深 × 路基孔隙率。路基孔隙率依路基压实度确定。

2.10　路基水灾害防治工程实例

2.10.1　路基排水系统整治实例

福建省内国省道公路原有排水沟断面形式多样，且经过城镇的部分路段因路旁店面及居民集中，路口及横向排水口众多。为此，福建省公路管理局决定以国道324线为试点工程，先期试行路基排水系统整治工程。此次整治工程主要对GK238 + 800 ~ GK270 + 100范围的排水系统进行改造，整治长度12.9km。

此次路基排水系统整治，主要遵照以下几个原则：

（1）总体要求为完善排水系统，消除安全隐患，便于边沟养护；

（2）着重对过深边沟进行整治，原则上对沟深大于0.75m的边沟进行改造，改造完成后标准沟深为0.6m，局部特殊情况适当调整；

（3）边沟整治方案以沟底加高方案为主，根据排水需要，部分路段实施双层边沟形式，现状盖板集中或有特殊需求路段根据实际情况设置盖板边沟；

（4）重视路容路貌，对出现勾缝脱落、长青苔、砌体局部损坏或凹凸不平的边沟墙面重新砌筑新的沟墙，对出现损坏或尺寸不规则的沟底进行C20混凝土铺底；

（5）边沟整治后，不改变原有水系，不改变排水方案。

结合现场实际，经过反复讨论，最终决定整治方案采用双层边沟形式，即下层设PVC－U双壁波纹管，上层砌筑矩形明沟；同时，为增加水沟线形美观及与绿色长廊花池协调，沟顶统一采用透水砖压顶。该路段路基排水系统整治前后的典型对比情况如图2-51所示。

a)GK244+960~+980段改造前

b)GK244+960~+980段改造后

c)GK243+900~GK244+000段改造前

d)GK243+900~GK244+000段改造后

e)GK249+100段改造前

f)GK249+100段改造后

图2-51　路基排水系统整治实例

2.10.2 支挡防治实例——溜方边坡设置路堑坡脚挡土墙加固

国道205线K2153+768~826位于福建省南平市延平区西芹境内，该段路基边坡为低山丘岭，主要为残坡积层；上部为滑动体，发现沉陷和裂缝，在暴雨季节易受地表水冲刷，渗透软化破坏，时常发生坍塌。为确保道路安全及边坡本身稳定性，决定对上边坡存在小型溜方隐患或时常发生小型溜方的路段设置路堑坡脚挡土墙。其治理思路是尽量降低对原边坡土体干扰，通过对边坡坡脚适度防护，达到边坡土体受力平衡，实现边坡稳定效果。具体加固治理方案如下：

（1）基础开挖到位后，地基容许承载力满足设计要求（≥350kPa）方可砌筑挡墙；若地基容许承载力达不到设计要求，采用换填砂砾及混凝土处理。

（2）视地基情况每隔10~20m设沉降缝和伸缩缝一道，缝内采用沥青麻筋填塞，深入墙体20cm，缝宽2cm。

（3）挡土墙上设直径5cm的PVC泄水孔，间距2m×2m，呈品字形交错布置。

（4）墙后反滤层采用无砂大孔混凝土，无砂大孔混凝土孔隙率为15%~30%，抗压强度为3~5MPa，集料粒径要求采用5~40mm，小于5mm的集料含量不超过10%，水泥掺量为80~100kg/m^3，无砂混凝土分层均匀填注，层厚以30~50cm为宜，不宜振捣。

图2-52所示为该路段边坡治理前后的对比情况。该路段边坡经路堑挡土墙支护后，经过了多年雨季和台风雨水的连续冲刷、袭击，都未出现过溜方现象，明显提高了该路段的抗灾能力、通行能力和行车安全水平。

a)国道205线K2153+768~826段路基边坡加固前

b)国道205线K2153+768~826段路基边坡加固后

图2-52 路基边坡挡土墙加固实例

2.10.3 坡面生态防治实例——三维植被网

国道316线K124+060~K140路段位于福建省南平市境内，该段路基分布土层较简单，无构造断裂带通过；上边坡为山间丘陵地貌的边缘斜坡，高达70多米，坡度较大，分布岩性为粉性黏土及中风化石英片岩；边坡上部为滑动体，土层松散，易受地表水软化和冲刷破坏，造成一定面积的溜滑。2011年5~6月间，受洪水冲击，该段路基边坡坍塌了约5 000m^{3}土石方，造成该段国道被堵塞了3天的严重后果。

为彻底整治该段路基边坡病害，采用了三维植被网护坡技术；该技术综合了土工网和植被护坡的优点，起到了复合护坡的作用。选用土工网材料为黑色的聚乙烯，具有吸热保温的作用，可促进种子发芽，有利于植被生长；选用对土质和环境适应性强，耐酸耐碱、耐旱耐涝和耐寒的草种，该草种出芽迅速，生长快，根系长而发育，价格适宜，具有稳定边坡、抵抗病害虫的能力，且易于管理，能与当地的植被和景观相协调；灌木选择了植株矮小的品种。由于该段路基边坡坡面陡且高，地形复杂，施工难度较大，为保证施工安全和工程质量，施工中采用了 PZ6078 型水力客土喷播机械进行施工。

该段路基边坡经采用三维植被网防治后，经过了 2 年多雨季和台风暴雨的连续冲刷、袭击，均未出现过溜方现象，取得了良好的水灾害防治效益（图 2-53）。

a)治理前病害情况

b)三维植被网护坡成效

图 2-53　三维植被网防治实例

2.10.4　坡面工程防治实例

1）喷锚网

国道 205 线 K2152 + 208 ~ 274 位于福建省南平市延平区西芹镇境内，路堑右侧是约 25m 高的陡峭岩质边坡，坡面岩体裂隙发达且部分风化。上边坡为强风化泥质粉砂岩，紫红色，稍湿，坚硬；岩芯呈碎块状、半岩半土状，水浸泡易软化崩解，裂隙发育，为白垩系上统沉积岩强风化层；岩体完整程度属极破碎岩体，岩体结构属散体状结构，岩体基本质量级别为 V 级。该路段路基边坡遇雨水天气经常有落石现象发生，为确保边坡稳定性，保障道路行车安全，决定对该边坡坡面采用挂网喷射混凝土技术进行防治，通过深入基岩的锚杆及固定于其上的钢筋网和所喷射混凝土形成整体支护，以达到稳固坡面岩体的效果。具体治理方案如下：

（1）首先对该边坡松动的危石、孤石、悬出的石方表土进行处理，之后采用喷射混凝土锚固防护。

（2）锚孔设计为 ϕ40mm，锚杆采用 ϕ18mm 螺纹钢筋，间距为 2m × 2m，底层锚杆长度为 2m，之上锚杆采用短（3m）、长（5m）结合的方法，锚孔采用 M30 水泥砂浆灌注。

（3）钢丝网采用 ϕ2mm 的成卷镀锌钢丝网，网距 5cm；框条采用 ϕ6.5mm 圆钢预制件，框条首先与锚杆焊接，框条之间、框条与钢丝网均应绑扎牢固。

（4）锚喷中混凝土的厚度为 10cm 以上 C20 小石子混凝土，泄水管后面用渗水土工布包裹，埋入岩体 5cm，泄水管交错设置，孔径 5cm，PVC 管孔距为行距 3m、列距 2m，坡顶护顶宽度为 50cm，厚度为 10cm。由于该坡顶为茂密的毛竹林，故未设置截水沟，地表水顺喷射混凝土坡面向下排出。

（5）挂网喷混凝土每隔 20m 设置一道沉降缝，缝宽 2cm，深 10cm，从顶到底贯通，填缝料为热沥青麻絮。

该段路基边坡经采用喷锚网护坡后，经过多年雨季和台风雨水连续冲刷、袭击，均未出现落石现象，明显提高了该路段陡边坡岩土的结构强度和抗变形刚度，增强了边坡的整体稳定性（图2-54）。

a)治理前病害情况

b)喷锚混凝土护坡成效

图2-54　边坡喷锚混凝土防治实例

2）钢绳网

国道205线K2118+829~981.5位于福建省南平市境内，该段路基边坡为全断面开挖边坡，边坡所在位置自然山坡高约100m，自半山腰向下开挖，形成了高度为45m的人工开挖陡边坡，坡度为（1∶0.15）~（1∶0.3）；边坡岩体发育有多组构造裂隙和风化裂隙，纵横交错的裂隙将岩体切割成大小不一的块体。由于岩体裂隙严重，加上前期大爆破开挖，坡面危石或潜在落石随处可见，在潮湿多雨的天气条件下，落石地质灾害时有发生。为根治落石地质灾害，对该段路基边坡坡面采用高强钢丝格栅挂网进行防治。具体治理方案如下：

（1）按4.5m×4.5m正方形模式布置锚杆（边缘局部根据需要，锚杆按4.5m×2.5m布置）。

（2）横向支撑绳和纵向支撑绳均采用ϕ16mm的高强钢丝，与锚杆相联结并进行预张拉。

（3）在支撑绳构成的每个4.5m×4.5m（或4.5m×2.5m）网格内铺设一张DO/08/300/4×4m（或4×2m）型钢丝绳网，每张钢丝绳网与四周支撑绳间用缝合绳缝合联结并拉紧。该预张拉工艺能使系统对坡面施以一定的法向预紧压力，从而提高表面岩土的稳定性，尽可能地阻止崩塌落石的发生，并将小部分落石限制在一定的空间内运动（GPS1和GAR1型可部分阻止崩塌落石的发生，并将落石限制在一定的空间内运动）。

（4）在钢丝绳网下铺小网孔的SO/2.2/50型格栅网，以阻止小尺寸岩块的崩落或限制局部岩土体的破坏。

图2-55所示为该路段边坡治理前后的对比情况。该路段边坡经过治理后，边坡稳定，再无落石地质灾害现象发生。该工程实例表明，在一定程度上，主动柔性防治技术在边坡地质灾害防治方面可以替代传统的圬工结构，它除了可以解决一些传统技术难以解决的特殊问题以外，在环保和景观方面也具有明显的优势，且能达到经济最优化、工程施工最优化、防护效果最优化的效果。此外，不同的地形地貌、工程地质条件、灾害形式、施工环境和防护安全性等级以及资金的控制等，都将影响主动柔性防护系统的具体选用，只有弄清这些条件，才能正确地选择安全可靠、经济合理的主动柔性防护系统。

a) 防治前病害情况

b) 主动柔性防护系统治理成效

图 2-55 钢绳网防治实例

2.10.5 综合防治实例

1）挡土墙 + 三维植被网 + 截水沟

205 省道 K9 + 077.3 ~ 127 位于福建省浦城县境内，是浦城通往浙江的省道主干线。该段公路设计标准为山岭重丘区二级公路，设计时速 40km/h，路基宽度 8.5m，路面宽度 7m。沿线地貌上属闽北丘陵地貌、冲洪积沟谷，路轴线地形起伏相对较大，沿线丘顶浑圆，斜坡坡度较缓，一般为 15° ~ 20°，局部可达 30°。地层岩性特征为第四系坡、残积土层及冲洪积层，前者主要分布在风化剥蚀低山丘陵的山坡表层，后者主要分布于冲沟及山间溪流中，下伏基岩主要为变质砂岩和变粒岩。

该路段地处亚热带季风湿润气候区，具有大陆性气候特征，兼受海洋性气候影响，温和多雨，阳光充足，未治理前路基边坡的主要病害现象为滑坡、崩塌、坡面冲沟、渗水等，采用的治理方案是在 K9 + 077.3 ~ 127 设置路堑坡脚挡土墙，并对局部渗水采用渗沟引排，边坡采用三维植草防护，并设置截水沟。经综合治理后，该路段路基边坡稳定，坡面植被茂盛（图 2-56），取得了良好的治理成效。

a)防治前病害情况

b)治理成效

图 2-56 挡土墙 + 三维植被网 + 截水沟防治实例

2）骨架植物 + 三维植被网 + 截水沟

国道 205 线 K1890 + 694 位于福建省浦城县境内，前期因滑坡、崩塌地质灾害常有发生，采用刷坡、路堑坡脚挡墙、截水沟等方案进行处治，但坡面未采取适当的防治措施，使坡面受雨水冲刷，形成较严重的冲沟现象，为此，在后期病害处治中，对一级边坡采用骨架植物护坡，对二、三级边坡采用三维植被网防治，并设置平台及截水沟。通过采用综合防治措施，该路段路基边坡稳定，坡面植被茂盛（图 2-57），取得了良好的治理成效。

a)防治前病害情况

b)治理成效

图 2-57　骨架植物 + 三维植被网 + 截水沟防治实例

第3章　公路路面水灾害防治

3.1　路面水灾害形态及成因机理

路面水灾害一般可以分成两类：一是河流洪水漫过路面，高速水流对路面冲刷形成的破坏；二是上边坡排水在路面冲刷形成破坏。另外有些路面损坏虽然并不是直接由水导致的，但雨水渗漏会进一步加剧路面结构的损坏，引起水患。

3.1.1　沥青路面水灾害形态及成因机理

1）形态

（1）裂缝

沥青路面裂缝是常见的病害之一。裂缝的形式多种多样，如龟裂、块纵裂、横裂和放射裂缝等，其成因各有不同。但不论是哪种形式的裂缝，都应及时进行修补，否则雨水将会通过裂缝进入基层，使基层甚至路基软化，造成基层、路基强度降低，导致沥青路面承载能力下降，进而造成路面局部或成片损坏，严重影响行车舒适性，降低路面使用寿命。裂缝破损属于沥青路面结构性破坏，将影响沥青路面的耐久性。

（2）坑槽

坑槽破损的主要表现形式如下：

①表面层产生坑槽。

②表面层和中面层同时产生坑槽。

③底面层和基层间产生坑槽。

④桥面铺装层等构造物产生坑槽。

（3）沉陷

沉陷是由于路基、路面产生竖向变形而导致路面下降的现象。通常有三种情况：

①均匀沉降：由于路基、路面在自然因素和行车作用下，达到进一步密实和稳定引起的沉降，一般不会引起路面破坏。

②不均匀沉降：由于路基、路面不密实，碾压不均匀，在水的侵蚀下，经行车作用引起的变形。

③局部沉陷：由于路基局部填筑不密实或路基有墓穴、枯井、树坑、坑槽等病害，受到水的侵蚀而沉陷。

2）成因机理

沥青路面水损坏是指存在水分的条件下，经受交通荷载和温度膨胀的反复作用，一方面水分逐步浸入到沥青与集料的界面上，同时由于水动力的作用，沥青膜渐渐地从集料表面剥离，导致集料之间的黏结力丧失而发生的路面破坏过程。一般认为沥青路面面层水损坏的原因是黏附力和黏结力的损失。黏附力损失是指水进入沥青和矿料之间的界面上使沥青膜脱落（造成沥青剥落）。黏结力损失是指沥青内部的水使沥青软化，使沥青与矿料之间的黏结力减弱。这两种现象往往是同时存在和相互影响的。

压实度不足是早期水损害最普遍的原因。研究表明：热拌沥青混合料4% ~5%的空隙率就认为是不透水的，也就是说不会发生水损害。大多数沥青混合料设计空隙率为3% ~5%，当施工完毕，大多数要求达到92%的最大理论密度，也就是说，空隙率为8%，2 ~3年后，可以认为是达到了设计空隙率。如果路面压实度不足，空隙率高于8%，就易渗水，引起路面松散。研究表明：空隙率为8% ~12%之间的路面是水损害最容易发生的区域，小于8%水不容易进去，而大于12%水很容易流走，但必须要设置排水的结构层。

3.1.2 水泥路面水灾害形态及成因机理

1）形态

（1）裂缝

同3.1.1节裂缝内容。

（2）唧泥、泵浆

水侵入基层后，在行车荷载的作用下，会产生唧泥、泵浆现象，从而导致基层中的细粒料被冲刷或集聚，冲刷将使板底局部脱空，集聚将使块板局部升高，这种情况下常常引起混凝土板断角破坏。

（3）沉陷

同3.1.1节沉陷内容。

2）成因机理

由于水泥混凝土路面板底部含水率较大，湿润的混凝土体积膨胀以及混凝土板的温度梯度使板翘曲等原因，路面板和基层之间总存在着孔隙。当路面结构直接暴露在自然环境之中，雨水会通过混凝土板之间的缝隙侵入路面基层，并在路面板和基层之间的孔隙处集聚，进而对水泥混凝土路面造成较大的水损害。

3.1.3 砂石路面水灾害形态及成因机理

1）形态

砂石路面常见的破损主要有泥泞、松散、坑槽、波浪等。

（1）泥泞

雨后路面表层发软，行车时泥浆飞溅，车轮打滑。

（2）松散

路面表面连接破坏，粒料脱出散开，行车颠簸，尘土飞扬。

（3）坑槽

路面局部破坏，形成不规则的坑或槽。

（4）波浪

路面上呈现有规律的纵向起伏，如同水波，会使车辆在行驶中发生有节奏的振动和颠跳。

2）成因机理

（1）泥泞产生的原因

由混合料中黏土含量过多，颗粒过细，碾压不实，路面排水不良等因素引起。

（2）松散产生的原因

由混合料中黏土用量过少，或者黏土塑性指数低，拌和不均，碾压不实以及日常养护不及时等因素引起。

（3）坑槽产生的原因

由路基不实，土质差，强度不够，地下水位高等引起路基变形，进而引起路面开裂；或者路面厚度不足，级配不佳，拌和不均，排水不良，或者磨耗层铺筑不及时、长期露骨等因素引起。

（4）波浪产生的原因

由磨耗层太厚，细料太多，结合料少，塑性指数低，压实度不足等因素引起，发生松散后，松散粒料在车轮水平力作用下移动和积聚，逐步形成砂垄，雨后形成波浪。

3.2　路面水灾害防治的一般原则

（1）加强预防性养护，及时处治病害，防止地表水通过裂缝、接缝、坑洞等浸入基层。

（2）完善排水系统，制订排水系统的常规检查、预防性维护和修理的连续性维护计划。

3.3　路面养护维修

从路面使用过程中发现，路面的损坏经常是由于地表水渗入路基造成的。为减少水对路面的影响，应从减少路面结构的渗入水量和加强路面结构渗入水的排出等方面入手。

1）路面维修

实施路面定期维修计划，及时处治路面病害，可以减少表面水渗入路面。定期维修包括封闭裂缝和接缝等。

2）排水系统的维护

（1）清理排水系统。由于排水系统不均匀沉降以及重沉积物荷载可能造成的沉降物的聚积，应及时清理或疏通排水系统。

（2）维护出水口。要及时清除涵洞出水口淤积、堵塞，保证出水口完好，排水畅通。

（3）在汛期前后、台风暴雨等灾害到来前后应对排水系统进行全面检查，并做好记录。

3.4　路面排水系统

路面排水一般遵循以下原则：

（1）高等级公路中，沥青混凝土路面横坡坡度一般应为2%左右。当为软土地基，路基施工后沉降较大，采用过渡路面时，路面横坡坡度应适当加大到3%。当位于小纵坡或超高缓和段的扭曲路面时，最小合成坡度不小于0.5%。

(2) 在设有中央分隔带的高等级公路上，为了排水需要，平面线形应优先考虑采用不设超高的平面曲线半径。

(3) 在公路交叉路口排水困难地段，路面排水设计应满足行驶动力学和排水技术要求，在交叉路口前应设置泄水口。停车广场、收费站处的排水工程应适当考虑美观，主车道和附属行车道路之间可设相同的排水纵坡和横坡。

(4) 对于纵坡较大的地段，弯道内侧车道、竖曲线的凹部、高路堤的桥梁端部等特殊部位，为防止过大集中水流对路基路肩、边坡冲刷，可局部设置挡水缘石和水簸箕。

(5) 为了减少地表水和地下水对面层、基层和路基的侵蚀破坏，迅速排除路面结构内的层间水，通常将路面排水与路面结构内部排水系统综合考虑。

路面结构排水一般应满足以下要求：

(1) 各项排水设施应具有足够的泄水能力，以排除渗入路面结构内的自由水。由于渗入量的估计和透水材料系数的测定精度较低，因此对设计泄水量通常采用两倍以上的安全系数，以保证排水设施具有足够的泄水能力。同时，系统中各项设施的泄水能力应从上游到下游逐渐增加。

(2) 自由水在路面结构内的渗流时间不能太长，渗流路径不能太长。自由水滞留时间长，会使路面结构处于饱水状态的时间久，会浸蚀各种结构层材料和路基土，使其强度降低，变形增加，从而使路面的承载力降低，降低路面的使用寿命。渗入水在路面结构中的最大渗流时间不应超过2h（重交通时）~4h（轻交通时）。自由水在路面结构内的渗流路径长度不宜超过45~60m。

(3) 排水设施应满足耐久性要求。路面结构内部排水系统中的各项排水设施很容易被从路面结构、路基或路肩中渗流水带来的细粒逐渐堵塞，从而使排水设施的排水效率降低甚至是丧失排水能力。为此，在设计时应考虑采取反滤措施以防止细粒随流水渗入。同时为保证排水功能的持久性，各项设施要便于经常性检查、清理、疏通。

3.4.1 路面排水

按雨水在路界内降落的范围，可将地表排水划分为路面表面排水、中央分隔带排水和坡面排水三个部分。

1) 路面表面排水

路面表面排水的目的是通过排水设施将降落在公路用地范围内的表面水有效地汇集，并迅速排出路界外，同时将可能流入路界的地表水拦截在路界范围外（但不包括横穿路界的自然水道内的水流），以减少地表水对路基和路面的危害，以及对行车安全的威胁。

(1) 路表排水方式

在汇水量不大、路堤不高（即坡面水流路径不长，流速不大）、路线纵坡不大（即合成坡度不大）、坡面耐冲刷能力强（坡面采用防护措施或坡体为岩质填料）的情况下，优先采用横向漫流、分散排放的方式。在表面水有可能冲刷路堤坡面的情况下，则采用将路面表面水汇集在拦水带内或路肩排水沟内，通过泄水口和急流槽集中排放。

①分散漫流式路表排水

分散漫流式路表排水，主要是依靠路面及路肩的横坡及时将降水排出路面。这种排水方式一般适用于路线纵坡平缓、汇水量不大、路堤较低，且边坡坡面不会受到冲刷的路段，主要用于等级较低的公路。无中间带或采用分离式路基的公路，在未设超高路段上，应沿行车道路面中心线设置向两侧倾斜的双向横坡；在设超高路段上，应设置向曲线内侧倾斜的单向横坡。设中间带的公路，各个行车方向的行车道路面应分别设置单向横坡。在单向车道数超过3个的高速和一级公路上，为了避免汇水区过大，流量和流速太快，也可为每个行车方向设置双向横坡（但超高路段仍为单向横坡）。此时，中央分隔带将汇集和排出内倾车道的路面表面水。

②集中截流式路表排水

这种排水方式一般适用于路堤较高，边坡坡面未做防护且易遭受路面表面水流冲刷，或虽已采取防护措施但仍有可能受冲刷的地段，主要应用在等级较高的公路。在硬路肩外侧边缘设置拦水带或路肩排水沟，将路面水拦在硬路肩范围内，通过一定距离的泄水口和急流槽排入边沟。

（2）拦水带

拦水带一般由沥青混凝土、水泥混凝土或块石制作。

沥青混凝土拦水带可用自动化缘石机或带有缘石成型附件的沥青混合料摊铺机制作。当需要修筑小半径的短节段时，可用自动缘石机。现浇拦水带采用与硬路肩相同的沥青混凝土材料，施工时与硬路肩面层同时做成。其整体性好，线形流畅，外形美观，多被采用。

水泥混凝土拦水带通常采用预制块，由人工铺砌而成。

块石拦水带主要应用在石料比较丰富的地区，施工方法与水泥混凝土预制块拦水带相同。

按汇集路面表面水的要求，拦水带的顶面应略高于过水断面的设计水位高，后者的限值受制于水面不漫过右侧车道外边缘或中心线的要求。拦水带的设计外露高度（即过水断面的水深），还取决于设计流量和路肩的横向坡度，可按设计流量计算确定。在高速和一级公路路堤边缘设防撞护栏时，拦水带的高度可以大些，但一般不超过15cm；而在低矮路堤不设防撞护栏时，为了保障偶尔驶出路肩的车辆的安全，拦水带的高度不应大于10cm，并且迎车面的斜坡坡度不宜大于1：2（最好采用1：4），以便车辆能过拦水带。

（3）路肩排水沟

在硬路肩宽度较窄或爬车道占用了路肩过水断面，而路面的汇水宽度或汇水量都较大，拦水带的流水断面不足时，可在土路肩上设置路肩排水沟。

沟底纵坡与路肩纵坡不小于0.3%，宜采用汇集路面表面水集中排放的方式。但拦水带过水断面由于路肩较窄，汇水宽度或汇水量又较大而显不足，可以考虑采用在土路肩上设置边沟的方式汇集表面水。为防止边沟内水流的渗漏冲刷危及路堤稳定，边沟宜采用U形水泥混凝土预制件铺砌而成。

（4）泄水口

路面表面排水中，由拦水带或缘石所构成的过水断面的泄水口，包括开口式（在缘石或拦水带竖面上开口，让边沟内水流侧向流入)、隔栅式泄水口（边沟底面开口，以隔栅覆盖，使边沟内水流向下流入）和组合式（由缘石开口式和隔栅式组合而成)。隔栅式泄水口也用作中央分隔带内排水沟或其他沟渠的泄水口。

开口式泄水口的泄水能力低于隔栅式的，特别在道路纵坡大时，因而在设计流量相同的情况下，开口式泄水口的结构断面尺寸要大于隔栅式的。然而，由于开口式泄水口位于缘石或拦水带竖面处，它对道路交通的干扰较小，同时受漂浮垃圾堵塞的影响也较少。在路上车辆不靠近路缘石行驶、纵坡较大（坡度在3%以上)、一级漂浮垃圾较少情况下，可采用隔栅式泄水口。复合式泄水口适用于设计流量较大的情况，在路上漂浮垃圾较多时，它也优于隔栅式。

拦水带的泄水口可设置成开口（喇叭口）式，长度不得小于50cm。在纵坡路段上，考虑水流顺畅，泄水口宜做成不对称的喇叭口，为提高泄水口的泄水量，宜在硬路肩边缘的外侧设置逐渐变宽的低凹区，为便于施工，低凹区可设在拦水带内边缘的外侧，以免受到水流的冲刷破坏；在平坡或缓坡上，泄水口可做成对称式。

泄水口的间距设置应以保证降雨时路面积水迅速排走，汇水不能进入行车道为原则，一般为20~50m，干旱少雨地区可达100m。泄水口长度一般为2~4m，泄水口宜设在凹曲线的底部、道路交叉口、匝道口、与桥梁等构造物连接处、超高路段与一般路段的横坡转换处。在凹形竖曲线底部，除在最低点设置泄水口外，还应在其前后相距3~5m处各增设一个泄水口，以备设在最低点的泄水口被杂物堵塞后，还有后备的泄水口可以排放汇集的表面水，防止雨水积聚在凹形竖曲线底部，影响路基稳定。

(5）路肩急流槽

急流槽是在陡坡或深沟地段设置的坡度较陡、水流不离开槽底的沟槽，是一种较陡的人工水槽，一般设置在地质情况不允许冲刷的较陡山坡，涵洞的进、出口地段，高差较大或坡度较陡需设置排水的地段和高路堤路段设有拦水缘石的出水口处。其目的是集中消减水流能量，使水流经陡坡引流后降低流速，以免冲蚀路基内、外坡体而造成坍塌。

排出路肩积水用的急流槽，其纵坡应与所在的路基边坡坡度一致，槽身的横断面为槽形，多由水泥混凝土预制构件拼装、砌筑而成。进水口为喇叭口式的簸箕形，出水口设置消能设施，下端与路基下边坡的排水沟相接要顺适，防止水流冲出排水沟。

2）中央分隔带排水

(1）宽度小于3m且表面采用铺面封闭

中央分隔带宽度小于3m时，一般采用与路面平行，表面封闭的横断面形式。

①不设超高路段中央分隔带排水

在不设超高路段上，中央分隔带铺面采用与两侧路面相同坡度的双向横坡，坡度与路面横坡保持一致，将降落在分隔带上的表面水排向两侧行车道，进入路面表面排水设施，这与凸形中央分隔带表面封闭时的排水方式相类似。

②超高路段中央分隔带排水

在超高路段上，上侧半幅路面的表面水流向中央分隔带。一般在干旱、少雨地区可在分隔带上直接设置过水明槽，明槽可用水泥混凝土筑成，底宽20~50cm，槽形的高与分隔带的高相同，每10～20m设一道，明槽出、入口槽底高程应与紧靠分隔带的路缘石处高程相同。

(2) 宽度大于3m且表面微凹无铺面封闭

中央分隔带宽度大于3m且未采用铺面封闭时，采用分隔带内表面排水方案。这种形式的中央分隔带优点是方便分隔带绿化的养护，也使分隔带更为美观，如果排水设施能正常发挥作用，能较好地避免地表水渗入路基。缺点是施工复杂，工程造价较高。

分隔带表面可做成向内微凹的横断面形式，降落在分隔带上的表面水横向流向分隔带的低凹处，汇集在分隔带的中央部位，并利用纵向坡度排流到泄水口或横穿路界的桥涵水道中。

按照汇水量和流速的大小，分隔带过水断面可以采用不同的横断面形状和尺寸。分隔带的横向坡度不得陡于1：6；分隔带的纵向排水坡度，在过水断面无铺面时不得缓于0.25%，有铺面时不得缓于0.12%。当水流速度超过地面土的最大允许流速时，应在过水断面宽度范围内做成三角形或碟形断面的水沟，并对地面土进行防冲刷处理。防冲刷层可采用石灰或水泥稳定土或者采用浆砌片石铺砌，层厚10～15cm。

(3) 宽度大于3m且表面凸起无铺面封闭

多雨地区表面无铺面且未采用表面排水措施的中央分隔带，降落在分隔带上的表面水，一部分沿表面流向两侧行车道，由路面表面排水设施排走；另一部分则向下渗入分隔带土体内。

分隔带一般都是回填普通土，并埋设各种地下管、井，这会导致地表水渗入路基。同时这种渗流还会顺着纵坡向低凹处集中，导致低处的地基含水量过大。降水量大的地区，这种渗水量大，会影响行车道路和路面结构的稳定。为排出渗入分隔带内的表面水，可通过在分隔带内部设置纵向排水渗沟汇集渗入水，并通过隔一定间距设置的横向排水管将渗沟内的水排引出路界。在凹形竖曲线高程最低处和单向坡构造物或桥梁（使纵向渗沟隔断）上侧需增设横向排水管。在与路基和路面结构交接面设置防水土工布，以防止下渗的水渗入路基和路面结构。纵向排水渗沟按结构形式的不同又可以分为填石渗沟和管式渗沟。

在超高路段上幅路面设置纵向排水沟，不设路缘石。中央分隔带排水设施主要有纵向排水沟（明沟、暗沟）、渗沟、雨水井、横向排水管等。

3.4.2 路面结构内部排水

渗入路面结构内的自由水可以通过水平（向两侧路肩）渗流方式和垂直（向下）渗流方式逐渐排除，因此通常可以采用两类排水设施：一类是在路肩结构内设置可使路面结构内的自由水横向排流出路基的设施，称为路面边缘排水系统；另一类是在路面结构内设置由透水性材料组成的排水层，根据排水层设置位置的不同又分为排水基层和排水垫层两种排水系统。

1) 边缘排水设施

路面边缘排水系统就是沿路面外侧边缘设置的纵向集水沟和集水、出水管。渗入路面结构内的水分，先沿路面结构层的层间空隙或某一透水层横向流入由透水性材料组成的纵向集水沟，并汇入沟中的带孔集水管内，再由间隔一定距离的横向出水管排出路基之外。

常用于基层透水性小的水泥混凝土路面，特别适用于改善排水状况不良的旧混凝土路面，边缘排水系统可以在不扰动原路面结构的情况下改善其排水状况，从而提高原路面的使用性能和寿命。

（1）纵向集水沟

集水沟一般设置在路肩面层以下，可设在行车道路面边缘、硬路肩铺面边缘或路肩铺面（或路缘石）下，视排水要求、行车道路面和路肩铺面的结构组成情况、施工便利或影响等条件而定。

纵向集水沟纵向坡度应与路线纵坡保持一致，不小于0.25%。对新建路面，集水沟底面与基层底面齐平，最小宽度不小于30cm；对改建路面，沟底面可低于基层顶面，其宽度不小于17cm，且纵向排水管两侧各有至少5cm宽的透水填料。集水沟的底部、外侧应以反滤织物（土工布）包围，以防止垫层、基层和路肩内的细粒侵入而堵塞透水性填料空隙或管孔。反滤织物可选用由聚酯类、尼龙或聚丙烯材料制成的无纺织物，能透水但是不允许细粒土通过。

透水性集水沟回填料由水泥处治开级配粗集料或未处治开级配粗集料组成，空隙率为15%~20%。粗集料最大粒径不大于40mm，粒径4.75mm以下的细粒含量不超过16%，2.36mm以下的细粒含量不超过6%；水泥与集料的比例可在（1∶6）~（1∶10）范围内选取，水灰比为0.35~0.47。为避免带孔排水管被堵塞，透水性填料在通过率为85%时的粒径应比排水管槽口宽或孔口直径达1.0~1.2倍。水泥处治集料的配合比，应按透水性要求和施工要求试配确定。

（2）纵向排水管

纵向排水管通常选用聚氯乙烯（PVC）或聚乙烯（PE）塑料管、水泥管或其他材料管。排水管设三排孔，沿管周边等间距（120°）排列，每排孔沿管长方向等间距布置，一般每隔2cm设一排孔，每个孔洞的面积约为30mm^2（即每延米有50排孔，孔洞面积45cm^2），排水管的管径应按设计渗流量由水力计算确定，通常在70~150mm范围内选定。其埋设深度应保证它不被车辆或施工机械压裂，通常在新建路面时，排水管管底应与基层底面齐平；对改建路面，管中心应低于基层顶面。排水沟和排水管的纵向坡度与路线纵坡相同，不小于0.25%。

（3）横向排水管

横向排水管可选用与纵向排水管相同的材料和管径，但不设槽孔。横向出水管的间距和安设位置由水力计算并考虑附近底面高程和公路纵横断面综合确定，常用的间距一般为40~60m，最大间距为75~100m。此外，在凹形竖曲线底部和桥台前均应布置出水口。出水管的横向坡度不宜小于5%。埋设出水管所开挖的沟需用低透水性材料回填。出水管的外露端头用镀锌铁丝网或隔栅罩住。出水口下方应铺设水泥混凝土防冲刷垫板或对泄水道的坡面精心浆砌片石防护。出水水流应尽可能引至排水沟或涵洞内。

排水管上游始端设置横向通气管，与外界大气相通；下游终端设置横向出水管。中间段的出水口采用单根出水管或一根出水管和一根通气管。排水管与出水管的端头用半径不小于30cm的90°弯管连接。排水沟设在路缘石下时，排水管出水口直接与雨水井的进水口相连接。

横向出水管通常选用不带孔的聚氯乙烯（PVC）或高密度聚乙烯（HDPE）塑料管，管径与纵向排水管相同。出水管的横坡为2%～5%，视下游出口处的路基排水沟的高程情况选定。埋设出水管和通气管所开挖的沟内的回填料需经充分压实，并在顶部覆盖不透水材料。

2）排水层

排水层排水系统是直接在路面内部设置透水性排水层，渗入路面结构中的水分，先通过竖向渗流进入透水层，然后横向渗流到路基边坡以外，或进入纵向集水沟和管，再由横向出水管排引出路基。排水层在实施时通常采用全宽式与组合式两种。

（1）全宽式排水层

排水层可修筑成全宽式，渗入层内的水分横向直接排流到路基边坡坡面以外。这种形式便于施工，但存在一个主要的缺点，排水层在坡面出口处易于生长杂草或被其他杂物堵塞，使用几年后渗入水排泄便出现困难，造成路面结构出现损害，因此，如果使用这种形式的排水基层必须克服上述缺点。

（2）组合式排水基层

这种方式的排水系统由排水层、纵向集水沟管和横向出水管等组成，是全宽式排水层与路面边缘排水系统的组合，在新建道路中常采用。排水层的设计、施工要求同前。纵向集水沟管以及横向出水管的要求同路面边缘排水系统。纵向集水沟中的填料采用与排水基层相同的透水性材料。集水沟的下部设置带槽口或圆孔的纵向排水管，并间隔适当距离设置不带槽孔的横向出水管。集水沟、纵向排水管和出水管的尺寸和布设要求可按边缘排水系统设置。

排水层的透水性材料可选用三类混合料：不含或含少量细料的开级配碎石（或砾石）集料；沥青处治开级配碎石集料；水泥处治开级配碎石（或砾石）集料。

排水层由水泥或沥青处治不含或含少量4.75mm以下粒径细集料的开级配碎石集料组成，或者由未经结合料处治的开级配碎石集料组成。厚度按所需排水量和基层材料的渗透系数通过水力计算确定，通常在8～15cm范围内选用，最小厚度不得小于6cm（沥青处治碎石）或8cm（水泥处治碎石）。

根据经验，未经水泥或沥青处治的开级配碎石集料，在施工过程中易出现离析，碾压时不易稳定，在使用中易出现推移变形，并且难以承担重载作用，因而在一般情况下不采用未经处治的碎石集料作排水基层。对水泥混凝土路面，宜采用水泥处治开级配碎石集料，对沥青混凝土路面，宜采用沥青处治碎石集料。集料的级配组成情况对基层的排水作用至关重要，目前我国大多是借鉴国外一些排水基层的集料级配情况及相应的渗透系数。

排水基层的集料应选用洁净、坚硬而耐久的碎石，其压碎值不应大于30%，最大粒径可为20～50mm，但不得超过层厚的2/3。粒径4.75mm以下的细料含量不应大于10%。集料级配应满足透水性要求，渗透系数不得小于300m/d。水泥处治碎石集料的水泥用量不宜少于160kg/m^3，其7d浸水抗压强度不低于3～4MPa。沥青处治碎石集料的沥青用量为集料干重的2.5%～4.5%，集料的孔隙率在15%～25%范围内。

3）路面结构的防水封层

封层是指为封闭沥青面层的表面空隙，防止水分侵入面层或基层而铺筑的沥青混合料薄层。铺筑在面层表面的称为上封层，铺筑在面层下面的称为下封层。值得注意的是，当防水层在厚沥青面层下面时，只能保护基层不受冲刷等水的侵害，不能保护其上各个沥青层不受水的侵害。因此，当沥青路面厚度较大时，为了防止水渗入下层造成水破坏，可考虑将防水层设在表面层下面。

上封层可采用单层式沥青表面处治，也可采用乳化沥青稀浆封层。新建的高速公路、一级公路的沥青路面上不宜采用稀浆封层铺筑上封层。聚合物改性乳化沥青稀浆封层（又称微表处）已被认为是修复车道及其他多种路面病害最直接、最经济的手段之一。

沥青表面处治是铺筑厚度小于3cm的一种薄层路面，其厚度一般在1.0～3.0cm。表面处治适用于三级及三级以下公路、各级公路施工便道一级在旧沥青面层上加铺罩面层或磨耗层。表面处治由于厚度较薄，在计算路面厚度时，其强度一般不计算在内。表面处治能改善行车条件，保护基层免受行车的直接磨损、破坏，防止地表水及其他自然因素的破坏。

沥青表面处治路面，可采用拌和法或层铺法施工。

拌和法沥青表面处治路面可采用热拌、热铺和冷拌、冷铺法施工。拌和法施工工艺可参照沥青碎石混合料路面施工工艺。拌和法表面处治的优点是集料不易丧失，但其摩擦系数和表面构造深度都比喷洒法表面处治小，其抗温度裂缝性能也不如层铺法。

层铺法施工可分为单层、双层和多层。单层和双层表面处治可用于轻交通量道路的面层或旧沥青路面的封层罩面，可以作为路面的磨耗层或保护层；多层表面处治在强基层可作为较重交通道路的路面结构层。层铺法表面处治的优点是摩擦系数和表面构造深度大，有利于高速车辆行驶安全。同时具有良好的抗温度裂缝性能。

为了克服层铺法表面处治表面石料容易丧失的缺点，国内外都采用混合式表面处治。混合式表面处治通常是双层式，下层采用层铺法施工，上层采用预拌沥青混合料或沥青乳液砂浆施工。

上封层的应用范围：

（1）沥青面层的空隙较大，透水严重。

（2）有裂缝或已修补的旧沥青路面。

（3）需加铺磨耗层改善抗滑性能的旧沥青路面。

（4）需铺筑磨耗层或保护层的新建沥青路面。

下封层的应用范围：

（1）位于多雨地区，且沥青面层混合料空隙率较大。

（2）铺筑基层后不能及时铺筑沥青面层，且需开放交通时。

4）高级路面面层多层化

在多雨地区，为缓解沥青面层出现早期水损坏以及防止雨水渗入基层，在高等级沥青路面结构设计中应尽可能地采用面层多层化。

沥青面层可由单层或双层或三层沥青混合料组成，各层混合料的组成设计应根据其层厚、层位、气温、降雨量等气候条件，以及交通量、交通组成等因素确定，选用适当的最大粒径及级配类型，使之满足对沥青面层使用功能的要求。

选择沥青面层各层级配时，应至少有一层是重型级配沥青混凝土，以防止雨水下渗。三层式沥青面层的表面层采用抗滑表层时，中面层应采用Ⅰ型密级配沥青混凝土，下面层根据当地气候、交通量采用Ⅰ或Ⅱ型沥青混凝土；双层式沥青面层的表面层采用抗滑层时，下面层应采用重型密集配沥青混凝土；若采用半开级配或开级配热拌沥青碎石做表面层时，应在沥青面层下设置下封层。在多雨地区采用乳化沥青混合料作面层时，必须设置下封层和上封层。

3.5 沥青路面水灾害防治

3.5.1 下封层设计

下封层是多雨地区防止沥青路面渗水病害最主要的措施，下封层质量不好，引起路面水下渗，即使路面质量好，短期不出现水害，但路面的耐久性将大大缩短。基层顶面必须设计下封层，下封层的形式应综合考虑基层的材料和施工工艺等情况，必须确保下封层有效防水。中央分隔带的防水封层应与下封层同时施工，使封层覆盖路基全断面，施工时应将中央分隔带内多余松散的底基层和基层予以清除。

3.5.2 裂缝的维修

1）裂缝修补的最佳时期

裂缝的修补具有很强的时限性，安排修补的时间不当，将严重影响灌缝质量和效果。裂缝维修的最佳时期为秋末深冬季节。

2）对维修材料的要求

维修材料的选择应满足以下三个条件：

（1）具有良好的黏结力（和沥青混合料相融合）；

（2）低温状态下具有优良的延伸性和弹性；

（3）具备持久的抗老化和抗疲劳能力。

3）维修措施

沥青路面裂缝修补方法很多，一般可根据裂缝的宽度和深度确定具体的修补工艺。

（1）在高温季节不能愈合的轻微裂缝，可采用下列方法进行处治。

①将有裂缝的路段用盘式铣刀进行扩缝，清扫干净后沿裂缝涂刷少量稠度较低的沥青（缝内潮湿时应采用乳化沥青），然后均匀地撒上一层直径2～5mm干净的石屑或粗砂，最后用轻型压路机将其压入路面。

②利用红外线就地加热装置，顺着裂缝对沥青路面加热，视裂缝程度确定沥青路面加热时间的长短，一般室外温度在15～20℃时，加热1～2min即可，使沥青路面表面温度达到180°C，然后利用小型压路机或振动夯进行碾压或夯实，直到裂缝消失为止。

③利用灌缝机或普通铁壶将热沥青顺着裂缝浇灌，然后用红外线加热器把灌缝的沥青加热到180°C时，沥青将深入到裂缝中去，与原沥青路面很好地热接合，然后均匀地撒上一层直径2～5mm干净的石屑或粗砂，冷却几分钟即可放行通车。

（2）由于路面基层温缩、干缩而造成的纵向裂缝、横向裂缝、块状裂缝以及放射裂缝，应按裂缝的宽度分别予以处治。

①缝宽在6mm以内的处治方法：

清除缝中杂物及尘土，用液化气或喷灯将裂缝壁加热至黏性状态，采用稠度较低的热沥青（缝内潮湿时应采用乳化沥青）灌入缝内，灌入深度约为缝深2/3，再填入干净石屑或粗砂，并捣实，最后将溢出缝外的沥青及石屑、砂清除。

②缝宽在6mm以上，可采用下列方法进行处治。

a. 灌缝法。除去已松动的裂缝边缘，或沿裂缝开槽后用压缩空气吹净，采用砂粒式或细粒式热拌沥青混合料填充、捣实，并用烙铁封口，随即撒砂、扫匀。缝内潮湿时应用乳化沥青混合料。

b. 标准槽贴封法。这是沥青路面裂缝修补新技术，具体修补工艺流程如下。

（a）选片：根据路面裂缝的宽度选择所使用的贴片规格，1cm以上宽的裂缝选用至少22cm宽的贴片；0.6～1cm宽的裂缝选用至少15cm宽的贴片。

（b）清理开槽：使用吹风机对选择适用贴片的裂缝进行清洁，干燥处理。

（c）灌缝：在密封胶加热到188°C时，用灌缝机上自带的具有刮平装置的压力喷头将密封胶均匀灌入槽内。灌缝分两次灌满，第一次灌入槽深的4/5，第二次灌满。裂缝表面须平整、无突起、无凹陷、无松散、无碎石或油痕、油脂及其他污物，如有坑槽，必须填补。

（d）涂底层油：在需贴片的地方用喷涂器或毛刷涂上贴片专用底层油，由低到高，由纵到横。每升底层油涂刷面积为6.14～8.59m^2。根据天气气温的状况决定底层油干燥的时间，一般为30～60min。特殊气温环境下或施工期紧张的情况下，也可采用吹风机吹干的方法加速底层油的干燥，以缩短等候施工的时间。

（e）贴片：将贴片背面的隔离纸张揭去，有聚丙烯织物的一面朝上，以裂缝为中心线将贴片平整地贴在路面上。如遇不规则的裂缝，可用裁纸刀将贴片切断，按裂缝的走向跟踪粘贴。但在贴片与贴片的结合处要形成75～100mm的重叠。

（f）碾压：用滚筒用力碾压，将贴片熨帖至地面，以确保贴片同路面结合成为一体，不能有气泡、褶皱。

（g）开放交通：待灌缝胶冷却至常温后即可开放交通，一般冷却时间为15min。

c. 压缝法。适用于大于20mm的裂缝。具体施工过程为：用普通料填满特大裂缝大约至缝隙宽1.5倍的高度，即填充料至缝面的距离大约是缝宽的1.5倍。把大缝封缝料融化后浇在缝里，并加入适量干净的矿石料，如此反复直到缝满，这过程要进行适当捣实。亦可用大缝封缝料融化后混合石砂直接填入缝中。

对于一般大缝的处理，用大缝封缝料混合适当的细石砂后直接灌入缝中，抹平即可。因沥青性能不好、路面龄期较长或油层老化等原因出现的大面积裂缝（包括网裂），如基层强度尚好时，通过技术经济比较，可选用下列维修方法之一：

（a）乳化沥青稀浆封层，封层厚度宜为3～6mm。

（b）加铺沥青混合料上封层，或先铺设土工合成材料后，再在其上加铺沥青混合料上封层。

（c）改性沥青薄层罩面。

（d）微表处，厚度宜为1～1.5mm。

（e）由于土基、基层强度不足或路基翻浆等引起的严重龟裂，应先处治好基层后再重做面层。

3.5.3 坑槽的维修

（1）路面基层完好，仅面层有坑槽时可按下述方法进行维修。

坑槽修补主要是对坑槽、局部网裂、龟裂等病害进行修补，同时还可对局部沉陷、壅包以及滑移裂缝等病害精心修补。通常沥青路面坑槽修补的施工工艺为：测定破坏部分的范围和深度，按“圆洞方补”原则，画出大致与路中心线平行或垂直的挖槽修补轮廓线（正方形或长方形）。槽坑应开凿到稳定部分，槽壁要垂直，并将槽底、槽壁清除干净，在干净的槽底、槽壁薄刷一层黏结沥青，随即填铺备好的沥青混合料；新填补部分应略高于原路面，待行车压实稳定后保持与原路面相平。具体的坑槽修补方法较多，一般有热补法、喷补法、热再生法等三种方式。

①热补法：其修补工序是首先用破碎工具铲除需补部位旧路面，然后喷洒沥青黏结层，填充新混合料，并摊平、压实。

②喷补法：这种方法利用高压喷射方式，将乳化沥青经过喷管与输送来的集料相混合，通过控制喷管上的乳液、集料和压缩空气3个开关，把混合料均匀、高速地喷洒到坑槽中，达到密实黏结效果，无需碾压，不需沥青混凝土拌和厂配合，且不受气候变化影响。

③热再生法：其修补方法是先将高效热辐射加热板放置到待补区域，使旧沥青路面软化，然后耙松被软化的沥青旧料，喷洒乳化沥青使旧料现场再生，补充新沥青混合料拌和，并摊补、压实。这种方法可对旧料进行现场再生利用，减少了环境污染、资源浪费，降低了维修成本，进行修补作业时不受气候变化影响。

（2）对交通量较小的路段，在低温寒冷或阴雨连绵的季节，无法采用常规方法，也无条件采用合适的材料补坑槽时，为了使放置坑槽面积扩大，可采取临时性的措施，对坑槽予以处治，待天气好转后再按规范要求重新修补。

（3）若因基层结构组成不良，如含泥多、含水率过大或基层局部强度不足等原因使基层破坏而形成坑槽，应先处治基层，再修复面层。其方法参照上述有关做法。

3.5.4 沉陷的维修

（1）因路基不均匀沉降而引起的局部路面沉陷，若土基和基层已经密实稳定，不再继续下陷，可只修补面层。此时应根据路面的破损状况，分别采取不同的处治措施。

①路面略有下沉，无破损或仅有少量轻微裂缝，可在沉陷处喷洒或涂刷黏层沥青，再用沥青混合料将沉陷部分填补到与原路面齐平并压实。

②因路基沉陷导致路面破损严重，矿料已松动、脱落形成坑槽的，应按照坑槽的维修方法予以处治。

（2）因土基或基层结构遭到破坏而引起的路面沉陷，应参照上述要求处治好基层后再重做面层。

3.6 水泥路面水灾害防治

3.6.1 水泥路面的养护检查

(1) 水泥混凝土路面的特点是在养护良好的条件下，使用年限比其他路面长，但一旦发生破坏，损坏会迅速发展。因此，必须加强预防性、经常性养护，养护工作必须贯彻“预防防治”的方针。根据路面实际情况和具体条件，一般水温、地质、气候、交通和公路的等级等情况，采取预防性、经常性的保养和相应修补措施，对于较大范围的路面修理，应安排大、中修专项工程，使路面处于良好的技术状态。

(2) 应保持对路面的经常性巡视和观察，及早发现缺陷，查清原因，及时采取适当的措施，以保持路面状况的完好。

(3) 水泥混凝土路面在使用中，必须对其使用质量进行定期的调查评价，有计划地进行修理和改善，以保持良好的服务状况。

(4) 水泥混凝土路面养护应该以机械养护为主，积极采用新技术、新材料、新工艺。

3.6.2 裂缝维修

(1) 对于宽度小于3mm且无剥落的轻微裂缝，未裂通时一般不予处理，已裂通的可采取扩缝灌浆或封缝处理。灌缝时首先需清除混凝土碎屑、吹净灰尘，然后填入粒径0.3~0.6cm的清洁石屑，对选定的灌缝料进行配比设计，混合均匀后灌入扩缝内，灌缝材料固化并达到通车强度后，即可开放交通。

(2) 对于贯穿全厚的缝宽大于3~15mm的中等裂缝，可采取条带罩面进行补缝。

①在裂缝两侧切缝时，应平行于缩缝，且距裂缝距离不小于15cm。

②凿除两横缝内混凝土的深度以7cm为宜。

③每间隔50cm打一对耙钉孔，耙钉孔的大小应略大于耙钉直径2~4mm，并在二耙钉孔之间打一对与耙钉孔直径相一致的耙钉槽。

④耙钉宜采用ϕ16螺纹钢筋，使用前应除锈。耙钉长度不小于20cm，弯钩长度为7cm。

⑤耙钉孔必须填满砂浆，方可将耙钉插入孔内安装。

⑥切割的缝内壁应凿毛，并清除松动的混凝土碎块及表面尘土、裸石。

⑦浇筑混凝土应及时振捣密实、抹平，并喷洒养护剂。

⑧修补块面板两侧，应加深缩缝，并灌注填缝料。

(3) 对于宽度大于15mm的严重裂缝可采用全深度补块，全深度补块分集料嵌锁法、刨挖法和设置传力杆法。应注意：在破碎、清除旧混凝土过程中不得伤及基层、相邻面板和路肩，若破除的旧混凝土面积当天不能完成混凝土的浇筑时，其补块位置应做临时补块；处理基层时，若基层强度满足规范要求，应整平基层，若基层强度低于规范要求，应予以补强，并严格整平；若基层全部损坏或松软，应按原设计基层材料重新作基层，并应满足相关规范的要求。

(4) 裂缝的维修材料，根据其功能可分为密封材料和补强材料。当水泥混凝土路面出现裂缝或贯穿裂缝而板面强度仍然满足使用要求时，应选用密封维修材料；当路面由于裂缝和断裂造成强度不足时，应选用补强材料。

（5）扩缝灌浆法适用于裂缝宽度小于3mm的表面裂缝。其修补工艺分为以下几个部分：

①扩缝。顺着裂缝用冲击电钻将封口扩宽成1.5～2cm的沟槽，槽深根据裂缝深度确定，最大深度不得超过2/3板厚。

②清缝填料。清除混凝土碎屑，用压缩空气吹净灰尘，并填入粒径0.3～0.6cm的清洁石屑。

③配料灌缝。采用聚硫橡胶：环氧树脂按16：（2～16）配成聚硫环氧树脂灌缝料，拌和均匀并导入灌浆器中，灌入扩缝内。

④加热。宜用红外线灯或装有60～100W灯泡的长条形灯罩，在已灌缝上加温，温度控制在50～60°C，加热1～2h即可通车。

（6）直接灌浆法适用于裂缝宽度大于3mm且无碎裂的裂缝。其修补工艺为：

①清缝。将缝内泥土、杂物清除干净，并确保缝内无水、干燥。

②涂刷底胶。在缝两侧约30cm的路面上及缝内涂刷一层聚氨酯底胶层，厚度为0.3mm±0.1mm，底胶用量为0.15kg/m^2。

③配料灌缝。填缝料由环氧树脂（胶结剂）、二甲苯（稀释剂）、邻苯二甲丁酯（增稠剂）、乙二胺（固化剂）、水泥或滑石粉（填料）组成。采用配合比为胶结剂：稀释剂：增稠剂：固化剂：填料=100：40：10：8：（200～400）。填料视缝隙宽度掺加，按比例配制好，并搅拌均匀后直接灌入缝内，养护2～4h即可开放交通。

（7）条带罩面补缝适用于贯穿全厚、宽度在3～15mm的中等裂缝。其工艺如下：

①切缝。顺裂缝两侧各约15cm，且平行于缩缝切7cm深的两条横缝。

②凿除混凝土。在两条横缝内侧用风镐或液压镐凿除混凝土，深度以7cm为宜。

③打耙钉孔。沿裂缝两侧15cm，每隔50cm钻一对耙钉孔，其直径略大于耙钉直径2～4mm，并在两耙钉孔之间打约与耙钉孔直径相一致的耙钉槽，然后按照安装耙钉、凿毛缝壁、刷黏结砂浆和浇筑混凝土的工序进行作业。

（8）集料嵌锁法适用于无井混凝土路面交错的接缝，接缝的间隔小于300～400cm。其修补工艺为：

①画线、切割。将修补的混凝土沿面板平行于横向纵缝画线，并沿画线用切割机进行全深度切割，在全深度补块的外侧锯4cm宽、5cm深的缝。

②破碎、凿毛。用风镐破碎并清除旧混凝土，将全深锯口和半锯口之间的4cm宽条混凝土垂直面凿成毛面。

③混凝土配合比。新的混凝土配合比应与原混凝土材料一致。

④混凝土拌和、摊铺。严格按配合比用搅拌机将混凝土拌和均匀，将拌好的混合料摊铺在补块区内，并振捣密实。浇筑的混凝土面层应与相邻路面的横断面高程一致，其表面纹理应与原路面相同。

⑤养生。补块的养生宜采用养护剂养生，其用量根据养护剂材料性能确定。

⑥接缝处理。做接缝时，将板中间的各缩缝锯切至1/4板厚处，并将接缝材料填入缩缝内。

⑦浇筑混凝土达到通车强度后，即可开放交通。

（9）刨挖法适用于接缝间传荷很差部位的修补，施工要求同集料嵌锁法。

（10）设置传力杆法适用于寒冷气候和承受重型交通荷载的混凝土路面，施工要求同集料嵌锁法。处理基层后，应修复、安设传力杆和拉杆；原混凝土面板设有传力杆或传力杆折断时，应用与原钢筋尺寸相同的钢筋焊接或重新安设，传力杆和拉杆宜用环氧砂浆牢固地固定在规定的位置，摊铺混凝土前，光圆传力杆的伸出端应涂少许润滑油，传力杆若安装倾斜或松动失效，应予以更换。新补块与沥青混凝土路肩相接时应和现有路肩齐平。

3.6.3 唧泥处理

1）压浆处理路面唧泥

水泥混凝土路面唧泥病害应采取压浆处理，其要求应按板下封堵沥青灌注、水泥浆、水泥粉煤灰浆和水泥砂浆灌浆等方法进行。水泥混凝土面板进行压浆处理后，应对接缝及时灌浆。

2）设置排水设施

当有唧泥时表明路面、基层或路基排水不良，应采取措施改进路面、基层和路基排水系统。设置排水设施的基本要求是：路面和路肩应保持设计横坡，宜铺设硬路肩；路面裂缝、接缝以及路面与硬路肩接缝应进行密封；设置纵向积水管、横向排水管和盲沟时应符合相关规范的要求。

（1）纵向集水管、横向排水管设置要求

①在水泥路面的外侧边缘挖一条纵向沟，宽15～25cm，沟深挖至集料基层之下15cm，横沟与纵沟的交角应在45°～90°之间，横沟间的距离约30m。

②积水管一般采用ϕ7.5多孔塑料管，出水管为无孔塑料管。

③设置纵向和横向水管，并按设计的距离将积水管和出水管连接起来。

④纵向多孔管应包一层渗透性较强的土工织物。

⑤积水管和出水管放入沟槽时，其底部应平顺，横向出水管的坡度应大于或等于纵向排水坡度，出水管的管端应延伸到排水沟内，并设端墙。

⑥管的外围应填放粗砂等渗滤集料，并振动压实。

⑦回填沟槽时，应采用与原路肩相同的材料恢复原状。

（2）盲沟设置的基本要求

①在沿水泥路面外侧挖纵向沟时，沟底应低于面板以下10cm，在水泥混凝土路面接缝处挖横向沟。

②沟槽底面及外侧铺油毡隔离层，沿水泥路面交界处及盲沟顶部铺设土工过滤层。

③盲沟上应用相同材料恢复路面（路肩）。

3.6.4 沉陷处理

（1）当车辆驶过时仅影响舒适性而不影响安全性，且纵坡突变量为0.5%～1.0%的轻微沉陷可不予处理。

（2）当车辆驶过时影响安全，纵坡突变量大于1.0%的沉陷属严重沉陷，严重沉陷可采用提升面板再压浆的办法进行处理，也可采用先板底灌浆再进行浅层结合式修补调平，或采用沥青混凝土罩面的办法处理。

（3）沉陷并伴有板体开裂时属严重破碎板，一般应进行整板更换。整板更换时，宜用液压镐将旧板凿除，尽可能保留原有拉杆，将损坏部分清除并整平压实。对基层损坏部分，宜采用 C15 混凝土补强，其补强混凝土顶面高程应与旧路面基层顶面高程相同，同时宜在混凝土路面板接缝处的基层上涂刷一道宽 20cm 的薄层沥青。

（4）整块翻修的面板如处在路面排水不良地带，路面板边缘及路肩应设置路基纵横向排水系统。单一块板翻修时，应在路面板接缝处设置横向盲沟。路面有纵坡时，宜设置纵向盲沟，在纵坡底部设置横向盲沟。

（5）沉陷处理应设置排水设施，设置排水的基本要求是：

①经常保持路面和路肩的设计横坡，以便使地表水迅速从路面上排出。

②应将土路肩改造为硬路肩。硬路肩宜采用水泥混凝土或沥青混凝土。

③路面裂缝、接缝以及路面与路肩接缝应经常保持密封状态。应设置纵向集水管、横向出水管和盲沟，以利排水。

3.7 砂石路面水灾害防治

1）泥泞的处治

泥泞的处治方法是：雨后刮去泥浆，撒上粗砂、石屑等，并做好路拱，防止路面积水。

2）松散的处治

松散的处治方法是：如松散轻微，可把松散颗粒集中起来，加以适量黏土，重新拌和并整平压实，或者用泥浆抹面。如松散严重，则须按新铺路面要求，重新铺筑。如路面承重层完好，只是磨耗层松散，则可重新铺磨耗层。

3）坑槽的处治

坑槽的处治方法：首先是画定槽形，经清底开挖，洒水润湿后，再用原路面混合料铺平压实，并加铺磨耗层和保护层。

4）波浪的处治

对于磨耗层形成的波浪，比较彻底的处治方法是：将原混合料铲起，经适当掺配后，重新加铺。

有的波浪是由松散保护层引起，如铺的太厚，粒料质地松软，颗粒不均，粉料较多而养护不及时，在行车作用下产生波浪。对这种波浪的处治方法是：改善保护层质量，并做到勤扫砂、均匀砂、定期除粉料，就可有效预防波浪病害的产生。

3.8 路面水灾害治理工程实例

3.8.1 路沥青路面裂缝治理

厦门环岛路建于 20 世纪 90 年代，其中部分路段为填海路段，由于建设年限已久，现部分路段沥青路面裂缝现象较为严重，雨水通过裂缝进入基层，使基层甚至路基软化，造成基层、路基强度降低，沥青路面承载能力下降，进而加剧路面损坏，裂缝情况如图 3-1 所示。为防止雨水渗透、冲刷路基，针对沥青路面裂缝现象，采取对裂缝处进行开槽扩缝，开槽扩缝后，用专业灌缝机将加热后的密封胶灌入扩缝后的裂缝内，灌缝高度以与路面齐平为宜，施工步骤如图 3-2 所示。路面裂缝治理完后，路面平整度有所好转，裂缝扩展得到了明显控制，路基的稳定性得以保证，沥青路面治理成效如图 3-3 所示。

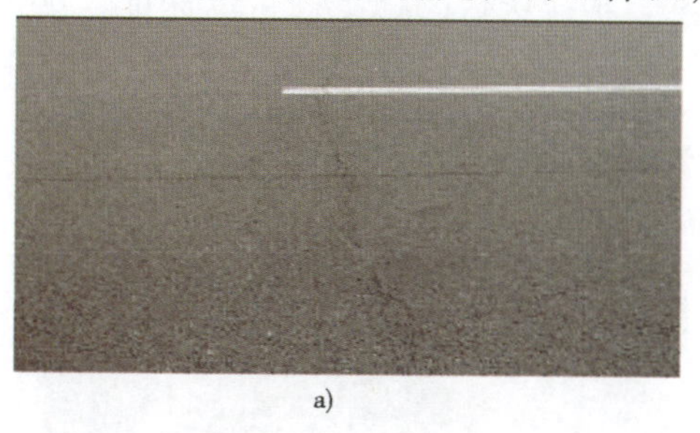

a)

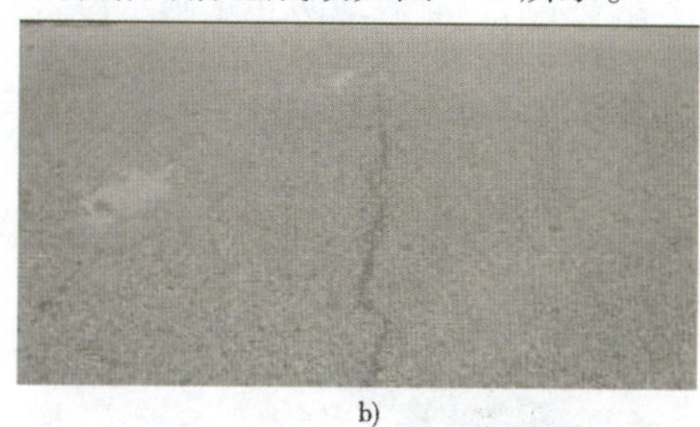

b)

图 3-1　路面裂缝图

a)

b)

c)

d)

图 3-2　沥青路面裂缝治理步骤

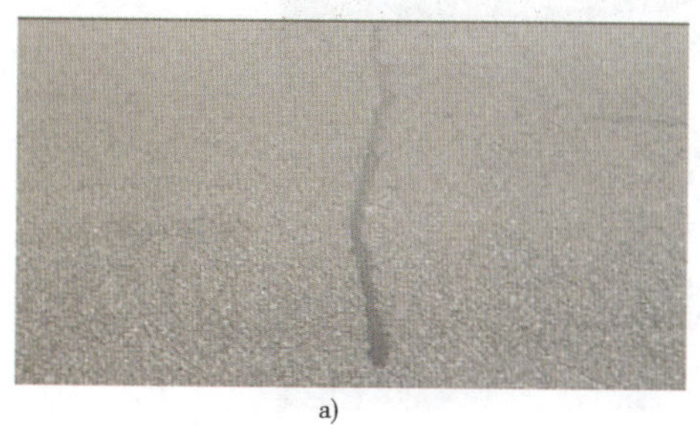

a)

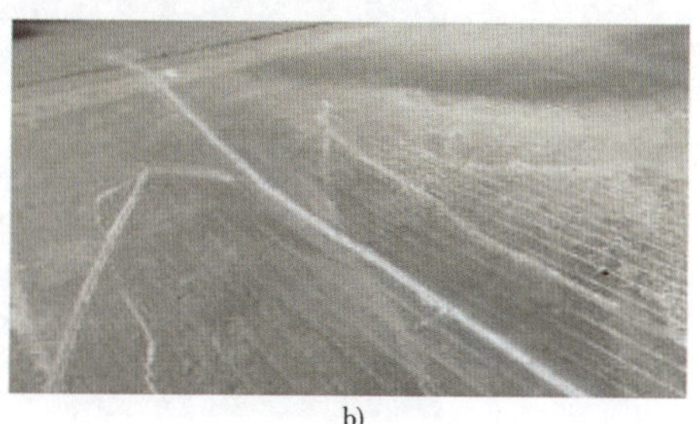

b)

图 3-3　沥青路面裂缝治理成效

3.8.2 水泥路面裂缝治理

厦门集灌路建设年限已久，部分水泥路面块板出现横纵向裂缝现象，雨水沿裂缝渗入路基，加剧了水泥路面的损坏。为防止雨水渗入路基，影响水泥路面稳定性，针对水泥块板的裂缝现象，采取对裂缝处进行开槽扩缝，开槽扩缝后，用玻璃胶枪把填缝胶灌入到扩缝后的裂缝内，灌缝高度以与路面齐平为宜，水泥路面裂缝治理步骤如图 3-4 所示。水泥路面裂缝治理完后，有效地防止了雨水渗入路基，水泥块板的稳定性得以保证，延长了水泥路面的使用寿命。

a) b) c) d)

图 3-4 水泥路面裂缝治理步骤

3.8.3 路面沉陷治理

厦门杏锦路在水的侵蚀下，部分路段沉陷较为严重，如图 3-5 所示。为保证路基稳定性，针对沉陷现象，对其软路基部分进行换填，在换填路基上铺水稳层，再铺面层，路面沉陷治理过程如图 3-6 所示。路面沉陷治理完后，行车舒适度有了较大的改善，行车安全得以保证。

图 3-5 路面沉陷图

a) b) c) d)

图3-6　路面沉陷治理

第 4 章　公路桥梁水灾害防治

4.1　桥梁水灾害形态及成因机理

在公路工程中，桥梁是跨越江河构造物，由于桥梁直接遭遇洪水的冲击，发生水灾害的概率较高，造成的损失更严重。桥梁一旦发生水灾害，轻者使墩台发生沉陷、裂缝；重者冲断引道，冲垮全桥，使交通中断，给公路运输造成严重损失。

4.1.1　桥梁水灾害形态

桥梁水灾害形态按照水流和漂流物对桥梁的作用位置不同，分为五类，分别为桥面破坏、桥台破坏、桥墩破坏、桥梁上部附属结构物破坏和桥梁整体滑移或坍塌。

1）桥面破坏

桥面铺装在通车时往往表面质量是很好的，但大多数桥梁在开放交通半年到一年后，面层会出现不同程度的早期破坏现象。桥面铺装层在雨季后产生各种水破坏现象，如唧浆、网裂、形变和坑洞，桥路平整度就会降低，甚至显著增大，同时表面粗糙度也会遭到破坏。桥面上的积水还常常使交通阻滞，行车出现飘滑等现象，积滞在桥面上的含氯化物雨水会促使桥面板混凝土内的钢筋锈蚀，降低桥梁的使用寿命，水冻结后还会使行车道变滑或阻塞排水设施。另外，雨水可能携带腐蚀性的致污物，如果接触到桥梁构件会使构件侵蚀或使构件形成污垢。桥面上的水从桥上冲下，可使路堤边坡损坏，甚至使路面板产生沉降。

2）桥台破坏

桥台破坏主要表现为：桥头引道被冲失，桥台失去支撑而倾斜或倾覆；由于桥台基础的埋置深度不够，受水流的冲刷、淘刷等作用，桥台基础裸露，严重的甚至被冲空，在大型漂流物的撞击下，有的甚至倾覆倒塌。桥台受到破坏后，桥梁结构会存在以下一些特征：桥台基础裸露，部分悬空；桥台出现裂缝；桥台出现倾斜或倾覆。

3）桥墩破坏

桥墩破坏主要表现为：由于桥墩基础的埋置深度不够，受水流的冲刷、淘刷等作用，桥墩基础裸露，严重的甚至被冲空，出现悬空，在大型漂流物的撞击下，有的甚至倾覆倒塌。桥墩受到破坏后，桥梁结构会存在以下一些特征：桥墩基础裸露，部分基础悬空或脱落；桥墩出现不规则的竖向裂缝，甚至会出现倾斜或倾覆；拱圈也会出现不规则的竖向开裂。

4）桥梁上部附属结构物的破坏

桥梁上部附属结构物的破坏主要表现为：由于桥孔不能及时宣泄洪水导致桥前壅水，或洪水淹没桥面，水流和大型漂流物对桥梁上部构造物产生巨大的水平推力而导致上部附属构造物的破坏。

5）桥梁整体滑移或坍塌

桥梁整体滑移或坍塌主要表现为：由于桥孔设计偏小，不能及时地泄洪，产生桥前壅水，对桥梁上部结构产生很大的推力，使桥下净空不足且上部结构较轻的桥梁，很容易整体被冲走；或由于桥梁墩台基础埋置深度不足，在水流冲刷和大型漂流物撞击作用下，桥梁整体坍塌。图4-1～图4-4为几种桥梁水灾害破坏形态。

图4-1　桥头引道被冲毁

图4-2　桥墩基础严重被冲刷

图4-3　桥梁上部附属结构物受毁

图4-4　桥梁整体滑移变形

4.1.2　公路桥梁水灾害成因机理

桥梁水灾害主要是由于水流对桥梁墩台、桥头引道的冲刷作用致使基础裸露，以及在大型漂流物和水流的撞击作用下桥梁墩台失稳。经调查分析，河床冲刷下切使墩台基础埋深不足是导致桥梁水灾害的重要原因。加剧墩台基础冲刷的因素主要在以下几方面：

（1）桥孔过多压缩河床过水断面，导致桥下泄洪流速增大。

（2）河道变迁改变了进桥水流流态，造成洪水冲击桥梁墩台，并在墩台基础附近形成漩流。

（3）河道下游大量取砂挖土，使河床比降增大。

（4）桥孔不能满足排洪与输沙需求。桥孔设计过小，不能通畅泄洪，造成洪水漫过桥面或桥位上游水位壅高，加剧了桥址冲刷，使桥梁墩台、锥坡被冲毁，或冲断桥头引道；当洪水中有大量泥沙或漂浮物，易使桥孔淤塞，导致桥梁被洪水冲垮。

（5）河道变迁。河道变迁造成洪水对河床冲此淤彼，改变了进桥水流流态，加剧了墩台局部冲刷。典型的桥梁水灾害形式是冲断桥头引道，冲毁桥梁锥坡等调治与防护设施。

（6）桥梁调治与防护设施不完善。桥梁调治构造物的功能是调治水流，使桥孔通畅泄洪。如果桥梁缺乏必要的调治与防护设施，洪水主流摆动往往偏离桥孔中心，使桥下有效泄洪面积减小，加剧了墩台的局部冲刷。

（7）工程质量因素。桥梁施工质量直接影响到桥梁的耐久性与使用寿命。若墩台施工质量低劣，在冻融、冲刷及洪水中漂浮物的撞击作用下，桥梁墩台往往发生裂缝、局部破损。因此，桥梁施工必须严格按设计质量标准控制，确保桥梁坚固耐久而不发生水灾害。

（8）生态环境影响。生态环境恶化导致气候异常：干旱少雨使河流干涸、草木枯萎；暴雨骤降常常超出历史洪水位而使桥梁冲垮。良好的生态环境可增大地表糙率，延长地表径流汇集时间，使流域内拦蓄的降水量增加，从而削减洪峰，有效扼制水土流失，并从根本上解决桥梁遭受泥石流等水灾害。

4.2 桥梁水灾害防治的一般原则

公路桥梁的防治应着眼于预防，防治结合。预防水灾害应从公路选线、桥位选择等最基础的勘测设计工作开始，而且路线和桥梁的布设应与河流环境相配合，顺应水势、因势利导、科学规划、精心设计，对于竣工后交付使用的桥梁，应切实做好管理和养护工作。预防是主动、积极、长远的措施，治理往往是被动、有针对性的局部措施。两者相辅相成，密切配合才能从根本上避免水灾害的发生。

（1）桥梁的水毁要以预防为主，经过预防工作，使桥梁的水毁降低到最小的程度。

（2）做好桥梁的设计勘察工作。桥梁设计应充分考虑流域的汇水面积、地形、地貌、水文及工程地质等因素，满足泄洪和通航要求，并与引道路基、路面排水和堤防设施等相配合。

（3）桥墩一般采用双柱式墩，斜度较大的采用单柱式墩。

（4）桥梁宜采用桩基础。易冲刷河段上的桥梁，应进行河底铺砌（同时宜设置不低于2m的截水墙），或加深基础的埋置深度，墩台基础埋置深度应在最大冲刷线以下。保证墩台的基础牢固。应定期采用水下探摸方式检查桥梁基础冲刷情况，做到能及时发现问题。

（5）对现有的桥梁，在养护管理方面每年要检查桥梁的泄洪能力并计算桥梁可通过的最大泄洪流量，对泄洪能力不足的桥梁进行加长，暂时不能加长的、不能满足洪峰流量的桥梁，在洪水发生时，要考虑采取分流的形式确保桥梁的安全。

（6）经常检查桥梁的附属工程和调治构造物的完好，加强对桥梁的防护及调治构造物的养护与管理。

（7）注重环境治理。在公路桥梁建设过程中被破坏的自然环境应尽可能恢复，提高植被覆盖率，减少水土流失，保护自然环境的生态平衡。

4.3 桥梁养护

一座设计完好，施工质量合格的桥梁工程，如果在使用中养护工作跟不上，随着时间的推移，暴露在自然环境中的桥梁受风、沙、雨、水、荷载及桥所处河道水文、水力变化等因素的影响，也会造成损毁。因此桥梁的养护工作也十分重要，必须给予高度的重视。公路桥梁的养护工作必须贯彻“预防为主、防治结合、防重于抢”的方针，严禁在桥位处附近无序挖沙，减少其他人为因素对桥梁产生的潜在危害；在汛前对存在水灾害隐患的桥梁进行治理、修复，使其恢复其正常使用功能，达到抑制桥梁水灾害，减少桥梁水灾害，降低桥梁水灾害的目的。

4.3.1 桥梁的检查

公路桥梁的检查工作非常重要，通过对桥梁检查，可以及时发现桥梁存在的病害，根据桥梁受损或破坏程度，确定桥梁所属技术类别，为安排桥梁大修、中修、小修和正常养护工作提供可靠依据。

1）经常检查

主要是对桥面设施、上部结构及桥台附属构造物的技术状况进行日常巡视和检查。通过检查，随时发现问题随时处理。经常检查应一月一次或半月一次。

2）定期检查

要周期性对桥梁主体结构及其附属构造物的技术状况进行定期跟踪的全面检查，它为桥梁养护管理系统搜集结构技术状态的动态数据。主要检查各部件的功能是否完善有效，构造是否合理耐用，发现需要大、中修，改善或限制交通量的桥梁缺损状况；同时检查小修保养状况，并提出养护措施。对木、浮桥及新建成的新型结构桥梁一年检查一次；对新建桥梁使用一年后开始检查；对通车三年以上的新结构桥梁和其他永久性桥梁两年检查一次；而支座和基础应一年检查一次。

3）特殊检查

特殊检查分为应急检查和专门检查。

（1）应急检查。当桥梁遭受洪水、漂流物、船舶撞击、滑坡、地震、风灾和超重车辆自行通过等自然灾害或事故后，应立即对结构做详细检查。查明破损状况，采取有效的应急措施，尽快恢复交通。

（2）专门检查。对需要进一步判明损坏原因、缺损程度或使用能力的桥梁，要求针对病害进行专门的现场试验检测、检算与分析等鉴定工作，以便采取有效的养护措施。

在上述检查方式结束后，要按照交通运输部《公路养护技术规范》（JTG H10—2009）中桥梁技术状况评定标准进行技术类别评定。对一类桥梁进行正常养护；二类桥梁进行小修、保养；三类桥梁进行中修；四类桥梁进行大修、加固、改造；五类桥梁进行加固、改造、重建。为更好完成以上检查，做好养护工作，未建设养护通道桥梁应补充建设养护通道。

4.3.2 公路桥梁的养护措施

1）公路桥梁水灾害的预防

（1）每年汛期前应对公路桥梁进行一次预防水灾害的技术检查。其主要内容如下：

①桥梁墩、台、调治构造物、引道、护坡、挡墙结构是否完好，基础是否冲空或损坏。

②桥下有无杂草、树枝、石块等杂物淤塞河道。桥位上下游有无堆积物、漂浮物。

③桥梁上游河道是否稳定，水流有无变化，桥梁下游是否发生冲刷。

④有无挖沙、取石对桥梁上、下游河道造成的破坏情况。

⑤调查桥梁上游附近有无水库及其设计标准，是否存在病害隐患。

（2）为防止或减轻洪水对桥梁的危害，在雨季和洪水来临之前应进行下列水灾害预防养护工作，做好河道清淤。

①修理、加固、改善或增设各类调治构造物及基础防护构造物。

②采取适当措施，防止漂浮物大量进入桥孔。

③做好抢险物资和设备的准备。

（3）在漂浮物较多的河流，为避免漂浮物撞击桥墩，可在桥墩前一定距离处设置防撞设施。其形式可根据水流缓急、水位高低、漂浮物多少、流量大小等选择，一般可采用单桩、群桩或三角形护墩等。

（4）在汛期应组织人员对所辖路线上的桥梁进行昼夜巡查，防洪指挥部门应实行全天24h值班。小的水毁及时进行处理排除；发生严重毁坏，危急行车安全时，应及时在桥梁两端设立警告标志或禁止通行的标志，组织抢修并及时向上级报告。

2）桥面系的养护和加固

（1）桥面排水设施的养护维修

①桥面的泄水管、引水槽要经常地清扫、疏通。缘石的横向泄水孔道，不够长的要接长，避免桥面水流沿梁侧流泻，确保桥面无任何积水现象。

②桥面上的泄水管损坏后应及时修补，接头不牢已掉落的则需要重新安装接上，损坏严重的管道要予以更换。

③桥面上的引水槽如被破坏时则应迅速重新修理，长度不足时应给予接长。当槽口太小，不能满足排水需要时，则应扩大槽口重新修筑。

（2）桥面铺装层的养护维修

应经常清扫桥面，保持桥面清洁完整和有一定的路拱。桥面在雨后应随时将积水排到泄水管排出，严禁在桥面上堆置杂物或作晒场等。此外，桥面防水层有损坏也要及时修复。

当桥面采用水泥混凝土铺装层时，如有磨光、脱皮、露骨或破裂等缺陷出现，通常可用如下方法进行维修：

①原结构凿补。将原水泥混凝土铺装层的表面凿毛，并尽可能深一些，使骨料露出，用清水冲洗干净并充分润湿，再涂刷上同强度等级的水泥砂浆（或其他黏结材料），最后铺筑一层4～5cm厚的水泥混凝土铺装层（在桥梁荷载能力容许的前提下）。

②采用黑色路面改建桥面。当采用黑色路面即沥青类材料修补桥面铺装时，一般较水泥混凝土铺装容易，且上下结合也比较牢靠，施工期间对交通影响也较小。但黑色桥面改变了原有结构且必须全桥加铺，否则影响美观。黑色桥面修补的结构可采用沥青表面处治或沥青细砂罩面，也可加铺一层2～3cm的细粒式沥青混凝土。采用沥青细砂时，应先涂刷沥青漆，使之与旧面层结合良好。

③全部凿除，重筑铺装层。桥面铺装层如已损坏严重，可采用全部凿除，重筑铺装层

的方法修补。新铺的面层可采用普通水泥混凝土，也可采用钢筋混凝土等其他材料。

④当沥青类桥面铺装层出现缺陷后，应及时处理，经常保持桥面完好平整。

⑤桥面凹凸不平，如因构件连接处沉陷不均引起时，可采用在桥下以液压千斤顶顶升，调整构件连接处高程，使其顶面具有相同高度的方法进行维修。

3）桥梁墩台的养护和加固

桥梁墩台是桥梁的主要骨架，是维护桥梁生命的关键所在。做好桥梁墩台的养护工作，保证桥梁墩台的正常完好是延续桥梁使用寿命的先决条件。墩台表面必须保持清洁，要及时清除青苔、杂草、荆棘和污秽；圬工砌体长期受大气影响、雨水侵蚀，一旦出现灰缝脱落，应采取重新勾缝；当基础承载能力不够时，可采取在原基础周围加打基桩浇筑钢筋混凝土承台并与原基础混凝土相联结（凿槽埋入带刺的牵钉），以扩大基底承载面积；当桥台因尺寸不足，难以承受台背压力时，可采取消减路基一侧土压力的方法，即将桥台填土换以分层干砌石或再增设一个新的桥跨；当墩台出现鼓肚，应查明原因进行修补；柱式墩台如有折断，在基础承载力许可时，可立模浇筑混凝土，加大断面尺寸，或以围带法加固；墩台出现空洞，可通过用手锤敲击墩台听声或在有水清斑痕处钎探，或以非金属超声波探伤等方法查明空洞位置，择近处开凿通眼，以压浆机压注水泥砂浆或环氧树脂修补加固。

4）桥梁防护设施和调治构造物的养护与加固

我国因桥梁防护措施和调治物未能及时修复而失去防护、调治功能造成桥梁水灾害的例子很多。因此要求养护部门高度重视并加强对桥梁防护设施和调治构造物的日常养护，发现病害在汛期前及时修复。浆砌构造物砌体坍塌、松动，抹面及勾缝剥落，石笼调治构造物铁丝、钢筋锈蚀断裂或石料缺损，都要按原标准及时修复。对因后天人为因素造成的植被破坏、河道变迁使原有桥梁的防护及调治构造物无法保证桥梁安全度汛的，应及时增设防护和调治构造物。并积极采取措施，改善河道，保护桥梁，裁弯取直河槽，消除弯曲河槽水流对桥头引道的威胁，改善过桥水流条件。拨正进桥水流方向。经常对桥孔上游人工开挖，裁弯取直，并在废弃的弯道进口修建截水坝，在桥头修建导流坝等。另外，为了改善桥孔泄洪能力，有时需要对桥孔上下游河槽进行全面开挖，裁弯取直，整治槽流。对桥梁上游植被破坏严重，不能蓄水，造成水流急、流量大、冲击力强，汛期对桥构成威胁并易造成水灾害的桥梁，要结合当地实际情况，积极争取当地政府支持及有关部门配合，进行综合治理。做好桥梁河道上游生态环境治理工作，提高植被覆盖率。生物防护在防治桥梁水灾害方面的作用是工程防护措施所无法取代的。实践证明，在锥坡尾端的河岸处植树或种植其他生物，能达到稳定河岸、降低河水流速、拦淤的效果，并能有效地保护引道、锥坡和桥面的安全。

5）公路桥梁养护经费的保证

维护公路桥梁技术状态完好和正常使用，首要的前提是保证足够的桥梁养护经费。桥梁养护经费包括桥梁小修工程费和日常保养费。小桥保养共包括10项，小修工程包括16项。技术状况为一、二类的桥梁均有日常养护和小修保养范围。如何保证桥梁养护所需经费，最有效的方法是把桥梁养护经费从小修保养经费中分离出来，单独列支、专款专用。只有这样，桥梁预防性保养和小病害修补才能得到重视和实施，消除隐患，确保公路桥梁完好的目的也就能够逐步实现。

4.4 桥梁排水设施

4.4.1 桥面排水

为保障桥面行车安全畅通，防止桥面结构受降水侵蚀而影响耐久性，除在桥面铺装层内设置防水层外，还应设置完善的桥面排水系统。设置的排水系统要求排水及时，安全可靠，施工养护方便。适当的设计和正确的施工措施可以保证桥面排水系统正常工作，并使桥面免于积水。

1）桥面排水设施的要求

桥面排水设施必须控制行车道内水的漫流宽度和水深，以防止车轮打滑，且排水设施发生阻塞时能方便地进行维护。桥面排水设施应满足如下要求。

（1）尽量减小桥面径流的水面宽度

水汇集成径流后侵入行车道会降低桥梁的交通功能，并引起安全问题，确定适当的进水口尺寸和间距，排出降雨产生的桥面径流，将过水断面宽度控制在设计允许范围之内。

（2）防止车轮打滑

降雨在桥面形成积水或流动的水膜及径流，当水膜或径流足够深，车轮涉水而行时，车轮可能会脱离桥面，因此，排水系统必须控制最大水深以确保行车安全。

（3）桥梁结构的要求

排水系统必须符合桥梁结构的要求，排水构造不能影响结构设计，钢筋混凝土桥面的进水口必须符合钢筋设计。进水口的安装不能影响桥梁结构钢筋的布置。另外排水系统应满足防水要求，防止盐分和其他腐蚀性物质接触构件。

（4）美观要求

裸露的水管影响桥梁美观，排水管应附着或埋没在构件中，将排水管隐藏在桥梁墩柱后面以避免影响美观。埋没在构件内部的水管在维护上是一个棘手的问题，在北方地区因为水管内可能冻结，不宜采用这样的设计。

（5）最低限度的维护费

进水口越少就越容易维护，进水口阻塞是普遍存在的问题，桥梁设计首先要考虑桥面排水系统是否必需，如果需要，排水系统的设计必须便于维护。

（6）自行车的安全

排水设计中必须考虑进水口给自行车带来的危险，进水口的格栅条平行于中线对自行车是不安全的，解决办法可增加横向格栅条或采用复合网状格栅。解决自行车安全问题的方法不能降低进水口的泄水效果，如果自行车不允许上桥，水口的格栅条平行于桥梁中线最有利于排水。

跨越公路、铁路、通航河道的桥梁以及城市高架桥，落在桥面上的降水通过桥面横坡和纵坡排至进水口，由进水口截流的水通过以下三种方式排放到桥下。

第一种方式是当桥下没有交通时，桥面进水口连接横向泄水管（空心板）或连接竖向泄水管（连续梁）将水直接冲淋到桥下。我国的设计规范中没有对桥面排水直接排放的垂直高度做出规定。桥面的雨水可能携带腐蚀性的致污物，可能冲淋到或被风吹到桥梁构件下使构件腐蚀，或形成污垢，并通过设置在墩台处的竖向排水管（落水管）流入地面排水设施或河流中，如图 4-5 所示。可避免桥下的行人、车辆或船只受到桥面水的冲淋。跨越一般河流、水沟的桥梁以及桥下无行人或车辆的高架桥，则可允许桥面表面水直接由泄水管排出，但仍应注意避免排放水侵蚀临近的上部结构或冲刷墩台构件。

第二种方法是当桥下有行车或行人时，在桥墩处设置桥面进水口接横向泄水管（空心板）或竖向泄水管（连续梁），再接纵向排水管和落水管沿桥墩排至桥下排水沟或排水口。为达到同样的排水效果，进水口的设计可以采用大尺寸大间距，或小尺寸小间距。在一些发达国家对桥面水的直接排放有严格规定，大多数情况是采用纵向排水管将水汇集到沿桥墩设置的落水管，将水排至桥下的排水口，桥面进水口一般设置在桥墩附近，间距较大，因此进水口宽度一般在 40cm 左右。由于较大的进水口给桥梁结构本身设计带来很大影响，我国通常采用较小的进水口，宽度一般在 10 ~ 20cm，间距 5m 左右，这样的设计必须设置很长的纵向排水管，排水管的弯头和接头很多，而排水管的坡度很小，管内水流将无法达到自净流速，水中的杂质很容易沉淀形成阻塞，导致排水不畅。

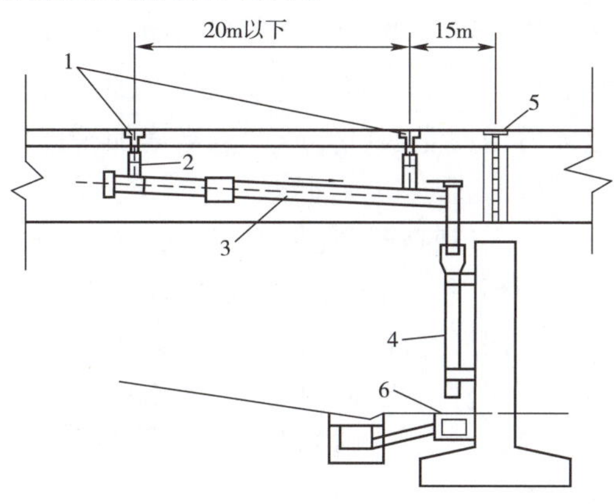

图 4-5　桥面排水管的设置

1-泄水口；2-泄水管；3-纵向排水管；4-竖向排水管（落水管）；5-伸缩缝装置；6-地面进水口

第三种方法是当桥下有行车或行人时，在防撞栏杆外现浇 30cm × 50cm 的排水槽，桥面进水口接横向泄水管将水排至排水槽，再接横向排水管和落水管沿桥墩排至桥下排水沟或排水口。

采用排水槽的优点是，排水槽不易发生阻塞，即使发生阻塞现象，也可以及时发现并方便维护，但对桥梁外观有影响。

当桥面纵坡大于 2%，桥长小于 50m 时，雨水可流至桥头，从桥头引道排出，桥面上不再设置专门的泄水管道，但应在桥头引道的两侧设置水槽，防止汇水冲刷引道路基。

2）桥面排水设施

桥面排水系统包括桥面本身、桥面过水断面、进水口、排水管、落水管和桥头集水设施。桥梁和水力工程师都同样了解排水系统的结构，各部分组成桥面排水系统时必须符合前述要求。

桥面和过水断面最先接受降落的雨水及杂质，如果适当地设计纵坡、超高及横坡，水和杂质将会被有效地排到进水口或桥头集水设施，没有设计纵坡的桥面或竖曲线底部在缺乏水力设计时容易引起排水困难的问题，在桥面最高处纵坡为零时也有类似的问题。

水和杂质从桥面和过水断面流入进水口，通过排水管和落水管排到排水口，不同的格栅和进水盒设计可防止阻塞。尽量减少集水管和落水管的 T 形接头和弯头连接，有助于防止阻塞。集水管需要足够的坡度，保证集水管不阻塞。向下排水不宜使用敞开的泄水槽，因为不便维护。只有在必须的情况下才设置进水口，超高路段的桥面只在较低一侧设置。桥头必须设置集水设施，截流上坡流向桥面和桥面流出的水。

3）桥面排水设施的构造与布置

（1）桥面横坡

桥面表面水首先靠桥面横坡和纵坡组成的合成坡排向行车道两侧，然后汇集于由缘石或护栏和桥面组成的过水断面内，因而，桥面必须有足够的横向坡度，通常采用与路面相同的横向坡度。在雨量较大的地区，为了减少过水断面的漫流宽度，防止雨水浸入行车道，可增加泄水口，或者适当增加桥面横向坡度。

（2）泄水口与泄水管

泄水口宜设置在桥面行车道边缘处，泄水口的间距可依据设计径流量的计算确定，但最大间距不宜超过20m。在桥面伸缩缝的上游侧应设置至少一个泄水口，一般应增设泄水口；在凹形竖曲线的最低点应设置至少一个泄水口，并在其前后3～5m处应各设一个泄水口，而在桥面最高处可加大泄水口的间距；在设超高平曲线的弯桥上，当桥面变成单面坡后，只在弯道内侧设置泄水口，此时，应减小泄水口的间距，其间距约为直线桥的泄水口间距的一半。

一般情况下，当桥梁纵坡大于2%，桥长超过50m时，泄水口间距为12～15m；当桥梁纵坡小于2%，泄水口间距为6～8m；当桥梁处于地形复杂、线形标准取极限标准且降水充沛的山区公路上时，泄水口的间距应为5m左右。

布置泄水口时，一般是从桥梁的低处开始往高处布置，低处密，高处疏。

由于设置泄水口，特别是设置竖向泄水口时，部分桥面板钢筋被切断，泄水口周围应设置补强钢筋，使之具有足够的强度承受车辆荷载作用。

泄水管的横截面面积一般按3倍的设计径流量考虑，通常采用铸铁管或PVC管或镀锌管。可采用圆形或矩形两种断面形式。圆形泄水管的直径宜为10～20cm，矩形泄水管的宽度宜为15～30cm；长度为30～40cm。泄水孔的进水口应采用格栅盖板，其底面应比桥面混凝土铺装层低1～2cm，其构造如图4-6所示。在设双向坡的桥面上，泄水管可沿行车道两侧左右对称排列，也可交错排列；在设单向坡的桥面上，泄水管沿行车道内侧排列。

对于一些低等级道路上跨径不大，不设人行道的小桥，有时可简化构造和节省材料，也有直接在行车道两侧的安全带或缘石上预留泄水孔道，用铁管、竹管等将水排出桥外。这种排水系统因孔道坡度平缓，易于堵塞，需要加强养护，确保排水畅通。

（3）排水管与排水槽

排水管与排水槽的作用是迅速将泄水管的水引出，通常排水管或排水槽设置在悬臂板的外侧或护栏内，当有景观要求时，对裸露的排水管或排水槽可采取遮盖或装饰处理措施予以遮盖。排水管可采用铸铁管、塑料管或钢管，其内径应大于或等于泄水管的内径。排水槽宜采用铝质或钢质材料，也可以用水泥混凝土预制件，其横断面为矩形或U形，宽度或深度均宜为20cm左右。纵向排水管或排水槽的坡度不得小于0.5%。桥面伸缩缝处的纵向排水管或排水槽应设置可供伸缩的柔性套筒。寒冷地区的竖向排水管，其末端宜距地面50cm以上。

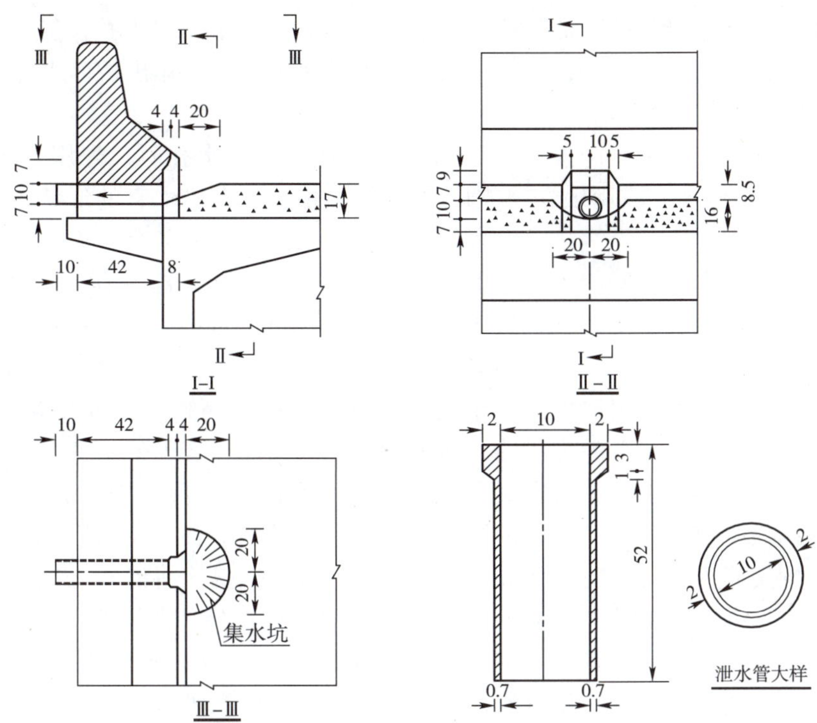

图4-6　桥面横向泄水孔构造图（尺寸单位：cm）

4）桥面横向泄水孔的施工方法

（1）一次预埋安装的施工方法

桥梁上部构造施工完后，先做防撞护墙，再做水泥混凝土桥面铺装层。横向泄水孔是在浇筑防撞护墙时采用一次预埋成型的方法施工。

施工防撞护墙时，测量定出横向泄水孔的位置和顶面高程，绑扎焊接防撞墙的钢筋笼时，在横向泄水孔位置处预留适当长度的钢筋，并将铸铁管顶面焊接在预留钢筋上，以便固定泄水管，防止浇筑混凝土振捣时泄水管移位。泄水管流水坡按3%～5%设置，通过调节焊接钢筋长度控制坡比，外伸10cm。

横向泄水管安装完后，即可支钢模板，浇筑防撞护墙混凝土。

预制订做模板时，在一部分外墙钢模板预置泄水管位置处切割成较泄水孔直径大小的洞（洞的下方开门，方便模板卡在泄水管上）；一部分内钢模在对应泄水孔的位置，按设计的进水口形状用钢板或木板做成内模或用塑料泡沫做成一次性的内模，固定在泄水孔的位置（也可以把进水口模子做成活动内模）。

泄水孔施工时，先支防撞墙外模，让外模有洞的地方对准泄水孔位置并卡住（泄水孔孔底比水泥混凝土铺装层顶面低1～2cm），再将进水口模子安放在铸铁管进水口（或把带有进水口模子的内模板安放在泄水管的位置），安放时泄水口模子正对泄水管管口；模板安装完成后，接着浇筑混凝土，用插入式振捣棒振捣混凝土。振捣时，需注意不要移动泄水管和进水口模子，拆模时将进水口模子取出即可，如果有不整齐或塌落的地方，人工用砂浆找补、抹平即可。

水泥混凝土铺装层施工时，将进水口处的铺装层做成漏斗形，漏斗大小应该与进水口形状尺寸一致。并且连接圆顺；铺筑沥青混凝土面层时，在横向泄水孔位置处，应该做同样大小的漏斗与进水口端墙连接，这样，可以有效地汇集并迅速排出桥面水。

(2) 二次埋设安装的施工方法

桥面横向泄水孔的模子与防撞护墙同时施工。在施工泄水孔时，先用PVC管（封堵管子两端）、或塑料泡沫，或用纸卷、或将木（竹）棒加工成泄水管的形状，外形尺寸比永久性泄水管外形大（上下、左右分别大3cm左右）的模子，作为泄水孔的预留孔道浇筑成形时的模子，泄水管的安装步骤如下：泄水孔定位→钢筋绑扎→泄水孔模子安装→防撞墙内外模安装（同时安装泄水孔的进出口内模）→防撞墙混凝土浇筑→取出泄水孔成形模子→泄水孔的清理→永久性泄水管的安装。

泄水孔施工：先测量定出泄水孔模子的位置和模子底部高程；在绑扎焊接钢筋笼时，把泄水管的模子放置在泄水孔的位置处，泄水管模子底应向外有3%~5%的流水坡度，并能保证永久性泄水管的进水口比沥青混凝土面层的底面低1~2cm，如采用木（竹）棒等硬材加工成的内模，应用油纸（塑料薄膜）包裹或机油涂刷，然后支设防撞墙的内外钢模板。模板穿索固定好后，浇筑防撞墙混凝土，并用插入式振捣棒将混凝土振捣密实。拆模后，将木（竹）棒抽出或清理内模材料，形成预留泄水管安装孔。待整座桥的防撞护墙施工完后，将永久性泄水管（铸铁管、或镀锌管、或PVC管）安装到预留泄水管安装孔中。安装时必须保证永久性泄水管与预留泄水孔孔壁之间的空隙灌满砂浆，且密实无孔隙，这样才能保证管周不积水、铸铁管不易锈蚀，同时可以防止水从孔壁裂缝渗入梁板，对桥梁产生不利影响。

采用二次安装泄水孔的施工方法，很难把永久性泄水管与预留安装孔之间的缝隙填塞密实，此处容易形成缝隙，造成积水，对桥梁产生不利影响。但二次安装泄水孔的施工方法，不需要在防撞墙的外模板上开孔，对模板的重复使用有利。

如果桥下为河流或没有行人、行车的要求，为了增加泄水管的泄水量，增加美观效果和防止横向泄水管排水在空中飞溅到桥梁结构上，影响桥梁结构，横向泄水管出口可接一垂直管或加工时就加工成90°的圆弯管，垂直段长度为20cm左右。

5) 竖向泄水孔的施工方法

竖向泄水孔一般布置在桥面边缘，紧靠防撞护墙或安装在防撞护墙中，以免影响行车；同时也能保证在边缘积水最深处，能最大限量地泄水。

竖向泄水孔，需要穿过桥面板和铺装层，安装方法也有一次安装和二次安装。

(1) 一次预埋安装的施工方法

竖向泄水管安装在桥面板浇筑时，同时把竖向泄水管一起浇筑在桥面板中，一般适用于现浇桥面。

加工桥面板的模板时，在部分底模板上开孔，孔的内部直径或尺寸与永久泄水管的外径相同。

桥面板施工时，测量定出竖向泄水孔的位置和顶面高程，应注意泄水孔的位置不能影响行车，尽量靠近桥面边缘。安装桥面板的底模板，有泄水管预留孔的孔位对准泄水管的位置。模板安装定位好以后，绑扎焊接桥面板的钢筋笼时，在竖向泄水孔位置处预留恰当长度的钢筋，并将竖向泄水管固定在预留钢筋上，防止浇筑桥面板的混凝土振捣时泄水管移位。泄水管应垂直安装，泄水管进水口的顶面与桥面水泥混凝土铺装层的顶面齐平，或低1～2cm，泄水管向下伸出桥面板15～20cm，泄水管与模板之间的缝隙应封闭严实，以防漏浆。在泄水管与底模之间的缝隙应采用水泥袋、废纸或木楔堵塞。钢筋笼绑扎和泄水管安装完毕后，就可浇筑桥面板混凝土，浇筑混凝土时，若进水口比桥面水泥混凝土铺装层的顶面低，应在进水口周围形成向泄水管倾斜的低洼面，方便汇水集中到泄水管。等桥面施工完毕后，取出堵塞进水口的水泥袋、废纸和木楔及清理泄水管，即可施工完毕。

（2）二次埋设安装的施工方法

竖向泄水管安装在桥面板浇筑施工完成之后进行。

桥面板施工时，测量定出竖向泄水孔的位置和顶面高程，应注意泄水孔的位置不能影响行车，尽量靠近桥面边缘。将桥面板的底模板安装好以后，绑扎焊接桥面板的钢筋笼时，在竖向泄水孔位置处安装泄水管的模子（泄水管模子可以采用木、竹、PVC管等加工而成，外径比永久泄水管大2cm左右），泄水管模子应垂直安装并在表面涂刷机油或包一层塑料薄膜，并加以固定，防止浇筑桥面板的混凝土振捣时泄水管模子移位。钢筋笼绑扎和泄水管模子安装完毕后，就可浇筑桥面板混凝土，浇筑混凝土时，若进水口比桥面水泥混凝土铺装层的顶面低，应在进水口周围形成向泄水管倾斜的低洼面，方便汇水集中到泄水管。等桥面施工完毕后，取出泄水管模子并进行清理，清理干净后，用水冲刷并在湿润时安装永久泄水管，把永久泄水管放到位后，用废纸填塞面板下部预留孔与泄水管之间的缝隙，然后用高强度砂浆填塞密实预留孔与泄水管之间的缝隙，即施工完毕。

6）桥面泄水孔的施工质量控制与检查

（1）材料要求

泄水管为铸铁件时，施工单位可在工程所在地购买无缝铸铁管，自己加工成设计要求的泄水管。铸铁管不得有裂缝、砂眼和其他影响强度及使用价值的缺陷，施工时清除所有铸铁件的鳞屑，要求表面光洁。如果设计为特型泄水管，应在生产厂家定做。

泄水管也可以采用镀锌铁管，抗老化的高分子材料管。

渗沟材料必须是单一级配的集料，一般为5～10mm。

（2）泄水孔的质量控制

①在桥面变坡处的最低点应最少设置一个排水孔，在纵坡桥面的伸缩缝前应设置至少一个泄水孔，竖向泄水管不得影响行车，尽量靠近桥面边缘。

②设置桥面排水孔时，应从最低处的边缘开始设置，在最低点最少设置一个，一般应增加一个设置（即两个排水孔），然后按设计间距向上游布设。

③桥面排水孔的横向泄水管的进水口底面或竖向泄水管的管壁开的最低孔应比混凝土铺装层低1～2cm。

④桥面排水孔应向外倾斜，倾斜度应大于3%。

⑤排水孔的永久排水管尽量一次安装，即横向排水管在浇筑防撞墙之前就进行永久排水管的安装，垂直向排水管在进行水泥混凝土铺装层浇筑之前就要进行永久排水管的安装，浇筑混凝土后永久排水管就能与混凝土紧密接触，避免二次安装在管与混凝土之间形成缝隙，产生漏水或积水。

⑥横向排水孔的出水口应伸出桥梁15～20cm，垂直向排水孔的出水口应伸出桥面

15～20cm以上。

⑦泄水管周边的空隙必须用砂浆填捣密实。

(3) 泄水孔的质量检查

需要检查的项目及检查方法如下。

①泄水孔的数量及位置：按每3～6m布置一个泄水孔，桥纵坡下游可密布，上游可加大间距，要求下游桥头伸缩缝之间和凹曲线的低洼点必须设置至少一个泄水孔，然后按设计泄水孔间距从下往上推算泄水孔位置和数量。

②泄水孔流水坡：大于3%，用直角三角板或钢卷尺测量。

③泄水管与预留泄水孔孔壁之间的砂浆必须密实，检测要求砂浆没有孔隙和裂缝。

④泄水孔的底板比水泥混凝土铺装层顶面低1～2cm。

⑤泄水孔不得挤占行车道，出水管必须伸出桥面板或防撞护墙10cm以上。

⑥横向泄水孔必须具有向外倾斜的角度。

⑦竖向泄水孔不得与行车发生冲突。

⑧渗沟与泄水孔进水口必须顺接。

7) 沥青混凝土桥面结构内部排水

(1) 桥面结构内部渗水现象

当桥面为沥青混凝土桥面时，沥青混凝土面层之下是水泥混凝土铺装层，沥青面层为渗水层，水泥混凝土铺装层为不透水层。当雨水由沥青面层下渗到水泥混凝土铺装层时，不能继续下渗，在水泥混凝土铺装层上形成积水，积水形式有如下几种情况：

①纵坡较小的直线桥梁，雨水沿水泥混凝土铺装层横向坡度向两侧渗流，渗流到边缘遇到桥上的防撞护墙后就不能继续流动，在水泥混凝土铺装层上形成积水，在桥面边缘尤为严重。

②纵坡较大的直线桥梁，渗流水就沿水泥混凝土铺装层顶面的横向坡和纵向坡的合成坡流动，渗流水流到边缘遇到桥上的防撞护栏后就不能向侧面流动，继续沿纵坡向桥面下游流动，渗流到桥面下游的伸缩缝前，由于伸缩缝的阻挡，就在下游伸缩缝前产生积水，甚至出现出水现象。

③弯道超高桥梁处，渗流水沿水泥混凝土铺装层的超高横向坡度流动，渗流水流到边缘遇到桥上的防撞护栏后就不能向侧面流动。在超高段内侧边缘产生积水。

④纵坡较大的曲线桥梁，渗流水会在超高段内侧边缘产生积水和下游伸缩缝前产生积水。

桥面沥青面层的材料与路面沥青面层的材料相同，渗透性能也相同。设置内部排水基层或垫层没有必要。因此，沥青混凝土桥面排水需要在边缘设置排水措施，具体措施可以采用：

①在水泥混凝土铺装层顶设置防水层，或用防水混凝土做铺装层防水。

②在桥面边缘积水位置设置渗沟。

③降低桥面边缘泄水孔的进水口。

④在桥面边缘设置渗沟，同时在水泥混凝土铺装层顶设置防水层和降低桥面边缘泄水孔的进水口。

(2) 桥面结构内部渗水排出措施

沥青混凝土面层有一定的透水性，桥面进水口通常只能排出桥面表面的水，雨水渗透到面层内部后，滞留在沥青混凝土面层与桥面板的交界面上无法排走，桥面排水系统应考虑面层渗水的排放措施。为了防止渗水长时间聚集在面层内侵蚀结构，应设置面层内部渗水的排出设施，如图4-7所示。

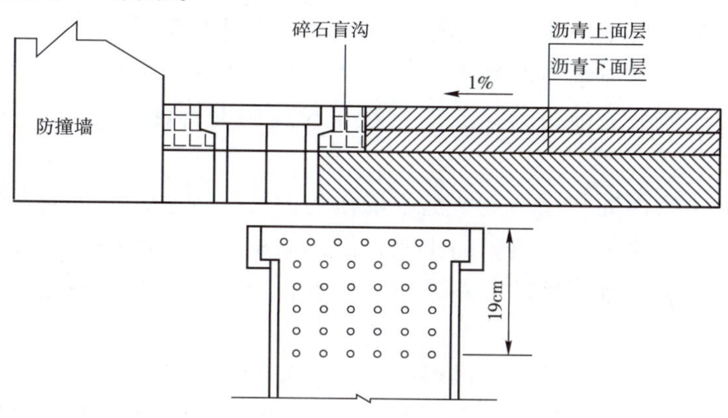

图4-7　桥面渗水排出系统（竖向排水管）

桥面边缘渗沟的设置：渗沟底应比水泥混凝土铺装层的顶面低或水平，在混凝土铺装层浇筑时预留沟槽；或先在渗沟内侧用木条作为内模，用防撞墙作为外模浇筑；或利用浇筑防撞墙和水泥混凝土铺装时，立模留下的沟槽作为渗沟的沟槽。渗沟可用开级配的砂子（或碎石）填筑；或利用无砂混凝土填筑；或利用沥青进行处治的开级配砂子填筑。因无砂混凝土填筑和沥青处治的渗沟上部能承受较大的行车荷载，砂子不容易被水流冲走（或产生渗流破坏），且无砂混凝土比较容易施工，所以渗沟以用无砂混凝土渗沟为好。

如果不便多设渗沟时，可以只把渗沟布置在弯道桥梁的弯道内侧、纵坡桥梁的下游伸缩缝前。也可以利用桥面水泥混凝土铺装层顶面的增糙措施，在水泥混凝土未凝固前，用刻槽的方法增糙，沿纵向用螺纹钢压制成纵向小槽，沿横向用圆钢压制而成，横向沟槽走向最好为桥面纵坡和横坡组成的合成坡的走向方向，接着在上面铺设沥青混凝土铺装层，就可以形成内部横向渗沟，起到截、排桥面内部水的作用。

利用桥面泄水孔排出桥面内部渗水时，桥面泄水孔的进水口应比水泥混凝土铺装层的顶面低，一般低2～3cm。最好把泄水孔的进水口前做成扇形漏斗状，方便汇集渗水。泄水孔的布设，在水平桥梁进行等间距布设；在有纵坡的桥梁，应从下游伸缩缝，紧靠伸缩缝处至少布置一个，然后向上游间隔3～5m布置一个泄水口；在有竖曲线的桥梁，在桥面竖曲线的最低点至少布置一个；然后从最低点向两侧间隔3～5m布置一个泄水口；在有弯道超高的桥梁，泄水孔布置在桥面最低一侧。泄水孔可布置在防撞墙中（水平布置）或边缘铺装层中（垂直布置），但不能破坏桥梁结构。

（3）桥面渗沟的施工

泄水管、栅形井盖、格栅均为铸铁件，安装前需涂刷两遍沥青，以防止锈蚀。严格控制铸铁管的高程。面层渗水汇集到碎石盲沟中，由泄水管上的泄水小孔排走。因此，泄水管最下一排泄水小孔的底面不能高于盲沟沟底，填充碎石盲沟和铺设沥青混凝土上面层时，应防止碎石及沥青混凝土堵塞泄水孔入口。

桥面渗沟一般设置在桥面边缘靠近防撞墙或防撞护栏处，或弯道内侧处，称为边缘渗沟。在弯道桥梁的超高段外侧可以不设边缘渗沟，利用桥面水泥混凝土铺装层增糙的沟槽作为小的内部渗沟。

桥面边缘渗沟可以与桥面的下面层或中、下面层齐平；也可以设置在桥面水泥铺装层的顶部或部分在水泥混凝土铺装层、部分在沥青混凝土铺装层。

渗沟的施工最好安排在水泥混凝土铺装和防水层施工完成之后，渗沟槽也应在采取防水措施、沥青混凝土铺装之前进行，或安排在粗粒式层沥青混凝土面层摊铺碾压完成后，清理沟槽浇筑。

利用水泥混凝土桥面铺装层顶上增糙沟槽作为内部渗沟时，在水泥混凝土未凝固之前进行增糙，沿纵向用螺纹钢压制成纵向小槽，沿横向用圆钢压制而成。横向沟槽走向最好为桥面纵坡和横坡组成的合成坡的倾斜方向，接着在上面铺设沥青混凝土铺装层，就可以形成内部横向渗沟。

泄水孔的排水管应向外侧倾斜，倾斜的坡度不得小于0.5%，并伸出桥梁外侧边缘不小于10cm，避免泄水孔的排水流洒到桥梁结构上，造成对桥梁结构的腐蚀、破坏。当桥下有行车或过人通道时，泄水孔的出口应采用排水管把出水接到合适的位置排放，避免泄水孔排水影响下穿通道的行车、行人。

4.4.2 桥面过水断面

1）过水断面宽度要求

现行的公路排水设计规范规定，设置拦水带汇集路表面水时，拦水带过水断面内的水面，在高速公路及一级公路上不得漫过右侧车道外边缘，在二级及二级以下公路上不得漫过右侧车道中心线。如采用与路面相同的要求，在排水设计中会遇到如下问题：

（1）为节省投资，大桥和特大桥侧向宽度的减小，使得桥面宽度减去行车道宽度后，余下可作为过水断面的宽度减小，过水断面很可能会侵入车道，如果一定要满足过水断面内的水面不得漫过右侧车道外边缘，进水口的设计必须采用较大尺寸和较小间距。较大的进水口不仅对行车造成影响，而且会给桥梁结构设计带来影响。若按二级以下公路的标准，要求水面不得漫过右侧车道中心线，对于设计车速60km/h以上的桥梁来说，雨天的行车安全就得不到保证。

（2）当桥面设置人行道时，也会使得可作为过水断面的桥面宽度减小。

（3）即使桥面宽度与路基同宽，由于桥面一般采用统一的横坡（设计值一般为2%左右），而路面两侧的路肩横坡增大为3%～5%，过水断面宽度相同时，桥面过水断面截面积远小于路面过水断面截面积。

因此，在同样的降水条件下，桥面径流很可能侵入行车道，但在桥面排水设计时，仍需控制过水断面的宽度，确保侵入行车道的桥面径流的水深不至影响行车安全。

2）桥面径流宽度对行车安全的影响

在桥面排水系统设计中，进水口的尺寸和数量应保证足够的排水能力，使得汇集到桥面两侧的径流不对行车造成危害。当路面积水时，车辆快速涉水而过，胎面与路面间积水来不及排出，便会在车轮与路面之间形成水膜，将轮胎慢慢托起，在一定条件下甚至使车轮完全离开路面，使汽车丧失操纵性，这种现象被称之为轮胎“飘滑现象”。在设计车速条件下，车轮飘滑与车轮的花纹深度、路面纹理深度、轮胎气压和积水深度等因素有关。不同国家或地区对于车轮的花纹深度、路面纹理深度、轮胎气压一般均有规定或统计值，桥面表面排水设计就是要控制侵入行车道径流的深度小于引起车辆飘滑的临界值。

可利用式（4-1）计算车轮开始打滑时的车速，

$$v = 4.28SD^{0.04}P_t^{0.03}(0.79TD + 1)A_T \tag{4-1}$$

式中：A_T——与水深相关的经验值，取下面两式的较大值：

$$A_{T1} = \frac{8.574}{d^{0.06}} + 3.507 \text{ 或 } A_{T2} = \left(\frac{37.514}{d^{0.06}} - 12.296\right) TXD^{0.14}$$

v——车速（km/h）；

TD——车轮的花纹深度（mm）；

P_t——轮胎气压（kPa）；

SD——车轮空转率，SD 达到10%时，认为车轮开始打滑，即当车轮滚动1.1倍周长而只前进了1倍周长的距离；

TXD——路面纹理深度（mm）；

d——水深（mm）。

变换式（4-1）可得式（4-2）：

$$A_T = \frac{1.519v}{SD^{0.04}P_t^{0.03}(0.79TD + 1)^{0.06}} \tag{4-2}$$

车轮的花纹深度、轮胎气压、路面纹理深度等参数均有一般标准，在桥面排水设计时，选定 ν、P_t、TD、TXD 等参数后，计算侵入行车道的水深上限值 d，根据横坡坡度计算水面容许宽度 W 及桥面径流的最大水深 H，再利用公式（4-3）验算进水口的间距和尺寸是否满足排水要求。

$$Q = 0.037\frac{1}{i_h n}h^{\frac{8}{3}}i^{\frac{1}{2}} \tag{4-3}$$

式中：Q——桥面径流量（m^3/s）；

h——过水断面的水深（m）；

i——桥面纵坡；

i_h——桥面横坡；

n——桥面粗糙系数。

3）平桥进水口泄水能力的验算

我国现行的公路排水设计规范没有提及平桥排水系统的设计方法，但目前国内尚有较多桥梁的纵坡在0.2%左右。当纵坡小于0.3%时，桥面径流的流速缓慢，进水口的设计应以桥面为平桥来进行水力计算。在连续坡桥桥梁竖曲线的顶部或底部纵坡接近水平的路段也应将其作为平桥进行计算。

假定桥面汇水时间为5min，按5min的汇水时间根据IDF曲线（降雨强度—降雨历时—降雨周期曲线）选择降雨强度 i。行车道水深不许引起车轮飘滑，根据桥面横坡坡度，计算过水断面宽度 T_{max} 的最大允许值，在此基础上确定设计过水断面宽度 T。

由式（4-4）计算桥面进水口间距，

$$L = \frac{0.253}{nciW_{p}} i_{h}^{0.06} n^{0.67} \tag{4-4}$$

式中：L——进水口间距（m）；

i——降雨强度（mm/h）；

c——径流系数；

i_h——桥面横坡；

W_p——半幅桥面宽度（m）；

n——桥面粗糙系数。

当桥梁长度大于进水口间距，必须设置进水口。进水口的周长由式（4-5）计算：

$$L = 0.929 \frac{(ciW)^{0.33} T^{0.61}}{i_{h}^{0.06} n^{0.67}} \tag{4-5}$$

式中：T——设计过水断面宽度（m）。

根据式（4-4）和式（4-5）计算得出的进水口间距及尺寸较大，一般进水口间距在30m左右，而进水口尺寸一般为40cm×50cm左右。我国桥面排水设计中，为了尽量避免进水口对桥梁结构的削弱，一般采用较小的进水口尺寸，并采用较小的进水口间距，增加进水口数量以达到同样的排水效果。进水口间距一般为5～20m，并多采用宽度为10cm的矩形或外径为12cm的圆形进水口。对于平桥的排水，在水深相同的条件下，进水口的排水能力主要与进水口的有效周长有关。同样长度的桥面上所有进水口的有效周长相同时，可以达到同样程度的排水效果。

上例的桥面排水设计，如采用平桥，设计过水断面宽度为2m，按式（4-4）和式（4-5）的计算结果为，$L=43$m，取$L=40$m，$P=120$cm。当过水断面宽为2m时，进水口处最大水深为$h=4$cm，进入进水口的水流为堰流状态，进水口的泄水量由式（4-6）计算：

$$Q = 1.66Ph^{1.5} \tag{4-6}$$

显然，进水口的泄水量仅与进水口有效周长有关，如选定进水口间距为10m，同时将进水口周长减小为30cm，也将达到同样的排水效果。

4.4.3 桥面防水层

随着交通事业的迅速发展和公路等级的提高，高速公路立交桥和高架桥日益增多，钢筋混凝土梁的负弯矩处及钢筋混凝土桥面板在经受车辆重复荷载的振动、冲击、拉伸、剪切等力的影响，以及由于温度、气候变化引起膨胀或收缩后，往往会产生细微裂缝而引起桥面渗水或漏水。致使钢筋锈蚀，影响桥梁的耐久性，尤其是现浇缝混凝土结合部，虽在设计和施工中采取了多种防裂措施，但总存在薄弱环节，产生裂缝，若不采取防水处理，势必降低桥梁的使用年限。为了延长桥梁的使用寿命，减少维修费用，在水泥混凝土桥面板上喷涂一层防水涂料，形成防水膜，以达到桥面防水的目的就显得十分必要。

1）防水涂料

（1）防水材料的性能

防水层不仅要能起防排水作用，还要能起到黏结层的作用。理想防水层的要求可以简单地概括为：施工后不透水并在设计年限内不透水，造价合理。桥面防水是一个整体系统，该防水系统包括防水层与排水设施以及其上的路面结构所组成，防水层的性能实际是取决于防水系统中各组成部分的互相作用，如因防水层与其上层部分黏结力不足而造成两者剥离，那么即使防水层的性能完好，防水系统也将失去作用。因此，桥面防水层必须满足下列要求：

①防水层必须是不透水的，包括在施工中和使用年限内不渗水。

②面层铺筑前、铺筑中、通车后，防水层应不破损。

③防水层应与面层和桥面有足够的黏结力。

④防水膜应能抵抗桥面裂缝，包括在施工前、后所产生与发展的裂缝。

⑤防水膜应具备良好的温度稳定性。

沥青混凝土混合料的拌和温度多控制在170～180℃，其摊铺温度一般在160℃左右，要求防水材料在此高温下不溶化，并保持膜体完好，同时不因高温改变其材料的原有特性。在夏季高温季节，路面温度往往高达65℃以上，要求防水材料在此高温下仍具有相当的黏结力和抗剪能力。在夏季高温季节施工，要求防水膜在50℃左右仍具有相当的稳定性，施工车辆及沥青混凝土摊铺机在上面行驶不因黏轮破坏膜体。

⑥防水材料应有很好的低温抗裂性能，在－15℃下不开裂。

⑦防水材料必须具有良好的抗老化性能，不因受高温、碾压、低温、霜冻等作用而降低黏结能力、抗剪能力和防水能力，见表4-1。

防水涂料标准　　表4-1

指标名称		指标
外观		棕褐色乳酸，搅拌棒上不黏附明显颗粒
固体含量		≥43%
延伸性		≥4.5mm
低温柔韧性	合格品	－10℃±2℃绕直径10mm轴棒半周，薄膜无网纹、裂纹、剥落现象
	一等品	－20℃±2℃绕直径10mm轴棒半周，薄膜无网纹、裂纹、剥落现象
	优等品	－25℃±2℃绕直径10mm轴棒半周，薄膜无网纹、裂纹、剥落现象
耐热性	合格品	在－140℃±2℃试件垂直放置，恒温2h无流淌、脱落下滑现象
	一等品	在－160℃±2℃试件垂直放置，恒温2h无流淌、脱落下滑现象
	优等品	在－180℃±2℃试件垂直放置，恒温2h无流淌、脱落下滑现象
抗裂性		在－20℃±2℃涂膜厚0.3～0.4mm，基层裂缝宽度≥0.2mm时，涂膜不开裂
黏结性		在－20℃±2℃下，用十字交叉法测黏结强度≥0.2MPa
耐酸性		在1%硫酸溶液中浸泡15d无剥落、起泡、分层、起皱现象
耐酸性耐碱性		在－20℃±2℃下，在饱和氢氯化钙水溶液中浸泡15d无剥落、起泡、分层、起皱现象
干燥性		表干1.5h，实干9h
不透水性	动水压	－20℃±2℃水温，动水压≥0.3MPa，30min内薄膜不透水
	静水压	直径30mm玻璃管，注入270mm高的水，7d无渗水现象

（2）防水层施工工艺及注意事项

桥面防水涂料是近年才开始开发和使用的产品，各类产品的材料性质有一定的差异，但其施工要求和工艺基本相同。

①施工工具准备：施工前应备好拌料桶、喷涂机械或专用鬃刷。

②基层：桥面板、梁混凝土强度达到设计强度等级，表面不得有松散浮浆、掉皮、空鼓和严重开裂现象。表面平整应符合桥梁规范要求，垂直排水管上口的高程应低于基层高程，排水口必须与防水层安装牢固，不得有任何松动现象。

③防水基层应干净、干燥、无积水，表面平整，无尖锐角、无明显水渍，含水不大于15%。

④基层处理：桥面不得有尘土、浮灰、杂质、油渍等，防水施工前可用空压机、净水、去油剂等将表面处理干净，如有混凝土、砂浆等结硬杂物，应将其打磨掉。

⑤桥面施工前基层按设计要求进行拉毛处理。

⑥伸缩缝、施工缝应按设计要求进行防水处理。

⑦防水层施工，施工缝用涂料浸缝。干燥后将冷底子搅拌均匀，然后喷涂或用橡胶刮板刮一层，以保证涂料渗入混凝土表面细孔，使其有较强的黏结力。待冷底子干后将防水涂料（用前搅拌均匀）喷涂或用橡胶刮板刮涂4～6遍，涂膜厚度1.0～1.2mm，每次涂刮前应等涂刮的涂料完全干后再进行，以防起鼓。每两遍间隔时间约为6～18h，涂刷必须均匀，不堆料也不漏刷（浸缝用的涂料和冷底子由供应商提供）。

⑧防水层施工步骤：

a. 涂刷前应将桶装涂料搅拌均匀。

b. 大面积涂刷前先用小刷对漏口处刷两遍涂料，对阴角部位加强涂刷防水涂料三遍，然后大面积喷涂或满刷第一遍涂料。

c. 涂料实干后即可涂第二遍涂料。

⑨施工后涂层未干前不能淋雨水。

⑩ 涂料用量1.5kg/m^2，涂层厚度0.5～0.7mm。

施工温度在0～35℃为宜，雨天不宜施工。若夏天基层表面温度超过35 ℃以上，可用冷水冲洗，待干燥后再施工。

施工过程中，禁止在未干的防水层上行走，防水层做完后，在未做铺装层前须严防尖锐物、行车等人为损坏。

运输：产品应无毒不易燃，可按一般运输方式运输。

储存：产品储存期为6个月，应储存在0℃以上的仓库，夏季应避免阳光曝晒。

路面施工期间，大量的施工机械及运输车辆必须在暴露的防水膜上行走，要求防水膜在常温下经裸碾后无破损，无剥落。所以应对其进行暴露轮碾试验，来判定其是否满足设计施工要求。

从施工的角度出发，要求防水涂料晒干后经车轮碾压不因黏轮而破坏。所以要求涂料与混凝土间的黏结力大于涂料与轮胎间的黏结力。若不能满足要求，则应在防水膜的表面再设置隔离层来满足其使用要求。涂料的黏结强度与混凝土桥面的粗糙度有关。混凝土表面不同的摩擦系数，则有不同的黏结强度。

水泥混凝土填平层的好坏对桥面防水层的影响很大，填平层的平整度、强度以及浮渣处理情况，都将直接影响防水层的黏结效果。因填平层混凝土浇筑时混合料含水率较大，致使混凝土表面形成软弱层，清理表面粉尘时，无法清除干净。

2）防水卷材

（1）产品特性和适用范围

APP（APAO）改性沥青系列桥梁专用防水卷材是以优质沥青为主要原料，以聚酯毡或复合玻纤毡为胎体，以聚乙烯膜或板岩为覆面的一种新型柔性桥面防水卷材。防水卷材单层铺设即可达到防水效果。操作简单、安全、无污染，施工不受影响，任何季节都可施工。适用于高速公路桥梁、城市立交桥、地铁、水库、桥梁台背立墙及涵洞等防水工程。

（2）产品规格（表4-2）

防水卷材产品一般规格 表4-2

标号		25号		35号		45号	
覆面材料		聚乙烯膜	板岩	聚乙烯膜	板岩	聚乙烯膜	板岩
标称质量（$kg/10m^2$）		25		35		45	
面积（m^2/卷）		10 ±0.1		10 ±0.1		7.5 ±0.1	
最低卷重（kg）		20	22	30	32	31	33
厚度（mm）	平均值	≥2.0		≥3.0		≥4.0	
	最小厚度	1.7		2.7		3.7	

（3）施工工艺及施工方法

①施工工具准备：施工前应备好汽油喷灯、拌料桶、滚刷、鬃刷、压子、剪刀、卷尺等。

②基层：桥面要求平整、干燥、清洁、无疏松、起皮现象，表面平整度用2m直尺检查，最大间隙不得超过10mm。所有管件、地漏或排水口等都必须与防水基层安装牢固，不得有任何松动现象。

③防水基层必须干净、干燥、含水率必须在9%以下才能施工。如施工中没有测含水率的手段，可以在基层表面放一卷材，3～4h后看其下面有无水印，如未见水印即可。

④基层处理：铺贴卷材之前，基层必须涂刷一层底涂料，并使其干燥。涂刷方法：在使用前搅拌均匀底涂料，用刷子按3～4kg/m^2的用量涂刷。要注意保护新刷的涂层不被破坏。

⑤搭接：卷材两侧搭接宽度不小于70mm，端头搭接宽度不小于100mm。搭接缝部位宜以溢出热熔的改性沥青为度，并应立即刮封接口。

⑥铺贴时，展开并按要求排好第一卷卷材。按准确尺寸裁剪后，每卷卷材应从端头卷到中间，用火焰熔化隔离薄膜，立即向前滚铺，使卷材完全黏结在基层上，然后重复地做另一半的卷材。随后的卷材在端头搭接处交错排列。

⑦五级或五级以上风时不得施工；严禁在雨天施工。施工中途下雨，应做好已铺卷材周边的防护工作。

（4）材料技术指标（表4-3）

3）混凝土防水剂

水泥混凝土桥面铺装层是桥面面层的主要结构形式之一，在采用掺加防水剂的防水混凝土作为桥面防水层时，除了应满足相应施工规范和前述混凝土桥面铺装层的施工要求以外，对防水剂的使用也需慎重处理。

防水卷材技术指标 表4-3

序号	标号	25号		35号		45号		
	等级指标名称	合格品	一等品	合格品	一等品	合格品	一等品	优等品
1	可溶物含量（g/m²）	≥1 300		≥2 100		≥2 900		
2	不透水性	0.3MPa，30min 无渗漏						
3	耐热度（℃）	140	160	140	160	140	160	160
4	拉力（N），纵横向均≥	400	600	400	600	400	600	800
5	断裂延伸率（%），纵横向均≥	20	30	20	30	20	30	30
6	柔度（℃），无裂纹	-20	-25	-20	-25	-20	-25	-25
		r=15mm，3s，弯180				r=2.5mm，3s，弯180		

（1）混凝土防水剂的特点

混凝土防水剂一般由无机、有机、高分子等多种材料组成，拌和在水泥或混凝土中使用，能起到减水、密实、增强、防止渗漏的作用，广泛用于水塔、水池、屋面、地下室、隧道、桥梁、人防等防水工程的内部或外部密封防水，具有以下一些特点：

①能改善拌和物的和易性、保水性、减少用水量，增加密实度。

②加快水泥水化速度，使水化生成物数量增多，结晶变细。

③提高构筑物的强度及防水、抗渗、抗风化、抗冻融、耐腐蚀等性能。

④本品属无毒、无污染、使用方便，可在潮湿基面施工。

（2）防水剂使用方法

①防水剂的掺量范围一般为4%～8%。

②可直接掺入水泥中配制防水砂浆或抗渗水泥，搅拌时间延长30～60s。

③掺加防水剂的防水混凝土要压实，混凝土要振捣密实，不得出现蜂窝、麻面。

④掺加防水剂的混凝土要至少养护10d。

⑤将产品存放干燥的室内，开袋后一次用完。

（3）防水混凝土的一般技术指标（表4-4）

防水剂混凝土的性能 表4-4

试验项目		《砂浆、混凝土防水剂》（JC 474—2008）标准要求	
		一等品	合格品
净浆安定性		合格	合格
泌水性（%）≤		50	70
凝结时间差（mm）≥	初凝	-90	-90
抗压强度比（%）≥	3d	100	90
	7d	110	100
	28d	100	90
渗透高度比（%）≤		30	40
48h吸水量比（%）≤		65	75
28d收缩率比（%）≤		125	135

4.4.4 桥台和支挡构造物排水

支挡构造物及桥（涵）台背（统称三背）的积水，在施工时会影响填料的摊铺和压实，施工完成后，会影响填料的排水固结，软化墙台基础，造成三背施工质量达不到要求，导致差异沉降，冻胀破坏及桥头跳车等现象。因此，三背排水是公路施工工程中的一项重要工作。

桥台和支挡构造物排水的目的在于疏干台后或墙后回填料中的水分，防止由于积水而使台身或墙身承受额外的静水压力、黏性土填料浸水后的膨胀压力；并加速墙、台背填料的固结沉降，减少工后沉降和沉降差。

1）一般原则

桥台和支挡构造物排水最常采用且经济有效的办法是采用透水性回填料，但如果因条件限制，不得不采用透水性不良的黏性土时，就必须采取相应的排水措施使渗水及时排走。

桥台和支挡构造物墙背一般不设防水层，只须用水泥砂浆把墙背表面的缝隙及凹处抹平。但在严寒地区，应做防水处理，在墙背先抹一层2cm厚的M5级砂浆，再涂以2cm厚的热沥青，如图4-8所示。

此外，为避免雨水和地下水下渗，对于路堑护面墙，通常在墙后地面做好排水处理，设置截水沟，或者夯实地表松土，而墙趾前的边沟则应予以铺砌加固，如图4-8所示；对于路堤（或路肩）挡墙，墙趾前的回填土应拍平夯实，并设置2%以上的流水坡比，必要时予以加固。

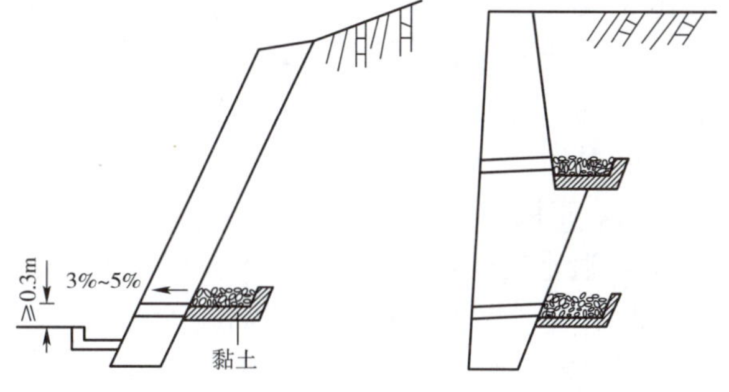

图4-8 泄水孔

2）桥台和支挡构造物的排水设施及其施工方法

（1）回填透水性材料桥台和支挡结构泄水孔的施工方法

当回填料为透水性材料时，由于自由水可在回填料内较快地渗流，因此可采用仅在墙身设置泄水孔的简易排水措施，使自由水流出墙身。采用混凝土浇筑挡墙，或在滑坡地段设置钢筋混凝土桩板墙时，泄水孔的设置方法如下：

①现浇混凝土挡墙或墙板：混凝土浇筑到设计泄水孔位置时，用编织袋包裹卷筒、PVC管或铁管（或用水泥包装牛皮纸卷筒、塑料泡沫圆筒）放置在泄水孔位置，并将PVC管或铁管（或用水泥包装牛皮纸卷筒、塑料泡沫卷筒）垫成向外为3%～5%的坡比，然后接着浇筑上面的混凝土。振捣时注意保护泄水管不移动。待拆模后，将进出水口的编织袋卷筒拆除（将牛皮纸或塑料泡沫捅掉），即形成排水泄水孔。

②预制混凝土挡板的预留泄水孔也可以就地取材采用竹筒（或用PVC管、水泥包装牛皮纸卷筒、塑料泡沫圆筒）按上述方法设置；或者采用与泄水孔直径大小一致的木棒或铁管搁置在泄水孔位置处，然后将木棒或铁管抽出即可。

也可以在（砌、浇筑）墙身泄水孔位置用无砂混凝土浇（砌）筑，利用无砂混凝土的透水性排水替代泄水孔，施工方法是：当墙砌筑到泄水孔位置时，先砌筑10cm×10cm、

10cm×15cm 或 15cm×15cm 且向墙外倾斜 30% 以上的沟槽，并进行泄水孔沟槽内的勾缝或抹面，然后用无砂混凝土浇筑整个沟槽。无砂混凝土沟槽之上继续正常的墙身砌筑，即可形成无砂混凝土泄水孔。无砂混凝土泄水孔对于需要保持墙身支撑结构的完整性、较高支撑力的桥涵台身及要求美观的墙身比较有利。

（2）回填透水性不良材料桥台和支挡结构泄水孔的施工方法

当回填料透水性不良，回填区渗水量大时，通常采用下列三种排水方式，使回填料中渗出的水由泄水孔迅速排出。

①在台背或墙背与回填料之间设置由透水性粒料组成的连续排水层，排水层的厚度不应小于 30cm，其顶部和底部用 30～50cm 厚的不透水材料（如黏土）封面，以防止水流下渗。

②沿台背或墙背的底部设置厚 30～40cm、高 50cm 的纵向排水渗沟，并间隔 4～5m 设置厚度 30～40cm、宽 30～40cm 的竖向渗沟，并在纵、竖向渗沟的交汇处设泄水孔，竖向渗沟的顶部用 30～50cm 厚的不透水型材料填筑封面。

③沿台背或墙背的底部纵向设置内径 10～15cm 的软式透水管，并间隔 2～3m 在竖向设置内径为 5～8cm 的软式透水支管，在纵、竖向透水管交汇处的挡墙上设置泄水孔。软式透水管可由经磷酸防锈处理并外覆聚氯乙烯的钢丝作内骨架，外面包裹反滤土工布和透水尼龙土工布，它应具有足够的耐压扁能力及透水性和反滤作用。为防止回填料顶部的表面水沿台后或墙后透水层下渗，对透水层的顶面应采用不透水性材料予以封闭。

④对于墙身不厚的情况，可以采用较大的无砂混凝土泄水孔，如断面尺寸为 30cm×30cm 的泄水孔；也可以采用 30cm 厚，整个墙身（支挡结构不长）或 2～5m 长的无砂混凝土泄水墙，每 2～3m 高度设置一个（层），原地面高程或墙外最高水位之上 30cm 的位置至少设置一个（层），纵向上间隔 2m 设置一个（层）。采用此方法时，应在泄水墙（孔）底及两侧的砌筑墙身采用勾缝或抹面进行处理。

不论是采用沿整个墙背连续铺筑透水性粒料层，还是采用纵向和竖向条形渗沟或采用软式透水管替代纵向、竖向渗沟的改进方法，在回填料的顶部均应采用不透水性材料予以封闭，防止回填料的顶部表面水沿墙后透水层下渗，并应在泄水孔进水口处设置反滤层。

反滤层的设置，目前有三种方法：a. 用集料做反滤层。b. 用反滤土工布包裹碎石做反滤层。c. 用无砂混凝土做反滤层。如图 4-9、图 4-10、图 4-11 所示。

3）桥台和支挡结构沉降缝用作泄水的施工方法

利用桥台和支挡结构的沉降缝进行墙台背填料的排水施工方法，使在旱地桥台和支挡结构的沉降缝或洪水位之上 30cm 的沉降缝，可以不进行沉降缝的防渗、封缝处理，只在墙背回填前用宽 30cm 的反滤土工布覆盖，墙背回填照常进行即可。

4）桥台和支挡结构排水设施的施工质量控制和质量检查

（1）质量控制

①支挡结构物基础开挖时，要注意引导地面水不能进入基坑，并且要加强基坑排水，不让基坑积水。

②在墙砌筑高出地面后，在墙的外侧应采用开挖土回填、夯实基坑的超挖部分和低洼部位；内侧应用黏土夯实或砂浆浇筑等回填超挖和低洼部位。

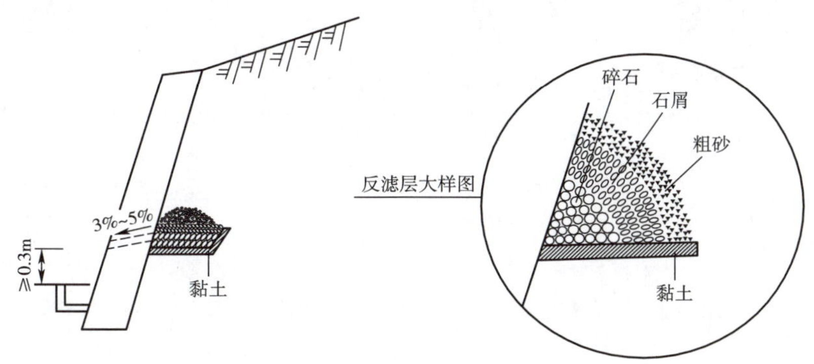

图4-9 粒料反滤层

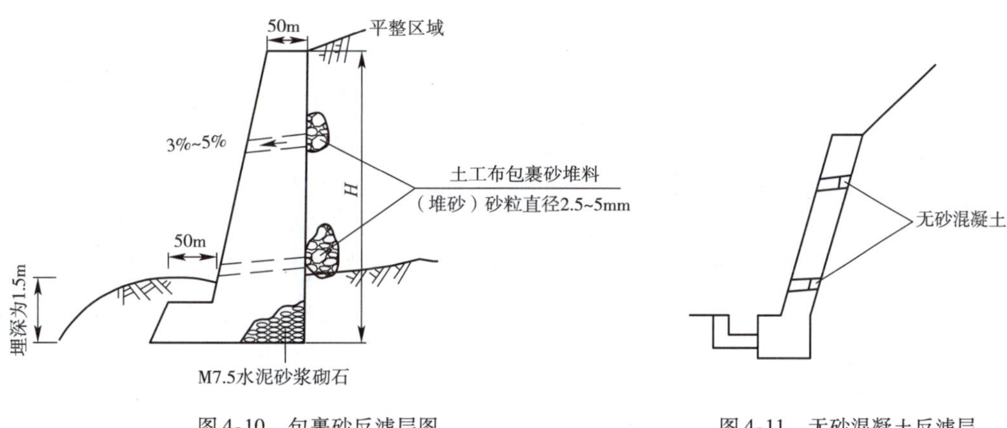

图4-10 包裹砂反滤层图

图4-11 无砂混凝土反滤层

③墙上排水孔应按设计位置和数量设置，排水孔应直顺、外倾，孔底和孔帮应密实、无孔洞、无堵塞。

④排水孔的进水口，应设置反滤结构，反滤材料应符合要求；排水孔的出口必须高出常水位或边沟水位0.3m。

⑤墙背应按设计要求设置透水材料，透水材料的粒径和含泥量应达到设计要求。

⑥浸水挡墙的沉降缝必须进行封缝处理，但旱地或洪水位之上30cm的挡墙沉降缝不必进行封缝处理，但应采取反滤措施。

⑦在墙背顶应设置不透水层，墙顶应外倾。

（2）质量检查

①每施工完毕一道工序或填筑一层路基都应检查防、排水措施是否按质、按量施工，否则必须进行返工或补救；上道工序排水措施达不到要求，不能进行下道工序的施工。

②施工质量的检查内容及方法见表4-5。

支挡结构物防排水检查内容和方法　　表 4-5

序　号	检查项目	检查标准	检查频率和检查方法
1	墙背内外基础	超挖及低洼处回填	现场检查
2	墙上排水孔	孔间距、排距符合设计要求；泄水孔直顺、外倾、无堵塞、孔壁无孔洞	抽查 10%，现场检查、尺量
3	墙背	透水性材料粒径、含泥量符合设计	颗分试验，每 100m 测两点
4	墙顶	外倾	现场全面检查
5	墙背顶	用不透水性材料回填	现场全面检查
6	沉降缝	旱地及洪水位之上 30cm 不封缝，墙背沉降缝用反滤土工布覆盖，其他部位进行封缝	现场全面检查

4.5　桥梁基础与墩台冲刷防治

桥梁基础墩台冲刷防治形式很多，从防护作用的特点出发，参照路基防治的分类，也可分为桥梁墩台的直接防治和间接防治两大类。直接防治就是直接设置在或附着在桥墩或桥台上的防护构造，用以直接抵御洪水冲刷，如桥墩、桥台周围床面的铺砌，桥墩周围的混凝土膜袋、护脚和沉箱等；桥梁墩台的间接防治，则是通过桥梁上游或下游设置调治或防护构造物如丁坝、导流堤、桩排等。一般通过适当的桥位选择、合理地布设调治构造物，达到间接防治的目的。但是，洪水和河床变形受人为和自然多种因素影响，有时会发生无法预料的变化，直接危及桥梁墩台的安全，只能在桥梁墩台周围就地采取防治措施，进行直接防治。此外，在流速大而采取其他间接防治还不能有效防治时，可以考虑与桥梁墩台的直接防治配合使用。

桥梁基础、墩台防治设计包括防治措施类型的选择、防护范围和埋置深度的确定三个方面。

4.5.1　桥梁基础与墩台的防治范围

桥墩、桥台直接防治的范围及尺寸与冲刷坑的形状和范围有直接关系，而它主要决定于两方面的因素，即局部冲刷坑的深度（综合反映水流、墩形、墩宽、流向各个方面的影响因素）和床砂性质（砂性土的粒径）。

1）桥墩防护宽度

根据试验资料和现场实桥冲刷观测资料分析，桥墩局部冲刷平面防治的宽度 B_f，可按式（4-7）计算：

$$B_f = 1.04k_\xi B_1^{0.53}\frac{h^{0.29}}{\bar{d}^{0.26}}v^{0.61} \tag{4-7}$$

式中：B_f——桥墩直接防治的宽度（m）；

$\bar{d}$——河床平均粒径（m）；

k_ξ——墩形系数，根据《公路工程水文勘测设计规范》（JTG C30—2002）附录 B 中的规定取值；

h——墩前行近水流深度（m），以一般冲刷后水深代入；

B_1——桥墩计算宽度（m），以垂直于水流方向桥墩投影宽度计算，反映桥墩宽度和水流冲击角对冲刷的影响，根据《公路工程水文勘测设计规范》（JTG C30—2002）附录B中的规定取值；

v——墩前行近水流速度（m/s），按一般冲刷完成时的流速计算。

考虑到河流枯水位不断变化，流向也有一定的摆动，冲刷的最深点可能在桥墩的两侧或上游，当水流流向与墩轴偏向较大时，还可能在墩的下游一侧或墩下游，因此建议对桥墩周围按 B_f 宽度进行防治。

2）桥台的防治宽度

桥台防治宽度和范围可采用式（4-8）进行计算：

$$B_f = \frac{3.43}{d^{0.13}}h_s \tag{4-8}$$

式中：h_s——桥台局部冲刷深度（m），由下式计算，

桥台 $h_s = 1.95Fr^{0.20}(L_D h)^{0.50}C_a C_A$；

宽浅河滩长路堤的桥台 $h_s = 1.95Fr^{0.20}(L_D h)^{0.50}C_a C_m C_A$；

Fr——天然河道水流弗汝德数，$Fr = \frac{v}{gh}$；

h——桥台附近河滩的平均水深（m）；

L_D——桥台阻水长度（m），以垂直流向投影长度计；

C_a——水流挑角系数；

C_m——桥台边坡系数；

C_A——桥台形状系数；

其余符号意义同前。

4.5.2 桥梁基础与墩台的埋置深度及布设方法

墩台形式直接影响到墩台的局部冲刷深度。一般情况下，由于柱式墩台在抗冲刷方面较重力式墩台更优越，所以应优先选择钻孔灌注桩基础及柱式墩台。过去，低等级公路修建的桥梁多为浅基桥梁，因基础埋深不足发生水灾害的频率较高；目前，新建大中型桥梁一般采用灌注桩基础，有效解决了墩台埋深不足使桥梁遭受水灾害问题。因此，桥梁基础埋深应根据水文水力计算，并结合桥位工程地质，确定桥梁在通过设计洪水流量时的墩台基础安全埋置深度，保证桥梁在遭遇设计洪水时不发生水灾害。

同时，在桥梁设计中应验算桥梁在可能遇到的最不利水力条件下的冲刷情况。漫水桥的冲刷试验表明，桥梁遇到的水力条件（墩台冲刷、动水压力及浮力等）在洪水位与桥面齐平时最不利，若洪水继续上涨淹没桥面，桥梁遭遇的水力条件一般不比水位与桥面齐平时更不利。因此，在桥梁设计中，如果将洪水与桥面齐平时的水力条件考虑进去，则桥梁在遭遇任何洪水条件下的安全问题就得到了保障。

桥梁墩台直接防治的顶面应埋在一般冲刷线以下1.0m处。当桥梁墩台采用护坦进行冲刷防治时，其顶面加固宽度与边缘垂裙需要埋设的深度（即冲刷深度）可按护坦垂裙冲

刷深度的计算方法予以确定。

因为一般冲刷若露出防治层顶面，水流将沿防治加固砌体边缘向下冲刷。若边缘做成向下或斜向下的垂裙，就变成了护坦。若不做垂裙则加固面边缘会被淘空、坍塌破坏。当桥梁墩台采用护坦进行冲刷防治时，其顶面加固宽度与边缘垂裙需要埋设的深度（即冲刷深度）可分别由式（4-9）和（4-10）来确定。

根据西安公路学院丁坝、桥台护坦防治水力模型试验资料的数据分析得到计算公式为：

$$h_{SH} = 0.60\frac{h_s^{1.4331}}{B_H^{0.4331}} \tag{4-9}$$

桥梁墩台护坦边缘垂裙的冲刷深度可按下式计算：

$$h_{SH} = 1.1h_s e^{-1.34\left(\frac{B_H}{h_s}\right)} \tag{4-10}$$

4.5.3 抛石防护

对大桥和特大桥，抛石防护宜用于深水墩台，石块应抛在墩台四周被冲刷的坑内，抛石宽度宜比基础宽0.2～0.4m，并使抛置面成斜面。

对中小桥墩台，横桥跨门坎埋置深度宜比墩台四周深1.2～1.5m，抛石后应进行理坡，使抛置面成平面。

对扩大基础或承台底掏空进行抛石加固时，其加固高度宜达到基础底面以上1.0m，且坡度不宜大于1：1。

施工前应测量水流流速、流向，以确定石块抛置位置。

4.5.4 混凝土膜袋防护

混凝土膜袋防护也称之为干拌混凝土防护。它是将集料按配合比调配后拌和均匀，洒水使集料含水量饱和，往其中加入水泥等固结剂后充分拌和，使水泥等固结剂在集料表面附着均匀，再将拌和物填充于混凝土仓面分层碾压密实（也可用振动器振动密实），然后泡水养护，使水泥等固结剂与水反应形成黏合剂将周围集料黏结形成像混凝土一样的固结体。

（1）混凝土膜袋防护的原理

干拌混凝土综合了混凝土原理、软基处理中的深层拌和法原理、基础灌浆渗透固结原理。干拌混凝土的固结原理同普通混凝土的固结原理一样，通过黏结于集料表面的水泥与渗透入其中的水发生化学反应而固结；其施工原理根据深层拌和法原理利用水泥作为固化剂，通过渗透入其中的水与水泥形成水泥浆，在水泥结硬过程中，水泥浆又与周围的矿物产生一系列物理化学作用，如离子交换、硬凝反应等；其防水原理是基于基础灌浆渗透固结原理，干拌混凝土中的水泥在入仓前并未完全与水结合形成水泥浆，由于集料含饱和水而黏附于集料表面，当有水渗入时与水结合而形成水泥浆，在渗透水压的作用下，水泥颗粒往水压较低的一侧移动，并在运动过程中逐渐结硬积聚，体积增大，而阻隔混凝土中的渗透通道，最后形成防渗层而达到防渗效果。

（2）混凝土膜袋防护的注意事项

干拌混凝土虽施工全过程直观，但要保证质量却并非易事，为了使干拌混凝土达到预期效果，必须注意以下事项：

①干拌混凝土在施工前及施工过程中，一定要检验集料级配，如级配不均匀，必须调匀，如为碾压最好做压实度试验；

②干拌混凝土集料在加水泥前一定要求含水饱和，否则水泥颗粒不能充分吸附于集料表面；

③干拌混凝土因施工过程中水分不充足，水下部分因水渗透入内，会发生水化反应而固结，水上部分则必须及时充分养护，否则不会结硬和增加强度（因水泥为水硬性材料）；

④水上部分在养护时不可用水直接冲刷，必须在混凝土表面覆盖透水、吸水材料，以使水浸润而下，防止冲刷混凝土表面水泥颗粒；

⑤施工过程中一定要保证集料加水泥后拌和均匀。

4.5.5 桩排防护

桩排防护在20世纪50年代国外已有应用，无论是弯道凹岸还是直岸都能起到淤滩护岸的效果。桥墩也可采用桩排防护。河堤和沿河路基的防护是将主流因势利导引入河中，使深泓远离堤岸和沿河路基，以保其安全。而桥位河段弯道防护不但要减轻弯曲水流对凹岸河床的冲刷，而且要把主流稳定下来，不能挑向河中，以免对河中桥墩加大冲刷。

1）桩排防护的特点

试验研究表明，桩排防护具有减小凹岸冲刷又能稳定主流的特点，它能较好地实现防护工程对洪水“顺其性，挫其锋，分其势，调其向和稳其流”的要求。

桩排透水，前后水流通畅，而不像丁坝挑流那样，引起急剧的水流和河床形态变化，对总的河势影响较小，则实现了“顺其性”。

从桩排防护前后断面上流速分布变化和底流速的变化可知，防护后断面流速分布趋向均匀，底流速减小，底流紊动强度减弱，减小对凹底坡脚的冲刷，则实现了“挫其锋，分其势”。

桩排防护后面流流向和底流流向的夹角减小，表明螺旋流削弱，断面环流（螺旋流在横断面上的投影）强度减小，底流横向分量的减小，实现了“调其向”。

桩排透水，从上游至弯道出口基本不改变水流方向，也不改变最深点的位置，防护后平顺地流向下游，实现了“稳其流”。

2）桩排对桥墩的防护

试验表明：在桥墩上游来水方向的适当距离处设置防护桩（或桩排），可减小桥墩的局部冲刷深度。但防护桩与桥墩的距离必须适当，距离过小，反而加深桥墩冲刷，造成危害。

防护桩（排）对桥墩防护的机理有两方面，一为防护桩（排），阻挡了水流，产生绕流和本身冲刷，桥墩在其尾流之中，墩前水流已经过消能，失去了强烈的冲刷能力；二为由桩排冲刷坑由旋涡带到尾流区的泥沙，恰好能沉积在桥墩周围，回填了冲刷坑。防护桩（排）与桥墩距离过近，桥墩在防护桩（排）冲刷范围内，两者成为一个整体被冲刷，则桥墩冲刷反而加重；反之，过远则桥墩在防护桩（排）尾流之外，甚至尾流沉沙范围之外，则失去了防护效果。根据试验资料分析，按式（4-11）、式（4-12）计算得：

防护桩的最小距离 L_{mm}：

$$L_{mm} = b + h_{bd}/\tan\phi + 1.5d \tag{4-11}$$

防护桩的最佳距离 L：

$$L = b + h_{bd}/\tan\phi + 2.8d \tag{4-12}$$

式中：b——冲刷坑底宽（m），可调查得，无调查资料近似取：0.50～0.80m；

h_{bd}——防护桩本身冲刷坑深（m）；

ϕ——床面泥沙水下休止角（°），查泥沙水下休止角（Simons，1957 年），或按下式估定（天津大学，$\bar{d}$=0.20～4.37mm），

$$\phi = 32.5 + 1.27\bar{d}$$

$\bar{d}$——床面泥沙平均粒径（mm）；

d——防护桩直径（m）。

防护桩平面布置，主要将防护桩（排）中心布置在上游行近流速方向。水流流向稳定，上游设 2～3 根桩即可，水流摆动角 α 较大，则桩数较多。以防护桩（排）的尾流区和冲刷坑泥沙沉落将桥墩上游端和桥墩覆盖为准。桩排形式可为弧形、三角形或一字形。

桩顶高度在设计水位以下 $\frac{1}{2}h \sim \frac{1}{3}h$，防护效果为佳，$h$ 为天然水深。护脚处于枯水位以下。

4.5.6　护脚和沉箱防护

（1）可在墩台周围设立护脚和沉箱，以防冲刷。

（2）护脚宜延伸至冲刷线以下 0.5～1.0m。护脚处于枯水位以下、需水下施工时，可采用土工膜袋、抛石等防护措施。

（3）沉箱应采用混凝土结构，混凝土强度不应低于 C20。

4.5.7　板桩墩头防护

（1）适用于土质和砂砾石的变迁性河段。

（2）板桩顶面宜在冲刷线以下，不宜高出河床面。

（3）板桩尖头宜做成单向斜口式，板桩嵌固深度宜为 0.5～1.0m。

4.5.8　丁坝、顺坝和导流堤

应结合河段特性、水文、地形和地质等自然条件，采用丁坝、顺坝和导流堤等导流建筑物，控制桥址处河道变迁，减少水流冲刷作用，保护基础和墩台。具体设计详见本章 4.7 节桥梁调治构造物防护的相关内容。

4.5.9　生物防护

（1）可栽植亲水性强的树木等对桥梁墩台进行生物防护。

（2）可在河湾内设置石笼、丁坝、顺坝等导流构造物，将洪水调离河湾区域，待丁坝、顺坝间落淤稳定后，再于坝间配植树木，形成生物“柔性坝”。

（3）宜在桥址河道两岸的滩地栽植防水林，形成生物护岸。

桥梁墩台的生物防护经验做法可参照本章 4.8 节相关内容。

4.6 桥梁基础与墩台加固

4.6.1 墩台基础注浆加固

墩台基础注浆加固，是在墩台基础之下或周围钻孔或打入管桩，通过孔眼或管孔，用一定压力把各种浆液（加固剂）注入土层中，通过浆液凝固，把原来松散的土固结为有一定强度和防渗性能的整体，或把岩石裂缝堵塞起来，从而达到加固地基、提高承载力的一种方法。配合其他水灾害防治措施，对地基注浆加固，还可达到深层地基水灾害防护的效果。例如石泉汉江公路大桥1号墩冲刷防护，就是采用在墩周围压力注入水玻璃加固剂将岩石缝和卵石层加固，在桥墩周围形成防冲整体帷幕而实现的。

1）注浆法的分类

（1）静压注浆

填充注浆、裂缝注浆、渗透注浆和挤压注浆。

（2）高压喷射注浆

旋转喷射注浆和定向喷射注浆。

2）常用注浆材料

（1）无机类注浆材料

①单液水泥类：水泥—氯化钙浆液；水泥—三乙醇胺—氯化钠浆液等；

②水泥—水玻璃类：水泥—水玻璃双浆液；

③水玻璃类：水玻璃—氯化钙浆液；水玻璃—铝酸钠浆液等：

④水泥黏土类。

（2）有机注浆材料

①丙烯酰胺类（MG—646化学浆液）

②木质素类

纸浆废液—重铬酸钠（铬木素）浆液；

纸浆废液—过硫酸铵（硫木素）浆液；

③尿醛树脂类

尿醛树脂—硫酸浆液；

尿素—甲醛—三氯化铁浆液等。

④聚氨酯类

水溶性聚氨酯浆液；油溶性聚氨酯浆液等。

⑤糠醛树脂类

糠醛—尿素浆液：糠醛—丙酮浆液等。

⑥环氧树脂类

⑦甲基苯烯酸甲酯类。

（3）各种浆液材料的适用范围和选择要求见表4-6。

各种浆液材料的适用范围和选择要求 表4-6

	类别	浆液名称	砾石			砂粒			粉粒	黏粒
			大	中	小	粗	中	细		
各种浆液适用范围	无机类	单液水泥浆	——	——	——	——				
		水泥黏土类	——	——	——	——				
		水泥—水玻璃类	——	——	——	——				
		水玻璃类	——	——	——	——	——	——		
	有机类	丙烯酰胺类	——	——	——	——	——	——	——	
		铬木素类	——	——	——	——	——	——	——	
		脲醛树脂类	——	——	——	——	——	——		
		聚氨酯类	——	——	——	——	——	——	——	
		糠醛树脂类	——	——	——	——	——	——	——	
	粒径（mm）			10	4	2	0.5	0.25	0.05	0.005
	渗透系数（cm/s）					10^{-1}	10^{-2}	10^{-3}	10^{-4}	10^{-6}
浆液材料选择要求	①浆液应是溶液而不是悬浊液。浆液黏度低，流动性好，能进入小裂缝。 ②浆液凝胶时间可从几秒至几小时范围内随意调节，并能准确地控制，浆液一经发生凝胶就在瞬间完成。 ③浆液的稳定性好。在常温常压下，长期存放不改变性质，不发生任何化学反应。 ④浆液无毒无臭，对环境不污染，对人体无害，属非易爆品。 ⑤浆液对注浆设备、管路、混凝土结构物、橡胶制品无腐蚀性，并容易清洗。 ⑥浆液固化时无收缩现象，固化后与岩石、混凝土等有一定黏结性。 ⑦浆液结石体有一定抗压和抗拉强度，不龟裂，抗渗性能和防冲刷性能好。 ⑧结石体耐老化性能好，能长期耐酸、碱、盐、生物细菌等腐蚀，且不受温度和湿度的影响。 ⑨材料来源丰富，价格低廉。 ⑩浆液配置方便，操作容易										

注：粒径值作为相邻两种土石的分界值，渗透系数值为该级别土的渗透系数量级。

(4) 常用水玻璃类浆液组成、性能和用途

常用水玻璃类浆液组成、性能及主要用途见表4-7。

常用水玻璃类浆液组成、性能及主要用途 表4-7

原料		规格要求	用量（体积比）	凝胶时间	注入方式	抗压强度（MPa）	主要用途	备注
水玻璃—氧化钙	水玻璃	模数：2.5~3.0； 浓度：43~45°Bé	45%	瞬间	单管或双管	<3	地基加固	注浆效果受操作技术影响较大
	氧化钙	密度：1.26~1.28； 浓度：30~32°Bé						
水玻璃—铝酸钙	水玻璃	模数：2.3~3.4； 浓度：40°Bé	1	几十秒~几十分	双液	<3	堵水或地基加固	改变水玻璃模数、浓度，铝酸钠含铝量和温度可调节凝胶时间，铝酸钠含铝量多少影响抗压强度
	铝酸钙	含铝量：0.01~0.19 kg/L	1					

续上表

原料		规格要求	用量（体积比）	凝胶时间	注入方式	抗压强度（MPa）	主要用途	备注
水玻璃—硅氟酸	水玻璃	模数：2.4～3.4；浓度：30～45°Bé	1	几秒～几十分	双液	<1	堵水或地基加固	两液等体积注浆，硅氟酸不足部分加水补充，两液相遇有絮状沉淀产生

3）旋喷浆液数量的计算

（1）体积法，按式（4-13）计算：

$$Q = \frac{\pi}{4}D^2 H\alpha(1 + \beta) \tag{4-13}$$

式中：Q——旋喷浆液用量（m^3）；

D——固结体直径（m）；

H——旋喷长度（m）；

α——折减系数；

β——损失系数，$\beta = 0.1 \sim 0.3$。

（2）喷量法，按式（4-14）计算：

$$Q = \frac{H}{\nu}q(1 + \beta) \tag{4-14}$$

式中：Q——旋喷浆液用量（m^3）；

ν——注浆管的提升速度（m/min）；

H——旋喷长度（m）；

q——单位时间喷浆量（m^3/min）；

β——损失系数，$\beta = 0.1 \sim 0.3$。

4）旋喷法加固施工

施工顺序：

钻机就位→钻孔→插管→旋喷作业→冲洗→移动机具。

施工操作要点：

①旋喷前要检查高压设备和管路系统，其压力和流量必须满足设计要求。注浆管、喷嘴内不得有任何杂物，注意管接头密封圈良好。

②钻机安放在孔位上后应保持垂直，施工时旋喷管允许倾斜度不得大于1.5%。

③在插管和旋喷过程中，防止喷嘴堵塞，在拆卸、安装注浆管时动作要快。水、气、浆的压力和流量必须符合设计值，如发生堵塞应拔管清洗，再重新进行插管和旋喷。使用双喷嘴时，若一个喷嘴被堵，则可用复喷的方法继续施工。

④旋喷时要做好压力、流量和喷浆量的量测工作，并要求逐项记录。钻杆的旋转和提升必须连续不中断。

⑤深层旋喷时，应先喷浆，后旋转和提升，以防注浆管扭断。

⑥搅拌水泥时的水灰比要按设计规定，不得随意更改，在旋喷过程中应防止因水泥浆

沉淀而使浓度降低。

⑦施工完毕应立即拔出注浆管，彻底清洗注浆管和注浆泵，管内不得有残存水泥浆。然后再将钻孔等机具设备移到新的孔位上。

5）高压、喷射注浆法的主要机具

高压泥浆泵，单管、二重管；

高压水泵，三重管；

钻机、76 型振动钻、单管、二重管和三重管；

泥浆泵，三重管；

空气压缩机，二重管、三重管；

泥浆搅拌机，单管、二重管和三重管。

4.6.2　扩大基础加固

扩大基础加固对策，即桥梁基础扩大底面积的加固对策。此对策适用于基础承载力不足，或基础埋置太浅而墩台又是圬工实体式基础的情况。扩大基础底面积应由地基强度验算确定。当地基强度满足要求而病害仅仅表现为不均匀沉降变形过大时，采用扩大基础底面积的大小，主要根据地基变形计算来加以选定。在刚性实体式基础周围加石砌圬工或混凝土，以扩大基础的承载面积，如图 4-12 所示。

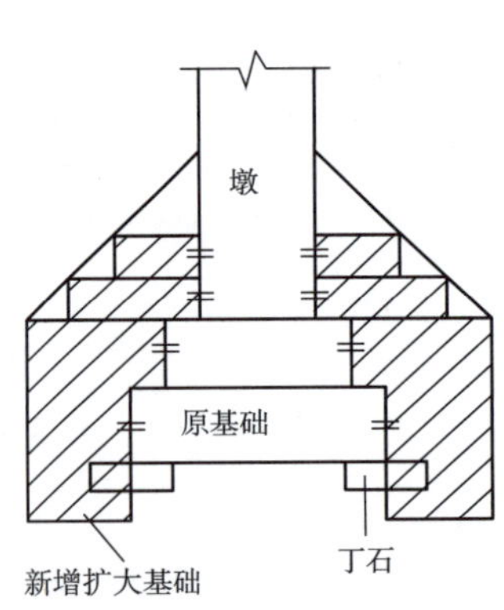

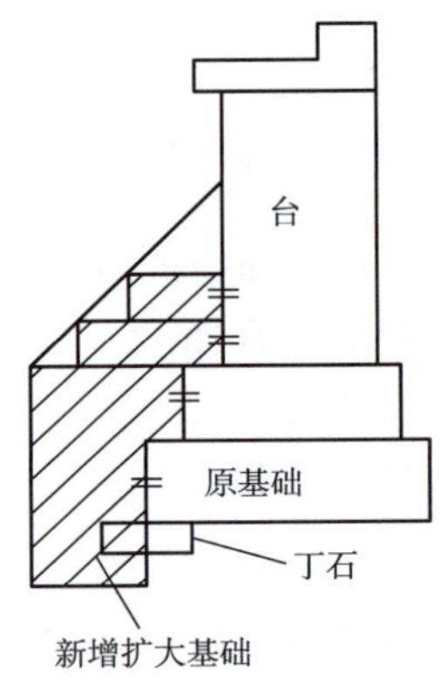

图 4-12　扩大基础加固示意图

扩大基础加固时可按下列程序进行：

①在必须加宽的范围内打板桩围堰，若墩台基础土壤不好时，应作必要加固；

②挖出堰内土壤，直挖至必要的深度（注意开挖时墩台的安全）。

③在堰内把水抽干后，铺砌石块（浆砌），或作混凝土基础。

④按照设计要求，在原墩台侧面钻孔并置入锚固钢筋，以使新老结构更好联结。

⑤立模，浇筑混凝土并养生至设计强度，新老基础要注意结合牢固。

对于拱桥，可在桥台两侧加设钢筋混凝土实体耳墙，并将耳墙与原桥台用钢销联结起来，从而达到增大桥台基础面积，提高桥台承载力的目的。加固后耳墙与原桥台联结在一起，因此，既增加了竖向承压面积，又由于耳墙的自重而增加了抗水平推力的摩阻力，如图 4-13 所示。当拱桥拱脚前有一定的填土时，可在台前加建新的扩大基础，并将改建为变截面的拱肋支承到新基础上。新老基础之间用钢销进行联结，有条件时在台前新基础下设法增加短桩，以提高承载力，如图4-14所示。

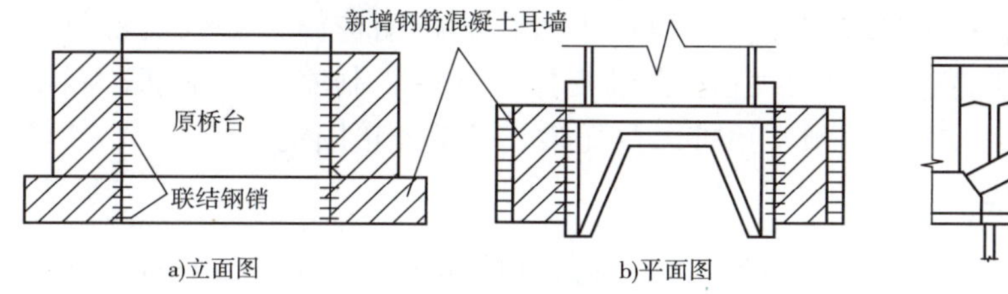

图4-13　拱桥桥台加设耳墙

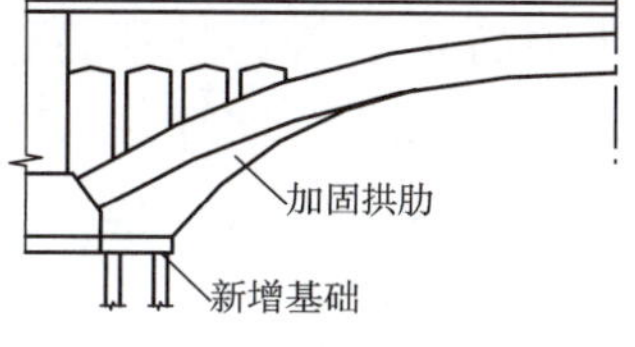

图4-14　拱桥桥台加固

4.6.3　桩基础加固方法

桥梁桩基础加固主要是在桩基础的周围补加钻孔桩或打入预制桩或静压加桩，并扩大原承台，以此提高基础承载力、增加基础稳定性，如图4-15所示。增补桩基加固墩台基础的优点是不需要抽水筑坝等水下施工作业，且加固效果显著。缺点是需搭设打桩架（或钻孔架）和开凿桥面，对桥头原有架空线路及陆上、水上交通均有一定的影响。

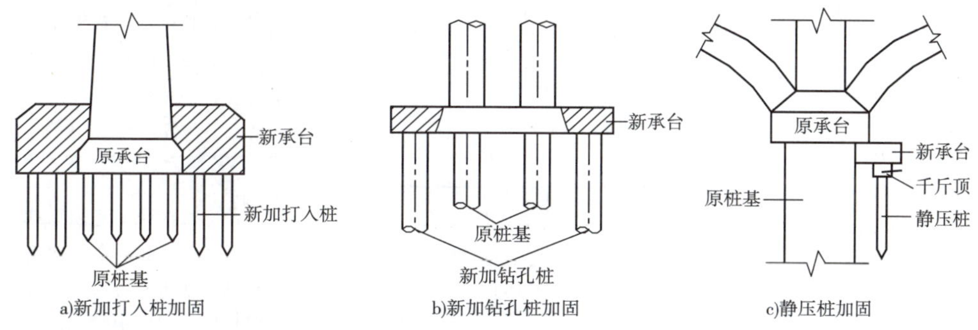

图4-15　常见桩基础加固方法

（1）对桩基础增设钻孔桩或打入桩，扩大原承台，使墩台部分荷载传至新桩基。

（2）对单排架桩式桥墩采用打桩（或灌注桩）加固，若原有桩距较大（4~5倍桩径），可在桩间插桩。若原有桩距较小且通航净跨允许缩小时，可在原排架两侧增加桩数，成为三排式的墩桩。当在桩间加桩时，需凿除原盖梁并浇筑新盖梁，将新旧桩顶联结成一体。此时，要注意验算原盖梁在加桩顶部能否承受与原来方向相反的弯矩，如不能承受，则必须加固原有盖梁或重新浇筑盖梁。加固原有盖梁时，可在盖梁顶部增设钢筋。

（3）当桥台垂直承载力不足时，一般可在台前增加一排桩并浇筑盖梁，以分担上部结构传来的压力。打桩（或钻孔灌注）时可利用原有桥面做脚手架，在桥面上开洞插桩，新浇的盖梁单独受力，也可与旧桩联系起来，使新旧盖梁、新桩与旧桩共同受力。

（4）对拱桥桥墩的加桩，由于受桥下净空影响也可采用静压加桩的方法进行加固。

（5）对于多跨拱桥，为预防因其中某一跨遭到破坏使整体失去平衡而引起其他拱跨的连锁破坏，可根据情况，对每隔若干拱跨中的一个支墩采取加固措施。其方法是在支墩两侧加斜向支撑；或加大该墩截面，使得一跨遭到破坏时，只影响若干拱跨而不致全部毁坏。

（6）针对承载力不足桩基，还可以采用桥墩抬桩的方法，将新桥墩与原承载力不足的桩基连为一体、协同受力，以提高桥梁安全性。桥墩抬桩的施工工艺应包括以下内容：向河床插打钢管桩，以钢管桩为支撑搭设桩机操作平台；插打钢护筒；桩机设备就位；冲孔；下钢筋笼 ；灌注桩基混凝土；架设托梁底模支撑及立模；制安托梁钢筋；混凝土一次浇筑 ；混凝土二次浇筑；拆模；预压抬桩以及托梁、桩基连接固定。

4.6.4 桥台加固方法

桥台加固的方法比较多，主要有减轻桥台台背荷载加固法、加柱（桩）加固法、台身加厚法、增加支撑梁加固法等，详见表 4-8。

公路桥梁桥台常用加固方法　　表 4-8

方　法	简　图	说　明
减轻荷载加固法	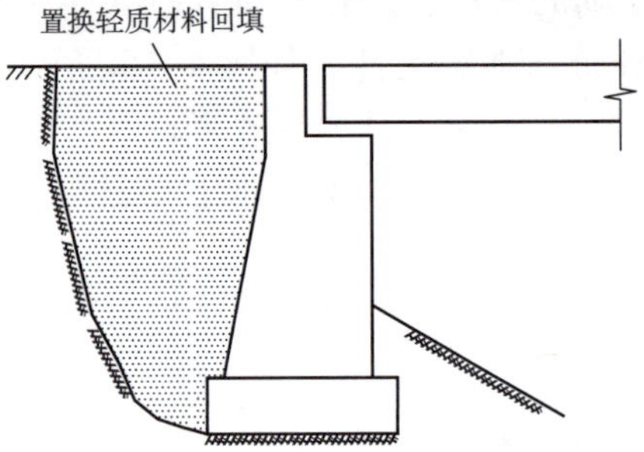 置换轻质材料回填	该方法在台背土压力大，桥台有向桥孔方向位移时采用。先挖出原台背填土，改换轻质材料回填，减轻桥台台背土压力，以使桥台稳定
增设桩基加固	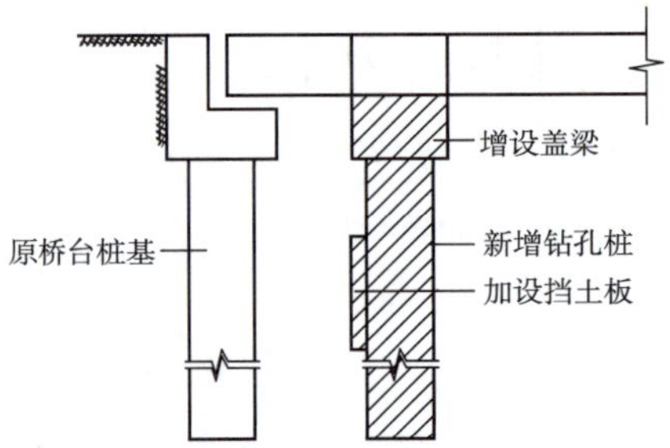 增设盖梁 原桥台桩基 新增钻孔桩 加设挡土板	该方法在原桥竖向承载力不足时采用，一般可在台前增设一排桩基，并浇筑盖梁，以分担上部结构传来的作用力。盖梁可单独受力，也可连接旧盖梁、旧桩基共同受力
增厚台身加固法	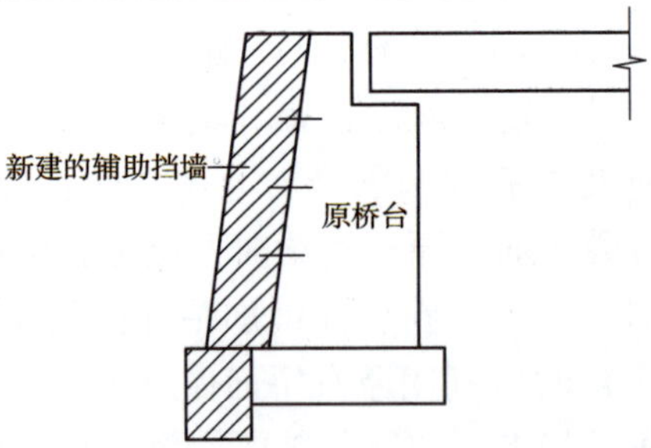 新建的辅助挡墙 原桥台	该方法在梁式桥台背土压力大，桥台向桥孔方向位移时采用。挖去台背填土，加厚台身，并注意使新旧混凝土结合牢固
支撑过梁加固法	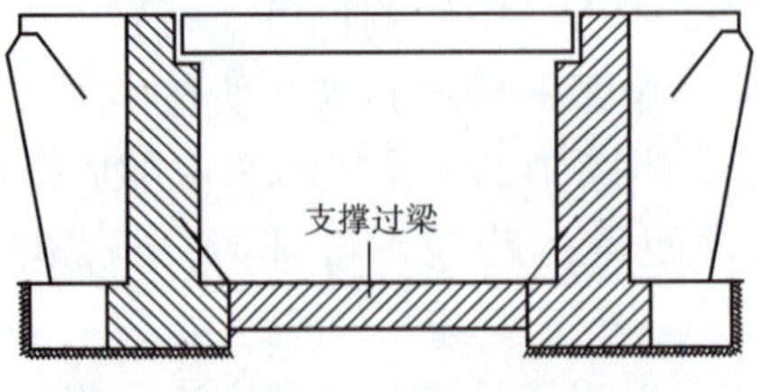 支撑过梁	该方法主要运用于单跨的小跨径桥梁。在两桥台基础之间建造支撑过梁，以防桥台向跨中位移

续上表

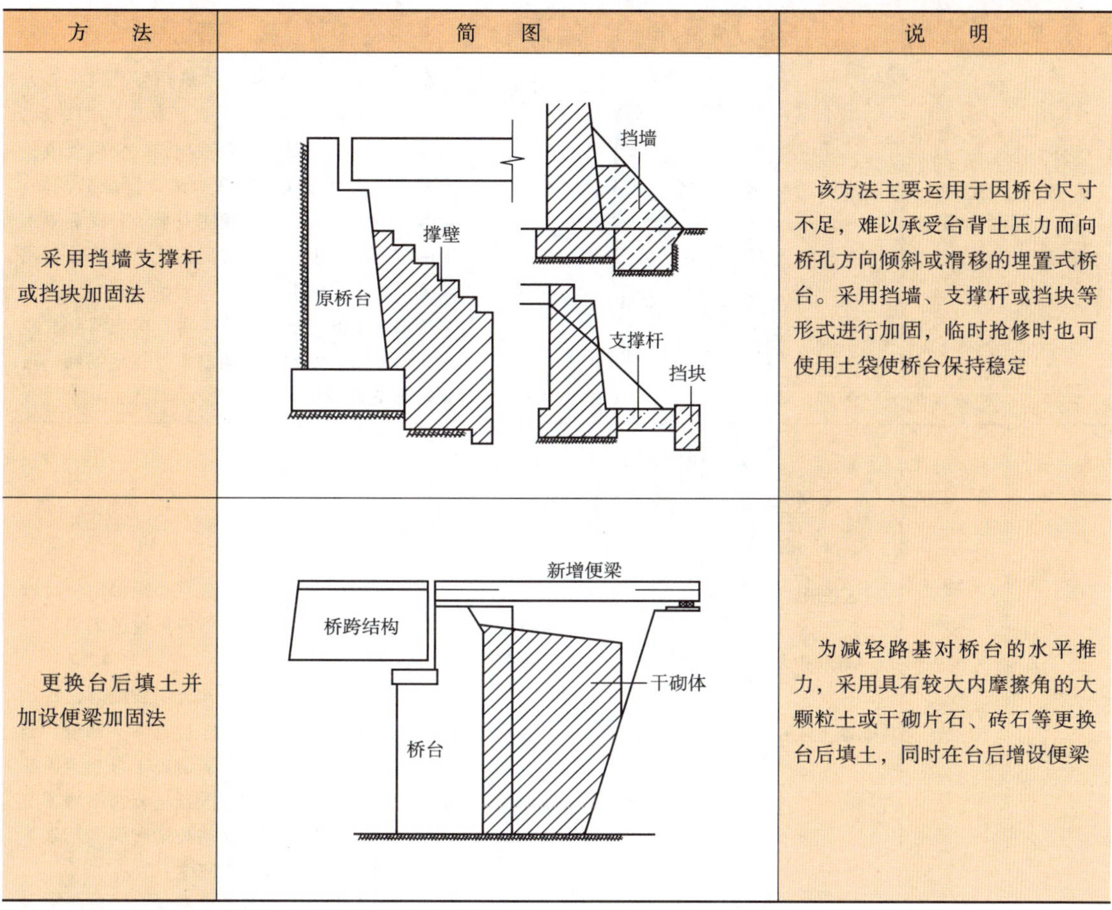

方　法	简　图	说　明
采用挡墙支撑杆或挡块加固法		该方法主要运用于因桥台尺寸不足，难以承受台背土压力而向桥孔方向倾斜或滑移的埋置式桥台。采用挡墙、支撑杆或挡块等形式进行加固，临时抢修时也可使用土袋使桥台保持稳定
更换台后填土并加设便梁加固法		为减轻路基对桥台的水平推力，采用具有较大内摩擦角的大颗粒土或干砌片石、砖石等更换台后填土，同时在台后增设便梁

4.6.5　桥墩加固方法

相对桥台加固，桥墩的加固方法不太多，主要有围带加固法、钢筋混凝土套箍加固法等，详见表4-9。

公路桥梁桥墩常用加固方法　　表4-9

方　法	简　图	说　明
围带加固法	桥墩环形围带 裂缝 钢筋混凝土围带 桥台U形围带	当墩身发生纵向贯通裂缝，可用钢筋混凝土或钢箍进行加固。因基础不均匀沉降引起自下而上的裂缝，则应先加固基础，再采用灌缝或加箍的方法进行加固

续上表

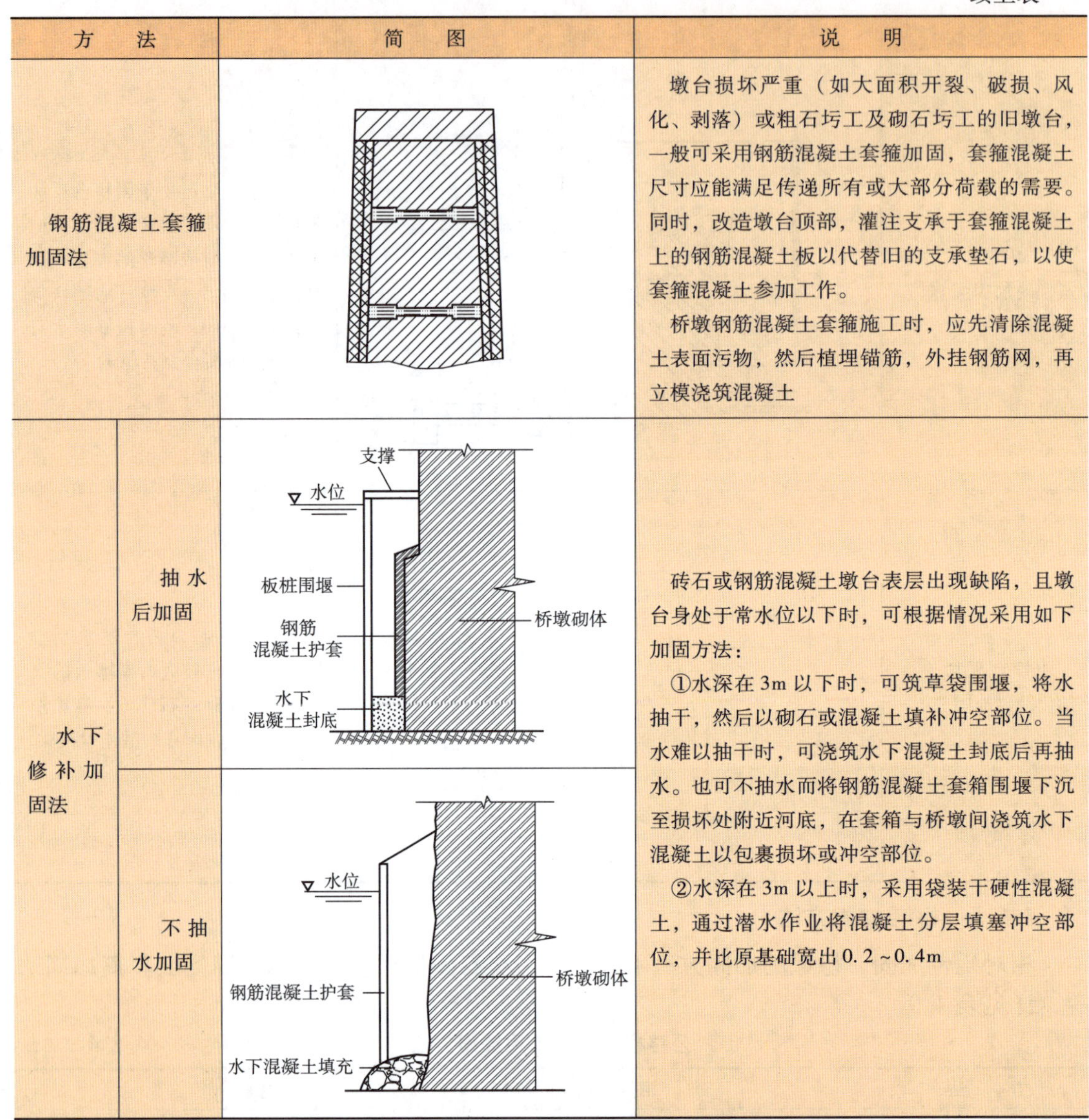

方法		简图	说明
钢筋混凝土套箍加固法			墩台损坏严重（如大面积开裂、破损、风化、剥落）或粗石圬工及砌石圬工的旧墩台，一般可采用钢筋混凝土套箍加固，套箍混凝土尺寸应能满足传递所有或大部分荷载的需要。同时，改造墩台顶部，灌注支承于套箍混凝土上的钢筋混凝土板以代替旧的支承垫石，以使套箍混凝土参加工作。 桥墩钢筋混凝土套箍施工时，应先清除混凝土表面污物，然后植埋锚筋，外挂钢筋网，再立模浇筑混凝土
水下修补加固法	抽水后加固	支撑；水位；板桩围堰；钢筋混凝土护套；水下混凝土封底；桥墩砌体	砖石或钢筋混凝土墩台表层出现缺陷，且墩台身处于常水位以下时，可根据情况采用如下加固方法： ①水深在3m以下时，可筑草袋围堰，将水抽干，然后以砌石或混凝土填补冲空部位。当水难以抽干时，可浇筑水下混凝土封底后再抽水。也可不抽水而将钢筋混凝土套箱围堰下沉至损坏处附近河底，在套箱与桥墩间浇筑水下混凝土以包裹损坏或冲空部位。 ②水深在3m以上时，采用袋装干硬性混凝土，通过潜水作业将混凝土分层填塞冲空部位，并比原基础宽出0.2～0.4m
	不抽水加固	水位；钢筋混凝土护套；水下混凝土填充；桥墩砌体	

4.7　桥梁调治构造物水灾害防治

在桥位及其上下游附近河段上修建的调治水流、改善桥位河段水流条件，使桥孔通畅排水输沙；或为稳定桥位河段、防止河道不利演变威胁桥梁安全；或为固定河岸，借以保护桥梁和桥头引道路堤等的河道整治建筑物，统称桥渡调治建筑物。

桥渡调治建筑物，按其作用的不同，可分为下列四类：

1）导流建筑物

平顺而缓慢的改变水流方向，将水流导入桥孔，防止水流旁蚀淘刷，包抄桥梁后路。导流建筑物通常与水流的交角较小，对水流压缩小而和缓，一般称为纵向调治建筑物。属于这一类的建筑物有导流堤、顺坝、大堤（河堤）和截流坝等。

2）挑流建筑物

按需要剧烈地改变水流方向，将水流部分或全部挑离被冲刷的河岸。对水流的结构影响较大，挑流建筑物的结构形式为横向障碍物，故一般称为横向调治建筑物。属于这一类的建筑物有丁坝、透水坝（排桩透水坝、码搓）和防水林等。

3）固底建筑物

用以防止河床冲刷下降，使河床保持在一定的高程上，属于这一类的建筑物有潜坝（顶面低于河床面或与河床面齐平的丁坝）、拦沙坝和挑坎等。其作用系配合浅基墩台、导流堤等防护基础冲刷。

4）边坡加固建筑物

用于防护导流堤、桥头引道路堤以及桥址上下游河岸，因受水流冲刷和漂浮物撞击以及风浪侵袭等需要进行防护加固的部分。属于这一类的建筑物有浆砌或干砌片石、铁丝石笼及抛石等。

从上述可以看出，桥渡调治建筑物实际上是河道整治建筑物中适用于桥梁设计及水灾害防治的一些人工建筑物，这里仅列举一些常用的。因此，我们还应随时留心引进、消化和吸收国内外治河工程中一些更经济有效的新型河道整治建筑物，不断提高公路桥梁设计和水灾害防治的技术水平。

4.7.1 桥渡调治建筑物的作用

在自然冲积河流上建桥，工程师们常常对河流自然过水断面中那些水面很宽，过水断面很大但通过的流量却很小的部分，用路堤代替桥孔，进行某种程度的压缩（例如宽滩蜿蜒河段上的桥孔设计），这样做对洪水的通畅排泄并无多大影响，但在经济上却带来很大的节约。为使被路堤阻断的水流平顺地引导至桥下和改善桥下水流条件以充分发挥桥孔泄洪能力，并使桥下河床冲刷变形均匀以减少墩台基础冲刷埋置深度，常常需要在桥孔两端设置线形良好的导流堤等桥渡调治建筑物。若桥孔两端未设置导流堤，或虽然设置了导流堤，但导流堤的线形不好时，水流不能平顺进入桥孔时，桥两端的边孔将不能完全发挥其泄洪能力，部分边孔不能起到泄水作用。

同时，桥孔两端未设置导流堤时，这样的桥台犹如丁坝的坝头，在桥台处将发生更深的局部冲刷（图4-16）。在桥孔两端设置导流堤后，桥台处的局部冲刷就转移到导流堤的上游头部（图4-17）。

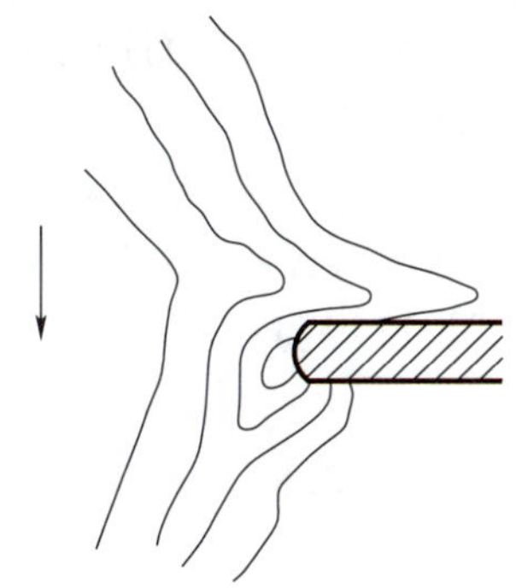

图4-16　桥台处无导流堤时的局部冲刷情况

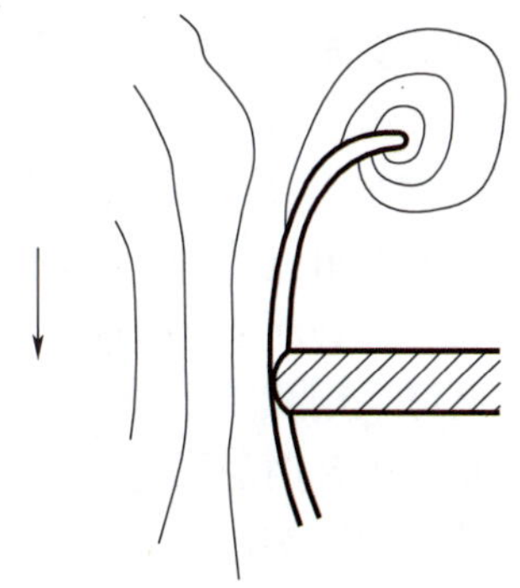

图4-17　桥台处有导流堤时的局部冲刷情况

桥渡调治建筑物，除上述导流堤外，有时还须采用丁坝。在宽浅变迁、宽浅游荡和冲积漫流河段上，桥渡调治建筑物的重要作用，并不主要是控导水流，而常常是用以固定河道，使桥位河段趋于稳定以保证桥梁和桥头引道路堤的安全。

4.7.2 桥渡调治建筑物的布设方法

并不是在各类河段上建桥都必须设置调治建筑物。在稳定河段上（例如深槽稳定河段上）建桥，桥孔多跨过整个河道过水宽度，一般不须设置调治建筑物，在变迁性大、稳定性差的河段上建桥，则须设置调治建筑物，并应注意下列各点：

①不同类型河段，其河道演变特性不同；同一类型河段，其河道地形、水流和泥沙运动特点也因地而异；因此，桥渡调治建筑物的采用形式与布设方法，要因地制宜，因势利导；

②若桥位河段的水文、水力情况复杂，桥渡调治建筑物的采用形式与布设方法，及其技术经济效益难于确定时，应进行水工模型试验论证；

③在有河堤的河流上，桥孔长度的确定和调治建筑物的布设应和河道整治与防洪尽量协调；

④在两岸为城市的河段上，桥孔长度的确定和调治建筑物的布设，应服从城市建设规划。

1）宽浅变迁河段上的合理布设方法

在宽浅变迁河段上，桥渡调治建筑物的作用，主要是固定河岸和控制洪水股流摆动，使桥位河段趋于稳定以保证桥梁和桥头引道路堤的安全。对调治建筑物所采用的形式与布设方法，应视桥位河段的具体情况，并结合河道整治，以及支援农业等各方面的需要而定。

（1）当桥位河段比较顺直时，导流堤可采用非封闭式曲线导流堤，必要时在上游岸边加设丁坝或植防水林，并对桥头引道路堤进行加固（片石或河卵石铺砌加固或植被加固等），有时还需加设格坝（丁坝）。当桥位河段沿岸滩地土质较好，树木易于生长时，可在滩地上比较宽广范围内植树造林，这时只需在桥头布设短曲线导流堤即能达到稳定桥位河段，改善过桥水流条件，确保桥渡安全运用。

（2）当桥址位于河段的弯道处时，凹岸桥头应布设直线封闭式导流堤，凸岸桥头可布设非封闭式曲线导流堤。根据不同情况，可在下游河湾处布设丁坝，或在滩地上植树造林以固滩护岸，稳定桥位河段，防止导流堤头部遭到冲刷，如新疆哈浪沟桥和湖南码市西桥。在弯道凹岸桥头布设直线封闭式导流堤，可以防止水流淘刷凹岸而产生的岸线后退，弯顶下移，弯道水流包抄桥台后路，冲断引道路堤和冲毁桥台等。

（3）在下列情况可采用封闭式导流堤：

①桥址位于山口附近的喇叭形河段上，有良好的封闭地形条件。桥址位于比较平坦的切割地区的喇叭形河段上，有较好的封闭地形，堤身不长或堤身虽然较长，但堤后能造田、保田时，也可采用封闭式导流堤。

②当在洪水泛滥区内的引道路堤上游可能形成水袋时，为控制洪水股流摆动，防止支汊水流“抄后路”，应采用封闭式导流堤。

③结合桥址附近河道地形条件，可在一侧桥头采用封闭式导流堤，另一侧桥头采用梨

形导流堤和植树造林等其他形式的导流措施。

④当桥位河段通过的洪水含沙量很大，形成泥流时，应采用曲率半径大的圆滑曲线做成的封闭式导流堤，以利泥流顺畅过桥。

采用封闭式长导流堤时必须注意，如果两桥头均布设封闭式导流堤，应尽量做成对称的形式（一岸为坚固岸壁的情况除外）。因为当两岸的封闭式导流堤长度相差过大，极不对称时，斜向水流冲击到较长一侧的堤身被反折回来后，反折水流可能会造成对岸的严重冲刷。青海省布哈河桥在1974年洪水中，就曾出现过这种情况。同时导流堤的轴线与水流的交角也不宜过大，一般不宜大于30°。

2）宽浅游荡河段上的合理布设方法

在宽浅游荡河段上，桥渡调治建筑物的布设，应当把固滩与护岸结合起来，堵塞滩面串沟，控导水流归槽，合理确定导治线，借以固定河槽位置，稳定桥位河段来保证桥梁和引道路堤的安全。

进桥水流的调治建筑物可采用非封闭式短曲线导流堤，但由于这类河段的自然集中冲刷很深，修建深基导流堤，不如直接加固桥台和引道路堤有利，因此，桥台可采用深基堡垒式桥台，并对引道路堤进行牢固冲刷防护加固。

稳定桥位河段的调治建筑物可采用铁丝石笼小丁坝群，现在实际采用的坝距一般为垂直于水流方向上丁坝投影长度的1.0～1.5倍。

在这类河段上，洪水含沙量较大，采用透水坝固滩护岸将更为适宜。挟带泥沙的水流穿过透水坝后，由于流速减小，泥沙就大量沉积下来，不仅保护了原来被冲刷的河岸，并使水流离开被冲刷河岸，形成推向河心的新岸。植树造林固滩护岸是使这类河段趋于稳定的最经济有效办法。

3）宽滩蜿蜒河段上的合理布设方法

宽滩蜿蜒河段的河槽一般较窄，河滩则较宽阔，仅在洪水时被淹没，但其流量常占总流量的40%以上。

宽滩蜿蜒河段上的桥孔常压缩部分河滩，因此，在这类河段上布设桥渡调治建筑物，应以稳固河滩、增加滩槽高差、控制河弯发展、稳定河槽平面形态和防止支汊水流沿引道路堤流入桥孔冲毁路堤为目的。

在宽滩蜿蜒河段上建桥，一般引道路堤阻断的河滩流量较大，若不设置导流堤，被阻断的河滩水流将在桥台处转一个急弯进入桥孔，这样，桥下河滩部分的流量非常集中，并在桥台处产生漩涡，使桥下冲刷集中在桥台周围不大的范围内，严重威胁桥台安全（图4-19）。在桥台处设置导流堤后，可使水流和冲刷分布均匀，使冲刷在较大范围内进行而趋于缓和。所以，在这类河段上建桥，导流堤是不可缺少的基本调治水流建筑物。是否需要设置导流堤，主要视河滩流量占总流量的比例而定。通常认为，单侧河滩阻断河滩流量占总流量的15%以上，双侧河滩阻断河滩流量占总流量的25%以上时，须设置导流堤；小于上述数值时，可设置梨形导流堤；小于5%时，加固桥头锥形护坡即可。当河滩水深小于1m或桥下一般冲刷前平均流速小于1.0m/s时，一般也不需设置导流堤。

导流堤的线形，最好是椭圆曲线形，但位于河弯凹岸的桥头导流堤则宜采用直线形。

（1）河滩植被良好、主槽较为稳定、支汊不发育时，宜布设线形良好的导流堤，改善过桥水流条件，均化桥下河床冲刷。

（2）桥位河段汊流多，阻断河滩流量大时，可采用截支强干的综合调治方案。

（3）桥位河段河槽弯曲时，可采用人工挖槽裁弯取直，辅以堵截和导流建筑物等综合措施来调治水流。

在这类河段上，河槽往往呈弯曲状，有时弯曲成绳套形。为了消除弯曲河槽水流对桥头引道的威胁，或为改善过桥水流条件、拨正水流入向，常对两个逼近的弯曲河槽进行人工挖槽，裁弯取直，并在废弃的弯道进口修建截水坝，在桥头修建导流堤等。

4）冲积漫流河段上的合理布设方法

冲积漫流河段，自上而下按河床的淤积变形特点划分，可分为上游山口缩窄区（河床冲淤变化不大），中游漫流扩散区（河床不断淤积升高）和下游收敛归槽区段（河床淤积逐渐消失）。

路线通过上游山口缩窄区和下游收敛归槽区段时，可按水流和河道地形特点，选用前述适用于各类河段上的调治建筑物形式及其布设方法。

路线通过中游漫流扩散区段时，由于汊道繁多交织，一般不在每个汊道上设置桥孔，常在大而明显的汊道上分别设桥（一河多桥）。桥渡调治建筑物一般按下述方法布设：

（1）当漫流汊道沟槽明显，各沟槽间的分流量易于估算时，路线进出口的两桥头采用封闭式或非封闭式导流堤（视实际情况而定），桥间路堤上游采用“人”字形或桃形分水导流堤。“人”字形分水导流堤的平面设计是由两个相邻的直线堤与桥间路堤组成一个封闭三角形，两直线堤相交处形成一个分水尖。桃形分水导流堤的平面设计是由两个相邻的曲线导流堤组合，在上游两堤相交处以圆弧连接封闭形成分水尖。

（2）当漫流汊道沟槽不明显，分流难以估算时，可采用路堤边坡加固与漫水隔坝相配合的调治水流方法。采用漫水隔坝可调节各个桥涵之间的泄洪流量分配。当洪水较大，超过某一桥涵的泄洪能力时，水流可以漫溢隔坝沿路堤流向下一个桥涵排泄。这样，路堤上游边坡必须进行护面加固。漫水隔坝的平面布设如图 4-18 所示，漫水隔坝高度应低于上游桥涵的设计泄洪流量水位。

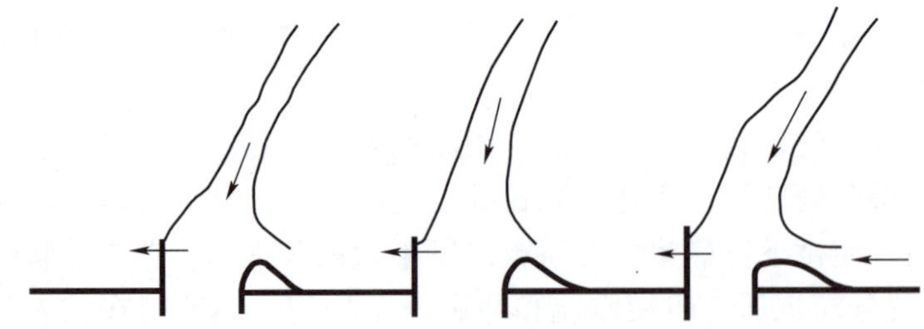

图 4-18　漫水隔坝布置示意图

上面讨论的宽浅变迁、宽浅游荡、宽滩蜿蜒和冲积漫流这四类河段上桥渡调治建筑物的合理形式及其布设方法，是各类河段中较为复杂的，因此，它们完全可以作为其他类型河段上布设桥渡调治建筑物时借鉴。

4.7.3　导流堤的设计

导流堤的功能是引导上游水流和河滩水流，逐渐改变方向，形成平行水流，平顺地通过桥孔。使桥下断面的流速、水深及输沙等分布都较均匀，充分利用桥下断面，使墩台和桥头路堤免受集中冲刷。因此，根据桥位河段水流特征，合理地选定导流堤平面形式、尺寸，提供一个理想的水流几何边界，是导流堤设计的首先问题。

1）导流堤的类型

导流堤按平面形式可分为三类，即封闭式长大导流堤、曲线导流堤和梨形堤。一般河流上的桥梁大都修建曲线导流堤。只有十分宽浅的山前变迁性河段、平原游荡性河段，当河宽很大（如1～2km）而桥孔长度较小时才应用封闭式长大导流堤。梨形堤只用于河滩流量不大或桥头引道凹向上游的桥位上。

2）导流堤的绕流

导流堤水流绕流决定导流堤合理的平面线形，与绕流流线吻合较好、堤长适当、设计施工简便的线形为最佳。

铁道科学研究院陆浩等人的模型试验研究所绘出的导流堤绕流流线，如图4-19所示。河滩水流弯曲绕过上游坝头A点，这里水流集中，流速很大，水面壅高。然后，水流转向，沿导流堤流向桥孔。在B点附近，来自河滩水流和靠近河槽水流相遇，形成第二个高流速区。在坝头附近的AB范围内，流速很急，其大小与方向急剧改变，流速梯度和床面切应力很大，形成坝头冲刷区。水流通过B点后，如导流堤平面线形合理，将沿导流堤平顺地流到桥轴断面C点。水流在桥下平顺地流出桥孔，以5°～6°的扩散角向桥梁下游两岸扩散。

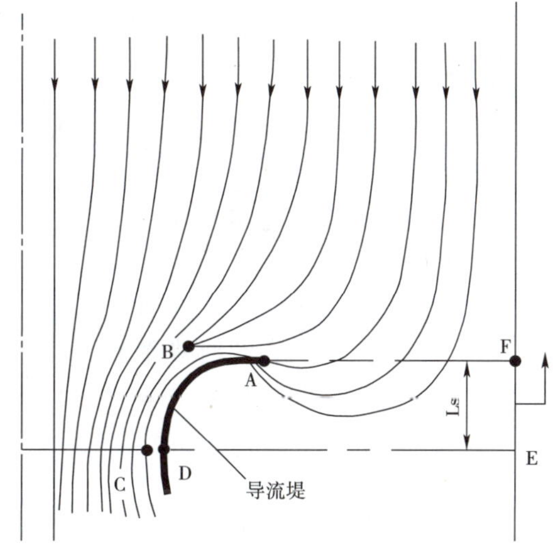

图4-19　导流堤绕流流线图

如果上游堤头附近半径过小，绕过坝头的水流会在AB区出现分离旋涡，加剧坝头冲刷；如果上游堤平面线形不佳，水流与上游堤在BC段分离，形成漩涡，引起导流堤和桥台的冲刷。

3）导流堤的平面线形

在宽滩蜿蜒河段上，为使被引道路堤阻断的河滩水流平顺地流入桥孔，充分发挥桥孔泄洪能力，并使桥下河床冲刷变形均匀，对导流堤的线形选择十分重要。但在宽浅变迁、宽浅游荡和冲积漫流河段上，导流堤的作用则和其他调治建筑物一样，主要在于控导水流通过桥孔，洪水时，洪水股流（或主流）仍以各种不同角度冲击导流堤的任何部分。所以，对导流堤的线形选择似无多大意义，一般情况下应多考虑采用短少精干、牢固可靠的短曲线导流堤，并重视综合调治，控制洪水股流摆动。

（1）宽滩蜿蜒河段上导流堤平面线形设计

曲线导流堤平面线形有两类，即椭圆堤和圆曲线组合堤。椭圆堤出现最早，至今美国联邦公路局（FHWA）仍推荐上游堤为1/4椭圆（$\lambda = a/b = 2.5$）的导流堤；前苏联1972年桥渡勘测设计规范推荐的导流堤平面线形（拉迪申柯夫，1955年）也属此

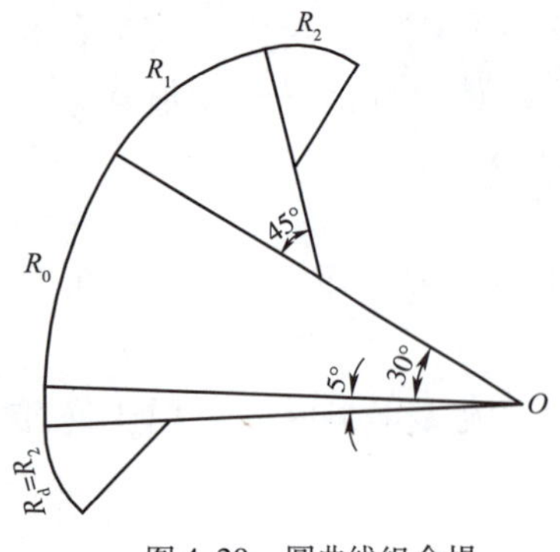

图 4-20　圆曲线组合堤

类，我国也有应用。圆曲线组合堤（包尔达柯夫，1938 年）也曾由前苏联规范推荐，因设计施工方便，以前我国应用较多。

①我国改进后的圆曲线组合堤

1985 年铁道科学研究院陆浩等人通过对国内外导流堤布设 77 例的分析，水工模型试验研究，推荐一种长度较短、改进后的圆曲线组合堤（图 4-20），导流效果较好，经济安全，且设计施工方便。

改进后的圆曲线组合堤由三个不同半径的圆曲线构成，按式（4-15）计算：

$$\left.\begin{aligned} R_1 &= 0.50R_0, 45° \\ R_2 &= 0.25R_0, 45° \\ R_d &= R_2, 45°/60° \\ R_0 &= \frac{B_{td}}{k}\left(1+\frac{1-E}{10}\right)\left(\frac{Q_{te}}{Q_{td}}\right)^{\frac{7}{8}} \end{aligned}\right\} \tag{4-15}$$

式中：R_0——导流堤基本半径（m）；

R_d——下游堤圆半径（m）；

B_{td}——导流堤所在一侧河滩宽度（m）；

Q_{td}——天然状态的河滩流量（m^3/s）；

E——桥孔偏置系数（偏置率），

$$E = 1 - \frac{Q_{xi}}{Q_{da}}$$

Q_{xi}——桥孔两侧河滩中，被阻挡较小一侧的天然流量（m^3/s）；

Q_{da}——桥孔两侧河滩中，被阻挡较小一侧的天然流量（m^3/s）；

k——系数，与桥位河段宽深比有关，见表 4-10。

当 $E=0$ 时，两滩流量相等，桥孔对称；当 $E=1.0$ 时，为单侧河滩。

k　值　　表 4-10

B/h	>1 000	1 000～500	500～200	<200
k	30	25	20	15

以上导流堤总长 $S_{gt}=1.418R_0$。

上游堤长 $S_{gs}=1.113R_0$；

下游堤长 $S_{gx}=0.305R_0$；

下游堤长与上游堤长之比为 0.274。

②椭圆导流堤

对导流堤的合适平面线形，许多研究者曾采用直线、圆曲线抛物线、双曲线、螺旋线和椭圆曲线等线形进行水力模型试验探索比较，经过反复比较后认为，曲线导流堤的曲率半径应当从堤头向桥头逐渐增大，长短半轴比值 $a/b=K=1.5～2.5$ 的$\frac{1}{4}$椭圆曲线形的绕流情况较为顺畅。

图4-21所示为美国联邦公路局（FHWA）推荐的标准导流堤形式。1961年根据水工模型试验研究和现场实测资料制定，1978年根据10余年使用情况和补充现场观测资料进行修正。

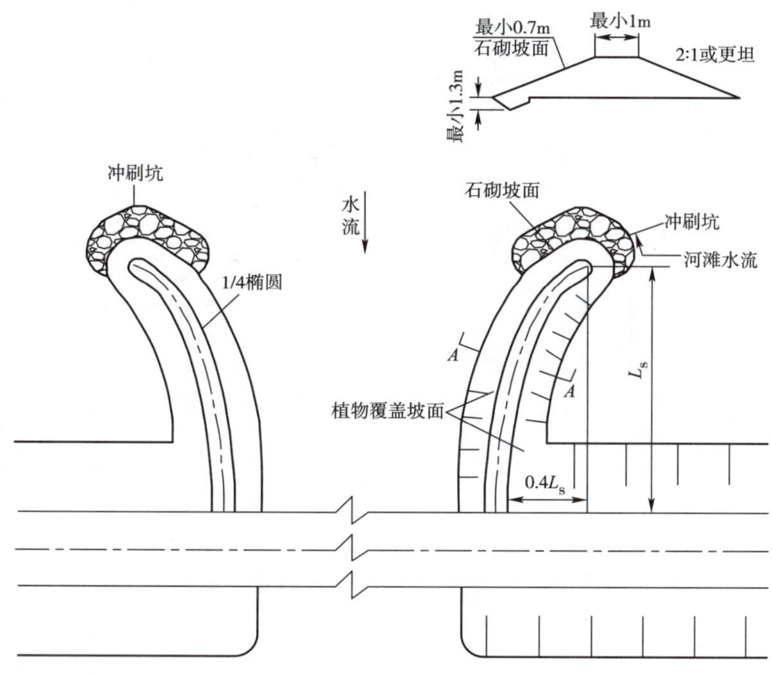

图4-21　上游椭圆导流堤平面型式

一般只有上游段构成，堤轴线是自桥台上游侧开始，向上游河滩伸展的$\frac{1}{4}$椭圆，长半轴长a为L_s，短半轴长b为$0.4L_s$，即$a:b=2.5:1$。

轴线坐标由椭圆方程（4-16）确定（原点在椭圆形心）：

$$\left.\begin{aligned}\frac{X^2}{L_s^2}+\frac{Y^2}{(0.4L_s)^2}&=1\\ Y&=0.4\sqrt{L_s^2-x^2}\\ X&=2.5\sqrt{(0.4L_s)^2-Y^2}\end{aligned}\right\}\tag{4-16}$$

式中：L_s——上游堤在水流方向的投影长度（m），以桥台上游边缘为起点；

X——上游堤轴线的X坐标（m），自桥台上游边缘向上游计算；

Y——上游堤轴线的Y坐标（m），自原点向桥台方向计算。

X、Y坐标原点在椭圆形心，即桥台上游边缘，自桥台前缘向河岸方向取$0.4L_s$处。上游堤投影长度L_s，可参照诺谟图来选定（图4-22），图4-22中符号：

Q_f——所在一侧河滩流量（m^3/s）；

Q_{100}——邻近桥台100ft（30.5m）距离内的桥下断面天然状态下的流量（m^3/s）；

b——桥孔长度（m）；

A_{n2}——桥下过水断面（m^2）；

v_{n2}——桥下平均流速（m/s）；

Q_f/Q_{100}——导流堤流量比；

L_s——导流堤在垂直桥轴方向的投影长度（m）。

FHWA 推荐采用的 L_s 值，最大值为 250ft（76.25m），最小值为 50ft（15.25m）。多年工程经验表明：很多导流堤采用 150ft（45.75m）效果很好，可适用于多种地形条件。

美国某些州立公路局为了避免只设上游堤而引起桥台下游侧，因水流突然扩散而产生的冲刷，设置了下游堤。下游堤从桥台开始，与桥台平行向下游伸展，其长度不应大于 50ft（15.25m），一般下游堤较上游堤短得多。

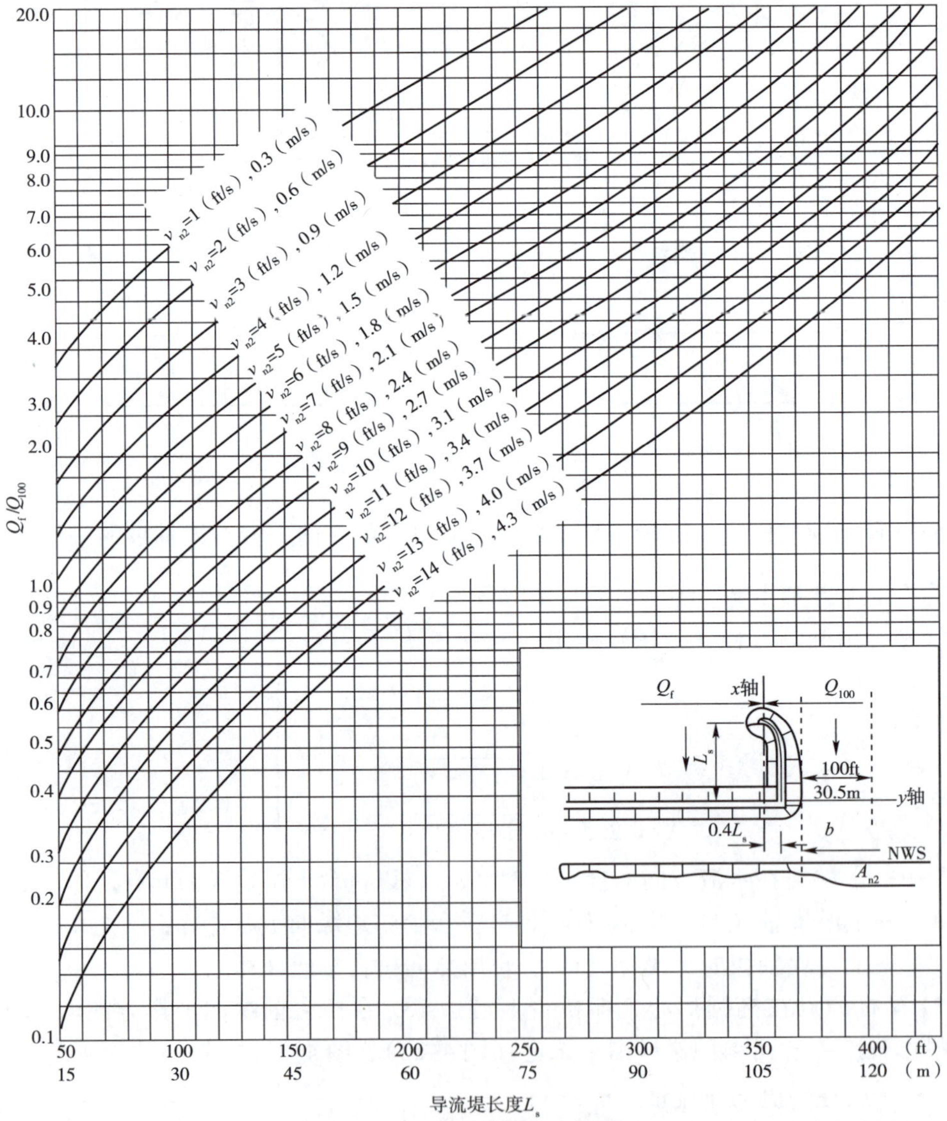

图 4-22　确定堤长 L_s 的诺谟图

（2）宽浅变迁河段上导流堤平面线形设计

在宽浅变迁河段上，如前所述，洪水时洪水股流仍以各种不同角度冲击导流堤的任何部分，在这类河段上设计桥孔长度，一般不压缩或少压缩河槽有效宽度 B_e。所以，对导流堤的线形选择似无多大意义，但是，导流堤还是做成椭圆曲线形较好。

①导流堤

从现场实桥调查资料的分析与总结，导流堤在桥轴线方向的投影长度 b 按式（4-17）确定：

$$b = 0.5\sqrt{LB_{\varepsilon左或右}} \tag{4-17}$$

式中：L——两桥台间的桥孔长度（m）；

$B_{\varepsilon左或右}$——桥孔左侧和右侧引道路堤阻断的（多余）河槽宽度（m），如图4-23所示。

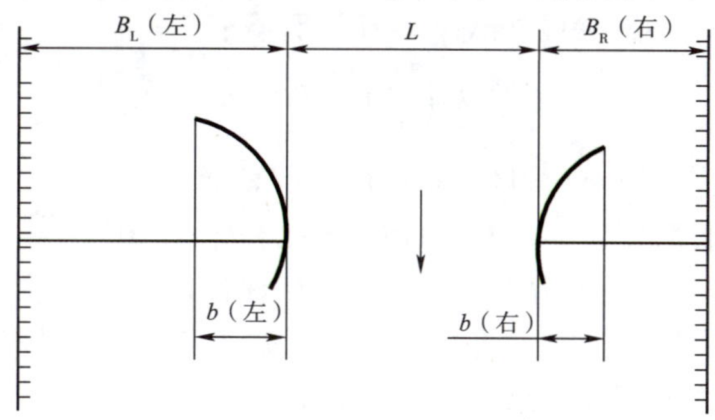

图4-23　公式（4-17）计算图式

导流堤在水流方向上的投影长度 a，如采用椭圆曲线，可取 $a=Kb$，K 的最小值为 $K=1.5$。导流堤的上游头部也应增加半径 $r=0.2b$，转角为90°~120°的起始部分，下游堤的长度，也取 $l=0.3a$。

②封闭式导流堤

封闭式导流堤是从上游岸边某点起至桥头的全部范围用堤封死，逐渐收缩河槽，引导水流顺畅通过桥孔的长堤。通常在宽浅变迁和冲积漫流等河段的桥渡上采用。

封闭式导流堤既有导流作用，又能保护桥台和引道路堤、防洪护岸、保地。但是，封闭式导流堤具有堤身较长、工程量大、遭受洪水冲刷的线段长，并给养护工作造成一定困难等缺点。

对封闭式导流堤的平面线形设计，根据实桥调查资料的分析研究，提出下列设计原则供参考：

a. 封闭式导流堤多在变迁性大、稳定性差的河段上使用。在这样河段上，洪水时股流频频发生，以不断变化的角度冲击导流堤的上游段，要选择一种线形来适应股流的变化是不可能的，所以，对封闭式导流堤的线形选择和这类河段上的导流堤一样，同样也是不重要的。为了逐渐而平缓的收缩水流，封闭式导流堤常采用曲率半径较大的曲线，或采用近桥段为曲线（可采用椭圆曲线），其余部分沿曲线上游端的切线方向延伸的直线与河岸连接，组成一个平顺的水流边界。曲线段可按非封闭式导流堤线形设计方法。

b. 封闭式导流堤的轴线与洪水总趋势间的夹角应小于30°，否则会引起水流的折射，使水流变得更为紊乱，难以发挥顺畅导流作用。

4）导流堤的冲刷与防护

设置调治构造物的目的是调治水流结构，改变其流向。因此，调治构造物自身必然会受到水流的冲击和冲刷。因而各种调治构造物的基底均应埋入冲刷线以下一定安全值。当调治构造物位于河槽内时，安全值取为1～2m；当位于河滩时，则取为0.50m。

水流沿导流堤绕流形成沿堤迎水面的冲沟，靠近导流堤的最大冲深出现在上游堤端点到上游堤长度约1/3的范围内。上游堤背面也有冲刷。在洪水退水阶段，导流堤临水面、背水面两侧水位出现很大高差，导流堤越长，高差越大。而采用较短的堤长可减小堤内渗透压力和堤后水压力；堤的迎水面冲刷则采用浅基防护，用砌石护坡配合护坦防护最为方便有效。导流堤上游端部（包括堤端背水面）至上游堤长1/3～1/2段为防护重点，全堤临水面边坡和坡脚也应进行防护。长大导流堤迎水面冲刷还可设置漫水丁坝群防护。

导流堤上游端的最大冲刷深度按式（4-18）计算：

$$h_s = k_d\left(\frac{L}{B}\right)^{0.42} Fr^{0.38} h C_m \tag{4-18}$$

式中：h_s——堤头冲刷深度（m），自平均床面算起；

k_d——系数，沙质河床 $k_d=3.37$，卵砾石河床 $k_d=3.05$；

L——上游堤段至河岸的距离（m），以垂直流向的投影长度计；

B——一侧河槽设导流堤时，为两岸间水面宽度（m）；两岸设导流堤时，取同一岸边到河槽中泓线（最深点）的距离（m）；

Fr——堤头行近水流弗汝德数（天然水流 Fr），$Fr=\frac{v^2}{gh}$；

h——堤头行近水流水深（m），即堤头天然水深；

C_m——边坡减冲系数：$C_m=e^{-0.07m}$；

m——堤头边坡系数，即边坡 $1:m$。

梨形堤和封闭式长大导流堤设计请参阅《公路桥涵设计手册桥位设计》（第二版）（高冬光，人民交通出版社，2011年版）。

4.8 桥梁附属结构生物防护

桥梁水灾害的生物防治措施具有降低河水流速、拦洪落淤、协调环境与改善生态等优点，并且其防护效果随生物的生长而日益显著；特别是将桥梁的调治与防护工程同生物防治措施完美结合，能使二者的防护功能相互完善、相互融合，收到良好的防护效益与生态效益。

4.8.1 单一的防护建筑物防护桥梁的弊端

在桥梁的设计中，人们往往重视防护工程设施对桥梁水灾害的防护效果，而对生物防护在防治桥梁水灾害方面的作用缺乏足够的认识。诚然，桥梁的工程防护设施在调节水流、稳定河岸、防止河道变迁、预防桥梁水灾害方面发挥着关键作用。但随着时间的推移，单一的桥梁防护与调治建筑物也表现出一些不足之处。一是这类设施因年久失修易老化，其防护效果逐渐减弱，某些桥梁防护设施往往先被洪水冲毁，河道随之发生变迁，桥梁因遭受不利水流冲击而遭受水灾害。二是单一的桥梁防护设施容易引起自然环境的变化，如桥址附近修建的石笼、石砌丁坝、导流堤等建筑物往往会改变河道自然地貌，对生态环境造成冲击与影响。

4.8.2 生物防护与工程防护相结合的优势

1）固岸截流

在河道两岸营造防水林，能有效遏制河道变迁。因为树木的枝叶能截留降水，减缓地表水流汇集，减轻降水对地表的冲刷；树木的枝干能阻滞洪水，降低河水流速，从而减轻洪水对桥梁的冲击作用；树木的根系盘根错节，能深入土体内部发挥“锚固”作用，提高土体整体强度，从而稳固河岸，保护堤岸及桥梁的安全。生物防护对桥梁的防护效能是工程防护设施所不具备的。

2）落淤防冲

在宽浅变迁及宽浅游荡河段上建桥，洪水主流摆动对河岸冲此淤彼，易导致河道变迁引发桥梁水灾害。因此，应在桥址河段的凹岸设计石笼、丁坝等导流构造物，待丁坝回流区落淤后再栽植树木，用于稳固河岸，防止洪水冲刷加剧。这样做不仅能增强工程防护的效果，还能有效预防工程防护设施被洪水冲毁。据调查，随着树木郁蔽成阴，丁坝间回流区泥沙淤积不断增厚，丁坝（石笼）在淤积的泥沙及树木的保护下，坝头的局部冲刷减弱，坝身会逐步得到稳固，能有效预防某些桥梁因防护设施屡修屡毁而导致水灾害。再者，在河道两岸及其上游流域植树，能有效拦蓄降水、削减洪峰，从而减轻洪水对河床及桥梁墩台的冲刷。

3）生态效益与经济效益双现

由于洪水泛滥，桥位河段往往是冲沟交错、滩石裸露，加之桥梁施工对生态环境的破坏，桥址生态环境十分脆弱。特别是在季节性河流上，这种现象尤为突出。而在桥位河段两岸营造防护林，树木的枝叶能吸收有害气体，并借助光合作用吸收大量二氧化碳气体，放出氧气，从而净化空气。此外，枝叶繁茂的树木还能遮蔽裸露的滩石，将丁坝、护岸等防护设施掩映于树木之中，使桥梁建筑物与河流、树木相融合，形成友好和谐的自然景观，改善生态环境。再者，桥位河段土壤肥沃且含水率较高，可为生物生长提供充足的养分、水分，栽植杨柳易成活、生长快，一般8～10年就能成材，更新树木可获得较高的经济收益。不仅如此，由于桥梁的工程防护设施具有易老化、防护效果衰减快等不足之处，某些桥梁往往因此经常发生水灾害，修复这类设施不仅需要大量资金，而且耗费大量资源（如水泥、砂石等），且后期尚需投入资金进行维修养护。解决这一矛盾的有效措施是对桥梁水灾害实施生物防治。因为生物防护投入低，成本一般仅需工程防护设施的20%～30%，并且其防护效果随时间推移逐渐增强；生物防治措施与工程防护措施相互配合，既能增强工程防护设施的防护效果，又可有效保护丁坝、顺坝、锥坡等调治与防护设施免遭水灾害。

综上所述，生物防治桥梁水灾害不仅具有良好的生态效益与环境效益，而且可节约因修复桥梁水灾害工程的资金投入与资源消耗，经济效益显著。

4.8.3 生物防护的经验做法与效果

1）桥位河段的生物防护

完善桥梁的调治与防护设施是提高桥梁抗洪能力的关键措施。然而，某些桥梁的防护设施设计由于受资金限制往往过于单薄或数量偏少，其防护效果较差，解决这一矛盾的有效措施就是对桥位河段进行生物防护。这样既能预防工程防护设施遭受水灾害，又能提高工程防护设施的防护效果。实践证明，在桥位河段的两岸及引道以外的滩地营造防水林能收到导流、防冲、固滩的综合防护效能，并能有效地遏制桥位河道变迁导致桥梁水灾害。因此，我们将修建桥梁防护与调治构造物与营造防水林相结合，能使防治桥梁水灾害的工程防护设施在数量及规模上大为减少，为桥梁水灾害防治带来更大的经济效益。

（1）在桥位水文调查长度范围内（一般桥址上游为3～5倍河槽宽度，下游为2～3倍河槽宽度）的河道两侧河滩上植防水林，用于稳定河岸，防止河道发生变迁。

（2）若桥位河段已发生变迁，则应在桥址上游的凹岸修建砌石（石笼）丁坝、顺坝等导流建筑物，并在丁坝的上游回水区及其下游回流区植树进行生物防护。

这样，丁坝、顺坝等防护工程设施因树木的拦洪落淤会逐渐稳定下来，并在设置丁坝的区域间形成稳定的新河岸，从而有效地预防因河道变迁而发生水灾害。若河槽宽浅，河滩水流流速较低，可在枯水期在河滩上直接植防水林用于调治水流，固岸防冲。

2）河湾的生物防护

桥梁两侧的河湾易形成“水袋”，是桥头引道与河滩斜交或洪水旁刷冲蚀所至。河湾形成会引发桥头引道路基坡角的严重冲刷，并对桥孔通畅泄洪产生不利影响。因此，桥位河段形成河湾应及时采取生物防护与工程防护相结合的综合治理措施进行治理。

3）生物护岸

在桥址河道两岸的滩地栽植防水林，形成生物护岸，将洪水平顺导入桥孔，防止洪水淘蚀冲刷河岸，保持河槽稳定。若桥址河岸局部冲刷严重，应重点在河岸坍塌部位栽植树木，以生物防护措施替代砌石防护工程，用于调治洪水、稳固河岸。实践证明：在河道两岸栽植杨柳并配植沙棘，形成乔灌结合、高低合理搭配的生物防护体系，既能有效防止河道演变导致桥梁水灾害，又保护了环境，改善了生态。

近年，福建地区结合公路绿化对桥位河段实施生物防护，并在河岸两侧的滩地、桥头引道路段以及锥坡附近栽植了杨柳，有效地防护了桥梁，减轻了桥梁水灾害。

4）桥位上游流域的生物治理

生物防护与工程防护相结合治理桥梁水灾害是一项系统工程，如果只进行桥位河段的综合治理，其效果往往欠佳。因此，有关交通部门要与农、牧、林、水部门相配合，搞好规划，对桥位上游的流域进行综合治理，以改善生态环境，这是实现桥梁防灾减灾的根本途径。具体做法：在河道汇流区的山坡上沿等高线方向挖品字形鱼鳞坑，并在坑内植树种草，以拦蓄地表径流，这样能使降雨就地拦蓄、就地下渗；在桥址上游流域的沟谷内修筑塘坝，并于坝间配植树木，形成降水→拦蓄→下渗→植物蒸腾的水分循环体系。上述措施减少了坡面水流汇集，降低了河道洪峰流量，有效防止桥梁遭受水灾害。

4.8.4 生物防治的建议与注意事项

桥梁设计不仅要完善桥梁的调治与防护工程，还要提出完备的生物防治措施，使桥梁的工程防护与生物防护完美结合。桥梁施工要注意保护生态环境，避免在桥址河床内大量取砂挖土、弃土影响泄洪以及对桥址生态环境造成冲击破坏。桥梁日常养护应重视完善其生物防护措施，不断提高生物防治桥梁水灾害的效能。

生物防护被誉为有“生命”防护，与工程防护设施相比，生物防护不仅能改善生态环境，其防护效果还会随时间推移不断增强，这是工程防护设施所不具有的优势。“水是一条龙，专从山上行，修堰不栽树，全是白搭工。”、“一袋肥料比一袋水泥更有效。”这些民谚都说明了生物防护措施在防治桥梁水灾害方面的重要地位与作用。因此，我们在桥梁水灾害防治中必须高度重视生物防护与工程防护的完美结合，在桥梁设计阶段不仅要完善桥梁的调治与防护工程设计；同时还要提出完备的生物防护措施计划，并在桥梁建成后及时实施，以期尽快恢复桥址处的生态平衡。

生物防治桥梁水灾害是一项系统工程，公路部门应与农、牧、林、水等部门相互配合，搞好河川绿化以及桥位上游流域的综合治理。通过群众性的治河治水，使河川绿起来，形成生物防治桥梁水灾害的绿色屏障。

4.9 桥梁水灾害防治工程实例

4.9.1 桥墩抱箍和桥墩抬桩加固

洪塘大桥位于国道316线，建于1990年。设计荷载为汽—20、挂—100，桥长1 849.47m，桥面宽12m，行车道宽9m；主孔为60m + 120m + 60m预应力混凝土三角桁架T构，福州向引桥由6孔简支T梁组成，闽清向引桥由6联预应力混凝土箱梁和8孔简支T梁组成。该桥距河底面深65.5m（孔20）之上的地层，主要由②中（粗）砂、③中（细）砂、③-1淤泥质黏土、④中砂（夹淤泥）、④-1淤泥质黏土、⑤中砂（含黏性土）、⑤-1淤泥质黏土、⑥卵石（圆砾）、⑥-1砾砂、⑥-2中砂、⑦全风化花岗岩、⑧强风化花岗岩、⑨中风化花岗岩、⑨-1中风化花岗斑岩组成，具有河床地层的特点，从上至下强度逐渐增强，局部夹含软土层。除③-1淤泥质黏土、④-1淤泥质黏土、⑤-1淤泥质黏土为软土层外，未发现滑坡、泥石流等不良的地质作用和地质灾害；亦未见埋藏的孤石。该桥桩基覆盖层较薄，不能满足设计荷载要求，2号桥墩柱已出现局部裂缝，5号~35号墩大部分桩基裸露。原桥上部结构营运一段时间后部分构件（主桥拉压支座）损坏及福州侧桥台基础土体滑移，对桥梁的安全使用构成威胁。“圣帕”台风后，7号~10号墩河床又下降3~4m，河床高程已低于设计最低冲刷线，严重危及桥梁安全，存在重大安全隐患。

针对该桥病害，主要采取了桥墩抱箍和桥墩抬桩方案进行加固处理，具体方案如下。洪塘大桥病害处治照片如图4-24所示。

（1）在2号桥墩增设护坡平台，设置4根直径120cm的桩基对2号桥墩进行抬桩处理，并在原桩柱结合处增设承台，与现有桩基连成一体共同受力。在承台底面设置型钢托架结构，承台中部沿桩基周边设置一圈水平受力筋，采用植筋技术，植入桩基混凝土体，连结为一体。

（2）对2号桥墩原直径140cm的墩柱进行抱箍加固，加固后墩柱直径为170cm。

（3）5号桥墩采用8根直径150cm的桩基加承台的抬桩方案进行加固。

（4）6号~34号桥墩采用两根直径180cm的新桩抬旧桥双桩的加固方案，在新桩顶部采用板状薄壁墩身块体，将新旧桩基与墩身固结在一起。

（5）对裂缝相对较多的福州侧第1跨T梁进行更换处理，对第2～6跨T梁梁底进行粘贴芳纶纤维布加固，同时对梁体混凝土表面裂缝进行涂胶封闭处理；

（6）更换损坏的拉压支座。

图4-24　洪塘大桥病害处治照片

该桥基础部分按照设计要求进行加固后，病害已基本消除。对个别桥梁露筋、裂纹等修补在运营期间定期检查。目前，该桥运行情况良好。

4.9.2　桥台加固

1）锚索钢筋混凝土框架

永溪一桥位于国道厦成线（G319），为两孔跨径20m钢筋混凝土简支T形梁桥，桥长59.73m、宽10.6m、高13.9m，设计荷载为汽—20、挂—100。上部结构为两孔跨径20m钢筋混凝土简支T形梁；下部结构为扩大基础和重力式U形桥台，以及柱式墩身；墩台基础地质为全或强风化岩层。漳州端桥台沿线路走向长7.6m范围内产生变形，人行道向两侧错出达到100mm，路面下沉46～50mm，且下游侧墙外倾较为严重，横向外倾位移达50mm，使两侧前墙背坡位置出现长而大的贯通性裂缝，缝长5.7m，缝宽达40mm；龙岩端桥台沿线路走向长12.6m范围内左右两侧人行道及侧墙均有不同程度的变形破坏，整个桥台产生了横向位移变形，本桥台段人行道向两侧错出20～30mm，导致两侧前墙背坡位置出现长而大的贯通裂缝，缝宽达35mm，桥台的稳定性已受到严重影响，见图4-25；前墙虽有外倾，但其本身并未因土压力作用而产生破坏。

图4-25　永溪一桥加固前与病害照片

针对该桥桥台的变形病害，采取了桥台体外加固，体内补强的处治技术措施，即：预应力锚索钢筋混凝土框架控制桥台的变形，桥台侧墙采用预应力锚索对锚，前墙采用地锚；同时对台腔进行压浆。加固后，经观测桥台未发现新的变形病害产生，加固效果见图4-26。

图4-26　永溪一桥加固后照片

2）钢筋混凝土框架

青溪大桥位于省道306线，桥长90.6m，桥面宽7.59m+2×0.75m，上部结构为1~50m的石拱桥。该地段地形十分复杂，坑仔口溪崖山势陡峻，悬崖陡壁高达50~70m，崖岸以上地面横坡（1∶1）~（1∶1.5），桥址地质情况为软石及片麻状次坚石，桥台基础嵌入基岩≥1m深。U形桥台前墙与侧墙竖向开裂，并且影响拱桥主拱圈纵向开裂。产生病害的主要原因是桥台基础坐落在不同地层上，施工时未认真处理，产生不均匀沉降，从而引起前墙开裂，或者U形台台腔回填土不密实及排水不畅产生土压力，加上台身施工质量问题引起侧墙开裂。

通过分析论证，采用的加固方案是：①桥台两侧墙外设钢筋混凝土框架一片，框架由横梁、竖肋及顶梁组成，在框架的横梁和竖肋节点各设计一对预应力钢绞线对锚。②前墙或侧墙及主拱圈或腹拱顶的裂缝，采用环氧树脂浆进行封闭。加固后，经观测效果良好（图4-27）。

图4-27　青溪大桥加固后照片

3）钢筋混凝土抱箍

十里桥位于县道503线，上部结构为7×16m钢筋混凝土板梁桥，重力式墩台，桥长123m，桥宽12m。该桥两桥台前墙、侧墙均发生竖向开裂并外倾，伸缩缝损坏，如图4-28所示。

图4-28　十里桥桥台病害照片

针对该桥病害，对两桥台采用厚45cm的C30钢筋混凝土进行抱箍，在前墙设置3道预应力钢绞线地锚，在长泰台侧墙设置4道预应力锚索对锚，更换桥台支座，修复损坏的伸缩缝。加固后，经观测桥台未发现新的变形病害产生，加固效果见图4-29。

图4-29　十里桥桥台加固后照片

第 5 章　涵洞水灾害防治

5.1　涵洞构造物水灾害特征及成因机理

涵洞构成的主体为洞身和洞口两大部分，其附体工程有：锥体、河床加固铺砌、路堤护坡、改沟渠道及其护砌、路堤边坡检查台阶等。

1）洞身

洞身是形成过水孔道的主体，其作用是泄水与承重，既要保证水流通过，同时直接承受洞顶填土压力和车辆活载等压力，并将其传递给地基。故设计时，既要保证必要的孔径以满足设计流量的通过，又要求本身坚固而稳定。

洞身通常由承载结构（如拱圈、盖板等）、涵台、基础以及防水层、沉降缝、构造缝等组成。钢筋混凝土箱涵及圆管涵为封闭结构，涵台、盖板、基础联成整体，其涵身断面由箱节或管节组成。涵洞的洞底坡率一般为 0.4% ~6.0%，其最小坡度应大于 0.4%，以利于排水。沉降缝及构造缝的缝宽一般为 2 ~3cm，沉降缝间距为 2 ~6m，可根据地基情况而定；构造缝间距取决于涵洞管节长度，其缝宽不得小于 0.5cm，以利于填缝施工。

2）洞口

洞口是洞身、路堤和河道三者的连接构造物。洞口建筑由进水口、出水口和河床加固三部分组成，进水口常见形式为八字墙、窨井，出水口常见形式为八字墙、跌水。其作用是：与河道顺接，使水流进出口顺畅；确保路基边坡稳定，使之免受水流灾害。为使水流顺畅地通过涵洞，减小水流对涵底的冲刷，需对涵洞洞身底面及其进口底面进行铺砌加固，在某些场合，在进出口前还需设置调治构造物，进行河床加固。

3）涵洞分类

涵洞按建筑材料分为钢筋混凝土涵洞、混凝土涵洞、石涵、砖涵、金属涵、木涵、钢瓦管涵等；按涵洞的横断面形式分为矩形涵、圆形涵、拱形涵等；按涵洞的顶上填土情况又有明涵和暗涵之分；按水流通过涵洞的形式又分为无压力式涵、半压力式涵和压力式涵。

5.1.1　涵洞构造物水灾害形态

根据沿河公路路基的水灾害形态，结合拱涵和盖板涵的构造特点，将涵洞构造物的水灾害分为几类，主要是涵洞进水口处基础裸露、涵洞出水口处垂裙裸露、涵洞整体坍塌、涵墙鼓胀、盖板下沉或露筋等。

1）涵洞进水口基础裸露

涵洞进水口处基础裸露主要表现为由于涵洞的孔径设计偏小，或涵洞沟床处理不当，导致涵洞进水口处基础裸露。

涵洞进水口处破坏存在以下特征：涵洞水流汇聚区与涵洞进水口处基础冲刷严重；涵洞进水口处沟床存在不同程度的破坏；涵洞基础部分或全部裸露，甚至裸露涵洞横梁，水毁严重路段，涵洞形状出现变形。

2）涵洞出水口处垂裙裸露

涵洞出水口处垂裙裸露主要表现为由于涵洞的出水口处沟床未处理或者处理不当，或涵洞基础埋置深度太浅，导致涵洞出水口处出现垂裙裸露。

涵洞出水口处垂裙裸露存在以下特征：涵洞出水口处出现跌水；涵洞出水口处水流扩散区基础冲刷严重；涵洞沟床存在不同程度的破坏；涵洞出水口处基础垂裙部分或全部裸露，甚至裸露涵洞横梁，水毁严重路段，涵洞形状出现变形。

3）涵洞坍塌

涵洞整体坍塌主要表现为由于涵洞进出水口基础裸露，涵洞与路基结合部填料冲失严重，涵洞失去支撑，在水流和大型漂流物的撞击下，涵洞整体坍塌。

涵洞坍塌存在以下特征：涵洞与路基结合部填料冲失严重，路基水毁；涵洞进水口处基础冲刷严重，涵洞基础裸露；涵洞出水口处基础冲刷严重，涵洞垂裙裸露；涵洞结构出现变形，如图 5-1 所示。

4）涵墙鼓胀

涵墙鼓胀主要表现在拱涵或盖板涵的涵墙在水流冲刷或涵背土压力或水压力作用下发生变形，如图 5-2 所示。

图 5-1　台风期间涵洞坍塌

图 5-2　涵墙鼓胀

5）盖板下沉或露筋

在超限荷载、高填方的土压力或土体吸收水分增加重力的作用下，盖板超出设计所承受的荷载而发生变形。或由于在施工中保护层不足，或受水冲刷而出现露筋，如图 5-3 所示。

6）裂缝类病害

由于水作用或荷载作用下，涵洞结构（涵墙或拱圈等）等发生开裂等。

7）铺底淘空

由于水流冲刷，涵底或进出水口铺底出现损坏。

图5-3　盖板下沉或露筋

5.1.2　涵洞冲毁成因机理

拱涵水毁主要是由于水流对拱脚基础的冲刷而失稳，而盖板涵水毁主要是由于水流对涵洞进出水口沟床的冲刷以及对涵洞侧墙回填料的冲刷而失稳。因此，涵洞构造物水毁成因机理主要包括以下几个方面：

（1）由于涵洞两侧及顶部失去路基支撑，涵洞的孔径和净高设计偏小，不能及时宣泄洪水及漂流物而造成的涵洞构造物自身稳定性不足。

（2）水流对涵洞的基础冲刷，包括拱涵拱脚基础冲刷、盖板涵进出水口处基础冲刷、涵洞基础自然演变冲刷。

（3）由于土体渗水增加水压力或因超限荷载作用增加土压力，致使涵墙发生鼓胀、开裂等变形类损坏。

另外，设计时涵洞位置设置不当，河床地质条件差，涵洞进出水口处理不当等也是导致涵洞损毁的重要原因。

5.2　涵洞水灾害防治的一般原则

涵洞水灾害防治的主要措施主要有五方面：

①加强涵洞的养护检查；

②对涵洞基础进行防护；

③对河床进行加固防护；

④加强涵洞防淤；

⑤涵洞水毁后及时进行涵底、涵墙的修复，涵洞裂缝及渗漏的修补以及涵洞断裂的加固与修复。

涵洞水灾害防治应遵循以下原则：

（1）设计应合理

涵洞水灾害的防治，首先要注意涵洞设计的合理性，同时也不可忽视涵洞位置的选定、结构形式、净孔的大小、进出水口的布置等一系列因素。涵洞位置和方向的布设，宜与水流方向一致，避免因涵洞布设不当，引起上游水位壅高，淹没农田、村庄和路基，引起下游流速过大，加剧冲蚀沟岸及路基。

进水口宜扩大引纳水流，有条件时，涵洞进水口可采用流线型。山区水流流速大，当涵洞处地基为土质时，为了防止严重冲刷，应铺砌加固涵洞下的河沟底面。下游出水口可采用挑坎（一、二、三级挑坎）或加设急流槽、消力池、消力坎等消能设施。

对上游蜿蜒曲折的河沟段，可裁弯取直，改善水流条件。有时还可以在涵洞前河沟的上游，加设消力池等消能设施。

对各类变形类加固设计应采用衬套、支撑、注浆、重做等设计方案，在方案选择上应因地制宜，综合考虑排水、受力、原结构的可利用等情况确定设计方案。

（2）应重养护

应加强对涵洞的经常性保养、维修，对损坏严重的涵洞应及时加固或改建。

涵顶保持平整、不跳车。水流在任何情况下都能顺畅地通过涵洞，排到适当的地点，保证涵洞、涵身、涵底、进出水口、急流槽、护坡和填土的完好、清洁、不漏水。

（3）应定期检查

应按照现行《公路桥涵养护规范》（JTG H11—2004）的规定做好涵洞的经常性检查和定期检查，汛期前应对涵洞进行一次全面检查，及时采取相应措施。

主要检查内容包括：涵洞的位置是否恰当、孔径是否足够，洞内有无淤塞、冲刷；涵洞有无开裂，填土有无沉陷，涵底涵墙有无漏水，八字墙是否完整；进水口是否堵塞，有无淤积，洞口铺砌有无冲刷、脱落；涵洞内有无积水。

涵底和涵墙出现渗漏水，对涵洞本身和路基的危害都很大，应查明原因，分别采取下列方法处治：疏通水道，使洞口铺砌与上下游水槽坡道平齐顺适；保持涵底底面平顺，并有适当纵坡；用水泥砂浆铺底和涵墙勾缝。

5.3 涵洞养护

5.3.1 涵洞检查

涵洞检查分为经常检查和定期检查。

1）经常检查

（1）经常检查每月至少进行两次，在洪水前后及行洪期间应加强检查。

（2）经常检查内容包括：进水口是否堵塞、沉砂井有无淤积、洞内有无淤塞及排水不畅；洞口周围是否有杂物堆积、涵洞是否清洁、漏水；周围路基填土是否稳定和完整；涵洞结构是否有损坏。

（3）经常检查中发现有排水堵塞或有较大损坏需要进行维修的，应做好记录并及时报告。

2）定期检查

（1）定期检查每年至少进行一次，接到较大损坏的报告后应增加检查。

（2）定期检查内容包括：

①检查涵洞的过水能力，包括涵洞的位置是否适当，孔径是否足够，涵底纵坡是否合适。若过水能力明显不足，经常造成内涝及路基损毁的，应考虑改造。

②进水口铺砌、翼墙、护坡、挡水墙、沉砂井等是否完整，洞口连接是否平整顺适。

③出水口铺砌、挡水墙、翼墙、护坡等是否完整，排水是否顺畅。

④涵体侧墙是否渗水、开裂、变形或倾斜，墙身砌体砂浆是否脱落、石块是否松动，基础是否冲刷淘空。

⑤涵身顶部盖板或拱顶是否开裂、漏水、变形下挠，拱顶砌块是否松动脱落。

⑥涵底是否淤塞阻水，涵底铺砌是否完整。

⑦洞口附近填土是否有渗水、冲刷、空洞，填土是否稳定。

⑧涵洞顶路面是否开裂、下沉，行车是否安全。

（3）定期检查中，检查人员应当场填写“涵洞定期检查表”，实地查明损坏情况，根据涵洞的技术状况及排水适应状况，参照桥梁技术状况评定标准，对涵洞的技术状况综合做出好、较好、较差、差、危险五个级别的评定，提出日常养护、维修、加固、改建等建议。

5.3.2 涵洞日常养护

涵洞日常养护工作大体可分为保洁、清淤、堵漏、结构损伤的修补四部分。涵洞底板铺砌被冲刷损坏、进出水口被冲刷淘空的频率较高，是日常养护的主要工作，应当予以重视。

（1）涵洞的洞口应保持清洁，发现杂物堆积应及时清除。涵洞内保持排水畅通，发现淤塞应及时疏通。

（2）涵底铺砌、洞口上下游路基护坡、引水沟、汇水槽、沉砂井发生变形时，均应及时修理。

（3）涵底铺砌出现冲刷损坏、下沉、缺口应及时修复。路基填土出现渗水、缺口应及时封塞填平。

（4）涵底和涵墙出现渗漏水，应查明原因，及时处治。

（5）涵洞出水口的跌水构造应与洞口结合成整体，如有裂缝应及时填塞。

（6）浆砌石拱涵的砌体表面风化、开裂、灰缝剥落，局部石块松动、脱落或砌体渗漏水，应及时处理。

（7）混凝土管涵的接头处和有铰接缝处发生填缝料脱落，引起路基渗水时，应及时封堵处理。

(8) 压力式涵洞进水口周围路堤发现渗漏、空流、缺口或冲刷现象时，应及时进行修补处理。

(9) 压力式涵洞或倒虹吸管的涵顶路面出现浸渍，应及时处理。

5.4 涵洞基础水灾害防治

5.4.1 一般要求

任何土木建筑结构物都建造在一定的地层（岩层或土层）上，基础是结构物直接与地层接触的最下部分，在基础底面下，承受由基础传来的荷载的那一部分地层称为结构物的地基。

地基与基础受到各种荷载后，其本身将产生附加的应力和变形。为保证结构物的正常使用和安全，地基与基础必须具有足够的强度和稳定性，变形也应在容许范围之内。

工程实践表明，结构的地基与基础的设计以及施工质量的好坏，是整个结构物质量的根本。基础工程因为是隐蔽工程，如有缺陷较难发现，也较难弥补或修复，而这些缺陷往往直接影响整个结构物的使用甚至安危。基础工程施工的进度，经常控制整个结构物施工的进度。

基础水灾害防治的一般要求有以下几点：

(1) 涵洞基础的设计应保证其有足够的强度、稳定性及耐久性。应结合结构物和地基的特点和要求，根据涵洞处的水文、地质、地形、结构形式、材料供应和施工条件，合理地选用基础类型，地基加固形式，确定基础埋置深度，全面分析、综合考虑、精心设计。

(2) 涵洞基础设计应符合《公路桥涵地基与基础设计规范》（JTG D63—2007）的有关规定及要求。

(3) 涵洞址处的工程地质好坏直接影响基础的强度和稳定。地质构造对基础类型选择有着决定性的意义，设计时应查明涵洞址处的地质情况，为涵洞基础设计提供原始资料。

(4) 高填土涵洞一般不宜选用分离式基础。

当地基承载力不满足设计要求时，宜选用承载力要求较低的板涵或箱涵，基础可采用多层整体扩大基础。

5.4.2 埋置深度

涵洞基础的埋置深度一般有以下规定：当地基土为一般土壤河床，桥涵基础在无冲刷处，应在地面或河床底以下至少 0.6m 或 1m（盖板涵用 0.6m，石拱涵用 1.0m）深，如河床上有铺砌时，一般宜设在铺砌层地面以下 1.0m 深；当地基为一般淤泥或软弱土层时，应根据地质情况采用扩大基础、倒拱、块石挤淤、砂（土石灰）及小木桩挤密、换土、砂垫层等加固措施；如有冲刷，因涵洞都设有铺底，一般不考虑冲刷深度对基础埋深的影响，基底埋深应在局部冲刷线以下至少 1m。

根据涵洞过水断面小，而排水潜力较大的特点，涵洞的基础一般采取浅基础防护的方法。所谓浅基防护，就是不允许水流冲刷，只考虑天然地基的承载力，而不是按照土壤的摩阻力和水流冲刷深度来决定基础的埋置深度。对板涵，地基承载力要求一般为0.2～0.3MPa；对拱涵，地基承载力要求一般不小于0.5MPa。在一般情况下，基底的埋置深度不得小于1m，当涵洞以常规的埋深而确定所在的基底高程位置的地基承载力小于相应拱板涵的允许承载力时，有时为减小涵洞基础埋深，通常采用地基加固措施来提高地基的承载力。

当基础设置于基岩上时，可凿去岩石表面风化层，不做基础而直接砌筑涵台，如风化层较厚难以清凿时，亦可置于风化层中，基础埋深视风化程度、冲刷情况及承载力而定。

涵洞基础应计算工后沉降，其工后沉降量不应大于200mm。当涵洞的工后沉降量不满足上述要求时，应进行地基处理。

涵洞基础局部冲刷悬空必须立即修补，可用片石混凝土填实，一般应比原基础加厚10～20cm，并修复或增设洞口、洞底铺砌层和端部截水墙。

5.5 进出水口河床加固防治

5.5.1 一般规定

涵洞进出水口处是水流变化的不稳定地段，易产生不利的局部冲刷致使洞口建筑发生破坏，是导致公路涵洞水毁的主要原因之一，因此涵洞进出水口河床必须根据沟床的地形、水文、水力等条件进行加固及防治处理。

进出水口沟床加固处理是与涵洞本身设置的坡度和涵洞上下游河沟的纵向坡度有关，凡涵洞设置坡度小于临界坡度，上下游河沟纵向坡度也较小时，称为缓坡涵洞；凡涵洞设置坡度大于临界坡度，或涵洞设置为临界坡度而上下游河沟纵坡却大于临界坡度时，一般称为陡坡涵洞，不同坡度时的涵洞进出水口沟床加固处理方法是有所不同的。

《公路涵洞设计细则》（JTG/T D65－04—2007）规定，涵洞进出水口河床加固及防治的要求如下。

（1）在涵洞上、下游河沟和路基边坡一定范围内，宜采取冲刷防治措施。当沟底纵坡小于或等于15%时，可铺砌到上、下游翼墙端部，并在上、下游铺砌端部设置截水墙。其埋置深度不小于台身或翼墙基础深度。

（2）进水口沟床加固及防治如下：

①当河沟纵坡小于10%，河沟顺直，且土质和流速许可时，可对进水口采用干砌片石铺砌加固。

②当河沟纵坡为10%～50%时，除岩石沟槽外，沟底和沟槽侧向边坡以及路基边沟均须采用人工铺砌加固，加固类型由水流流速确定。

③当进水口采用缓坡涵时，涵前沟底纵坡较陡，涵身纵坡较缓，应在进水口段设置长度为1～2倍涵洞孔径的缓坡段。

④当河沟纵坡大于50%时，流速很大，进口处宜设置跌水井，可采用急流槽与天然河沟连接。急流槽底每隔1.5～2.0m宜设一防滑墙。为减缓槽内流速，可在槽底增设人工加糙措施。

⑤为便于检查、养护、清淤，涵洞可设置养护阶梯。

（3）出水洞口沟床加固及防治

在河沟纵坡小于3%的缓坡涵洞中，当出水口流速小于土壤的允许冲刷流速时，下游洞口河床可不做处理；当出水口流速大于或等于土壤的允许冲刷流速时，下游洞口沟床应铺砌片石进行加固或设置挑坎防护。

在河沟纵坡小于或等于15%的缓坡涵洞中，出水口流速较小时，可对下游河床进行一般的铺砌加固，并在铺砌末端设置截水墙。其埋置深度不小于洞身或翼墙基础深度。截水墙外做干砌片石加固。出水口流速较大时，可延长铺砌石块或混凝土块，同时设深埋的截水墙，其深度大于铺砌末端冲刷深度0.1～0.25m。

在河沟纵坡大于15%的陡坡涵洞中，其洞口末端应视河沟的地质、地形和水力条件，采用出口阶梯、急流槽、导流槽、跌水、消力池、消力坎、人工加糙等特殊加固消能设施。

5.5.2 进水口河床加固防治

1）注意事项

由桥涵水流形态可知，小桥涵孔径通常对天然河床都有较大的压缩，致使进水口断面的流速中间较大，两侧较小，而水流进入进水口断面以前，整个水流断面的流速都较大，这样会对小桥涵的进水口处两侧产生较大冲击力和冲刷作用，因此要对小桥涵的进水口处进行加固。涵洞进水口河床的处理方法，应考虑河沟和涵洞的纵坡，根据土质条件和流速确定加固类型。设计时应注意以下几个事项：

（1）在设置各类型进水口加固设施时，应特别注意使水流畅通。上游沟槽特别弯曲时，应对沟槽适当改沟，不宜片面追求缩短进水口设施，致使水流拐弯或用折线拐弯。

（2）进水口新开引水河沟应力求较短，禁止上游开挖出现积水坑，与原河沟的衔接务必顺直。当上游河槽为透水性较强的砂石土质时，不宜采取截直改流措施，防止水流窜入老沟，冲毁路基。

（3）当进水口为岩石沟槽时，可视地形情况，直接在石方上开挖跌水井，上游沟槽开挖坡度一般为1∶0.2。当涵洞孔径较小，为减少石方开挖数量，在水流较小时，可不另开挖沟槽，使水流直接从边坡流入涵洞。

（4）当上游河沟水流带有较多砾石或石块时，为防止堵塞洞口，可在进口设置小挡石坝。

（5）陡坡涵洞的进水口，可视具体情况设置踏步，以便养护人员上下。

2）加固措施

（1）铺砌加固

①设计要点

铺砌加固适用于河沟纵坡小于50%的情况：在河床纵坡小于10%、河沟顺直、纵坡平缓的情况下，仅对进水口采用干砌片石铺砌加固，铺砌的长度通常为1.0m。当水流速度较慢，为减少铺砌数量，可以采用U形铺砌形式，见图5-4。这种处理形式多用于较大的多孔涵洞中，节约更多的圬工材料，并可以收到良好的防治效果。

当河沟纵坡为10%～40%时，沟槽开挖的边坡坡率采用（1∶4）～（1∶10）。除岩石沟槽外，河底和河槽侧坡以及路基边沟均需用人工铺砌加固，加固的类型由水流速度而定。缓坡涵洞进水口的加固形式：由于涵前沟底纵坡较陡，洞身纵坡平缓，水流在进水口由急突然变缓易产生水跃，因而在进水口段设置缓坡段，其长度为（1～2）L_0（L_0 为涵洞的孔径），见图5-5a）。陡坡涵进水口的加固形式：由于洞内纵坡较大，水流呈急流状态，涵底坡度与涵前沟底纵坡基本平顺衔接，因而可不设缓坡段，见图5-5b）。

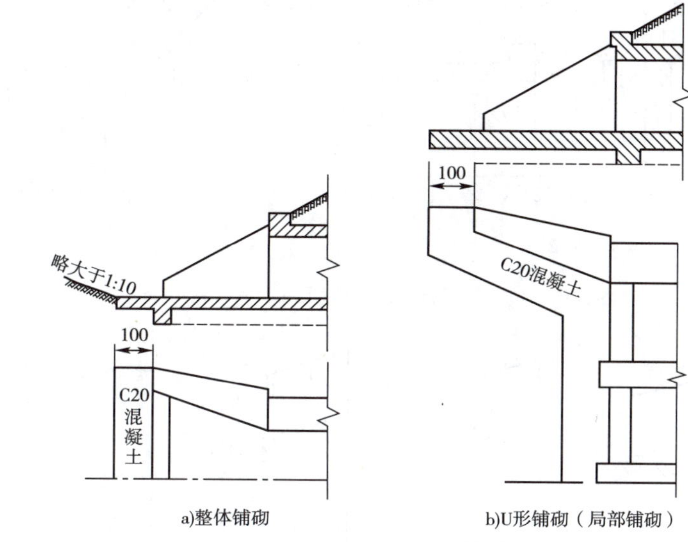

图5-4　平缓河床进口铺砌示意图（尺寸单位：cm）

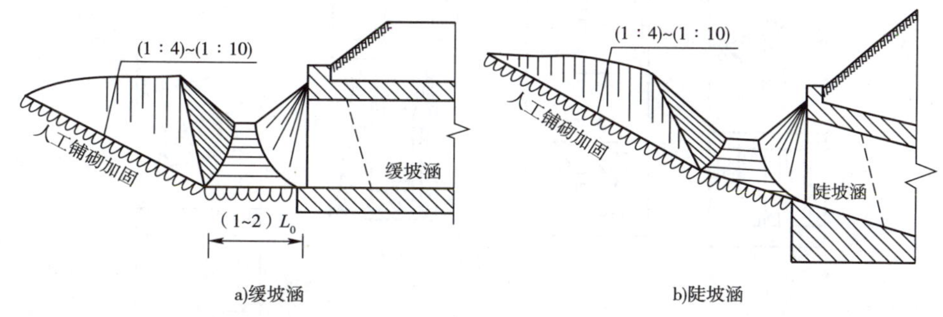

图5-5　进水口沟底及沟槽加固示意图

②施工

河床铺砌，必须在坡面或基面夯实、整平后，方可开始施工。河床铺砌时，应紧密、稳定、表面平顺，但不得用小石块塞垫或找平。

（2）跌水、急流槽、消力池、消力坎消能

当涵前河沟纵坡大于50%时，水流流速很大，进水口则需设跌水井与天然河沟连接，以削减水能，减缓流速。上游沟槽开挖坡度，可根据河沟土质情况确定，一般取用（1：1）～(1：2)，为加固河槽，跌水井与河槽连接处可用吊沟或U形断面急流槽形式，见图5-6。吊沟一般做成梯形断面，在非岩石土沟槽时沟壁应进行铺砌加固；U形断面急流槽槽底宽度应与涵洞孔径相等，两侧边墙厚一般可采用40cm。为确保急流槽的稳定，槽底应每隔150～200cm设一防滑墙。有时为减缓槽内流速，还可在槽底增设人工加糙措施，见图5-7。

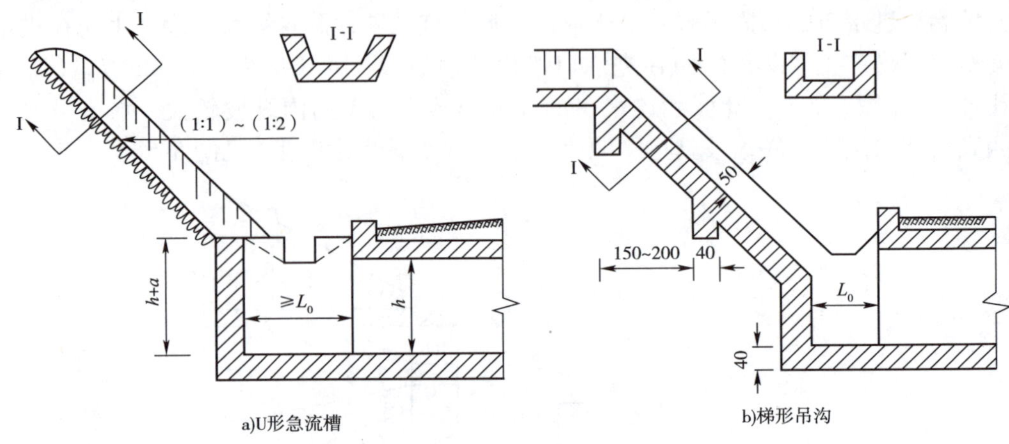

图5-6　急流槽和吊钩构造示意图（尺寸单位：cm）

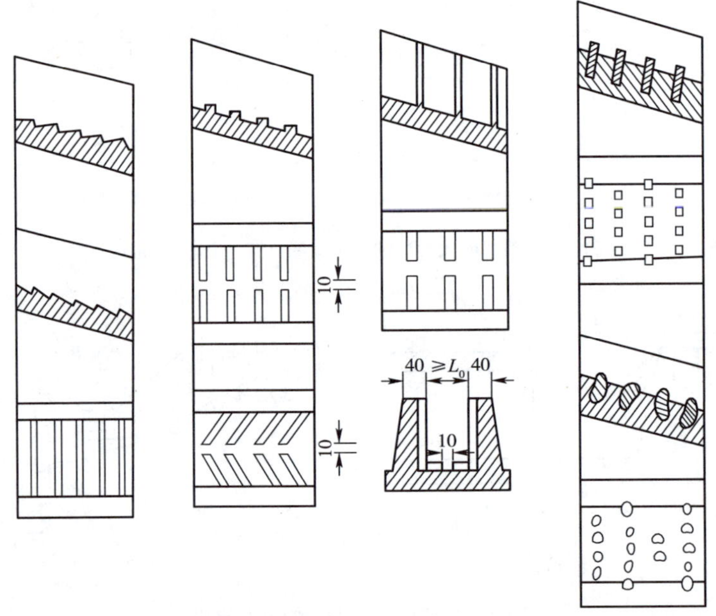

图5-7　人工加糙示意图（尺寸单位：cm）

跌水与急流槽设于水沟通过陡坡地段，一般采用砌石或混凝土结构，其各部位尺寸应根据水文、地形、地质及当地气候条件确定，其边墙高度应高出设计水位不少于0.2m。跌水与急流槽的进水口应予适当加固，出水口应注意防止冲刷，一般应设置跌水井等消能设施。为防止基底滑动，急流槽底面每隔2.5～5m可设置凸榫嵌入基底土中。急流槽较长时应分段修筑，每段长5～10m，段间接头应用防水材料填缝，要求密实无空隙。

跌水与急流槽的工程量应包括消力池，消力坎、拉滑平台等附属设施。其计量与计价的内容与有铺砌或加固的边沟、截水沟、排水沟大体相同。

5.5.3　出水口河床加固防治

1）加固防治作用

小桥涵孔径通常对天然河床都有较大的压缩，上游形成较高的壅水位，因而水流经过桥涵下时的流速，特别是在出水口时的流速，都比天然流速大。流速增大将导致桥涵下游产生不利的局部冲刷。据分析，引起小桥涵下游产生局部冲刷的原因有以下两点：

（1）当实际流速大于土壤允许不冲刷流速时，会产生不利的局部冲刷。

（2）当出水口流速大于临界流速时，水流将处于急流状态。如果下游沟槽的坡度小于临界坡度，则天然流速为缓流状态，而水流由洞内的急流变为缓流，则在出水口处便形成水跃，使水流紊动性增大，这样水流在竖直面内产生漩流，会产生不利的局部冲刷。

由局部冲刷坑的形成过程、形成机理可以知道，由于水的局部冲刷，在小桥涵下游冲成一个冲刷坑，洪水期水流速度大，挟沙能力强，使冲刷的深度与范围迅速增加；在洪水通过后，坑内长期积水，使坑内的边逐渐伸展，直至洞口，引起洞口破坏。同时根据公路小桥涵水毁调查，涵洞水毁大部分都是由于出水口处理不当所致，而其中下游涵洞水毁比上游多3～4倍。因此，对小桥涵下游沟床进行加固防治，采用合适的铺砌防护及消能措施，不仅有利于小桥涵的稳定，而且通过对沟槽进行简单加固可以使允许流速增大，孔径适当缩小，减少桥涵的造价，在经济上也有较好的效果。

2）注意事项

当涵洞出水口处天然土质易被水冲刷时（如位于黄土高原陡坡涵等），出水口加固和铺砌应一直做到耐冲刷的地段。

出水口因其他原因而可能危及洞身和洞口安全时，应全面规划统筹考虑采取合适的加固防治措施，迅速将水流疏导到路基安全范围以外的低洼地带，并能够做到水有去处。

出水口位于土质高路堤半坡上时，出水口铺砌应做至路堤坡脚，并与边坡砌石防护有机衔接，必要时以急流槽或跌水引水。

所有出水口铺砌加固的末端均应做截水墙（或采用垂裙或斜裙）。

沿溪线道路上出水口流入大河的涵洞，当可能偶发的大河洪水倒灌（回流）本涵时，出水口处理方式要考虑与河岸堤坝的衔接处理一并设计，以保证涵洞安全。

3）加固措施

出水口加固防治的设置，应根据地形、地质条件和水流特性，通过水力计算慎重选择洞口扩散、缓流、消力等设施类型，并充分考虑农田不受伤害。涵洞下游防治加固种类，就其抵挡水流冲刷、稳定河床的作用可有以下类型。

（1）铺砌加固

①标准铺砌加固

由国内研究学者的小桥涵模型试验可以观测到：通过小桥涵的流量一定时，铺砌的长度越长，冲刷深度越小，达到平衡冲刷的时间也越短，但是对小桥涵的铺砌加固，既要考虑防治的效果，又要考虑工程的经济性。一般小桥涵出口沟床铺砌范围和类型可采用标准图规定的尺寸，即“标准铺砌”。

当与桥涵出水口相连接的天然沟槽或人工开挖的沟槽能容纳全部设计流量，且沟槽宽度与桥涵孔径接近时，桥涵出水口铺砌应采用与沟槽一致的梯形或矩形横断面。

当与桥涵出水口相连接的天然或人工开挖的沟槽较浅，设计水位漫上两岸时，应在标准图铺砌范围内的沟槽底、两侧岸坡及岸上进行铺砌。如沟槽甚浅或天然沟槽底宽接近标准铺砌时，可将天然沟槽扩宽，采用标准铺砌。

为了防止桥涵出水口沟床铺砌的末端淘刷而引起整个铺砌的破坏，应在沟槽末端修建一定深度的垂裙。垂裙采用直墙式，厚度为0.5m。

当采用了标准铺砌长度，而出水口垂裙埋置深度超过2.5m时，将使施工发生困难，此时可根据具体情况采取适当工程措施以减小垂裙深度。可以采用以下几种工程措施：

a. 小桥涵改用较大孔径，以降低单宽流量及出水口流速，这在计算数值超过较多时应予考虑。

b. 土质较差的地区，在砌筑垂裙前的土坑回填大块的片石，片石堆的顶宜低于铺砌层顶面少许，片石堆底部长不小于1m。

c. 采用加大人工粗糙面，在距离出水口1/2长度处开始栽砌大石块于铺砌层上，以形成消能作用，消减末端水流的能量，或采取其他消能措施。

②延长铺砌加固

在洞身纵坡小于15%，涵洞底坡小于5%时，其出水口流速不大，出水口可采用延长铺砌、加深截水墙的处理方法，见图5-8。

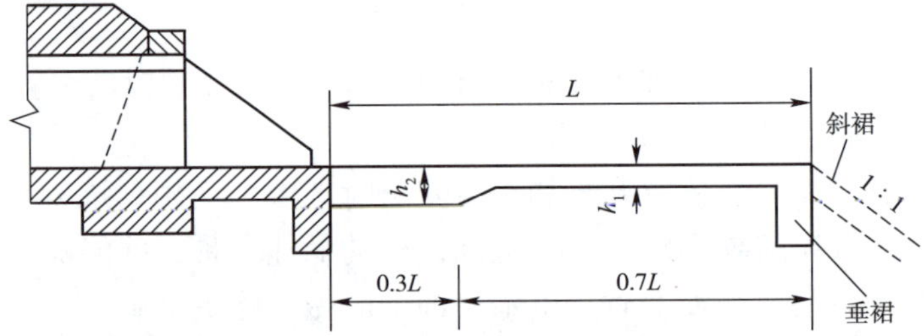

图5-8 延长铺砌加深截水墙示意图

影响铺砌加固长度的因素较多，用水力公式计算比较复杂，一般当孔径较小且河床纵坡不大时，铺砌长度可取孔径的1~3倍。当孔径较大时，铺砌长度L与河床土质、单宽流量Q及下游水流状态有关，可参照表5-1取值。

铺砌加固长度取值　　表5-1

土的种类	铺砌加固长度L（m）	
	下游水深未淹没出水口	下游水深淹没出水口
亚黏土和轻亚黏土	$2.5q^{0.7}$	$1.7q^{0.7}$
重亚黏土和密实亚黏土	$2.2q^{0.7}$	$1.4q^{0.7}$
卵石、砾石	$1.7q^{0.75}$	$1.1q^{0.75}$
大卵石	$1.1q^{0.75}$	$0.7q^{0.75}$

注：表中单宽流量$q=Q/B$ [$m^3/(s\cdot m)$]，式中，Q可取涵洞的通过设计流量，B为通过此流量时对应的水面宽度。

出水口加固铺砌的厚度应加厚，根据出水口的水深与加固段的水深按式（5-1）计算而定。其原因是：水流在涵洞出水口处产生扩散，水深急剧下降，水流与一般等流速情况不同，此时加固工程要受到自下而上的静水压力，根据涵洞出水口处水深与加固工程表面水深的差值就能确定这项压力。此压力应小于加固工程的重量，否则加固工程会因上浮而破坏。

$$h_2 = \frac{\rho_1}{\rho_2 - \rho_1}(h_{1j} - h) \tag{5-1}$$

式中：ρ_1——水的密度，取 $1g/m^3$；

ρ_2——加固石块或混凝土的密度，取 $2.65g/cm^3$；

h——加固工程上的平均水深（m）；

h_{1j}——洞内临界水深（m）。

局部加厚 h_2 的长度约为加固全长的30%，且不应小于1.5m。

加固厚度 h_1 应根据小桥涵下扩散水流的设计流速（也可近似用出水口处的流速）及加固类型确定。可采用单层片石铺砌，厚度为20～30cm，下设10cm碎石垫层。

加固工程末端的截水墙可有垂裙（亦称隔水墙、拦水墙）及斜裙（亦称斜坡、防淘斜坡）两种形式。垂裙的结构尺寸按挡土墙原理确定，并用水泥砂浆浆砌，以保安全。斜裙斜坡坡度不大于1∶1。由于水流顺斜坡流下时，其最大流速位于水底，因而使斜裙的冲刷深度比垂裙大。当斜坡度为1∶2时，冲刷深度将增大10%～40%，因此一般用垂裙比斜裙有利。

为防止因加固末端的淘刷，无论垂裙或斜裙都应有一定的埋置深度 t，其值必须大于加固工程末端的冲刷深度 Δ，并由式（5-2）确定。

$$t = \frac{4}{3}\Delta(\mathrm{m}) \tag{5-2}$$

当 Δ 很大时，可用式（5-3）确定。

$$t = \Delta + 0.5(\mathrm{m}) \tag{5-3}$$

垂裙埋置深度与出水口流速有关，也可参考表5-2确定。当流速大于6m/s时，应考虑设消力池、消力坎或加大孔径等措施。

垂裙埋置深度 表5-2

出水口流速（m/s）	1.0	2.0	3.0	4.0	5.0	6.0
垂裙埋置深度（m）	0.50	0.90	1.32	1.70	2.00	2.20

垂裙厚度可参见表5-3确定。

垂裙厚度 表5-3

垂裙埋置深度（m）	<1.2	1.2～1.5	1.5～1.8	1.8～2.1	≥2.2
垂裙厚度（m）	0.4	0.5	0.6	0.7	0.8

（2）挑坎消能

在无压力式涵洞下游，为了减少水流冲刷和保证河床稳定，在涵洞出口八字墙和锥坡范围内设置挑坎，使水流出涵洞后即被上坎上挑，从而抬高水位，增加表面流速，大大地减小了底部流速，削弱了水流的扩散能力和扩散方向上的漩涡，上坎以后，平台及下坎具有保持出水口水位、消减水流冲刷能量和缩短出水口水跃长度的作用。随后下坎又再次把冲刷位置挑离铺砌层末端，减少了冲刷。同时，由于下坎后的回流反而使铺砌层末端变冲刷为淤积，经大量实验证明出口处采用挑坎是一种经济实用的防冲刷防治措施。挑坎对水流的作用如图5-9所示。

①设计要点

在自由流出的涵洞的下游，为变冲为淤，减少工程量，可在出水口设置一级、两级或三级挑坎。挑坎由上坎、平台、下坎及截水墙四部分组成，如图5-9所示。挑坎的尺寸和布置一般如图5-10所示。

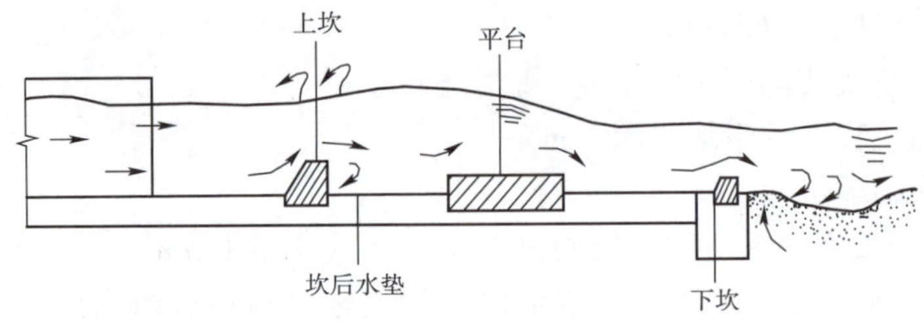

图5-9 挑坎对水流的作用

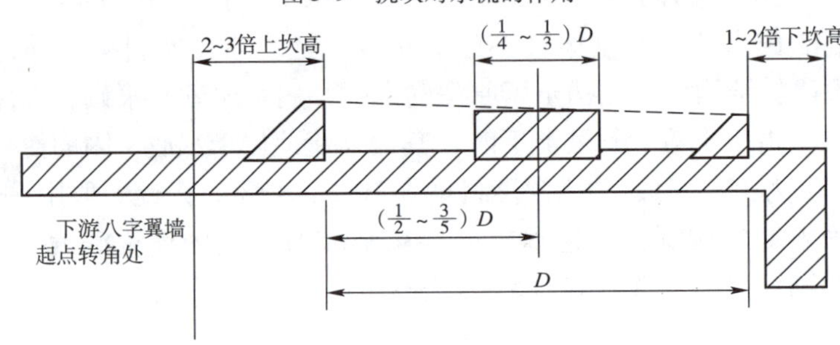

图5-10 三级挑坎各部分尺寸的确定

挑坎的形式通常根据八字翼墙铺砌长度确定，见表5-4。

挑坎形式的选用 表5-4

八字翼墙铺砌长度（m）	>4	2~3	<2
挑坎形式	三级挑坎	两级或三级挑坎	一级或两级挑坎

上下坎间距的大小与下游铺砌长度有关，铺砌越长，D 值越大，铺砌越短，D 值越小。一般 D 值为2.0~4.0m。上、下坎和中间平台的合适平面位置较大的数值对应于 D 值较大时，较小的数值对应于 D 值较小时。

根据挑坎试验表明，上坎高一般为到八字翼墙出口距离的1/2或1/3，三级挑坎的中间平台高度，以不突出上、下坎顶连接直线为宜，下坎一般为垂裙到设置挑坎处距离的1倍或0.5倍。上、下坎高Δ可按经验关系式（5-4a）和式（5-4b）确定。

$$\Delta_{上坎} = 0.12\sqrt{h}\ (\mathrm{m}) \tag{5-4a}$$

$$\Delta_{下坎} = 0.06\sqrt{h}\ (\mathrm{m}) \tag{5-4b}$$

式中：h——铺砌面上计算深度。

铺砌端部截水墙埋置深度三级、两级挑坎为铺砌面以下0.5~0.7m，一级挑坎为0.7~1.0m。

根据实践经验，河床铺砌面高程一般以使上坎或下坎与河床面齐平为宜，这样既可保证得到较好的冲刷防治效果，又减少了挑坎对上游的壅水影响。

建议采用梯形断面的挑坎，其顶面宽度为5~10cm，其中10cm宽用于坎较高时，5cm宽用于坎较低时。坎的迎水面边坡做成1:1或1:2的斜面。单孔小桥涵的进口铺砌加固段长度，一般铺到上游八字翼墙末端。多孔小桥涵和大、中桥的进水口铺砌加固段长度，则决定于桥墩局部冲刷需要防治的范围。一般进水口铺砌加固段末端的截水墙深度，建议取铺砌面 1～1.5m；小桥涵的出水口铺砌加固段长度，一般铺砌到八字翼墙末端。对大、中桥出水口铺砌加固段长度应尽量缩短。用于漫水工程中的挑坎漫水路堤下游铺砌一般可采用一级或两级挑坎，如图 5-11 所示。

②施工

导流施工：在河流上修建挑坎时，为了使挑坎能在干地上施工，可以用围堰维护基坑，并将河水引向别处，这就是导流施工。导流施工有两种基本方法：a. 分段围堰法，河床内导流，水流通过被束窄的河床、缺口或涵管等往下游宣泄；b. 全段围堰法导流，即河床外导流，水流通过河床外的临时或永久的隧洞、明渠等往下游宣泄。

水下施工：当导流施工造成的工程量过于浩大，经济效益不好时，可用水下施工方法。

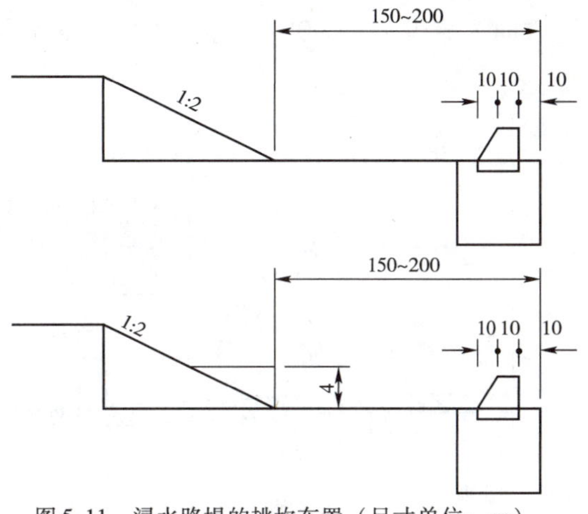

图 5-11　浸水路堤的挑坎布置（尺寸单位：cm）

（3）急流槽、跌水、消力池、消力坎、人工加糙消能

一般沟床纵坡大于 15%，涵洞底坡大于 5% 时，须设置陡坡涵。陡坡涵的出水口布设与天然河沟衔接得好坏，是防止冲刷病害的关键。陡坡涵的洞口末端应视沟床的地质、地形和水力条件，采用如急流槽（等截面和变截面）、跌水（单级或多级）、消力池、消力坎、人工加糙等消能措施。这些措施可以组合使用，如图 5-12 所示。

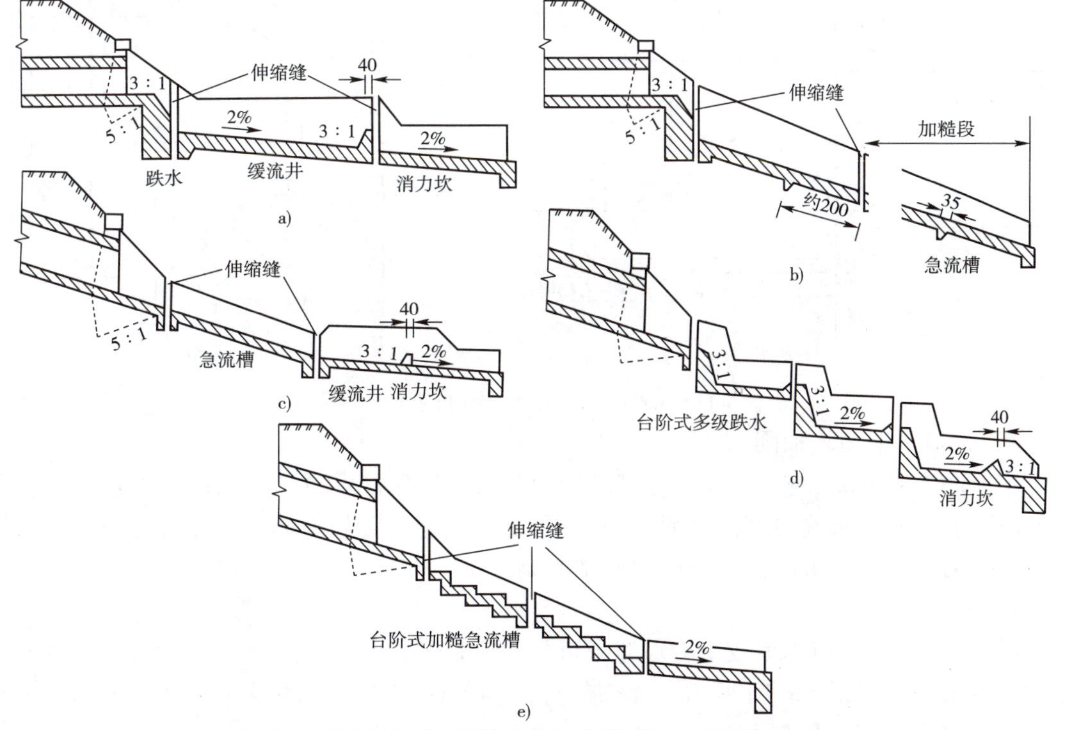

图 5-12　陡坡涵洞出口消能组合加固示意图（尺寸单位：cm）

①出水口导流槽加固

当出水口为排水沟渠或需将水引流到指定地点宣泄时，可在出水口处设导流槽进行加固和导流，如图 5-13 所示。图 5-13 为八字墙洞口，由于地形、地物影响，要求水流顺路线方向导流（转向 90°）。导流方向和导流槽布设应视出水口具体条件而定。

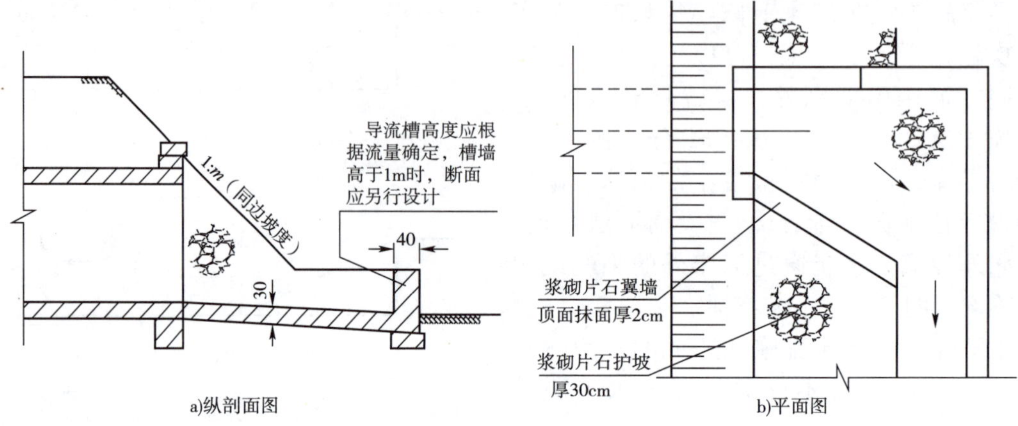

图 5-13　出水口导流槽加固（尺寸单位：cm）

②出水口设消力池加固

当出水口无沟形或较平坦，水流出后，为减小流速、减轻冲刷，设置漫流状消力池，如图 5-14 所示。池深一般不小于 30cm，长度可根据水文、土质条件确定。

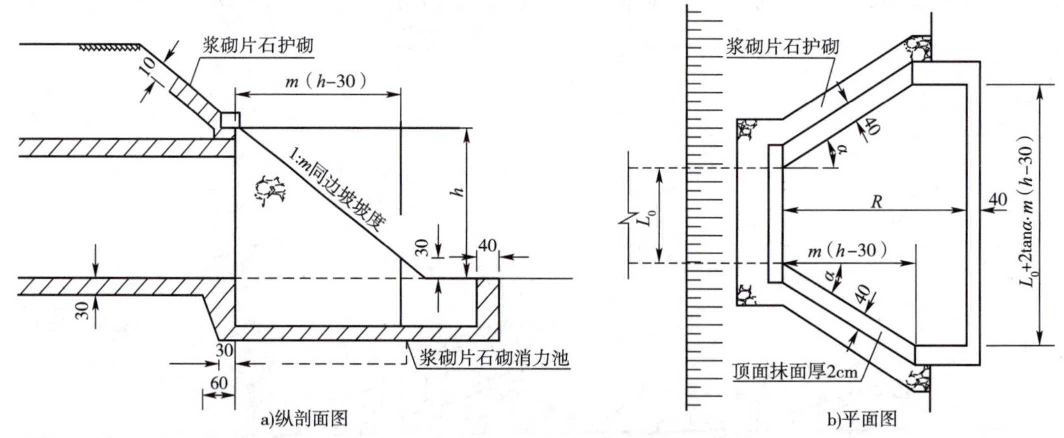

图 5-14　出水口设消力池加固（尺寸单位：cm）

③出水口设消力坎加固

当出水口为较高山坡，洞口至沟底距离较长，为消能减冲，可设置消力坎加固，如图 5-15所示。加固末端的宽度视坡面而定，缓坡应宽，陡坡宜窄，一般不小于 L_0+400（cm）。消力坎可现浇混凝土，也可用预制混凝土。

④延长洞口加固

当填方路堤出水口沟渠发生变坡时，可将原洞口延长，设置跌水或急流坡，并在端部设加深的隔水墙，如图 5-16 所示，加固部分结构与原洞口八字墙或一字墙锥坡的结构相同，可用混凝土进行铺砌。

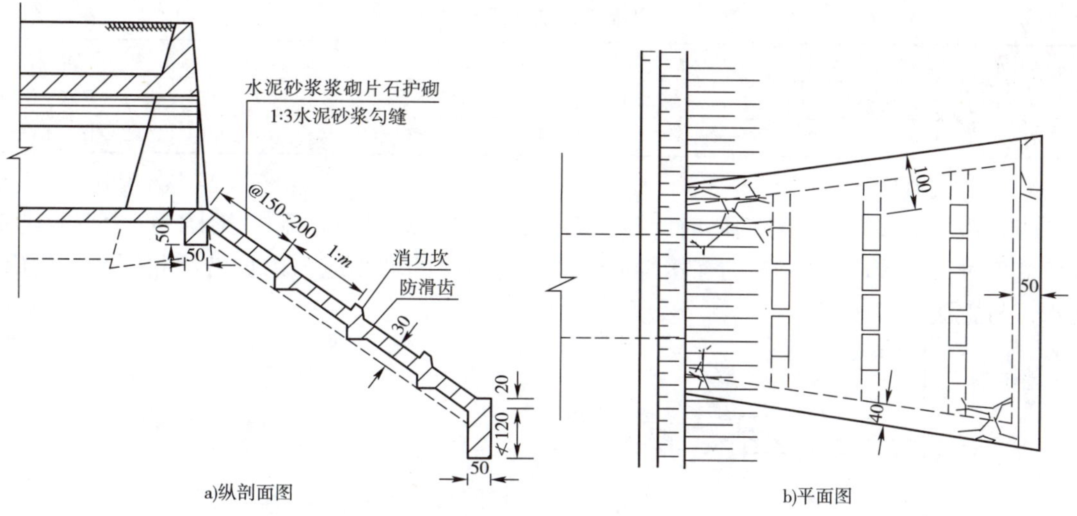

图 5-15　出口设消力坎加固（尺寸单位：cm）

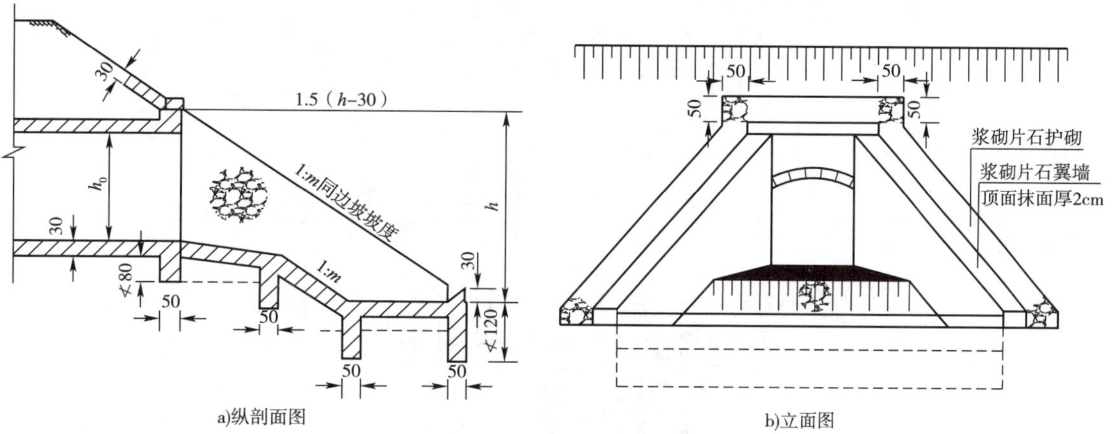

图 5-16　延长洞口铺砌加固（尺寸单位：cm）

⑤出水口阶梯加固

当出水口为填土边坡时，为使边坡不受水流冲刷，确保路基稳定，可设置混凝土块阶梯加固，如图 5-17 所示。加固尺寸见表 5-5。

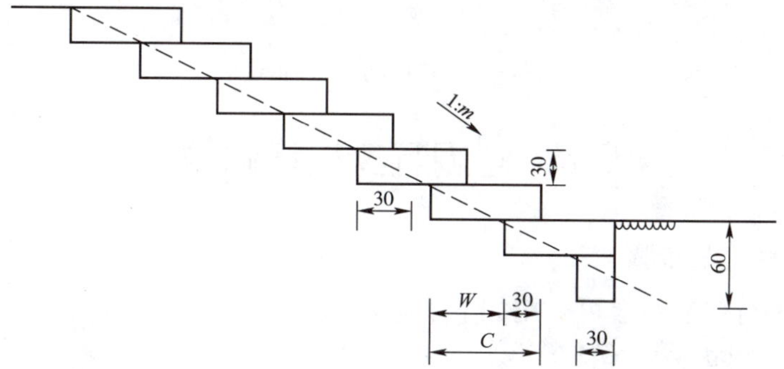

图 5-17　阶梯加固出水口（尺寸单位：cm）

出水口阶梯加固尺寸　表 5-5

m	0.75	1.00	1.50	2.00	2.50
W（cm）	23	30	45	60	75
C（cm）	53	60	75	90	105

⑥上下线涵连接加固形式

当公路上下线在一个坡面同时跨越一条沟渠，上线的涵洞急流槽出水口即为下线进水口急流槽时，可采用图 5-18 的连接加固形式。急流槽的坡度应与山坡坡度相同，并使出、进水口与急流槽相顺接。

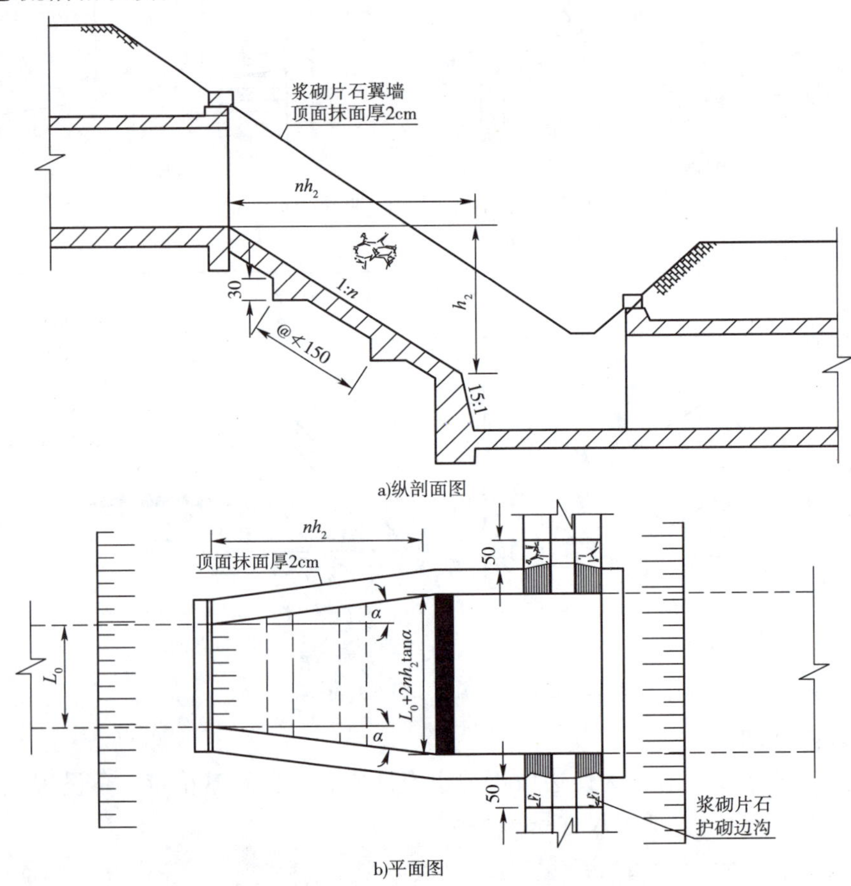

图 5-18　上下线涵连接加固

5.6　涵洞洞身损坏修复

5.6.1　涵洞修复的步骤

对涵洞破坏进行修复一般可采用如下步骤：

（1）检查涵洞现状及损坏情况；

（2）调查涵洞的有关技术资料和现有交通状况；

（3）提出修复方案并进行分析比较；

（4）确定方案并进行维修加固施工。

5.6.2 涵洞修复的一般方法

对涵洞洞身损坏进行修复一般可采用如下方法：

（1）偏小时，加孔或扩大跨径。

（2）设计未预料到水力条件，可按实际情况进行设计。

（3）属于施工质量低劣的，按原设计修复；属于设计缺陷的，根据地形、地质情况增设防治排水工程，如增设跌水、急流坡、沉沙井、挑坎等。

（4）涵洞位置不当，局部破坏的按原结构修复，并将引水沟槽改善顺适，全部破坏的改建在适当位置。

（5）当主河道不利演变时，可按原设计修复并随路线增设防护工程。

（6）洞翼墙倒塌、洞身垮塌以及铺底冲毁的修复，应依据水毁的成因有针对性地确定水毁修复方案。

（7）墙身鼓胀、开裂、盖板、拱圈开裂的，采用衬套或注浆进行加固。

（8）盖板变形的，主要采用加衬套或重做等方法进行加固。

5.6.3 涵洞裂缝及渗漏的修补

1）灌浆处理

此法适用于缝宽大于0.2mm的裂缝深层处理。灌浆最好能沿涵管全线进行。尤其是涵管漏水已引起基础沉陷时，除在内壁布孔外，还需要在涵管周围布孔灌浆。灌浆选材时一定要保证材料的可灌性和耐久性。埋嘴结束后应进行压水试验，确保裂缝和各灌浆孔之间通畅，否则重新布孔埋设止水针头，直至完全满足要求后方可进行灌浆。施工工艺如下：布孔→洗孔→埋嘴及压水试验→灌浆→整理缝面。

2）表层裂缝处理

表层裂缝处理有表层涂抹法、表面粘补法、喷浆修补法和环氧砂浆表面处理。表层涂抹法是对裂缝数量较多、分布范围较广且有微量渗水的细微裂缝，可在裂缝表面用（1：1）～（1：2）的水泥砂浆涂抹；表面粘补法则用胶粘剂把橡皮或其他材料粘贴在裂缝部位的混凝土上，以达到封闭裂缝和防渗防漏的目的；喷浆修补法在裂缝部位已凿毛处理的混凝土表面，喷射一层密实而且强度高的水泥砂浆保护层，达到封闭裂缝、防渗堵漏或提高混凝土表面抗冲能力的目的；环氧砂浆表面处理是对涵洞洞壁和隧洞衬砌产生的一般裂缝漏水，施工时，将裂缝部位水泥砂浆凿出，用钢丝刷将碎片、砂粒清除洗净、烘干，然后在表面涂抹一层环氧基液，最后用环氧砂浆填补好，并用烧热的泥刀压实抹平。

3）开挖回填

当涵洞周围填土因夯实不良而产生渗漏且表层裂缝不太深时，如开挖量不大，并能保证安全的条件下，可采用沿涵洞轴线开挖回填措施。涵管两侧开挖宽度≥1m，全部清除淤泥软土，按照与基础相同的土料和要求，分层回填夯实。必要时，可在涵洞进水口段的填土中掺入3%～5%的水泥，以增加填土的密实性，并提高其抗渗性能。

4）开挖回填与灌浆相结合

根据情况，能开挖的管段，采用开挖回填，其余未开挖的管段，则采用灌浆处理。

5.6.4 涵洞断裂的加固与修复

1）涵洞地基加固

地基加固主要适用于软基、岩石基础软弱地带和断层带。地基加固的方法应按地质条件和涵洞断裂的位置而定。断裂发生在洞口附近，可直接挖开进行处理；对于软基，应先拆除破坏部分的涵管，然后清除基础部分的表土、松土和淤泥，直至开挖到坚实土层。均匀夯打后，再用浆砌石或混凝土回填密实；对于岩石基础软弱地带的加固，主要是在岩石裂隙中进行充填灌浆或固结灌浆；如为断层带，需开挖回填混凝土。当断裂发生在涵洞中部，而洞径又较大时，可在洞内进行灌浆处理。灌浆前要将断裂处用混凝土、钢筋混凝土或钢环封闭好。

值得注意的是，对软土地基，可综合采用管桩、旋喷桩、压力注浆加固。这里介绍两种简单常用的软土地基加固方法：

第一种方法是砂垫层加固软土地基：挖除基底下一部分原有软土，换以分层夯实的低压缩性的砂（或掺加砾石、卵石、碎砖等），以满足地基稳定和变形的基本要求。在经济技术条件适宜于做砂垫层时可采用。第二种方法是砂（土）桩挤密法加固软土地基：在软土地基内打入带活动桩靴的钢管，灌以砂或土后，把附近地基挤向四周使地基土变密，然后将管拔出而在地基内形成"桩"，其作用是挤密地基软土。

2）洞口翼墙加固和改造

翼墙的形式尽可能设计成扭曲面渐变段，其长度应大于渠道设计水面宽度的1.5～2倍，翼墙基础应加宽并深入到地基0.5m，材料最好采用混凝土砌石，并做好翼墙与涵洞的连接。

3）补设必要的伸缩缝

对于原来伸缩缝的设置不能满足工程要求的涵洞，且涵洞产生较大贯穿性横向裂缝的情况，可选取现有较大的贯穿性横向裂缝，沿裂缝处开凿5cm左右的环形缝，直至基底，并截断其间钢筋，在内壁设置可靠止水设施，如采用PT胶泥、PU2弹性材料填塞，以及表面用环氧树脂粘贴橡胶封闭等。在外壁为确保工程安全，也可加设钢筋混凝土套管，并设置允许相对变位的垫层，使之沿纵向可以自由伸缩，防止温度变化产生新的裂缝。

4）洞身设置沉降缝

在洞身受力不均匀处，或地基沉降相差较大处，应设沉降缝。置于非岩石地基上的涵洞，根据涵洞的涵底纵坡及地基土情况，每隔4～6m应设置一道沉降缝；高路堤路基边缘以下的洞身及基础每隔适当距离应设置沉降缝；旧涵洞接长时，亦应在新旧接头处设置沉降缝；岩石地基上的涵洞可不设沉降缝。

沉降缝宽度应符合设计规定，设计无规定时，可采用20～30mm。止水结构一般由止水片和多层油毡组成。止水片宜采用紫铜片，也可采用塑料止水片、铝片等。沉降缝应采用弹性不透水材料填塞。

预制涵管的沉降缝应设在管节接缝处。涵洞（基础和墙身）沉降缝处两端面应竖直、平整，上下不得交错。

5）涵洞内套衬补强及裂缝嵌补处理

当材料强度不够，涵洞内产生裂缝或断裂，外观表面裂缝较多，但较少有交错分布且裂缝宽度较小，没有混凝土错台剥落现象时，可以采用套衬补强及裂缝嵌补措施。

套衬补强常用的方法有：采用钢管、钢筋混凝土管、钢丝网水泥管等制成的成品管，与原洞壁间充填水泥砂浆或填骨料灌浆而成。在洞内采用现浇混凝土或支架钢丝网喷水泥砂浆等方法套衬。无论采用何种方法，都必须使新老管壁结合良好。套衬厚度不低于20cm，延伸较长的裂缝要分段处理，裂缝密度较大的地方要逐条处理。

裂缝嵌补常用的方法有：沿裂缝走向凿槽，填入充填料并埋孔注浆。嵌补材料常用环氧树脂砂浆。

套衬补强施工工艺：将原混凝土表面凿毛，然后用高压水冲洗干净；在原混凝土表面刷涂混凝土界边剂，增强新旧混凝土之间的黏结力；施作套衬混凝土。

裂缝嵌补施工工艺：沿裂缝走向凿槽，然后用高压风吹净槽内浮尘及碎屑；在槽内嵌入充填料并埋入注浆管；在充填料达到一定强度后，采用手压泵注入浆液充填裂缝；注浆完成后，割除注浆管外露端，用水泥砂浆抹平。

5.6.5 涵底修复

涵底及涵洞进出水口铺砌损坏数量较小时，采用浆砌片石恢复原样，再用厚度为2cm的水泥砂浆抹面；损坏数量较大时采用混凝土局部修复或重新铺砌。

5.6.6 涵墙修复

一般可采用更换土壤或扩大基础的方法加固，然后再修理倾斜部分。长度应大于渠道设计水面宽度的1.5~2倍，翼墙基础应加宽并深入到地基，材料宜采用片石混凝土，并做好翼墙与涵洞的连接。适用于填土夯实不足而沉降挤压或填土中水分过大、土压力增大而造成的翼墙外倾或鼓肚或因为基础不均匀沉降而发生翼墙倾斜时。

5.7 涵洞防淤

洞口形式应结合具体地形地质情况选择，进水口宜做成八字形或流线型，涵洞底坡宜做成陡坡涵的形式。

要经常清除涵洞进出水口及涵洞内杂草、树枝和淤塞的泥沙等，以免堵塞壅水。如有大量泥沙等堆积洞口时，除及时清除外，可在涵洞进水口前适当位置用石料砌墙、树枝编篱或修筑沉砂井，以防止泥沙进入洞内。如有漂浮物经过涵洞，可设置栅栏或围栏。当管涵孔径小于0.75m，不能直接进入洞内清除淤塞时，可采用一种专门工具（俗称“铁牛”）来疏通涵管。

5.8 涵洞增设与改造

（1）涵洞位置不当，局部破坏的按原结构修复，并将引水沟槽改善顺适，全部破坏的改建在适当位置。

（2）洞径小于75cm的涵洞应逐年进行改造。

（3）当主河道不利演变时，可按原设计修复并随路线增设防护工程。

第 6 章　公路隧道水灾害防治

6.1　隧道水灾害特征及成因机理

6.1.1　隧道水灾害形态

据有关资料统计，目前公路隧道水灾害主要表现在：严重渗漏水、结构衬砌的腐蚀裂损、仰拱或铺底的变形损坏导致路面的破坏。几乎所有的隧道病害都与渗漏水有着直接或间接的关系，隧道结构的缺陷给隧道渗漏水提供了通道，隧道渗漏水的长期作用又会加剧隧道侵蚀破坏，特别是在围岩有地下水并具有侵蚀性的情况下，对衬砌和隧道设备的腐蚀更加严重。在运营期间，地下水常通过混凝土衬砌的变形缝、施工缝、裂缝，甚至混凝土孔隙等通道渗漏进隧道中，造成洞内通信、供电、照明等设备处于潮湿环境而发生锈蚀、霉烂、变质、失效，若使路面积水，就会改变路面行车环境，造成车辆打滑，危及行车安全，影响道路交通。

1）隧道渗漏水和涌水

（1）隧道渗漏水的分类

隧道内出现渗漏水主要表现为以下一些现象：点形渗漏（滴漏）、线形渗漏（线漏）以及面形渗漏（湿渍、渗水、水珠）等。滴漏指地下混凝土衬砌结构拱顶渗漏水的滴漏速度，每分钟至少一滴，称为滴漏现象；线漏指渗漏成线或喷泉状；湿渍主要是指地下混凝土工程背水内表面，呈现明显色泽变化的潮湿斑；渗水指水从地下混凝土结构内表面渗出，在背水的墙壁上可观察到明显的流挂水膜范围；水珠指悬垂在地下混凝土衬砌结构背水的顶板的水滴，其滴落间隔超过 1 分钟的称为水珠现象。

点形渗漏具体表现为水从衬砌各类孔眼中流出，一般水量较大，成流水状。它有两种形式：

①衬砌混凝土振捣不密实产生的蜂窝状点漏。

②人为孔洞点漏。人为孔洞包括电缆线穿引洞、灌浆完未处理的灌浆孔、风机脚架伸入衬砌未堵的洞等。前者渗漏水量较大，后者有的大，有的小。

线形渗漏是隧道渗漏水最主要的表现形式，它又可分为以下三类。

①环向线形渗漏：表现为沿隧道横截面环向均等发生，拱顶部渗漏水小的沿施工缝顺流而下，大的则直接滴落路面，拱腰和拱脚处渗漏则延伸至边墙。导致此类渗漏的原因是整浇混凝土模板间接缝不密贴，处于边墙的施工缝渗漏亦归于此类。

②裂缝线形渗漏：由于温差、地层偏压、围岩扰动等内外应力导致隧道衬砌产生裂缝，裂缝长宽不一，也不全引起渗漏，一般宽度大于 0.2mm 并且贯穿衬砌厚度的裂缝才有渗漏水存在，其上或多或少还附有钟乳状凝结块或条形凝结物。一些较宽的裂缝，从中

渗漏的水量还相当大。

③施工缝线形渗漏：主要表现为拱墙结合部渗水。部分隧道，特别是早期采用矿山法施工的隧道，拱、墙不是整体浇筑，不可避免地在拱墙结合部存在施工缝，水便从这里渗出。

面形渗漏。面形渗漏（面渗）指的是一些渗水区域，无明显水流，仅表面湿润或水珠悬挂，但当外来水源压力较大时，渗水区域明显扩大。造成面渗的原因有两个：

①因为衬砌混凝土振捣不密实留有孔隙所致，但该孔隙与蜂窝麻面相比，要小得多，或蜂窝麻面后的水源压力较小，还不足以形成流水状；

②由一些规模相对较小或孤立的细小裂缝引起。

隧道渗漏，按其发生的部位和流量可分为：拱部有渗水、滴水、漏水成线和成股射流四种，边墙有渗水、淌水两种，少数隧道有隧道涌水病害。它受漏水、涌水规模以及隧道结构、牵引类型、地质条件等的影响。

隧道渗漏按水源补给情况，又分为地下水补给和地表水补给两种。地下水补给有稳定的地下水源补给，其流量四季变化不大；地表水补给，其流量随地表水季节性变化而变化。同一渗漏水处所也可能有两种补给水源。

（2）隧道渗漏水的影响与危害

隧道渗漏水对隧道稳定、洞内设施、行车安全、地面建筑和隧道周围水环境产生诸多不良影响甚至威胁。

①渗漏水促使混凝土衬砌风化、剥蚀，造成衬砌结构破坏；渗漏水还会软化围岩，引起围岩变形；有些隧道渗水中含有侵蚀性介质，造成一般的衬砌混凝土和砌筑砂浆腐蚀损坏；降低衬砌的承载能力。

②严重渗漏水引发地面和地面建筑物的不均匀沉降和破坏。

③隧道渗漏造成地表水和含水层水大量流失，破坏周围水环境，造成环境灾害。

2）衬砌周围积水

运营隧道中地表水或地下水向隧道周围渗流汇集，如不能迅速排走，会引起如下病害：

①水压较大时导致衬砌破裂。

②围岩浸水软化，承载力降低，对衬砌压力加大，导致衬砌破裂。

③膨胀性围岩体积膨胀，导致衬砌破裂。

3）浅流冲刷

由于地下水渗流和流动而产生的冲刷和溶蚀作用。其危害有：

①衬砌基础下沉，边墙开裂或仰拱、整体道床下沉开裂。

②围岩滑移错动导致衬砌变形开裂。

③超挖围岩回填不实或未全部回填者，引起围岩坍塌，导致衬砌破坏。

以上为运营隧道水害。另一类隧道水害是施工中的隧道水害，主要指隧道施工过程中围岩的地下水或部分地表水，以渗漏或涌出方式进入隧道内造成的危害。施工中的隧道水害，轻则造成洞内空气潮湿，影响施工人员身体健康，机械设备锈蚀，绝缘设备失效，电路短路，漏电伤人；重则威胁人员安全，冲毁洞内机械设备，造成塌方，淹没工作面，中断施工，造成重大经济损失，危害环境。

6.1.2 隧道渗漏水灾害成因分析

1）设计、施工引起的渗漏水

（1）属于防水设计的原因

设计人员不能全面掌握构造物地区的地下水状况，造成防水设计不合理；没有根据隧道洞室的性质与防水部位的结构特点合理选择防水材料；未能合理确定地下防水工程的防水标准等级，未能正确确定防水方法；对地下水的危害认识不够等。

（2）属于防水施工的原因

①隧道开挖对地下水的影响

a. 隧道开挖引起围岩应力的释放和重分布，改变围岩的力学特性和水的径流路线，使周围的水向隧道内汇集和积聚，隧道处于地下水的包围中，给隧道渗漏水创造了条件。

b. 隧道周围地下水渗流场的改变，进一步引起应力场的不断调整，可能引起的局部应力集中、地层不均匀沉降或滑移面活动都将对隧道结构造成破坏，使得衬砌结构出现裂缝等，形成渗漏水通道，使隧道产生渗漏水。

c. 隧道开挖可能引起的古滑坡复活、新滑坡、矿产采空区失稳、大的塌方、大量失水后的地面沉陷以及地震或人为诱发地震等都会破坏隧道衬砌结构，引起隧道渗漏水病害。

②混凝土施工中产生的渗漏水通道

a. 混凝土浇筑时水灰比过大，形成开放性毛细泌水管路。

b. 混凝土拌和物和易性不佳、混凝土质地不够均匀、水泥浆未能与骨料表面很好黏结、未能很好灌满捣实产生疏松层或留下各种形状的缝隙与孔洞，形成透水缝隙。

c. 衬砌混凝土材料中有杂物，腐烂后形成缝隙或孔洞。特别是在两环混凝土接缝部位，由于挡头板未拆除干净，腐烂后形成缝隙而漏水。

d. “三缝”处理不当，产生的漏水缝隙。

e. 防水板安装不规范，未处理好防水板的接缝和破损部位，导致渗水、排水管路堵塞，等等。

③施工队伍不正规

施工人员不能按设计正确施工，偷工减料，擅减卷材防水层数，搭接不规范，黏结不密实，涂抹层厚薄不均匀，及节点未做密封处理；使用的防水混凝土强度过高，收缩性大而产生裂缝，或防水混凝土抗渗强度过低，无法抵抗压力而形成渗漏；施工现场混乱，施工材料中混入泥土等杂物等。

2）防排水失效引起的渗漏水

从防排水失效位置看，隧道渗漏原因有以下几种。

（1）隧道结构外防水失效

隧道结构外防水是隧道防渗漏的一道重要防线。从采用结构外防水的本意来看，就是用防水材料在结构的迎水面形成一个隔水屏障，拒水于结构之外，但是常有不尽如人意的后果。除材料本身有问题外还有以下几个方面的原因：

①结构变形过大或裂缝过宽，超过了材料的延伸性，以致防水膜断裂。这类问题多见于变形缝处。

②防水层的完整性有缺损，致使地下水通过缺损部位渗入结构内部。在铺设防水层时，存在一个防水膜的搭接问题，这是防水层施工中的薄弱环节，如果搭接不良就会给地下水提供渗漏通道。另外，喷射混凝土基面不平整以及基面上外露的锚杆、钢管等尖锐物也是造成防水层破损的重要原因。

③防水层的基面黏结不良，在浇筑二次混凝土衬砌时会造成防水层的空鼓、脱落等问题，并由此导致了防水层的破损。

（2）结构接缝变形使外防水失效

为便于施工设置施工缝，为适应结构变形的需要，避免防水混凝土超过允许的拉应力而设置变形缝，而地下工程最令人头疼的渗漏部位正是变形缝和施工缝。目前国内既有隧道的渗漏水有70%以上表现在衬砌结构的“三缝”上，即伸缩缝、沉降缝、施工缝。施工缝和结构裂缝一样一旦出现渗漏，处理起来还比较容易，一般采用注浆就可堵漏。可是变形缝的渗漏则很难根治，用常见的化学注浆治理在短期内可以见效，但时间久了，又旧病复发，究其原因，关键在于结构仍在温度和沉降等因素的变化下产生相对运动，而浆体不能适应，所以堵水也不能长久。

为保险起见，隧道的变形缝通常设有三道防线，即迎水面处缝内嵌有弹性密封膏，中间是中埋式止水带，结构内面又是弹性密封膏嵌缝，尽管设了三道防线，变形缝的渗漏机率仍然很高，究其原因有以下两个方面：

①弹性密封膏普遍不易做好。原因之一是支承面不平整，弹性密封膏在承受外水压力下由于无可靠的支承而超出了其弹性范围；原因之二是黏结面不能处理好，密封膏不能与结构的基面很好黏结，浇筑下一阶段的混凝土时很容易使其松动脱落。

②中埋式止水带与防水夹层一样也存在搭接问题，不易形成一个封闭的防水圈。止水带破损、位置设置不正以及止水带周围混凝土未能振捣密实，尤其是在拱部止水带的下侧率疏松和积聚相当多的气泡以致形成水的通路，这些都是造成变形缝渗漏的重要因素。

（3）衬砌混凝土结构自防水失效

钢筋混凝土结构既能承载又能防水，称为结构自防水。防水混凝土根据其配制方法的不同，可分为三类，即普通防水混凝土、外加剂防水混凝土和膨胀水泥防水混凝土，目前隧道上应用较多的是后两类。衬砌混凝土结构自防水是隧道防渗漏的第二道防线，也是最后一道防线。尽管采用了种种方法和措施配制了防水混凝土，但是最终混凝土结构还可能出现渗漏，究其原因主要有以下方面：

①对混凝土结构自防水的认识有些片面。在工程实际中，往往只侧重于混凝土的抗渗等级，认为混凝土的抗渗等级越高结构越能自防水，而忽视了施工与养护的重要性；其实，结构自防水并非单纯提高混凝土的抗渗等级就能做到，后面的原因就说明了这一点。

②混凝土结构本身存在缺陷，如混凝土表面呈蜂窝麻面。防水混凝土必须认真施工，才能防水；在混凝土中夹泥夹杂、振捣不够、漏振、跑模、漏浆等因素都有可能导致自防水失效。

③衬砌混凝土结构出现裂缝。隧道的裂缝一般表现为拱部、墙部的环向裂缝和纵向裂缝。衬砌结构一旦出现贯穿裂缝，抗渗等级再高的混凝土也做不到自防水，所以从某种意义上说抗裂比抗渗更为重要。至于裂缝产生的原因，除结构设计原因外，还有以下几个

方面：

a. 混凝土水灰比过高，养护不当，使得混凝土中的水泥在硬化过程中体积收缩引起干缩裂缝。

b. 施工中较大的温差导致了混凝土的收缩裂缝。由于混凝土的早期抗拉强度很低，因此，如果混凝土的水泥用量、入模温度、水泥强度等级过高就会导致混凝土的早期温度过高，随着混凝土温度的下降，裂缝也就随之产生。

④隧道衬砌结构破损。主要是指隧道衬砌开裂变形、片块剥离以及大块坍落。其原因概括起来有地质原因（如软弱围岩、地层偏压及山体滑坡等）、设计不完善、施工原因和其他人为因素（如在隧道附近取土、采矿等）。其中反映在施工方面的问题比较普遍，如强度不足、厚度不够、模板变形、拆模过早及浇筑时机不合适等。但地质原因在衬砌结构破损成因方面起主要作用，尤其是地基不均匀沉降和山体滑移错动。

不同类型的隧道渗漏，其引发原因也不同。隧道内渗漏主要可以分为两大类：一是隧道内混凝土结构上出现的渗漏，二是隧道内各种管线、预埋件等细部构造上出现的渗漏。

6.2　隧道水灾害防治的一般原则

（1）隧道水灾害防治应遵循“防、排、截、堵结合，因地制宜，综合治理”的原则。以“排”为主，以“防”助排，使水流集中，引导地下水流按无害路径排走。

①“防”是指隧道衬砌应具有一定的防水能力，防止地下水渗入。

为了保证公路隧道结构安全和必需的运营条件，我国《公路隧道设计规范》（JTG D70—2004）规定公路隧道应达到下列防水要求：

a. 高速公路、一级公路、二级公路隧道防排水应做到拱部、边墙、路面、设备箱洞不渗水，有冻害地段的隧道衬砌背后不积水，排水沟不冻结，车行横洞、人行横洞等服务道道拱部不滴水，边墙不淌水。

b. 三、四级公路隧道应做到拱部、边墙不滴水，路面不积水，设备箱洞不渗水，有冻害地段的隧道衬砌背后不积水，排水沟不冻结。

②“截”是指在洞外和衬砌外侧采用工程措施，把流向隧道的水源拦截引排。如增设洞顶截水沟、防渗漏铺砌填补工程和修建接水泄水洞等。地表水应截流、汇集排除，防止积水下渗。隧道衬砌背后的地下水宜引排，减少衬砌的渗水压力和渗水量。

③“堵”是指在隧道内对衬砌表面可见的渗漏处，封堵归槽引排。如衬砌圬工内压浆、喷浆、喷涂乳化沥青和抹面封闭等内贴式防水层。堵水应归槽，使地下水按预定路径排除。

④“排”是指工程有自流排水条件或可采用机械排水时，将地下水排除，为防水创造有利环境。

（2）隧道应加强日常养护和定期检查。

（3）隧道的排水设施应定期清理，洞内部分每年不宜少于1次，洞外部分每月不宜少于1次。

（4）下穿式隧道电气开关应尽可能设置在高处。

6.3 隧道养护

公路隧道养护工作分为日常检查、定期检查、特别检查和专项检查四类。

日常检查、定期检查、特别检查的结果分三类判定（表6-1）；专项检查的结果分四类（表6-2）。

日常检查、定期检查、特别检查的结果判定 表6-1

判定分类	检查结论
S	情况正常（无异常情况，或虽有但很轻微）
B	存在异常情况，但不明确，应作进一步检查或观测以确定对策
A	异常情况显著，危及行人、行车安全，应采取处治措施或特别对策

专项检查结果判定 表6-2

判定分类	检查结论
B	结构存在轻微破损，现阶段对行人、行车不会有影响，但应进行监视或观测
1A	结构存在破坏，可能会危及行人、行车安全，应准备采取对策措施
2A	结构存在较严重破坏，将会危及行人、行车安全，应尽早采取对策措施
3A	结构存在严重破坏，已危及行人、行车安全，必须立即采取紧急对策措施

6.3.1 日常检查

日常检查是对土建结构的外观状况进行的日常巡查。在雨季，应加强日常检查工作，及时发现构部件缺损、设备破坏或其他异常情况，适时进行保养和小修工作，并对结构存在异常情况进行跟踪观测。公路隧道日常检查以目测为主，配合简单的检查工具量测。

（1）检查的频率应不少于1次/月。在雨季进行，应加强日常检查工作。

（2）日常检查的内容：

①洞口边（仰）坡有无危石、积水；边沟有无淤塞，构造物有无开裂、倾斜、沉陷等。

②洞门有无结构开裂、倾斜、沉陷、错台、起层、剥落、渗漏水。

③衬砌。

a. 结构裂缝、错台、起层、剥落。

b.（施工缝）渗漏水。

④洞内路面有无落物、油污、滞水或路面拱起、坑洞、开裂、错台等。

⑤检修道有无结构破损，盖板缺损，栏杆变形、损坏。

⑥排水系统：沟管有无开裂漏水，排水设施是否破损、堵塞、积水。

⑦吊顶是否变形、破损、漏水。

⑧内装是否脏污、变形、破损。

（3）日常检查的判定：分S、B、A三类。

情况S：正常情况。

情况B：存在异常情况，但不明确，应作进一步检查或观测以确定对策。

①洞口存在落石、积水隐患；洞口构造物局部开裂、倾斜、沉陷，有妨碍交通的

可能。

②洞门侧墙出现起层、剥、落，存在渗漏水，尚未妨碍交通。

③衬砌。

a. 衬砌起层，且侧壁出现剥落状况，尚未妨碍交通，将来可能构成危险。

b. 存在渗漏水，尚未妨碍交通。

④路面存在落物、滞水、裂缝，尚未妨碍交通。

⑤检修道栏杆变形、损坏，道板缺损、结构破损，尚未妨碍交通。

⑥排水设施存在破损、积水，尚未妨碍交通。

⑦吊顶存在破损、漏水，尚未妨碍交通。

⑧内装存在破损，尚未妨碍交通。

情况 A：异常情况显著，危及行人、行车安全，应采取处治措施或特别对策。

①坡顶落石、积水漫流，构造物因开裂、倾斜或局部开裂、倾斜、沉陷，有妨碍交通的可能，沉陷而致剥落或失稳，边沟淤塞，已妨碍交通。

②拱部及其附近部位出现剥落，存在喷水等现象，已妨碍交通。

③衬砌。

a. 衬砌起层，且拱部出现剥落状况，已妨碍交通，并有继续恶化的可能。

b. 大面积渗漏水，已妨碍交通。

④路面：拱部落物，存在大面积路面滞水或裂缝，已妨碍交通。

⑤检修道栏杆局部毁坏或侵入建筑限界；道路结构破损，已妨碍交通。

⑥排水设施沟管堵塞，积水漫流，设施破损严重，已妨碍交通。

⑦吊顶破损严重，或从吊顶板漏水严重，已妨碍交通。

⑧内装破损严重，已妨碍交通。

公路隧道日常检查的结果应作为制订日常保养和小修计划及实施下月养护作业的依据，作出判断分类，并采取相应的措施。作为进行定期检查、特别检查和专项检查的依据。

检查结果应及时填入“日常检查记录表”，翔实记述检查项目的破损类型，估计破损范围和程度以及养护工作量，作出判定分类，并采取相应的对策措施。

当日常检查的判定结果为 B 时，应进行监视、观测或做特别检查；当特别检查或定期检查的判定结果为 B 时，应做专项检查。

6.3.2 定期检查

定期检查是按规定周期对土建结构的基本技术状况进行全面检查。通过定期检查，应系统掌握结构基本技术状况，评定结构物功能状态，为制订养护工作计划提供依据。

（1）检查的周期宜 1 次/年，高速公路隧道应不少于 1 次/年。检查宜安排在春季或秋季进行。新建隧道应在交付使用 1 年时进行首次定期检查。

（2）检查宜采用步行方式，配备必要的检查工具或设备，进行目测或量测检查。检查时，应尽量靠近结构，依次检查各个结构部位，注意发现异常情况和原有异常情况的发展变化。对于有异常情况的结构，应在其适当位置作出标记。检查结果宜尽可能量化。

（3）定期检查的内容：

①洞口。

a. 山体有无滑坡、岩石有无崩塌的征兆；边坡、碎落台护坡道等有无缺口、冲沟、潜流涌水、沉陷、塌落等；

b. 护坡、挡土墙有无裂缝、断缝、倾斜、鼓肚、滑动、下沉或表面风化、泄水孔堵塞、墙后积水、周围地基错台、空隙等现象。

②洞门。

a. 墙身有无开裂、裂缝；

b. 结构有无倾斜、沉陷、断裂；

c. 混凝土有无钢筋外露。

③衬砌。

a. 衬砌有无裂缝；

b. 衬砌有无起层、剥落；

c. 墙身施工缝有无开裂、错位；

d. 洞顶有无渗漏水。

④路面：路面有无塌（散）落物、油污、滞水等；路面有无拱起、沉陷、错台、开裂、溜滑。

⑤检修道：道路有无毁坏、盖板有无缺损；栏杆有无变化、锈蚀、破损。

⑥排水系统：结构有无损坏，中央窨井盖、积水井等是否完好，排水沟（管）有无淤积堵塞、沉沙、滞水等。

⑦吊顶：吊顶板有无变形、破损；吊杆是否完好等；有无漏水。

⑧内装：表面有无脏污、缺损；装饰板有无变形、破损等。

（4）定期检查的判定：分 S、B、A 三类。

情况 S：情况正常。

情况 B：存在异常情况，但不明确，应作进一步检查或观测以确定对策。

①洞口。

a. 山体存在滑坡、岩石崩塌的初步征兆；边坡、碎落台护坡道等有缺口、冲沟、潜流涌水、沉陷、塌落等，但尚不妨碍交通；

b. 护坡、挡土墙存在裂缝、断缝等现象，尚不妨碍交通。

②洞门。

a. 墙身存在轻微的开裂，尚不妨碍交通；

b. 墙身存在起层、剥落，尚不妨碍交通；

c. 存在轻微倾斜或下沉，尚不妨碍交通；

d. 存在轻微的钢筋外露现象，尚不妨碍交通。

③衬砌。

a. 拱顶或拱腰部位，存在裂缝且数量较多，尚不妨碍交通；

b. 表面存在起层，尚不妨碍交通；

c. 墙身施工缝存在开裂、错位现象，尚不妨碍交通；

d. 洞顶存在渗漏水，影响隧道内设备安全，尚不妨碍交通。

④路面。路面存在塌（散）落物、油污、滞水等；路面拱起、沉陷、错台、开裂、溜

滑等异常情况，尚未妨碍交通。

⑤检修道：道路局部毁坏、栏杆变形、锈蚀，尚未妨碍交通。

⑥排水系统：积水井等存在淤积堵塞、沉沙、滞水等，尚未妨碍交通。

⑦吊顶：吊顶板存在变形、破损，尚未妨碍交通。

⑧内装：饰板变形、脏污、缺损，尚未妨碍交通。

情况A：存在异常情况，但不明确，应作进一步检查或观测以确定对策。

①洞口。

a. 山体开裂、滑动，岩体开裂失稳，已危及交通；

b. 护坡、挡土墙开裂、变形、位移，可能对交通构成威胁；

②洞门。

a. 由于开裂，衬砌存在剥落的可能，对交通构成威胁；

b. 隧道顶部发现起层、剥落，有可能妨碍交通；

c. 肉眼观察，发现墙身有明显的倾斜、下沉，或洞门与洞身连接处有明显的环向裂缝，有外倾趋势存在，对交通构成威胁；

③衬砌。

a. 开裂严重，混凝土被分割形成块状，存在掉落的可能，对交通构成威胁；

b. 表面严重起层、剥落，对交通构成威胁；

c. 墙身接缝开口、错位、错台等引起止水板或施工缝砂浆掉落，进一步发展可能妨碍交通；

d. 洞顶大规模漏水，已妨碍交通。

④路面：路面出现严重拱起、沉陷、错台、开裂、溜滑、浸水等异常情况，已妨碍交通。

⑤检修道：道路毁坏、碎物散落，栏杆破损变形，可能侵入限界，已妨碍交通。

⑥排水系统：积水井等淤积堵塞、沉沙、滞水等，已妨碍交通。

⑦吊顶：吊顶板存在严重变形、破损，已妨碍交通。

⑧内装：饰板存在严重变形、脏污、缺损，已妨碍交通。

检查结果应及时填入“定期检查记录表”，将检查数据及病害绘入“隧道展示图”，应详细、准确地记录各类结构的基本技术状况，分析病害的成因，给出判定结论。

定期检查完成后，应提出土建结构定期检查报告，内容应包括：

①对土建结构的技术状况和功能状态的评价；

②对土建结构的养护维修状况的评价及建议；

③需要实施专项检查的建议；

④需要采取处治措施的建议。

此外，检查报告还应附上检查记录表、隧道展示图以及其他有关检测记录资料。

6.3.3 特别检查

特别检查是在隧道遭遇自然灾害、发生交通事故或出现其他异常事件后，对遭受影响的结构立即进行的详细检查。通过特别检查，应及时掌握结构受损情况，为采取对策措施提供依据。

（1）应根据受异常事件影响的结构，决定采取的检查方法、工具和设备。

（2）特别检查的内容应针对受异常事件影响的结构或结构部位做重点检查，掌握其受损情况。

（3）特别检查应按定期检查的标准判定，当难以判明破损的原因、程度等情况时，应做专项检查。

（4）检查结果的记录与定期检查相同。检查完成后，应提交特别检查报告，包括检查记录，评估异常事件的影响，给出判定结论，确定合理的对策措施。

6.3.4 专项检查

专项检查是根据定期检查和特别检查的结果，或者通过其他途径，判断需要进一步查明某些破损或病害的详细情况而进行的更深入的专门检测。通过专项检查，应完整掌握破损或病害的详细资料，为其是否实施处治以及采取何种处治措施等提供技术依据。

（1）专项检查宜委托具有相应检测资质的专业机构实施。

（2）检查的项目、内容及其要求，应根据定期检查或特别检查的结果有针对性地确定。

（3）检查人员应对有关的技术资料、档案进行调查，并对隧道周围的地质及地表环境等展开实地调查，以充分掌握相关的技术信息，寻找土建结构发展变化的原因，探索其规律，确保专项检查结果的准确性。

（4）检查的结果可按外荷载作用、材料劣化和渗漏水三种主要情况分别考虑，进行判定分类。

①由外荷载作用而导致的结构破损，以衬砌变形、移动、沉降、裂缝、起层、剥落以及突发性的坍塌等为主要表现形态。其判定基准可按表6-3执行。

外荷载作用所致结构破损的判定基准

表6-3

判定 \ 异常情况	衬砌变形、移动、沉降	衬 砌 裂 缝	衬砌起层、剥落	衬砌突发性坍塌
B	虽存在变形、位移、沉降，但已停止发展，已无可能再生异常情况	存在裂缝，但无发展趋势		
1A	出现变形、位移、沉降，但发展缓慢	存在裂缝，有一定发展趋势		衬砌侧面存在空隙，估计今后由于地下水的作用，空隙会扩大
2A	出现变形、位移、沉降，估计近期内结构物功能会下降	裂缝密集，出现剪切性裂缝，发展速度较快	侧墙处裂缝密集，衬砌压裂，导致起层、剥落，侧墙混凝土有可能掉下	拱部背面存在大的空洞，上部落石可能掉落至拱背
3A	出现变形、位移、沉降，结构物的功能明显下降	裂缝密集，出现剪切性裂缝并且发展速度快	由于拱顶裂缝密集，衬砌开裂剥落，导致起层、剥落的混凝土块可能掉下	衬砌拱部背面存在大的空洞，且衬砌有效厚度很薄，空腔上部可能掉落至拱背

②由材料劣化而导致的结构破损一般出现衬砌强度降低、起层剥落、钢材腐蚀等形态，其判定基准可按表6-4执行。

材料劣化所致结构破损的判定基准　　表6-4

判定＼异常情况	衬砌断面强度降低	衬砌起层、剥落	钢材腐蚀
B	存在材料劣化情况，但对断面强度几乎没有影响	难以确定起层、剥落	表面局部腐蚀
1A	由于材料劣化等原因，断面强度有所下降，结构物功能可能受到损害		孔蚀或钢材表面全部生锈、腐蚀
2A	由于材料劣化等原因，断面强度有相当程度的下降，结构物功能受到一定的损害	由于侧墙部位材料劣化，导致混凝土起层、剥落，混凝土块可能掉落或已有掉落	由于腐蚀，钢材断面明显减小，结构物功能受到损害
3A	由于材料劣化等原因，断面强度明显下降，结构物功能损害明显	由于拱顶部位的材料劣化，导致混凝土起层、剥落，混凝土块可能掉落或已有掉落	

③对于渗漏水、砂土流出等形态的破损，判定基准可按表6-5执行。

渗漏水所致的结构破损的判定基准　　表6-5

判定＼异常情况	渗漏水	砂土流出
B	从衬砌裂缝等处渗水，几乎不影响行车安全	有渗漏水，但对交通几乎没有影响
1A	从衬砌裂缝等处漏水，不久可能会影响行车安全	由于排水不良，铺砌层可能积水
2A	从衬砌裂缝等处涌水，影响行车安全	由于排水不良，铺砌层积水
3A	从衬砌裂缝等处喷射水流，严重影响行车安全	砂土等伴随漏水流出，铺砌层可能发生浸没和沉降

（5）检查完成后，应提交专项检查报告。报告的内容应包括：

①检查的主要经过，包括检查的组织实施、时间和主要工作过程等；

②所检查结构的技术状况，包括检查方法、试验与检测项目及内容、检测数据与结果分析以及对破损结构的技术评价等；

③对病害的成因、范围、程度等情况的分析，及其维修处治对策、技术以及所需资金等建议。

6.3.5 保养维修

保养维修的工作是预防性地对结构物进行维护，修复结构物轻微破损，经常保持结构物完好状态。保养维修工作主要包括经常性或预防性的保养和轻微破损部分的维修等内容，以恢复和保持结构的良好使用状态。当日常检查的判定结果为A时，应及时对土建结构进行保养和维修。

及时清除洞口边仰坡上的危石、浮土，保持洞口边沟和边仰坡上截（排）水沟的完好、畅通，修复洞口挡土墙、护坡、排水设施和减光设施等结构物的轻微损坏，维护洞口花草树木的完好。

1）洞身

无衬砌隧道出现的碎裂、松动岩石和危石，应本着少清除多稳围的原则加以处理；围岩的渗漏水，应开设泄水孔接引水管，将水导入边沟排出。

有衬砌隧道出现的衬砌起层或剥落，应及时加以清除或加固；对衬砌的渗漏水，可将水流引入边沟排出。

2）路面

及时清除隧道内外路面上的塌（散）落物，及时修复、更换损坏的井盖或其他设施的盖板；当路面出现渗漏水时，应及时处理，将水引入边沟排出，防止路面积水。

3）人行（和车行）横洞

横洞内严禁存放任何非救援用物品，要及时清除散落杂物，修复轻微破损结构，定期保养横洞门，确保横洞清洁、畅通。

4）斜（竖）井

及时清除井内可能损伤通风设施或影响通风效果的异物；维护井内排水设施的完好，保持水沟（管）的畅通；对井内的检查通道或设施进行保养，防止其锈蚀或损坏。

5）风道

清理送（排）风的网罩，清除堵塞网眼的杂物；定期保养风道板吊杆，防止其锈蚀或损坏；及时修复风口或风道的破损，更换损坏的风道板。

6）排水设施

维护隧道内外排水设施的完好，发现破损及时修复；排水管堵塞时，可用高压水或压缩空气疏通。

7）吊顶和内装

吊顶和内装应保持完好、整洁和美观，如有被损、缺失，应及时修补恢复，不能修复的应及时更新。

8）人行道或检修道

维护人行道或检修道的完好和畅通，道板如有破损或缺失，应及时进行修复和补充；定期保养人行道或检修道护栏，防止其锈蚀、损坏。

9）寒冷地区隧道

寒冷地区隧道的防冻保温设施应做好保养维护，如有损坏及时维修，确保其正常使用功能。隧道的交通标志应保持外观完整、清晰、醒目，保持位置、高度和角度适当，确保交通信息传递无误。

10）隧道的交通标线

隧道的交通标线应保持完整、清洁和醒目。

6.4 隧道防排水

6.4.1 洞外防排水

洞外防排水是指设计合理的隧道洞外地表水防排措施，防止地表水下渗或向隧道洞口汇集。隧道洞顶地表水下渗会大量补充地下水，使隧道围岩内地下水增加，水压升高，水量增大，给洞内防排水带来不良影响，因此，应采取措施防止地表水下渗。

在隧道洞口区域，地面水容易通过边、仰坡向洞门汇集，地表水的浸泡、冲刷容易引起边、仰坡失稳滑塌、洞门失稳或开裂等事故，因此，也应该采取措施防止地表水向洞口汇集。常用的洞外防排水措施有：洞顶地表处理、洞顶截水沟、明洞防排水措施、洞门排水和洞口路堑排水等。

1）洞顶地表处理

隧道要求重视防止地表水的下渗，其处理措施为填充、铺砌、勾补、抹面等。对洞坑穴、钻孔等均应采用防水材料充填密实封闭，隧道进出口段一定范围地表采用注浆加固措施。

（1）洞外排水应根据地形、地质、气象等情况，结合环境保护全面规划，综合治理，因地制宜地设置疏水、截水、引水设施。

（2）隧道洞顶及其附近有井、池塘、水田等，要考虑因修建隧道而造成地表水和地下水位降低、流失、井泉干枯，影响居民生活和农田灌溉的可能，应采取相应措施防止水土流失，注意不要将水源截断和堵死。

（3）当洞顶有沟谷通过，且沟底岩石节理裂隙发育，确认地表水对隧道影响较大时，可采用混凝土铺砌沟底，铺砌厚度不小于30cm。当沟底岩石破碎和隧道埋深较浅时，应结合隧道支护设计采用注浆加固措施。

2）洞顶截水天沟

洞顶截水天沟是修筑在距洞门边仰坡一定距离外，环抱隧道洞门的截水沟。洞顶截水天沟的主要目的是截断洞口边仰坡地表水来源，防止地表水冲刷边、仰坡和洞门区域。

水沟一般采用浆砌片石铺砌，厚度不小于30cm，断面形式以梯形为主，石质地段可采用矩形。截水天沟设计应满足以下要求：

（1）天沟设于边仰坡坡顶以外不应小于5m，黄土地区不应小于10m。天沟一般沿等高线向路线一侧或两侧排水。

（2）天沟坡度根据地形设置，但不应小于0.5%，以免淤积。当纵坡过陡时，应设置急流槽或跌水连接。一般在地面自然坡度陡于1∶1时，水沟应做成阶梯式，以减少冲刷。土质地段水沟纵坡大于20%或石质地段水沟纵坡大于40%时，应设置抗滑基座，以确保纵向稳定。

（3）天沟断面应根据流入截水沟的汇水区流量确定。水沟深度应高出计算水位20cm，一般底宽和深度均不小于60cm。

（4）天沟长度应使边仰坡坡面不受冲刷为宜，下游应将水引至适当地点排泄，避免冲刷山体。流量较大时，不宜将水引入路基排水边沟排泄，应根据地形将水引至附近沟谷或涵洞排泄。

3）明洞防排水

相对于隧道暗洞，明洞防排水条件要优越得多。一方面，明洞属于明挖回填结构，可以在渗水迎水面（衬砌结构外侧）设置防水层，其施工条件和防水效果要好得多；另一方面，明洞回填材料和方式可以人为控制，从而也能控制回填后明洞洞周的地下水流量和路径。

在控制明洞洞周地下水方面，防排水措施主要有：

（1）明洞开挖边坡以外应设置天沟。路堑对称型、路堑偏压型应于洞顶设置纵向排水沟，其沟底坡度与路线一致且不小于5%，条件允许时可在山坡较低一侧拉槽排水。洞顶排水沟一般采用矩形或梯形断面，浆砌片石厚度不小于30cm，以防冲刷。

（2）洞顶回填土石表面一般应铺设黏土隔水层，且应与边坡搭接良好，以防地表水渗入。隔水层表面种草防护，可防雨水冲刷。

（3）明洞回填前和回填过程中，可在回填土石底层或层间埋设排水盲管（盲沟），引流渗水，防止地表水下渗后在回填土石中滞留积蓄、增大水压和明洞荷载。

在结构性防水方面，明洞防排水应采取以下措施：

（1）明洞外缘防水采用全断面铺设宽幅高分子柔性防水卷材。为了防止回填土石损坏防水层，防水卷材采用两布一膜，接缝采用双焊缝热融黏结技术。

（2）在明洞与洞门、明洞与暗洞搭接处，采取可靠的变形缝防水措施，一般采用中埋式止水带防水，搭接结构外缘铺设防水层。

4）洞门截排水

洞门截排水的主要目的是截流洞口边仰坡漫流下来的地表水，防止水流在洞门处下渗或冲刷洞门结构，影响洞门结构安全、行车安全和美观。

采取的主要措施为：

（1）削竹式洞门应沿洞环向设置高度不小于30cm厚的钢筋混凝土帽石，沿洞门环框内侧隧道壁而设置滴水线，以防雨水漫流影响美观。

（2）对于带有翼墙的各类隧道洞门及明洞洞门，洞口仰坡坡脚至洞门墙背的水平距离不应小于150cm，洞门翼墙与仰坡之间水沟的沟底至衬砌拱顶外缘的高度不应小于100cm，洞门墙顶应高出仰坡坡脚0.5m以上。

6.4.2 洞内防排水

隧道洞内防排水措施可以分成洞内防水措施和洞内排水措施。隧道洞内防水措施主要包括围岩注浆堵水、复合防水层防水和衬砌混凝土防水；洞内排水措施主要有紧贴岩面和初支表面的Ω形弹簧排水管排水、环向排水盲管、纵向排水管、横向排水管和路基路面排水系统。

1）洞内防水措施

（1）围岩注浆

围岩注浆堵水即在隧道围岩的富水区段向地层灌注浆液，封堵地层中的裂隙，减少流向隧道的地下水。围岩注浆堵水既可在隧道开挖前从地表钻孔实施，也可在隧道开挖后通过径向或超前向围岩钻孔注浆来完成。

采用围岩注浆堵水的好处在于：

①围岩注浆充填围岩裂隙，封堵渗水通道，在隧道周围形成隔水保护圈，防止地下水外泄并减轻隧道结构防水压力，创造良好的防排水条件；

②注浆是较锚喷更为积极主动的加固围岩措施，通过注浆，岩层中的裂隙被浆液充填胶结，强度增加，抵御地压的能力增加，减小了作用在衬砌结构上的永久荷载。

放弃围岩注浆堵水，放任地下水外泄会导致多方面的不良后果：

①洞内排水会破坏地下水的原有平衡，造成地下水资源流失；

②地下水外泄可能冲蚀围岩裂隙和软弱夹层，不利于围岩稳定；

③地下水携带大量泥砂，不利于隧道排水通畅。

一种性能良好的注浆材料应具有以下特征：良好的流动性，较好的强度和黏结力，较高的结实率和良好的稳定性。

一般情况下应尽可能采用固体颗粒材料（水泥浆液、水泥—水玻璃浆液）。水泥类浆液可以压入颗粒不小于0.6mm的粗砂；水玻璃类可压入颗粒不小于0.1mm的粉砂；木质素类可压入颗粒不小于0.03mm的泥土；丙烯酰胺类黏度近似水，可压入颗粒不小于0.013mm的泥土。只有在固粒材料浆不能达到压浆处理的要求时，如岩层裂隙细微注浆困难或涌水量大、流速大时，才考虑采用化学浆液。

围岩注浆的注意事项如下：

①注浆孔宜长短结合，呈伞形辐射状，其倾斜角度随注浆段长度而异，在孔的终端断面，注浆孔距开挖轮廓距离宜为隧道开挖高度的0.5～1.0倍。

②应在水量较大处布孔。大面积渗漏时，布孔宜密，钻孔宜浅；裂隙渗漏时，布孔宜疏，钻孔宜深；大股涌水时，布孔应在水流上游。

③宜先压注内圈孔，后压外圈孔（在双排孔或多排孔的条件下），先压注无水孔，后压注有水孔。宜从拱顶顺序向下压注，如遇串浆或跑浆，则间隔一孔或几孔灌压。

④宜采用大功率注浆泵和压注性好的注浆材料。

（2）复合式防水层

采用复合式防水层是复合式衬砌隧道防排水的核心内容。防水层由防水板及其垫层组成。防水板的作用是将地层渗水拒于二次衬砌之外，以免水与二次衬砌接触并通过二次衬砌中的薄弱环节渗入隧道。垫层的主要作用是保护防水板，使防水板免遭尖锐物的刺伤。

复合防水层的设计要点如下：

①隧道初期支护与二次衬砌间的防水层，应选用耐老化、耐细菌腐蚀、易操作且焊接时无毒气的高分子柔性防水卷材。防水层在拱部和边墙全断面铺设，对环境要求高、不适宜排水的隧道应采用全封闭的防水衬砌结构。

②采用高分子柔性防水卷材防水层时，其背面也应铺设排水盲沟或各种排水板。

③采用高分子柔性防水卷材防水层时，初期支护表面的各种突出物和二次衬砌中预埋的各种构件不能凿穿防水层，必须采用“无钉铺挂”工艺。当无法避免时，该处需作特殊的防水处理。

④隧道防水层采用在初期支护与二次衬砌之间铺设300～500g/m^{2}夹1～2mm高分子柔性防水卷材。土工布在施工中不但能保护防水板，而且起到毛细渗水作用。

⑤防水层尽量采用宽幅高分子柔性防水卷材，幅宽5～8m为宜，以减少接缝。主要指

标：抗拉强度纵横向≥14MPa，断裂伸长率≥300%，硬度≥40 邵氏度。

⑥防水层搭接宽度≥100mm，采用自动爬焊机械双焊缝热融黏结技术，结合部位采用真空加压检测，标准是0.2MPa压力作用下5min之内不得小于0.16MPa。

（3）防水混凝土

混凝土衬砌是隧道防水的最后一道防线。由于种种原因，总是有不同程度的地下水穿透隧道防水层，为了防止渗水穿透混凝土衬砌进入隧道洞内，隧道衬砌一般宜选用防水混凝土作为二次衬砌材料。

常用的防水泥凝土有以下几种。

①普通防水泥凝土

普通防水混凝土是指以控制水灰比，适当调整含砂率和水泥用量的方法来提高其密实性及抗渗性的一种混凝土。其配合比须经过抗压强度及抗渗性能试验后确定。在有冻害地区或受侵蚀介质作用的地区应选择适宜品种的水泥，此种混凝土应严格按有关规定要求施工。

②外加剂防水混凝土

在混凝土中掺入适量的外加剂，如引气剂、减水剂或密实剂等，使其达到防水的要求。这种防水混凝土施工较为方便，若使用得当，一般能满足隧道衬砌的防水要求。

（4）变形缝和施工缝处理

一般情况下，只要衬砌混凝土施工质量达到要求，渗漏水一般不容易直接穿透混凝土而进入隧道洞内。因此，混凝土衬砌中的各类缝隙构造就成为隧道渗漏水的主要发生位置。在隧道衬砌中，为了使混凝土衬砌满足变形要求，需要设置变形缝；由于施工停顿，也会产生大量的施工缝，这些缝隙构造往往是防水薄弱环节，因而需要进行特殊处理。

目前常用的处理措施是在变形缝设置止水带，在施工缝处设置膨胀橡胶条或止水带。止水带、膨胀橡胶条应尽量安装在衬砌厚度的中间。止水带安装应平直垂直于工作缝，两端埋设牢固、可靠，膨胀橡胶条在安装前应采取缓膨胀处理措施，避免施工过程中提前膨胀导致防水失败，安装应牢固可靠。

2）洞内排水措施

隧道防水措施是层层设防，每一道防水措施都是作为前一道防水措施失效的补救，同时也为后续防水措施减轻压力。而排水系统则是一个互相关联的整体系统，系统的每一个环节都能决定整个排水系统的成败。因而，排水系统应当设计成一个完整的、搭接可靠的、排水顺畅的系统。

（1）排水沟

除常年干燥无水的隧道以外，一般的隧道都应设置纵向排水沟，以便将渗漏到洞内的地下水和公路车道上的积水，顺着方向排出洞外。

排水沟应采用预制钢筋混凝土盖板遮盖，并设置检查井。水沟的断面面积按排水量计算确定。

公路隧道纵向排水沟的坡度宜与线路坡度一致，最小坡度不小于0.3%，路面横坡坡度可采用1.5%～2%，横向排水暗管的坡度不应小于2%。

水沟组合有两种方式：①设置双侧水沟（公路上习惯称为“路侧边沟”），不设中心排水沟；②设置中心排水沟，也设置边沟。边沟可在隧道的单侧或双侧设置，视路面横坡情况而定，单面坡可单侧设置，双面坡应两侧设置。

除地下水量不大的中、短隧道可不设中心水沟外，一般情况下都建议设置中心水沟，它除了能引排衬砌背后的地下水外，还可有效地疏导路面底部的积水。而路侧边沟的作用主要是排除路面污水，其形式有明沟与暗沟两种。当不设中心水沟时，衬砌背后的地下水引入路侧边沟排放，但此时的侧沟应采用过水能力较大的暗沟方式。

在严寒地区，为了不使流水冻结而堵死水沟，应采取防寒措施。一般可修筑浅埋保温水沟，即将水沟加深，用轻质混凝土做成上、下两层，各自设钢筋混凝土盖板。两层盖板之间用保温材料填充密实，其厚度不小于70cm。但当浅埋保温水沟不足以防止冻害时，可考虑设置中心深埋渗水沟，即利用低温本身的作用，达到保温防冻目的。

（2）排水管

所谓排水管，即断面呈Ω状的弹簧排水管，弹簧断面弦侧开口，弧侧粘贴有塑料膜。用这种弹簧排水管，可以方便地实现喷层内排水。

Ω形弹簧排水管适用于岩棉、喷射混凝土表面具有比较集中的渗水裂隙或渗水点的情况，在实际施工中可根据渗水情况分层铺设排水管和喷射混凝土，在同一层面内，也可安装成树枝网状结构。Ω形弹簧排水管将渗水引排至墙脚排入纵向排水管。要求其强度能承受喷射混凝土的冲击力而不损坏，不变形，且纵向具有柔软可弯折的特点，以适应围岩变形及喷射混凝土表面不平整的要求。

（3）盲管（沟）

①环向排水盲管

环向排水盲管的作用是在岩面与初期支护喷射混凝土之间、初期支护喷射混凝土与防水板之间提供过水通道，并使之下渗汇集到纵向排水管。

环向排水管的设置视地下水施工渗漏情况具有较大灵活性，表现为：a. 当围岩渗水严重时，岩面与初期支护喷射混凝土之间、初期支护喷射混凝土与防水板之间都应当设置环向排水管，渗水较少时，只在初期支护喷射混凝土与防水板间设置，如果没有渗水或渗水极少，则可以不设；b. 当围岩渗水严重时，环向排水盲管的纵向间距小，渗水量小时，纵向间距加大。

②纵向排水盲管

纵向排水盲管是沿隧道纵向设置在衬砌外侧的透水管。纵向排水盲管的作用是将环向排水管和防水板垫层排下的水汇集并通过横向排水管排出。

分离式隧道内沿全长在二次衬砌两侧边墙脚外侧设置PVC纵向排水半花管，上半断面眼孔直径6~8mm，间距10cm，并用PVC排水管横向连通至中心排水沟或排水边沟，PVC管径根据水力计算确定。

连拱隧道沿全长在中隔墙顶部两侧拱脚和边墙脚附近各设一道PVC纵向排水半花管，并用PVC排水管横向、竖向连通至中心排水沟或排水边沟。PVC管径根据水力计算确定，一般采用10cm。

③横向排水盲管

横向排水盲管位于衬砌基础和路面的下部，布设方向与隧道轴线垂直，是连接纵向排水盲管与中央排水管的水力通道。

横向排水盲管通常为硬质塑料管，施工中先在纵向盲管上顶留接头，然后在路面施工前接长至中央排水管。对横向盲管的检查，主要是接头应牢靠、密实，保证纵向盲管与中央排水管间水路畅通，严防接头处断裂，由纵向盲管排出之水在路面下漫流，造成路面翻浆冒水，影响行车安全；其次是在横向盲管上部应有一定的缓冲层，以免路面荷载直接对横向盲管施压，造成横向盲管破裂或变形，影响其正常的排水能力。

④路基路面排水管沟

路基路面排水管沟是将隧道内各种渗水、清洗废水、消防水排出洞外的通道。

一般在道路两侧设计路面排水沟作为各种水流共用的外排通道。但为了防止排水管沟在冬季冻结，影响排水效果，一般同时设置路面排水沟和路基排水管。路面排水沟仅作为路面清洗水、消防水的排泄通道，面路基排水管设置在隧道路面中心以下一定深度的路基内。

路基路面排水管沟多采用预制混凝土管段按照一定的排水坡度拼装而成。为了便于排水管沟的检查、疏通和维修，排水管沟应当按照规范规定的间距设置沉砂井和检查孔。

⑤泄水孔

a. 泄水孔应设置于衬砌边墙下部的出水孔道，以将盲沟流出的水直接泄入隧道内排水沟。

b. 泄水管可采用钢管、PVC 管等。泄水孔位置应按设计要求布设。

c. 在水量较大位置，立边墙模板时应安设泄水管，并使其里端与盲沟接通，外端穿过模板。

d. 在水量较小位置，可待模筑边墙混凝土拆模后，根据记录的盲沟位置钻泄水孔。

6.4.3 洞内外排水衔接

（1）洞内外连接水沟应设钢筋混凝土盖板，其连接水沟长度应使盖板为整数，计算时盖板间的缝隙可考虑为 1cm。

（2）洞外路基排水边沟至汇水坑以外不小于 2m 范围内，除石质坚硬、不易风化者外，均应采用浆砌片石铺砌。

（3）连接水沟的侧墙应预留泄水孔，其间距为 50～100cm。

（4）为保证水流通畅，洞内中心排水沟与路基排水边沟或适当排水沟连接的斜水沟与线路中线的夹角以45°为宜，斜水沟应采用内径不小于40cm 的预制钢筋混凝土圆管，出口设八字墙或端墙。

（5）在寒冷或严寒地区设置保温水沟，出水口采用保温出水口。洞口检查井与洞外暗沟连接时，其连接暗沟应采用内径不小于 40cm 的预制钢筋混凝土圆管，为加大水流速度并防止水流冻结，暗沟坡度不小于 1%，沟身应设置在当地冻结线以下。

（6）当隧道进出口为反坡排水时，路基两侧排水边沟应在洞门位置处采用钢筋混凝土横向排水沟连接，盖板采用铁箅子与横向排水沟速接牢靠，以免水流进入隧道和影响行车安全。路基两侧排水边沟其中一侧应沿线路方向设反坡排水，边沟采用浆砌片石或混凝土预制块铺砌。

6.5 隧道渗漏水治理

6.5.1 一般规定

依照《地下工程防水技术规范》（GB 50108—2008），隧道渗漏水治理应符合以下规定：

（1）渗漏水治理时应掌握工程原防排水系统的设计、施工、验收资料。

（2）治理施工时应按先顶（拱）后墙而后底板的顺序进行，应尽量少破坏原有完好的防水层。

（3）有降水和排水条件的地下工程，治理前应做好降水和排水工作。

（4）治理过程中应选用无毒、低污染的材料。

（5）治理过程中的安全措施、劳动保护必须符合有关安全施工技术规定。

6.5.2 一般治理措施

隧道内漏水会使洞内空气潮湿，加速设备的锈蚀，引起电器设备绝缘性能降低，影响交通安全。因此，必须对漏水病害进行及时整治。

运营隧道的漏水整治，除利用原有排水设施外，在不影响交通的情况下，常采用以下措施。

1）堵治法

对于漏水不严重的渗水或滴水地段可采取堵的方法，通常把衬砌大部分漏水部位，尤其是拱部设法堵住。对水压不大、漏水轻微的小孔洞或裂缝可直接堵漏。堵漏方法是：将裂缝剔成八字形沟槽，用堵水材料直接堵塞。堵水材料有快硬膨胀水泥、石膏矾土膨胀水泥、水玻璃等。

当衬砌表面有大面积渗水时，可用防水砂浆抹面。先将衬砌表面凿毛、清洗，将明显的漏水孔临时堵塞（使涂层硬化前不受冻水作用），抹 2 ~ 3 层防水砂浆即可。防水砂浆可选用氧化物金属盐防水砂浆、硅酸钠防水砂浆等。

渗水、滴水地段也可采用喷浆或喷混凝土防水层法。将衬砌表面凿毛、洗净，然后喷射水泥砂浆（砂浆内可掺入适量的速凝剂和防水剂以提高抗渗能力）或喷射混凝土，形成总厚为 12 ~ 30mm 厚的防水层。分层喷比单层喷效果更好。

2）引治法

适用于无水压的，成线状漏水且孔洞较多、裂缝较密集的地段。具体做法为将漏水孔及裂缝凿成连通的倒八字槽，然后在槽内设置塑料管，并用胶浆填塞。水流通过塑料管引至排水沟。

3）排治法

对那些漏水严重，且有一定水压的明显股水地段，可在水源处设置排水暗沟进行治理。具体做法为在水源处凿槽（排水暗沟），槽内用覆盖材料（一般是半个塑料管）盖住，然后填塞防水层（胶浆等），再进行砂浆抹面，暗沟与排水沟连通，将水引入排水沟。此法虽然凿槽费工，但排水效果明显。不过，使用久后会引起暗槽堵塞而失效。

4）外部防水法

在隧道漏水地段，可向衬砌背后压注化学聚合物防水浆液，如丙烯酰胺浆液，水泥—水玻璃浆液等，以充填围岩裂隙，并在围岩与衬砌之间形成一层隔水层来防水。

6.5.3 常见渗漏水治理措施

隧道漏水的整治方法较多，必须因地制宜，根据隧道所处的工程地质及水文地质条件，在调查清楚漏水状况的情况下，结合现有设备、材料及技术条件，选择行之有效的治理办法。

（1）大面积一般渗漏水和漏水点，可先用速凝材料堵，再做防水砂浆抹面或防水涂层加强处理。

（2）大面积严重渗漏水可采用下列处理措施：

①衬砌后和衬砌内注浆止水或引水，待基面干燥后，用掺外加剂防水砂浆、聚合物水泥砂浆、挂网水泥砂浆或防水涂层等加强处理。

②引水孔最后封闭。

③必要时采用贴壁混凝土衬砌加强。

（3）渗漏水较大的裂缝，可用速凝浆液进行衬砌内注浆堵水，渗水量不大时，可进行嵌缝或衬砌内注浆处理，表面用防水砂浆抹面或防水涂层加强。

（4）结构仍在变形、未稳定的裂缝，应待结构稳定后再进行处理。处理方法同（3）。

（5）蜂窝、孔洞渗漏水。

①堵漏处理。根据蜂窝、孔洞及渗漏水情况，查明渗漏水部位，然后进行堵漏处理。堵水材料一般为各种类型的速凝防水材料，如五矾胶泥、水泥速凝浆材、水玻璃浆材以及各种专用堵漏材料。

②修补处理。在修补处理前，先将基层松散不牢的石分别凿掉，用钻子或剁斧将表面凿毛，清理后冲水刷干净。

③水泥砂浆抹面法。如蜂窝不深，在基层出现后，用水泥素灰打底，然后用1：2.5水泥砂浆找平，抹压密实。如蜂窝、孔洞面积大面稍深，在基层处理后，用水泥素灰和1：2.5水泥砂浆交替抹至与基层面相平。

④水泥砂浆捻实法。如有面积不大面较深的蜂窝、孔洞，在基层处理后，可先抹一层水泥素浆，然后用1：2 干硬性水泥砂浆边填边用木棍和锤子用力捣捻严实，至稍低于基层表面时，再在表面抹水泥素浆和1：2.5 水泥砂浆找平。

⑤混凝土浇捣法。如蜂窝、孔洞较严重，在基层处理后，可在蜂窝、孔洞周围先抹一层水泥素浆，再用比原混凝土强度等级高一级的细石混凝土或补偿收缩混凝土填补并仔细捣实，经养护后将表面清洗干净，再抹一层水泥素浆和一层1：2.5 水泥砂浆，找平压实。

⑥水泥压浆法。对较深的蜂窝、孔洞，如进行基层处理，会加大其尺寸，会使结构受到影响，因此可用水灰比为0.7～1.1 的水泥浆液进行压浆补强。必要时可在水泥浆液中掺入一定量的水玻璃溶液作促凝剂。压浆孔的位置、数量及深度，应根据混凝土蜂窝、孔洞的实际情况和浆液扩散范围而定，孔数一般应不少于两个。

（6）有自流排水条件的工程，除应做好防水措施外，还应采用排水措施。

（7）需要补强的渗漏水部位，应选用强度较高的注浆材料，如水泥浆、超细水泥浆、环氧树脂、聚氨酯等浆液处理，必要时可在止水后再做混凝土衬砌。

（8）锚喷支护工程，可采用引水带、导管排水，喷涂快凝材料及化学注浆堵水。

（9）特殊部位渗漏水处理可采用下列措施：

①变形缝和新旧结构接头，应先注浆堵水，再采用嵌填膨润土止水条、遇水膨胀止水条、密封材料或设置可卸式止水带等方法处理。

②穿墙管和预埋件可先用快速堵漏材料止水后，再采用嵌填密封材料、涂抹防水涂层、水泥砂浆等措施处理。

③施工时可根据渗水情况采用注浆、嵌填密封防水材料及设置排水暗槽等方法处理，表面增设水泥砂浆、涂层防水层等加强措施。

6.6 隧道渗漏水治理工程实例

6.6.1 堵

1）注浆

下洋隧道位于福建省省道“三郊线”永春境内，全长825m（施工桩号K7+223～K8+048）。隧道位于直线段上，由进口向出口为-1.5%的下坡，采用三心圆拱断面，净空尺寸宽10.5m，高5.0m，最大埋深约180m。该隧道围岩以炭质粉砂岩及粉煤为主，浅褐色硅质砂岩与泥质粉砂岩互层，有泥岩夹层。同时地质构造断层有三条，以F2及F3断层规模较大，隧道通过宽度6～10m以上，加其影响宽度可达20～70m以上。地下水十分丰富，有些地段有涌水现象。围岩受地质构造影响，严重破碎，断层裂隙发育，填充物多为泥炭物质，遇水成泥，结构自稳能力差。

由于隧道地层岩性普遍软弱、破碎，较多地段出现煤层及粉煤层，地下水丰富，施工支护强度偏弱、排水系统堵塞造成围岩力学性能下降，及衬砌自身防水性能差等原因造成隧道出现衬砌裂缝和渗漏水等病害。病害集中位于K7+223～K7+426、K7+710～K7+800、K7+840～K7+940、K8+020～K8+048段，共计421m。其中K7+223～K7+426（长203m）区段最为严重，斜裂缝相当密集，渗漏水非常严重，几乎无缝不漏，有几处横向工作缝滴水成线，在K7+424还有一处集中股流。其余三段裂缝隙不多，但存在渗漏水现象，特别是K7+710～K7+800段处于F2断层破碎带，为地下富水区段，在K7+740拱部产生一射水股流，据勘察涌水量达150m^3/h，在K7+745处路面板下有一股地下水冒出，路面板下沉损坏。

根据整治渗漏水和结构补强有机结合，按一次治理的整治原则对隧道病害进行整治，于路面下增设横向及纵向盲沟计1 800m，隧道两侧边沟重新施工，整治工程历时一年，共完成：注纯水泥浆液2 788m^3，注水泥砂浆1 814m^3，ϕ42钢花管22 650m，MF7塑料盲沟2 744m，复合式防水板16 183m^2，C25防水钢筋混凝土4 377m^3，钢筋515t，C35水泥混凝土路面817m^2，安装照明825m及通风机4台等工作量。

隧道排水系统整治后，排水系统完善，排水良好。渗漏水治理后拱圈基本完好不渗漏。

2）水泥基渗透结晶型系列防水材料实例一

松毛岭隧道位于G319线长汀县与连城县交界处，长1 364m，纵坡1.7%，隧道净宽7.0m+2×0.75m，采用三心曲墙式衬砌（C25防水混凝土结构），1995年10月开工，1996年7月通车。该隧道属于长隧道，设置照明设备，洞内采用通风机通风。岩体主要为黑云母花岗岩，两端洞口为强风化~全风化Ⅱ~Ⅲ类围岩，主体为弱风化~微风化Ⅳ~Ⅴ类围岩，局部穿越破碎带、裂隙带。该地植被良好，岩层裂隙水丰富。经过十多年的运营，隧道出现通风不良、水泥路面破损、路灯损坏、标线老化脱落、隧道内照明系统线路老化、灯具亮度下降，洞内能见度较低等病害，特别是渗漏水病害，尤为严重。

按照“以引水为主，防、排、截、堵相结合，刚柔并举、综合整治”的原则，对隧道渗漏病害进行综合治理。具体整治措施如下：

①采用水泥基渗透结晶型系列防水材料以线形渗漏为治理重点进行整治；

②对洞内已损坏的水泥混凝土路面进行重铺，路面面层厚度25cm，设计抗弯拉强度不小于5.0MPa。

经采用XYPEX（赛柏斯）系列产品等防水材料进行处治后，隧道的渗漏水得到有效治理，治理效果良好。隧道渗漏综合治理前后对比如图6-1所示。

3）水泥基渗透结晶型系列防水材料实例二

芳草格隧道位于福建省省道203线永春县境内，于2001年8月动工建设，2002年1月建成通车。该隧道按山岭重丘区一般二级公路设计，设计速度40km/h，隧道净宽9.0m+2×0.75m，自然通风，未设置照明设备。该地段属风化岩层，裂隙发育，节理破碎，易坍塌。经多年运营，隧道出现渗漏水等病害。

按照“以引水为主，防、排、截、堵相结合，多道防线、综合治理”的原则，对隧道渗漏病害进行综合治理。渗漏水治理后拱圈基本完好不渗漏，具体治理方案如下：

①采用水泥基渗透结晶型系列防水材料以线形渗漏为治理重点进行整治；

②隧道中线和两侧增设双面反光突起路标，修复完善标志和标线；

③对排水沟进行清理和修补盖板。

a)施工前照片

b)施工后照片

图6-1 松毛岭隧道

4）水泥基渗透结晶型系列防水材料实例三

石门格隧道位于福建省省道306线永春县与大田县交界处，其中泉州境内190m，于1995年11月动工建设，1997年11月建成通车。该隧道按山岭重丘区一般二级公路设计，设计速度40km/h，隧道净宽9.0m+2×0.75m，自然通风，未设置照明设备。经十多年运营，隧道出现渗漏水等病害。隧道病害如图6-2所示。

图6-2　石门格隧道

按照“以引水为主，防、排、截、堵相结合，多道防线、综合治理”的原则，对隧道渗漏病害进行综合治理。渗漏水治理后基本不漏水，隧道运行良好。具体治理方案如下：

①采用水泥基渗透结晶型系列防水材料以线形渗漏为治理重点进行整治；

②隧道中线和两侧增设双面反光突起路标，修复完善标志和标线；

③对排水沟进行清理和修补盖板。

6.6.2　引

1）凿槽引排

五显岭隧道位于国道205线南平市浦城县九牧镇境内，全长1 318m，隧道全宽8.5m，隧道净宽8.5m，净高5m，衬砌材料为水泥混凝土，全长设照明装置。该隧道为福建省首座采用新奥法施工的隧道，1991年开工，1994年10月竣工通车。隧道属二级公路长隧道，纵向进口端Ⅱ、Ⅲ类围岩长度57m，中部Ⅳ、Ⅴ类围岩长度1 130m，出口端Ⅱ、Ⅲ类围岩长度131m。该隧道衬砌的拱形均选择为三心圆拱，曲墙式衬砌。隧道全长范围内均用C20混凝土衬砌，衬砌厚度为Ⅱ类围岩80cm、Ⅲ类围岩40cm、Ⅳ类围岩35cm、Ⅴ类围岩30cm。隧道Ⅱ、Ⅲ类围岩地段及悬挂风机中心前后各5m范围内，在初期支护与二次衬砌之间加设1mm厚的聚乙烯塑料防水板，其他Ⅳ、Ⅴ类围岩地段若遇地下水，均加设防水板。因施工工艺不够完善，致使隧道存在着洞内衬砌渗漏水严重、排水不畅、路面破损、电气电路杂乱、道路反光标志损坏或不全等病害和问题，影响着交通安全和隧道结构稳定。

采取引和排相结合的方法，进行凿槽引排，具体施工步骤如下：

（1）表面清洗：把施工缝左右约80mm的衬砌混凝土表面清洗干净，找到水源位置。

（2）割缝：在施工缝隙左右各20mm处用电动割刀割深80mm（不包括原衬砌抹面厚度）的缝。若水量大，呈流水状，则在施工裂缝左右各25mm处割深85mm的缝。

（3）凿槽：人工凿出U字形槽，所凿的槽要延伸至排水沟上边沿以下30cm处，以保证水能被顺畅排走，并且不至于由于毛细管作用，排出的水沿抹面砂浆攀升至盖板以上，影响总体美观。同时要求槽两侧，特别是靠外边（约30mm）的混凝土表面不能太光滑，以增加嵌缝膏与旧混凝土的黏结力（当然必须借助环氧树脂等黏结剂）。

（4）埋管：在严格清洗槽内混凝土表面的基础上，在槽两侧面涂刷一层与水体积配比为5：2的XYPEX浓缩剂灰浆，之后在槽底部埋设ϕ40mmPVC半圆管（水量大的地方则

为 ϕ50mm）直至边墙底部的排水沟，PVC 半圆管每段 50cm 左右，以叠瓦式埋设，用以导引水流。

（5）封填：分三层封填。

①把壁面冲湿并冲洗干净，在水量不大的地方，采用微膨胀瞬凝水泥与 XYPEX 掺和液配制的水泥砂浆封填约 20mm 厚，其质量配比为水泥：砂：水灰比：XYPEX 掺和液 =1：1.5：0.40：0.03；在水量大的地方，则直接用 XYPEX 堵漏剂配制的半干料团封堵约 20mm 厚，其体积配比为 XYPEX 堵漏剂：水 =3.5：1，应十分注意新老混凝土材料的黏结，并要求封填的材料要密实，不能留有空隙。

②待第一层封填材料干燥后（一般 24h 之后），在槽两侧和第一层封填材料外表面刷涂环氧树脂，再填入 20mm 厚橡胶类嵌缝膏。

③采用微膨胀瞬凝水泥与 XYPEX 掺和液配制的水泥砂浆封填，厚 20mm，砂浆比例同上。

（6）刷浆：待砂浆结硬，达到一定强度后，把修复区域表面湿润。用刷子刷涂 XYPEX 浓缩剂灰浆，其体积配比为 XYPEX 浓缩剂：水 =5：2；水量大的地方，则在第一层涂层初凝后仍呈潮湿状态时再用 XYPEX 增效剂灰浆涂刷第二层，以形成坚硬的表层，并加速浓缩剂的固化，其体积配比同浓缩剂。

（7）养护：一周时间内，定期喷洒雾化水进行养护。

经过渗漏水治理后，隧道运行良好，治理成效如图 6-3 所示。

图 6-3　五显岭隧道示意图

2）U 形引水槽引流

厦门市成功大道梧村隧道浦南段为浅埋暗挖隧道，隧道上方为人口聚居区，除大量居民住房外，还有大量的部队住宅以及上下水、天然气等管网，环境相对复杂、脆弱。地下水以接受降水为主，主要为松散岩类孔隙水、风化带孔隙裂隙水和基岩裂隙水三种类型。梧村隧道浦南段自完工以来，一直存在严重的渗漏水情况，渗漏水位置分布于拱顶、拱腰、侧墙，施工缝、非施工缝位置均发现渗漏水情况，病害如图 6-4 所示。

该工程采用 U 形引水槽引流技术进行治理，其具体做法为：

①用优质铝板定做 U 形引水槽；

②沿着渗漏水部位两侧，根据 U 形引水槽的宽度切缝，并自上而下延长至边沟；

③将 U 形引水槽从上至下沿缝安装，并用冲击钻打孔，使用膨胀固定引水槽，将渗漏水引流至边沟，引水槽搭接必须是顺水方向，搭接长度不少于 10cm，引水槽安装缝及搭

接位置必须涂上密封膏。治理措施如图6-5所示。

图6-4　梧村隧道浦南段病害图

图6-5　U形引水槽引流技术

渗漏水治理后，隧道运行良好。经U形引水槽引流后，隧道渗漏水排至边沟，渗漏水不会流到车道上，对行车不会造成影响，而U形引水槽深度和宽度可根据需要加工定做，相比开槽埋管引水更不容易堵塞，对隧道渗漏水采用引排处治的有较好效果。

6.6.3 堵排结合

1）洞内堵墙 + 洞外排水沟

福州至马尾一级公路鼓山隧道南洞 1 618.3m、北洞 1 520.1m，马尾隧道南洞 967.89m、北洞 970.77m，全长计 5 073.4m，是全国第一条公路双线隧道。隧道宽为 9m，高 6.86m，路面宽 7.5m。隧道洞口形式为冀墙式正交洞口，断面形式为直墙式单心圆拱，衬砌材料为整齐块石或条石，全长设照明装置。福马公路隧道所处地区雨量充沛，裂隙多而不规则，地下水丰富，地表水下渗严重。经多年营运，隧道出现了渗漏水、衬砌开裂、衬砌表面剥落、路面翻浆、洞外挡墙损坏、照明线路老化、吊顶顶棚脱落等病害，严重影响行车安全。

采用“洞外设置排水沟，洞内拱堵墙排、堵排结合、综合治理”的措施对隧道进行了全面整治，具体方案如下：

（1）采用 R 系列防水材料对隧道渗漏水进行治理。

（2）衬砌体外注浆材料采用 GRM 水泥基超早强灌注料。

（3）对部分隧道两侧边沟进行加深改造。

（4）对破损水泥混凝土路面采用压注 GRM 水泥基超早强灌注料补强。

（5）在马尾隧道福州端洞口的山体上设置三条排水沟，同时对洞口护墙拆除重新修复。

（6）拆除隧道吊顶顶棚，对隧道衬砌采用 801 漆涂刷拱部和边墙嵌补白色涂料。

2）线、点、面型渗漏堵排实例一

坂寮岭隧道位于国道 319 线龙岩市境内，隧道宽为 10.5m，高 9m，路面宽 7.62m，全长计 865m。隧道洞口形式为冀墙式正交洞口，断面形式为直墙式坦顶双心圆拱，衬砌材料为水泥混凝土，采用全部照明。工程于 1992 年开工建设，1993 年竣工通车。该地段岩体主要为角砾岩、绢支母黏土胶结、强风化花岗岩及基本稳定的流纹围岩，岩体总体稳定性差，岩层裂隙水丰富，地下水丰富，地表水下渗严重。多年营运后，隧道渗漏水严重、衬砌表面剥落、部分地段侧墙瓷砖空鼓变形严重、照明线路老化，如图 6-6 所示。

a)隧道外观

b)隧道病害全貌

图 6-6　坂寮岭隧道

设计单位根据隧道渗漏水病害机理提出工程整治措施，具体包括：

（1）线形渗漏：采取注浆封堵和顺畅排放的方案。

（2）点形渗漏：采取排放封堵方案。

（3）面形渗漏：采取表面涂抹 XYPEX 浓缩剂防水材料的治理方案。

（4）拆除坂寮岭隧道侧墙瓷砖以涂料饰面。

（5）对隧道局部损坏部分挖除后镶补同类瓷砖。

经采用 XYPEX（赛柏斯）系列产品等防水材料进行处治后，隧道的渗漏水得到有效治理，治理效果良好。

3）线、点、面型渗漏堵排实例二

中华岭隧道位于福建省省道秀里线，全长 415.8m，宽度为 10.5m，隧道净高 5m。隧道衬砌采用曲墙式尖顶三心圆拱断面，C25 混凝土整体式衬砌（隧道进出口段设置为钢筋混凝土，其余地段为素混凝土），C35 水泥混凝土路面，自然通风，固定照明。1997 年 11 月贯通通车。该隧道运营后出现线形渗漏、点形渗漏以及面形渗漏等严重渗漏现象，影响隧道安全。隧道渗漏情况见图 6-7。

图 6-7　中华岭隧道

按照“以排为主，防、排、截、堵相结合，刚柔相济，整体布局、点面结合”的原则进行综合治理，治理效率良好，具体治理方案如下。

（1）线形渗漏：裂缝采取注浆封堵，环向线形渗漏和施工冷缝采取顺畅排放的方案。

（2）点形渗漏：孔洞点漏采取修补剂封填；蜂窝点漏采取埋管导流，集中排放和注浆封堵相结合的方案。

（3）面形渗漏：采取表面涂抹浓缩剂防水材料的治理方案。

6.6.4　防排结合

龙门隧道位于福建省省道 206 线，全长 1 006m，宽度为 9.0 + 2 × 0.75m。隧道衬砌采用直墙式单心圆弧拱断面，厚度 30 ~ 60cm，C25 混凝土整体式衬砌（隧道进出口段设置为钢筋混凝土，其余地段为素混凝土），C35 水泥混凝土路面，自然通风，固定照明。1993 年 1 月开工，1995 年 5 月 1 日贯通通车。龙门隧道区内岩层除风化段及局部裂隙带、破碎带中等富水外，隧道主体岩层以发育闭合的节理裂隙为主，裂隙率 1 ~ 3 条/m，岩层不富水—弱富水。因属地表水分水岭地带，地下水的补给来源有限。水文地质条件属裂隙简单型。隧道两端洞口施工穿过风化层地段和隧道主体穿过局部岩层裂隙带、破碎带。主要岩体有凝灰岩、闪长玢岩、凝灰熔岩及其风化层、裂隙带与破碎带。风化层多为“砂包土”，裂隙带与破碎带似碎石层或泥沙碎石层。区内完整岩层均为硬质岩石。综合隧道周围的主要工程地质条件，隧道围岩分类如下：弱风化层Ⅱ类，中弱风化层为Ⅲ类，凝灰岩、闪长玢岩、凝灰熔岩均为Ⅵ类，基岩碎带张裂隙带为Ⅱ类。

龙门隧道出现严重渗漏水，病害情况见图 6-8，水害沿隧道全长分布，已在一定程度上影响到隧道内的行车安全。具体水害情况如下：

（1）隧道渗漏水集中体现为沿环向施工缝渗漏，衬砌结构未见明显的纵向、环向和斜向开裂，未见明显的混凝土路面板开裂和下陷。

（2）隧道水害主要分布在进出口和洞身局部地段，渗漏水严重地段主要集中在Ⅳ级围岩，其次在Ⅱ级和Ⅲ级围岩。Ⅰ级围岩出水密度最小，仅有0.66个/m。

（3）隧道出水点呈左右对称分布，并集中在隧道拱顶和左右拱腰部位。

（4）隧道出水形式主要包括点渗和面渗两种，联系到部分地段隧道衬砌表面出现的蜂窝、麻面等病害以及个别位置见到的混凝土剥离、掉块现象，表明衬砌混凝土在浇筑过程中存在振捣不充分、不密实的情况，这在一定程度上将影响到衬砌的强度。

图6-8　龙门隧道

隧道采取防排水措施进行综合整治，具体整治方案如下：

（1）在隧道已有衬砌和二次衬砌之间铺设1.2mmEVA防水板+300g/m^{2}无纺土工布。

（2）套拱衬砌采用C30防水混凝土，施工缝采用中埋式橡胶止水带防水。

（3）在隧道已有衬砌内表面环向铺设塑料盲管，将水引入边墙两侧ϕ7.5cm的双壁打孔波纹管集水，然后通过ϕ7.5cmPVC横向排水管穿过套拱衬砌，将水引入两侧排水沟排出洞外。

龙门隧道整治工程在质量及安全等各方面都得到较好的成效。经过多年来的运营，工程施工质量较好，整治工程基本达到工程建设治理的预期目标，目前隧道完好未发现有渗漏水现象。

第 7 章　滑坡灾害防治

7.1　滑坡形态及成因机理

滑坡是边坡上的岩土体在自然或人为因素的影响下失去稳定，沿一定的破坏面整体下滑的现象，是一种常见的边坡失稳而产生的地质灾害。要及时地识别滑坡，以确定边坡是否会发生滑坡，以及滑坡的存在，应首先了解滑坡的构造形态。

7.1.1　滑坡的构造形态

通常一个比较典型的滑坡由滑坡体、滑坡面、滑坡壁、滑坡裂隙、滑舌、滑坡鼓丘等几部分构造形态要素组成，见图 7-1。

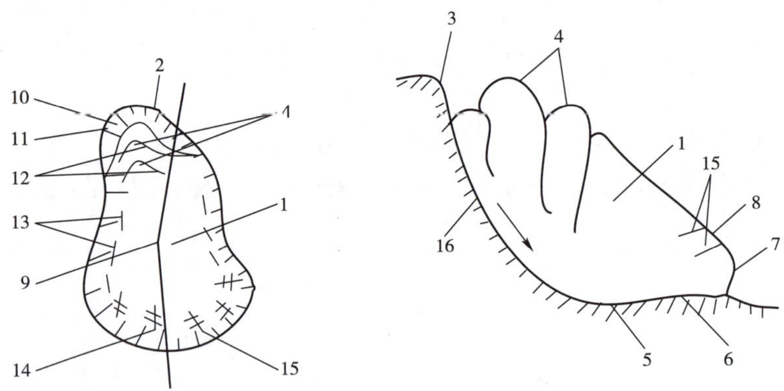

图 7-1　滑坡形态要素

1-滑坡体；2-滑坡周界；3-滑坡壁；4-滑坡台阶；5-滑动面；6-滑动带；7-滑坡舌；8-滑坡鼓丘；9-滑坡主轴；10-封闭洼地；11-剪切裂隙；12-张拉裂隙；13-羽状裂隙；14-扇状裂隙；15-鼓胀裂隙；16-滑坡床

1）滑坡体

滑坡体指边坡上沿滑动面向下滑动的岩土体，或者说是滑坡的整个滑动体。这部分岩土体虽然经受了滑动，但其内部还保持原有的层位关系，以及结构、构造、裂隙节理的特点。滑坡体的表面起伏不平，裂隙纵横；原有树木倾斜或倒伏，形成马刀树、醉汉林；封闭洼地积水或成沼泽，常长有喜水植物。滑坡体与周围不动岩土体的分界线，称为滑坡周界。

2）滑动带（面）

滑坡体与其周围不动岩土体之间的分界面称为滑动面。滑坡体底部产生剪切、揉皱的，厚度从厘米至数米的地带称为滑动带。滑动面以下稳定的岩土体称为滑坡床（滑床）。滑动面的形状随着边坡岩土体的成分和结构的不同而异，在均质黏性土和软岩中，滑动面接近于圆弧形；滑坡体如沿岩层层面或构造面滑移时，呈直线或折线形。滑坡面一般是由直线和圆弧复合而成，其后部经常呈弧形，前部呈近似于水平的直线。滑动面大多数是由黏土夹层或其他软弱岩层所组成，如页岩、泥岩、千枚岩、片岩等，或者是由岩层面、裂隙节理面等组成。由于滑动时的摩擦，滑动面常是光滑的，有时可见滑动擦痕；滑动带中岩土十分破碎，而且通常是潮湿的，有的甚至达饱和状态，并在坡脚处常有泉水涌出。

3）滑坡壁（滑坡后壁）

滑坡壁是指滑坡体滑落后，滑床上方未滑动部分岩土体所形成的弧形陡壁。实际上是滑动面在坡上出露的界面，有时在较新的滑坡后壁上可见到滑动擦痕。滑坡后壁左右呈弧形向前伸展呈“圈椅”状，平面上多呈椅状。

4）滑坡台阶

滑坡体由于各滑体滑落速度差异而形成的阶梯状台坎称滑坡台阶。一般呈反坡状。

5）滑坡裂缝

滑坡体在滑动过程中，由于各部位的移动速度不均匀，在滑体内部或表面所产生的裂缝称为滑坡裂缝。按受力状况不同可分为滑体上的拉张裂缝、两侧的剪切裂缝、下部的鼓胀裂缝、扇形张裂缝等。

6）滑坡舌

又称滑坡头，系指滑坡体最前部冲出滑床的部分。

7）滑坡鼓丘

滑坡体在下滑的过程中，如果受到阻碍，便会形成隆起的小丘，即称滑坡鼓丘。

8）主滑线（滑坡主轴）

滑坡体滑移速度最快部分的连线称之为主轴线。它代表了滑坡滑动的方向，可以是直线，亦可是折线。

应该指出，滑坡的典型构造形态只有新产生的滑坡或形成不久的滑坡才具备。发生时间较久的滑坡，由于水流冲刷、风化以及人为活动等因素的影响，使滑坡的地表形态遭受破坏，以致不易识别出来，但只要仔细调查，分析对比周围的地形地物，也可正确识别。

7.1.2 滑坡的分类

对于岩质边坡的滑动破坏类型，不同的研究者根据各自的观点对其进行了划分。由于自然条件千变万化，滑坡的成因、形态、滑动的过程亦各有特点，了解滑坡分类，有助于滑坡的识别和治理。表7-1是根据滑坡岩土体的组成、滑动幅度、力学特性、滑体形态、滑体规模、滑体厚度、发展阶段等进行的分类。

滑坡的分类　　表7-1

划分依据	名称类型	特征说明
按滑坡面通过的岩层情况分	同类土滑坡	发生在层理不明显的均质黏性土或黄土中，滑动面均匀光滑
	顺层滑坡	沿岩层面或裂隙面滑动，或沿坡积体与岩基交界面及岩基间不整合面等滑动，大部分在顺倾向的山坡上
	切层滑坡	滑动面与岩层面相切，常沿顺向山外的一组断裂面发生，滑坡床多呈折线状，多分布在逆倾向岩层的山坡上

续上表

划分依据	名称类型	特征说明
按滑坡体厚度分	浅层滑坡	滑坡体厚度在6m以内
	中层滑坡	滑坡体厚度6～20m
	深层滑坡	滑坡体厚度超过20m
按引起滑动的力学性质分	推移式滑坡	上部岩层滑动挤压下部产生变形，滑动速度较快，多具楔形环谷外貌，滑体表面波状起伏，多见于有堆积物分布的倾斜地段
	牵引式滑坡	下部先滑后，上部失去支撑而变形滑动，一般速度较慢，多具上小下大的塔式外貌，横向张开裂隙发育，滑体表面多呈阶梯状或陡坎状，常形成沼泽地
按形成原因分	工程滑坡	由于施工开挖引起的滑坡。它包括：①工程新滑坡：由于山体开挖形成的滑坡；②工程复活古滑坡：久已存在的滑坡，由于山体开挖引起重新活动
	自然滑坡	由于自然地质作用形成的滑坡。它包括：①老滑坡：坡体上有高大的树木，残留部分环谷、断裂擦痕；②新滑坡：外貌清晰，断壁新鲜
按发生后的活动性质分	活滑坡	发生后仍在活动的滑坡。后壁及两侧有新鲜擦痕，体内有开裂、鼓起或前缘有挤出等变形迹象，其上偶有旧房遗址，幼小树木歪斜生长等
	死滑坡	发生滑动后已稳定，并已停止发展，一般情况下不可能重新活动，坡体上植被较茂盛，常有居民点
按滑坡体体积分	小型滑坡	体积$<5\ 000m^3$
	中型滑坡	体积为$5\ 000\sim50\ 000m^3$
	大型滑坡	体积为$50\ 000\sim100\ 000m^3$
	巨型滑坡	体积$>100\ 000m^3$

7.1.3 滑坡的成因机理

滑坡主要是由于集中暴雨产生的地表水和地下水的影响作用引起的，岩土体的性质、结构及边坡的形态特征也对破坏的产生有重要影响。公路上边坡发生滑坡破坏的主要原因有：边坡裂隙静水压力作用、坡体动水压力作用、水的软化作用、坡面水流冲刷作用、边坡的形态、坡体岩性等因素，自然和人为活动破坏山体的稳定形态也易产生滑坡。针对这些因素采取水毁防治措施，可以有效地控制边坡的滑坡坍塌破坏。

1）边坡裂隙静水压力作用

张裂隙发育的岩石边坡以及干旱的裂隙黏性土边坡，如果因降雨或地下水活动使裂隙充水则裂隙面将承受静水压力的作用。另外，由于坡体内地下水出口节理裂隙敞开情况的不同，也影响裂隙水的压力大小，从而影响边坡的稳定。当出口节理畅通，地下水容易排出，坡体内地下水位低，从而裂隙水压力小，对边坡的稳定性影响相对较小；当出口节理闭合或充填其他物质时，透水性差，地下水不易排出或渗出太慢，就会导致坡体内水位较高，裂隙水压力大，对边坡的稳定性影响相对较大，边坡就容易失稳。作用于岩块滑面上的静水压力，使作用在滑面上的有效正应力减小，从而使边坡的稳定性降低。

2）坡体渗透压力

渗透压力是指地下水在流动过程中所施予岩土颗粒的力。当流体流经土体孔隙时，每颗土粒均与水流围绕接触。水流受到土粒的阻力，产生水头损失，则沿土粒周围渗流的水头下降，渗透压力也将下降。这种渗透压力垂直作用于土颗粒表面。在顺水流方向上，对作用于土粒上的单位渗透压力比逆水流方向上的大。除渗透压力外，作用于土粒表面上还有土粒周围切线方向的渗透水摩擦力。渗透压力和摩擦力二者之和即为每颗土粒所受到的渗透合力。一定体积的土体受到的渗透合力是一种体积力，其大小与流动的水体的体积和水力梯度有关。

设 D 为渗透合力，按式（7-1）可得：

$$D = V\gamma I \tag{7-1}$$

式中：V——流动水体体积；

γ——水的容量；

I——水力梯度。

水入渗坡体，除了使坡体的下滑力增大以外，在渗流动水压力作用下，还会使边坡土体结构产生一定的变形或破坏。渗透会产生潜蚀，削弱土体内部联结，将土体较细颗粒移动或挟走，使土体结构变松，孔隙增大，强度降低甚至形成孔洞和表层塌陷，对边坡的稳定性产生不利的影响。

3）水的软化作用

水的软化作用是指由于水的入侵使岩土体强度降低的作用，其对岩土质边坡稳定性的危害很大。当边坡掩体或软弱夹层的亲水性强，有易溶于水的矿物，如含盐的黏土质页岩等时，浸水后易发生变化，岩石和岩体结构受到破坏，发生崩解泥化现象，使抗剪强度降低，影响边坡稳定。对于土质边坡，浸水后的软化现象更加明显，尤其是一些黏性土质边坡，在干燥或少水的情况下，黏性土块较硬，强度较高，边坡的稳定性好，在有水入侵坡体后，黏性土会变得很软，强度下降很多。黏性土的渗透性差，侵入坡体的水不易排出，所以，前期的降水影响边坡地下水的状态，对边坡的稳定性影响也很大。尤其是长时间的阴雨天气，对黏性土质边坡的稳定性尤为不利。

4）坡面水流冲刷

主要是降雨产生的冲刷，坡面冲刷过程包括降雨侵蚀和径流冲刷。公路边坡被雨水冲刷破坏的过程为：在降雨过程中，当降雨强度超过土壤地表入渗强度后，坡面地表开始产流。产流后，首先在坡面上形成薄层漫流，在较微弱的漫流冲刷过程中，由于坡面地表微起伏的存在及抗侵蚀的不均匀性，使径流在顺坡向下流动的过程中必然发生汇集，形成水深渐大、流速渐增的股流。股流会引起浅沟侵蚀和切沟侵蚀。随着降雨的继续，坡面上径流的不断扩大，侵蚀效果越来越显著；同时由于汇流以及径流集中作用，坡面径流最终都将输入沟道，并在沟道径流通过的两壁以及沟道内也产生侵蚀；最终在坡面上形成大范围的冲刷现象，可能导致滑坡。

5）边坡的形态

边坡形态系指边坡的高度、长度、剖面形态、平面形态以及边坡的临空条件等。边坡形态是影响边坡坍塌失稳破坏的重要因素。在失稳破坏的公路边坡中，大多是较陡的边坡，具有较大的坡角。对均质岩土边坡而言，坡度越陡，坡高越大，对其稳定越加不利；反之，边坡的稳定性就越好。当边坡的稳定受同向缓倾滑动结构面控制时，边坡的稳定性与边坡坡度关系不大，而主要取决于边坡高度。此外，边坡的临空条件也影响边坡的稳定，平面上呈凹形的边坡比呈凸形的边坡稳定。因自然和人为作用，在边坡上部加载和下部开挖（冲刷）失稳也易产生滑坡。

6）坡体岩性

所谓岩性包括组成岩石的物理、化学、水理和力学性质，特别是岩石在饱水条件下的力学强度，是影响公路上边坡稳定的主要因素。就上边坡的滑坡坍塌破坏的可能性来说，不同地层岩性的坡体概率不同。黏性土质边坡、碎石黏性土质边坡和风化较完全的覆盖层边坡在干燥或天然状态下是稳定的，但一经水浸，岩土体强度大减，边坡较容易出现失稳。因为黏性土、碎石黏性土、完全风化的覆盖层经水浸入后的力学性能有很大的改变，在碎石黏性土边坡地区，又有强降雨作用的情况下，边坡的变形破坏形式以滑坡、坍塌为主。而在风化程度较弱的岩质边坡地区，则以崩塌为主。由于岩性对边坡的稳定状况的这种控制作用，使各种类型边坡的变形破坏形式带有一定的区域性质。

7.2　滑坡防治的一般原则

防治滑坡大体可以分两种情况：一是针对病因采取的措施，以制止滑动或控制滑坡发展为主；一是针对危害采取的措施，要经受住滑坡的作用或避开危害。两者均须对滑坡变形产生的基本条件、主要原因和变形过程了解清楚，然后才能针对病因和危害采取防治措施。根据滑坡产生的原因，对其防治的主要措施主要有五方面：①加强坡面坡体的排水；②减载与反压；③对坡面坡体进行冲刷防护；④对坡体进行支挡加固；⑤监测。

滑坡防治总的原则是以防为主、整治为辅，力求做到防患于未然。在选择防治措施前，要详细调查地形、地质和水文条件；认真研究和确定滑坡的类型及其发展的阶段；分析形成滑坡的主、次要因素及彼此的联系；结合公路的重要程度、施工条件及其他各种情况综合考虑。

（1）滑坡防治应查明滑坡性质及滑坡体附近的地形地貌、水文地质和工程地质条件，以及滑坡的成因类型、滑坡的规模与特征等，分析评价滑坡稳定状况、发展趋势和对公路工程的危害程度。

（2）滑坡防治应根据滑坡类型、规模、地质、稳定性和施工条件，采取排水、减载、反压、支挡加固及综合治理措施。

（3）滑坡防治应进行监测，对规模大、性质复杂、变形缓慢以及短期内难以查明其性质的滑坡，宜采取避绕或整治的方案。当避绕有困难或在经济上显著不合理时，应视滑坡规模、公路与滑坡的相互影响程度、防治费用等条件，设计几种具体方案比选。

（4）对于可能突然发生急剧变形的滑坡，应采取迅速有效的工程措施；对于滑动缓慢的大型滑坡，宜全面规划，分期整治，仔细观察每期工程的效果，以采取相应的治理措施；对于施工及运营中产生的大型滑坡，应慎重作出绕避方案、治理方案或局部改移与防治措施相结合的方案等，在进行全面综合比较后决定取舍；对于古滑坡，应采取预防措施，避免其复活或产生新的滑坡。

(5) 对于性质简单的中小型滑坡，一般情况下可进行整治，路线不需绕避。但应注意调整路线平、纵面位置，以求整治简单、工程量小，施工方便、经济合理。

(6) 路线通过滑坡的位置，一般滑坡上缘或下缘比滑坡中部好。滑坡下缘的路基宜设成路堤形式，以减轻滑体自重，对滑坡产生反压作用；对于窄长而陡峭的滑坡，经过安全论证，可采用旱桥通过。

(7) 滑坡整治之前，一般先作好临时排水系统，以减缓滑坡的发展，然后针对引起滑坡滑动的主要因素，采取相应的措施。

(8) 滑坡整治工程宜在旱季施工，并注意施工方法和程序，避免引起滑坡的发展。

(9) 防滑工程设施完工后应随时注意维修和保养，使其处于良好的工作状态，发挥应有的作用，防止其失效。

7.3 排水工程

应在滑坡防治总体方案基础上，结合工程地质、水文地质条件及降雨条件，制订地表排水、地下排水或二者相结合的方案。地表排水工程应在滑坡后缘的稳定地层上设置环形截水沟。滑坡范围较大时，应在滑坡体范围内设置树枝状排水沟。地下排水工程应视滑动面状况、滑坡所在山坡流域水文地质条件及地下水动态特征，选用盲沟、渗沟、仰斜式排水孔、排水隧洞等排水方案。具体排水方案参见第2章相关内容。

7.3.1 排水工程设计原理

1) 截导地表水

截导地表水。修筑地面截水沟排水水沟，尽最大可能将地表水在顶部实施拦截。截水沟根据地质地形条件的不同分区设立，有条件的尽可能将水排到边坡之外，不具备外排条件的放入浅部的排水系统，做到浅水浅排。在不同地段，不同水平修筑水沟、蓄水消能池、捣泵站等，使水流有序，排放合理，消除和减少其对边坡的不良影响。地面截水沟是防止地面水对边坡造成破坏的最重要屏障。

当滑坡体上存在地表水体，且必须保留时，应进行防渗处理，并与拟建排水系统相接。其设计标准，应根据滑坡的规模、范围及其重要程度，准确、合理地选定设计标准，即选定某一降雨频率作为计算流量的标准。将大于设计标准或在非常情况下使工程仍能发挥其原有作用的安全标准，作为校核标准。

地表排水工程的设计频率地表汇水流量计算，可根据中国水利科学院水文研究所提出的小汇水面积设计流量公式（7-2）计算：

$$Q_P = 0.278\phi S_p F/\tau^n \tag{7-2}$$

式中：Q_P——设计频率地表水汇流量（m^3/s）；

S_P——设计降雨强度（mm/h）；

τ——流域汇流时间（h）；

ϕ——径流系数；

n——降雨强度衰减系数；

F——汇水面积（km^2）。

当缺乏必要的流域资料时，可按中国公路科学研究所提出的经验公式计算，即：

当 $F \geqslant 3km^2$ 时，按式（7-3）计算：

$$Q_P = \phi S_P F^{\frac{2}{3}} \tag{7-3}$$

当 $F < 3km^2$ 时，按式（7-4）计算：

$$Q_P = \phi S_P F \tag{7-4}$$

排水沟断面形状可为矩形、梯形、复合型及 U 形等（见图 7-2）。梯形、矩形断面排水沟，易于施工，维修清理方便，具有较大的水力半径和输移力，在滑坡防治排水工程设计时应优先考虑。

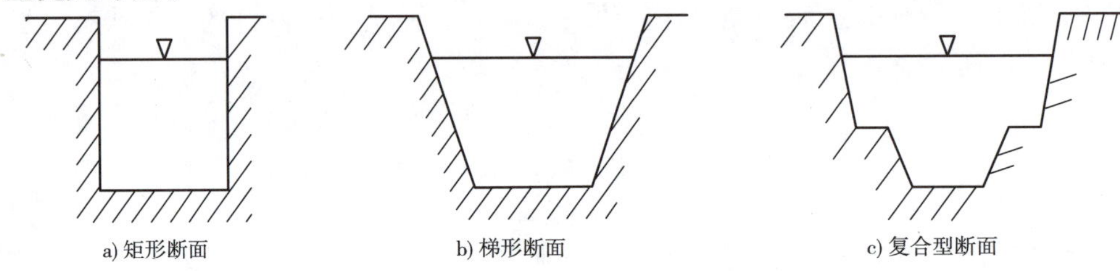

图 7-2　滑坡地面排水沟断面形状示意图

地表排水工程水力设计，应首先对排水系统各主、支沟段控制的汇流面积进行分割计算，并根据设计降雨强度和校核标准分别计算各主、支沟段汇流量和输水量；在此基础上，确定排水沟断面或校核已有排水沟过流能力。

排水沟过流量计算公式（7-5）：

$$Q = WC\sqrt{Ri} \tag{7-5}$$

式中：Q——过流量（m^3/s）；

R——水力半径（m）；

i——水力坡降；

W——过流断面面积（m^2）；

C——流速系数（m/s），宜采用式（7-6）、式（7-7）计算。

（1）巴甫洛夫斯基公式

$$C = R^y/n \tag{7-6}$$

式中：y——与 n、R 有关的指数，$y = 2.5\sqrt{n} - 0.13 - 0.75\sqrt{R}\,(\sqrt{n} - 0.10)$；

R——水力半径（m）；

n——糙率。

（2）满宁公式

$$C = R^{1/6}/n \tag{7-7}$$

对刚性材料的排水沟，n 的取值，建议采用《溢洪道设计规范》（SL 253—2000）、《渠道防渗工程技术规范》（SL 18—2004）的推荐数值。

外围截水排水沟应设置在滑坡体或老滑坡后缘，远离裂缝 5m 以外的稳定斜坡面上。依地形而定，平面上多呈“人”字形展布。沟底比降无特殊要求，以能顺利排出拦截的地表水为原则。根据外围坡体结构，截水沟迎水面需设置泄水孔，推荐尺寸为（100mm ×

100mm）～（300mm×300mm）。当排水沟通过裂缝时，应设置成叠瓦式的沟槽，可用土工合成材料或钢筋混凝土预制板制成；当有明显开裂变形的坡体，应及时用黏土或水泥浆填实裂缝，整平积水坑、洼地，使降雨能迅速沿排水沟汇集、排走。当滑坡体上有水田，应改为旱地耕作。若有积水的池、塘、库，应停止耕作。滑坡体后缘（外围），若分布有可能影响滑坡的积水的池、塘、库时，宜停止耕作，否则其底和周边均须实施防渗工程。

2）疏排、截堵地下水

地下排水工程，应视滑动面状况、滑坡所在山坡汇水范围内的含水层与隔水层水文地质结构及地下水动态特征，选用隧洞排水、钻孔排水或盲沟排水等方案。

当滑坡体表层有积水湿地和泉水露头时，可将排水沟上端做成渗水盲沟，伸进湿地内，达到疏干湿地内上层滞水的目的。渗水盲沟，须用不含泥的块石、碎石填实，两侧和顶部做反滤层（图7-3）。

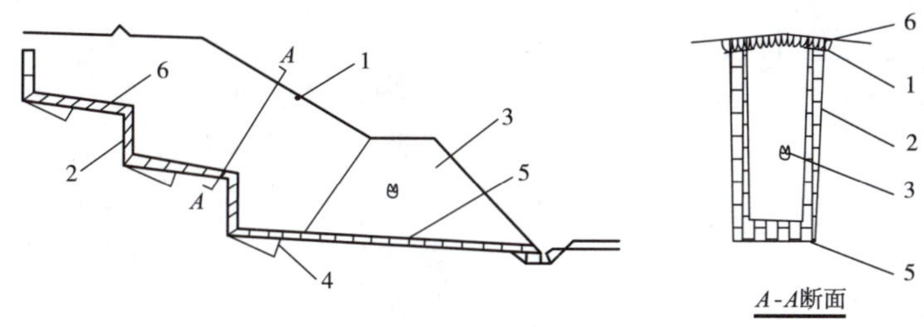

图7-3　滑坡底下排水支撑盲沟断面示意图

1-大块干砌断面；2-反滤层；3-干切片石；4-浆砌片石；5-牙石；6-土工布

为拦截滑坡体后山和滑坡体后部深层地下水及降低滑坡体内地下水位，须将横向拦截排水隧洞修于滑坡体后缘滑动面以下，与地下水流向基本垂直；纵向排水疏干隧洞，可建在滑坡体（或老滑坡）内，两侧设置与地下水流向基本垂直的分支截排水隧洞和仰斜排水孔。配有排水孔的截排水隧洞，见图7-4。其排水能力可由式（7-8）计算：

$$Q=\frac{1.36K(2H-S_w)S_w}{\lg\frac{d}{\pi r_w}+\frac{1.36b_1b_2}{db}} \tag{7-8}$$

式中：Q——单井涌水量（m^3/d）；

K——渗透系数（m/d）；

H——水头或潜水含水层厚度（m）；

S_w——排水孔中水位降深（m）；

d——井距之半（m）；

r_w——井半径（m）；

b_1——井排至排泄边界的距离（m）；

b_2——井排至补给边界的距离（m）。

对于规模小、滑面埋深较浅的滑坡，采用支撑盲沟排出滑坡体地下水，具体施工简便、效果明显的优点，并可起到抗滑支撑的作用。

（1）支撑盲沟长度计算，采用公式（7-9）：

$$L=\frac{K_sT\cos\alpha-T\sin\alpha\tan\varphi}{\gamma hb\tan\varphi} \tag{7-9}$$

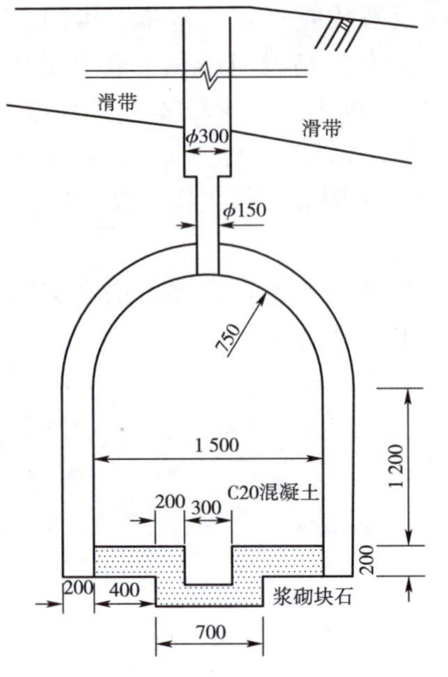

图 7-4　滑坡地下排水廊道剖面示意图（尺寸单位：mm）

式中：L——支撑盲沟长度（m）；

T——作用于盲沟上的滑坡推力（kN）；

α——支撑盲沟后的滑坡滑动面倾角（°）；

h、b——支撑盲沟的高、宽（m）；

γ——盲沟内填料容量，采用浮容量（kN/m^3）；

φ——盲沟基础与地基内摩擦角（°）；

K_s——设计安全系数，取值 1.3。

（2）支撑盲沟排出地下水的出水量计算

①当设计盲沟长度大于 50m 时，按式（7-10）计算：

$$Q = LK\frac{H^2 - h^2}{2R} \tag{7-10}$$

式中：Q——盲沟出水量（m^3/d）；

L——盲沟长度（m）；

K——渗透系数（m/d）；

H——含水层厚度（m）；

h——动水位至含水层底板的高度（m）；

R——影响半径（m）。

②当设计盲沟长度小于 50m 时，按式（7-11）计算：

$$Q = 0.685K\frac{H^2 - h^2}{\lg\frac{R}{0.25L}} \tag{7-11}$$

式中的公式中符号意义同式（7-10）。

7.3.2　排水工程施工工艺

1）地表排水

地表排水工程施工，首先按设计要求，选定位置，确定轴线。然后按设计图纸尺寸、高程、量定开挖基础范围，准确放出基脚大样尺寸，进行土方开挖与沟体砌（浇）筑。宜根据土质结构进行放坡。

开挖土方基坑时，必须留够稳定边坡，以防滑塌。对淤泥质土、软黏土、淤泥等松软土层，应尽量挖除。重要的大落差跌水、陡坡地基，还可夯压加固处理。填方基础，必须按规定尺寸分层夯实，达到设计要求，并做必要的土样测试检验。

石方开挖中，打炮眼、装炸药和爆破等工序，必须严格按照有关爆破操作规程进行，以杜绝工伤事故。

开挖出的沟基，如地基承载力达不到设计要求时，应进行地基处理加固。如除泥换土，填砂砾石料，扰动土夯实、灰土夯实，打木桩、混凝土桩等。

排水沟底板和边墙砌筑为人工操作，质量不易均匀。砌筑工艺总的要求为：平（砌筑平面大体平整）、稳（块石大面向下，安放稳实）、紧（石块间必须靠紧）、满（石缝要以砂浆填满捣实，不留空隙）。

砌砖宜用坐浆法，砌片石用坐浆法或灌浆法；石料或砖，使用前应洗刷干净。砌石时，基础应敷设 50～80mm 砂浆垫层。第一层宜选用较大片石；分层砌筑，每层厚 250～300mm，由外向里，先砌面石，再灌浆塞实；铺灰坐浆要牢实。砌片石（砖）时，应注意纵、横缝互相错开，每层横缝厚度保持均匀。未凝固的砌层，避免震动。须勾缝的砌石面，在砂浆初凝后，应将灰缝抠深 30～50mm，清净湿润，然后填浆勾缝。

2）地下排水

地下排水隧洞施工时，当地层比较完整、地质条件较好时，开挖、衬砌和灌浆三个施工过程可依次进行，即先将隧洞全部挖通，以后再进行衬砌和灌浆；但当岩层破碎、地质条件不良时，应边开挖边衬砌。

隧洞开挖，可依据滑坡具体地质情况，选择人工开挖方法或钻孔爆破方法进行；当使用钻孔爆破法，须根据岩层完整程度，确定全断面开挖或导洞开挖；在地下水比较丰富的地段，宜采用下导洞开挖；对于不稳定地层，在开挖爆破后，永久衬砌前，应采用木支撑、钢支撑或喷混凝土锚杆支护等临时支护措施。在特别软弱或大量涌水的地层中开挖隧洞，应采用超前灌浆或管棚加固方法，先将地层预先加固，然后再进行开挖。

隧洞浇砌，应沿轴线方向分段进行。当结构设有永久缝时，按永久缝施工和设置止水。如永久缝间距过大或无永久缝时，应设临时施工缝分段浇砌，段长宜为 8～15m。为避免窝工，可采用跳仓浇砌。在横断面上，浇砌顺序应为先底拱、后边墙和顶拱；因地质条件差，也可先顶拱、后边墙，最后底拱。

支撑盲沟施工时，开挖基础应置于滑动面 0.5m 以下的稳定地基上。基底纵向为台阶式，每级台阶长度不应小于 4m，放坡系数控制在 0.05 以内。

支撑盲沟基础砌筑，宜每隔 1～3m 设一牙石凸榫，可采用 100～200mm 填料片石；沟壁砂砾石反滤层厚度不应低于 150mm。

7.4 减载与反压措施

采取“刷方减载”的方法，是最基本的也是最有效的办法，其目的是减少滑坡体的体积，从而减小滑坡的下滑推力，使滑体坡面形成规则的稳定坡面形态。刷方减载适用于以边坡表面剥落和表层坍落为主的陡倾边坡，对于推移式滑坡，滑动面不深且滑动面具有上陡下缓的形状，且滑坡后缘及两侧的地层相当稳定，不致因减重开挖而引起滑坡向后缘和两侧发展时，在滑坡上部可用减载方法；而对于牵引式滑坡则可采用在坡脚填土反压，在滑坡的抗滑段和滑坡体外边缘堆填土石加重，能增大抗滑力而稳定滑坡；在滑体或滑带土具有卸载膨胀开裂的情况下，不应采用减重措施；对小型崩塌落石，可采取全部清除的方法。另外减载与反压措施可结合使用，如滑坡前缘有较长的抗滑段，且地形条件允许时，即可将两种方法结合使用。

刷方减载应考虑清方后滑坡后部和两侧山体的稳定性，防止后缘产生新的滑动。减载应以刷减顶部、后部岩土体为主，中部及前缘处不宜刷方。当前缘部分极为松散破碎时，可适当清除，但应在顶部、后部刷方后进行。不应在滑坡体的弯曲隆起带及前缘刷方。采取填土反压措施时应防止堵塞滑坡前缘地下水渗出通道，并考虑基底的稳定性，必要时应进行地基处理。

1）减载与反压设计原理

刷方减载一般包括滑坡后缘减载、表层滑体或变形体的清除、削坡降低坡度以及设置马道等。在设计过程中刷方减载对于滑坡稳定系数的提高值可以作为设计依据。另外当开挖高度大时，宜沿滑坡倾向设置多级马道，沿马道应设横向排水沟。边坡开挖设计时，应确定纵向排水沟位置，并且与城市或公路排水系统衔接。当采用填土反压措施时，回填体应经过专门设计，其对于滑坡稳定系数的提高值可作为工程设计依据；未经专门设计的回填体，其对于安全系数的提高值不得作为设计依据，但可作为安全储备加以考虑。

2）减载与反压施工要点

（1）刷方减载后形成的边坡高度大于 8m 时，开挖必须采用分段开挖，边开挖边护坡，护坡之后才允许开挖至下一个工作平台，严禁一次开挖到底。根据岩土体实际情况，分段工作高度宜 3～8m。

（2）边坡高度大于 8m，宜采用喷锚网、钢筋混凝土格构等护坡。如果高边坡设有马道，坡顶开口线与马道之间，马道与坡脚之间，也可采用格构护坡。

（3）边坡高度小于 8m，可以一次开挖到底，采用浆砌块石挡土墙等护坡。

（4）当堆积体或土质边坡高度超过 10m 时，须设马道放坡，马道宽 2.0～3.0m。当岩质边坡高度超过 20m 时，须设马道放坡，马道宽 2.0～3.0m。

（5）为了减少超挖对边坡的扰动，机械开挖必须预留 0.5～1.0m 保护层，人工开挖至设计位置。

（6）采用爆破方法对后缘滑体或危岩体进行刷方减载，必须专门对周围环境进行调查，对爆破振动、对整体稳定性的影响和爆破飞石对周围环境的危害作出评估。

（7）在清除表层危岩体和确保施工安全的情况下，尽可能采用导爆索进行光面爆破或预裂爆破。凿岩一般 3～4m，由上至下一次成型。以机械浅孔台阶爆破为主，并对超欠挖部分进行修整成型。

（8）块石爆破采用岩体内浅孔爆破与块体表面聚能爆破相结合的方式。对于块体厚度大于 1.5m，而易于凿岩的块石，以块体内浅孔爆破为主；厚度小于 1.5m，凿岩施工条件极差的块石，以表面聚能爆破为主；厚度在 1.5m 左右，宽厚比近于 1 的块石，可以两种方法并用。

（9）减重后的坡面须注意整平、排水及防渗。

（10）只能在滑坡体下部抗滑段加重反压，不能填于滑坡体上部和中部主滑地段。而且填方时，必须作好地下排水工程，不能因填土堵塞原有地下水出口，造成后患。

（11）回填压脚填料宜采用碎石土，碎石土碎石粒径小于 8cm，碎石土中碎石含量 30%～80%。碎石土最优含水量需做现场碾压试验，含水率与最优含水率误差小于 3%。

（12）碎石土应碾压，无法碾压时必须夯实，路基各层压实度应满足规范要求。

（13）库（江）水位变动带的回填压脚须对回填体进行地下水渗流和库岸冲刷处理，设置反滤层和进行防冲刷护坡。

7.5 坡面防护

滑坡的坡面冲刷防护措施可参考第2章相关内容采用。

7.6 支挡加固

7.6.1 挡土墙

挡土墙是支承公路路基填土或山坡土体，以防止其变形失稳的结构物；同时，也是高等级公路重要的结构物。可以利用水泥及钢筋、砂石材料等修建毛石混凝土挡土墙或钢筋混凝土挡土墙。挡土墙的基本构造及各部分名称如图7-5所示。

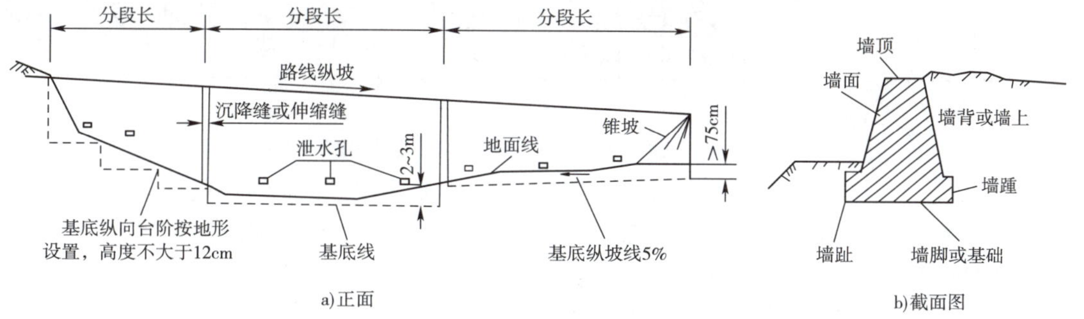

图7-5　挡土墙的基本构造及各部分名称

1）挡土墙分类及选择

挡土墙按其设置的位置，可以分为路堑挡土墙、路肩挡土墙、路堤挡土墙、山坡挡土墙等；按其所在的地区，可以分为一般地区挡土墙、浸水地区挡土墙、地震地区挡土墙、滑坡地区的抗滑挡土墙等；按其结构形式，可以分为重力式及衡重式挡土墙、悬臂式及扶臂式挡土墙、锚杆式挡土墙、桩板式挡土墙、带卸荷板的柱板式及框架式挡土墙等。结构新颖的加筋土挡土墙由于具有其他挡土墙所不可比拟的优点，近年来在公路和铁路建设中得到了较为广泛的应用。

挡土墙类型应综合考虑工程地质、水文地质、冲刷深度、荷载作用情况、环境条件、施工条件、工程造价等因素，参考表7-2选用。

各类挡土墙适用条件　　表7-2

挡土墙类型	适用条件
重力式挡土墙	适用于一般地区、浸水地区和地震地区的路肩、路堤和路堑等支挡工程。墙高不宜超过12m，干砌挡土墙的高度不宜超过6m。高速公路、一级公路不应采用干砌挡土墙
半重力式挡土墙	适用于不宜采用重力式挡土墙的地下水位较高或较软弱的地基上。墙高不宜超过8m
悬臂式挡土墙	宜在石料缺乏、地基承载力较低的填方路段采用。墙高不宜超过5m
扶壁式挡土墙	宜在石料缺乏、地基承载力较低的填方路段采用。墙高不宜超过15m

续上表

挡土墙类型	适用条件
锚杆挡土墙	宜用于墙高较大的岩质路堑地段。可用作抗滑挡土墙。可采用肋柱式或板壁式单级墙或多级墙。每级墙高不宜大于8m，多级墙的上、下级墙体之间应设置宽度不小于2m的平台
锚定板挡土墙	宜使用在缺少石料地区的路肩墙或路堤式挡土墙，但不应建筑于滑坡、坍塌、软土及膨胀土地区。可采用肋柱式或板壁式，墙高不宜超过10m。肋柱式锚定板挡土墙可采用单级墙或双级墙，每级墙高不宜大于6m，上、下级墙体之间应设置宽度不小于2m的平台。上下两级墙的肋柱宜交错布置
加筋土挡土墙	用于一般地区的路肩式挡土墙、路堤式挡土墙。但不应修建在滑坡、水流冲刷、崩塌等不良地质地段。高速公路、一级公路墙高不宜大于12m，二级及二级以下公路不宜大于20m。当采用多级墙时，每级墙高不宜大于10m，上、下级墙体之间应设置宽度不小于2m的平台
桩板式挡土墙	用于表土及强风化层较薄的均质岩石地基、挡土墙高度可较大，也可用于地震区的路堑或路堤支挡或滑坡等特殊地段的治理

2）挡土墙设计

在勘察设计阶段，应对挡土墙地基基础进行综合地质勘察，查明地基地质条件和地基承载能力。设计中应分析预测挡土墙对环境产生的影响，确定必要的环境保护方案和植物防护措施；在施工阶段应采用合理施工方法，尽量减少对环境和相邻路基段的不利影响。

挡土墙可采用锥坡与路堤连接，墙端伸入路堤内不应小于0.75m，锥坡坡率宜与路堤边坡一致，并宜采用植草防护措施。挡土墙端部嵌入路堑原地层的深度，土质地层不应小于1.5m；风化软质岩层不应小于1.0m；微风化岩层不应小于0.5m。路肩式挡土墙的顶面宽度不应占据硬路肩、行车道及路缘带的路基宽度范围，并应设置护栏。

应根据挡土墙墙背渗水量合理布置排水构造。具有整体式墙面的挡土墙，应设置伸缩缝和沉降缝。挡土墙墙背填料宜采用渗水性强的砂性土、砂砾、碎（砾）石、粉煤灰等材料，严禁采用淤泥、腐殖土、膨胀土，不宜采用黏土作为填料。在季节性冻土区，不应采用冻胀性材料做填料。

（1）荷载设计

挡土墙设计目前主要采用以极限状态设计的分项系数法为主的设计方法。挡土墙构件承载能力极限状态设计采用的一般表达式如式（7-12）、式（7-13）所示：

$$\gamma_0 S \leqslant R \tag{7-12}$$

$$R = R\left(\frac{R_k}{\gamma_f}, \alpha_d\right) \tag{7-13}$$

式中：γ_0——结构重要性系数，可根据表7-3取值；

S——作用（荷载）效应的组合设计值；

R——挡土墙结构抗力函数；

R_k——抗力材料的强度标准值；

γ_f——结构材料、岩土性能的分项系数；

α_d——结构或结构构件几何参数的设计值，当无可靠数据时，可采用几何参数标准值。

结构重要性系数 γ_0 表7-3

墙　　高	公路等级	
	高速公路、一级公路	二级及以下公路
≤5.0m	1.0	0.95
>5.0m	1.05	1.0

施加于挡土墙的作用（荷载），按性质分列于表7-4。作用在一般地区挡土墙上的力，可只计算永久作用（荷载）和基本可变作用（荷载），浸水地区、地震动峰值加速度值为0.2g及以上的地区、产生冻胀力的地区等，尚应计算其他可变作用（荷载）和偶然作用（荷载），作用（荷载）组合可按表7-5进行。挡土墙按承载能力极限状态设计时，除另有规定外，常用作用（荷载）分项系数可按表7-6的规定采用。

荷载分类 表7-4

作用（荷载）分类		作用（荷载）名称
永久作用（或荷载）		挡土墙结构重力
		填土（包括基础襟边以上土）重力
		填土侧压力
		墙顶上的有效永久荷载
		墙顶与第二破裂面之间的有效荷载
		计算水位的浮力及静水压力
		预加力
		混凝土收缩及徐变
		基础变位影响力
可变作用（或荷载）	基本可变作用（或荷载）	车辆荷载引起的土侧压力
		人群荷载、人群荷载引起的土侧压力
	其他可变作用（或荷载）	水位退落时的动水压力
		流水压力
		波浪压力
		温度影响力
	施工荷载	与各类型挡土墙施工有关的临时荷载
偶然作用（或荷载）		地震作用力
		滑坡、泥石流作用力
		作用于墙顶护栏上的车辆碰撞力

常用作用（荷载）组合 表7-5

组　　合	作用（荷载）名称
Ⅰ	结构重力、墙顶上的有效永久荷载、填土重力、填土侧压力及其他永久荷载组合
Ⅱ	组合Ⅰ与基本可变荷载相组合
Ⅲ	组合Ⅱ与其他可变荷载、偶然荷载相组合

注：①洪水与地震力不同时考虑。
②车辆荷载与地震力不同时考虑。

承载能力极限状态作用（荷载）分项系数　　表 7-6

情　况	荷载增大对挡土墙起有利作用时		荷载增大对挡土墙起不利作用时	
组合	Ⅰ，Ⅱ	Ⅲ	Ⅰ，Ⅱ	Ⅲ
垂直恒载 γ_G	0.90		1.20	
恒载或车辆荷载、人群荷载主动土压力 γ_{Q1}	1.00	0.95	1.40	1.30
被动土压力 γ_{Q2}	0.30		0.50	
水浮力 γ_{Q3}	0.95		1.10	
静水压力 γ_{Q4}	0.95		1.05	
动水压力 γ_{Q5}	0.95		1.20	

（2）基础设计与稳定性计算

挡土墙基底合力的偏心距 e_0 可按式（7-14）计算：

$$e_0 = \frac{M_d}{N_d} \tag{7-14}$$

式中：N_d——作用于基底上的垂直力组合设计值（kN/m）；

M_d——作用于基底形心的弯矩组合设计值（MPa）。

挡土墙地基计算时，各类作用（或荷载）组合下，作用效应组合设计值计算式中的作用分项系数，除被动土压力分项系数 $\gamma_{Q2}=0.3$ 外，其余作用（或荷载）的分项系数规定均等于1。

基底压应力 σ 应按公式（7-15）计算：

$$|e| \leqslant \frac{B}{6}\text{时},\sigma_{1,2} = \frac{N_d}{A}\left(1 \pm \frac{6e}{B}\right) \tag{7-15}$$

位于岩石地基上的挡土墙按式（7-16）、式（7-17）计算：

$$e > \frac{B}{6}\text{时},\sigma_1 = \frac{2N_d}{3\alpha_1},\sigma_2 = 0 \tag{7-16}$$

$$\alpha_1 = \frac{B}{2} - e_0 \tag{7-17}$$

上述式中：σ_1——挡土墙趾部的压应力（kPa）；

σ_2——挡土墙踵部的压应力（kPa）；

B——基底宽度（m），倾斜基底为其斜宽；

A——基础底面每延米的面积，矩形基础为基础宽度 $B\times1$（m^2）。

基底合力的偏心距 e_0，对土质地基不应大于 $B/6$；对岩石地基不应大于 $B/4$。基底压应力不应大于基底的容许承载力［σ_0］；基底容许承载力值可按现行《公路桥涵地基与基础设计规范》（JTG D63—2007）的规定采用，当为作用（或荷载）组合Ⅲ及施工荷载，且［σ_0］＞150kPa 时，可提高 25%。

挡土墙的滑动稳定方程可表示为如式（7-18）的形式：

$$[1.1G+\gamma_{Q1}(E_y+E_x\tan\alpha_0)-\gamma_{Q2}E_p\tan\alpha_0]\mu+(1.1G+\gamma_{Q1}E_y)\tan\alpha_0-\gamma_{Q1}E_x+\gamma_{Q2}E_p>0 \tag{7-18}$$

式中：G——作用于基底以上的重力（kN），浸水挡土墙的浸水部分应计入浮力；

E_y——墙后主动土压力的竖向分量（kN）；

E_x——墙后主动土压力的水平分量（kN）；

E_p——墙前被动土压力的水平分量（kN），当为浸水挡土墙时，$E_p=0$；

α_0——基底倾斜角（°），基底为水平时，$\alpha_0=0$；

γ_{Q1}、γ_{Q2}——主动土压力分项系数、墙前被动土压力分项系数，可按表7-6取值；

μ——基底与地基间的摩擦系数，当缺乏可靠试验资料时，可按表7-7取值。

基底与基底土间的摩擦系数μ 表7-7

地基土的分类	摩擦系数μ	地基土的分类	摩擦系数μ
软塑黏土	0.25	碎石类土	0.50
硬塑黏土	0.30	软质岩石	0.40～0.60
砂类土、黏砂土、半干硬的黏土	0.30～0.40	硬质岩石	0.60～0.70
砂类土	0.40		

挡土墙的抗滑动稳定系数K_c按式（7-19）计算：

$$K_c=\frac{[N+(E_x-E'_p)\tan\alpha_0]\mu+E'_p}{E_x-N\tan\alpha_0} \tag{7-19}$$

式中：N——作用于基底上合力的竖向分力（kN），浸水挡土墙应计浸水部分的浮力；

E'_p——墙前被动土压力水平分量的0.3倍（kN）。

挡土墙的倾覆稳定方程可表示为如式（7-20）的形式：

$$0.8GZ_G+\gamma_{Q1}(E_yZ_x-E_xZ_y)+\gamma_{Q2}E_pZ_p>0 \tag{7-20}$$

式中：Z_G——墙身重力、基础重力、基础上填土的重力及作用于墙顶的其他荷载的竖向力合力重心到墙趾的距离（m）；

Z_x——墙后主动土压力的竖向分量到墙趾的距离（m）；

Z_y——墙后主动土压力的水平分量到墙趾的距离（m）；

Z_p——墙前被动土压力的水平分量到墙趾的距离（m）。

挡土墙的抗倾覆稳定系数K_0按式（7-21）计算：

$$K_0=\frac{GZ_G+E_yZ_x+E'_pZ_p}{E_xZ_y} \tag{7-21}$$

在满足现行规范规定的墙高范围内，验算挡土墙的抗滑动和抗倾覆稳定时，稳定系数不宜小于表7-8的取值。设置于不良土质地基、表土下为倾斜基岩地基及斜坡上的挡土墙，应对挡土墙地基及填土的整体稳定性进行验算，其稳定系数不应小于1.25。

抗滑动和抗倾覆的稳定系数 表 7-8

荷载情况	验算项目	稳定系数	
荷载组合 I、II	抗滑动	K_c	1.3
	抗倾覆	K_0	1.5
荷载组合 III	抗滑动	K_c	1.3
	抗倾覆	K_0	1.3
施工阶段验算	抗滑动	K_c	1.2
	抗倾覆	K_0	1.2

挡土墙典型断面设计见图 7-6。挡土墙施工注意事项如下。

①挡土墙可采用锥坡与路堤连接，墙端应伸入路堤内不应小于 0.75m，锥坡坡率宜与路堤边坡一致，并宜采用植草防护措施。

②应根据挡土墙墙背渗水量合理布置排水构造；具有整体式墙面的挡土墙应设置伸缩缝和沉降缝。

③路肩式挡土墙的顶面宽度不应超过硬路肩、行车道及路缘带的路基宽度范围，并应设置护栏。

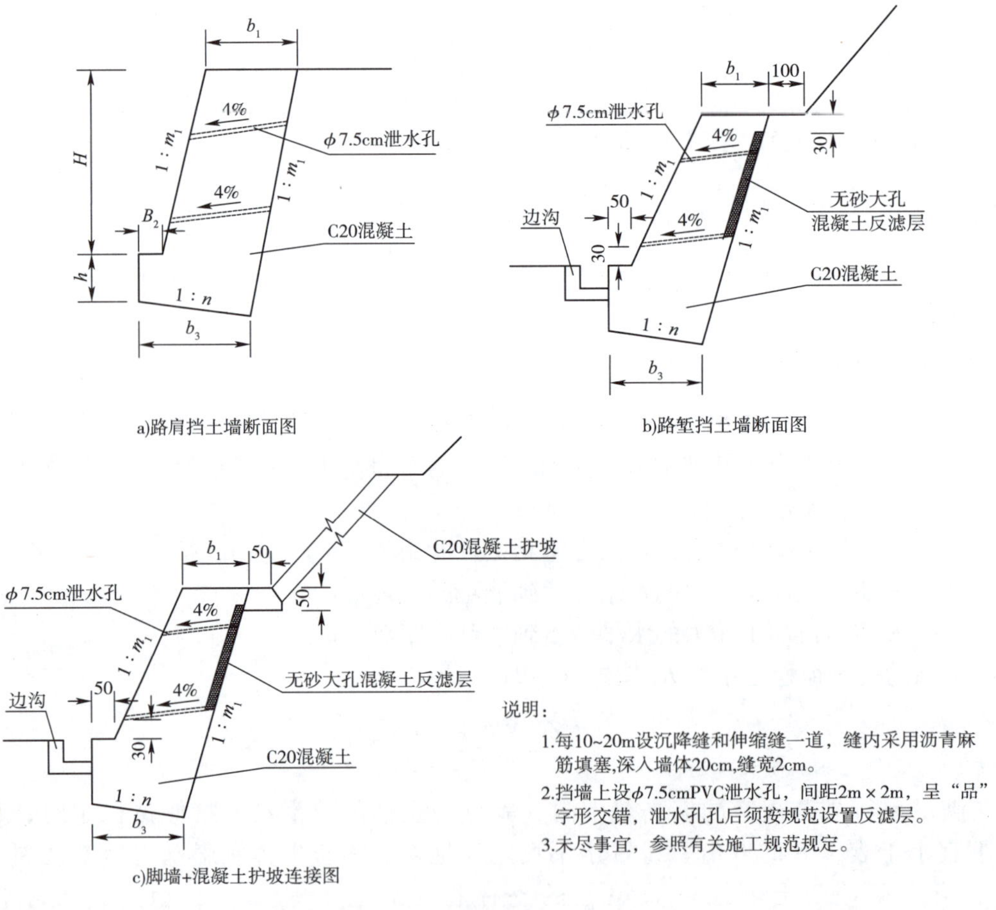
b1
H
h
B2
4%
1 : m1
φ7.5cm泄水孔
C20混凝土
1 : n
b3
a)路肩挡土墙断面图
100
30
50
边沟
无砂大孔
混凝土反滤层
b)路堑挡土墙断面图
C20混凝土护坡
无砂大孔混凝土反滤层
c)脚墙+混凝土护坡连接图
说明：
1.每10~20m设沉降缝和伸缩缝一道，缝内采用沥青麻筋填塞,深入墙体20cm,缝宽2cm。
2.挡墙上设φ7.5cmPVC泄水孔，间距2m×2m，呈“品”字形交错，泄水孔孔后须按规范设置反滤层。
3.未尽事宜，参照有关施工规范规定。

图 7-6 挡土墙断面设计图（尺寸单位：cm）

④挡土墙端部嵌入路堑原地层的深度，土质地层不应小于1.5m，风化软质岩层不应小于1.0m，微风化岩层不应小于0.5m。

7.6.2 浸水挡土墙

浸水挡土墙在山区公路水灾害防治工程中的应用十分广泛，由于它必然会受到水流的冲刷，因此其墙身均采用浆砌或混凝土浇筑，而不能采用干砌形式。重力式浸水挡土墙一方面依靠墙身自重支撑土压力来维持其稳定；另一方面利用墙面阻止水流对路基的冲刷，从而起到路基防护的作用。它具有形式简单，施工方便，可就地取材，适应性强的优点，故被广泛采用。具体来说，浸水挡土墙适用于以下几种情况。

（1）沿溪线通过悬崖峭壁，如用全挖路基，其工程数量很大，或废方很多，挤压河床，致使水流情况改变，有害于上下游农田和建筑物，做挑流建筑物对岸又不允许，在此情况下，若受冲路段并不很长时，可以采用浸水挡土墙。

（2）路线通过受水流冲刷的河湾，采用浸水挡土墙，可以稳定河湾，使之不再发展。

（3）导治线与河岸相距很近时，可考虑采用浸水挡土墙。

（4）在水深流急、冲刷大、洪水持续时间长、流向不定、险岸位置经常发生变化、水流中的漂浮物多而且大时，在沿河路基受冲击处，可采用浸水挡土墙。

（5）允许流速为5～8m/s的峡谷急流和水流冲刷严重的河段。

浸水挡土墙可能的破坏形式主要有滑移、倾覆、不均匀沉陷和墙身断裂等。因此，挡土墙的设计应保证在自身和外荷载作用下不发生全墙的滑动和倾覆，并保证墙身截面有足够的抗压和抗剪切能力，基底应力小于地基承载能力，偏心距不超过规定数值或容许数值。

由于浸水挡土墙一面临水，客观条件限制了其基础埋深。因此，作用在墙面上的被动土压力很小，计算中可忽略。而作用在墙背上的主动土压力，可按照库仑土压力理论来进行计算。

为抵御土压力，挡土墙本身必须具有足够的整体稳定性和结构强度。为此，在设计挡土墙时，应验算挡土墙沿基底的抗滑动稳定性、绕墙趾的抗倾覆稳定性、基底应力和偏心距以及墙身截面的强度，如果地基有软弱下卧层存在，还需要验算沿基底下某一可能滑动面滑动的稳定性。

挡土墙的验算方法有两种：一种是采用总安全系数的容许应力法，另一种则是采用分项安全系数的极限状态法。

在浸水挡土墙的施工过程中，应注意以下几点。

（1）施工前应做好地面排水和安全生产的准备工作。

（2）当基础采用围堰施工地段，宜在枯水季节进行，一般应分段开挖，避免过多挤压河身，加剧冲刷。

（3）对于砌石墙身，应严格按照先作浆后砌石的顺序施工，并应错缝砌筑，填缝必须紧密，不得做成水平通缝；墙趾台阶转折处，不得做成竖直通缝。所采用的砂浆要有很好的和易性，灰浆应填塞饱满，保证墙身有足够的抗剪强度。基岩基坑砌料应靠紧基坑侧壁，使之与岩层结为整体。对于浸水挡土墙，墙身两侧必须涂防渗层，使水流只能由泄水孔溢出。

（4）墙后回填土材料应尽量选择透水性较强、内摩擦力较大的土，如砂土、碎石砾石等。回填前，应确定填料的最佳含水率和最大干密度。墙体应达设计强度的70%以上，方可回填墙后的填料。墙背填料做到分层填筑，分层夯实，必须使内摩擦角、压实度达到设计要求。墙后回填材料必须均匀摊铺平整，并设不小于3%的横坡，以利于排水。墙背1.0m范围内，不得有大型机械行驶或作业，防止墙身受到较大冲击、碰撞，并用小型压实机械碾压，分层厚度不得大于0.2m。

7.6.3 土钉墙

土钉是一种在原位土体中安置拉筋而使土体的力学性能得以改善，从而提高挖方边坡稳定性的新型支挡技术。土钉技术的应用于1972年始于法国、德国、美国等，在20世纪70年代中期开始应用此项技术，我国于20世纪80年代初期首先在山西柳弯煤矿边坡稳定中应用土钉，并开始土钉的试验研究和工程实践。

土钉墙由被加固土体、放置在土中的土钉体和护面板组成。与其他挡土墙相比，土钉墙具有如下优点。

（1）能合理利用土体的自身能力，将土体作为墙体的不可分割的一部分。

（2）施工设备轻便，操作方法简单。

（3）结构轻巧，柔性大，有非常好的抗震性能和延性。

（4）施工不需单独占用场地。

（5）材料用量和工程数量少，工程造价低。

（6）施工速度快，基本不占用施工工期。

（7）防腐性能好。

虽然土钉技术有许多优点，但也有缺点和局限性，如：变形稍微大于预应力锚杆的变形；在软土、松散砂土中施工难度较大；土钉在软土中的抗拔力低，需设置得很长很密，或事先对软土加固，变形量较大，造价较高。

土钉墙可用于边坡的稳定，适用于地下水位以上或经人工降水后的人工填土、黏性土和弱胶结砂土，特别适合于有一定黏性的砂土和硬黏土，不宜用于含水丰富的粉细砂层、砂砾卵石层和淤泥质土，不得用于没有自稳能力的淤泥和饱和软弱土层。作为土体开挖的临时支护和永久性挡土结构，高度一般不大于15m；当土钉墙与有限放坡、预应力锚杆联合使用时，高度可增加，也可用于挡土结构的维修、改建与加固。

1）土钉墙的基本原理

土体通过土钉的就地实施加固并与喷射混凝土护面板相结合，形成两个类似重力式的挡土墙，以此抵抗墙后传来的土压力和其他作用力，从而使得挖方边坡而稳定。土钉依靠与个体接触面向上的黏结力、摩擦力和周围土体形成复合土体，土钉在土体发生变形的条件下被动受力，通过其受拉作用对土体进行加固，而土钉间土体的变形则由护面板予以约束。

土钉与土共同作用，弥补土体自身强度不足，增加土体的自身稳定性，为主动制约机制的支挡结构。复合土体不仅有效地提高了土体的整体刚度，而且弥补了土体抗拉、抗剪强度低的弱点。通过相互作用，土体自身结构强度的潜力得到充分发挥，改变了边坡变形和破坏状态，显著提高了整体稳定性。

直立土钉墙比素土边坡的承载力高（试验表明可提高1倍以上），更为重要的是，土钉墙在荷载作用下不会发生素土边坡那样突发的整体性滑裂和塌落。它不仅延迟了塑性变形发展阶段，而且具有明显的渐进性变形和开裂破坏。在丧失承受更大荷载的能力时，仍可维持较长时间，而不会发生整体性塌落。

土钉在复合土体内起到箍束骨架、分担荷载、应力传递与扩散以及坡面变形约束四个方面的作用。

2）土钉墙构造

土钉墙一般用于高度在15m以下的边坡开挖工程，常用高度为6～12m，斜面坡度一般为70°～90°，土钉墙采取自上而下分层修建的方式，分层外挖的最大高度取决于土体可以直立而不破坏的能力：砂性土为0.5～2m，黏性土可适当增大。分层开挖高度一般与土钉竖向间距相同，采用1.0～1.5m。分层开挖的纵向长度，取决于土体维持稳定的最长时间和施工流程的相互衔接，多为10m左右。

常用的土钉类型有钻孔注浆钉、击入钉、注浆击入钉、高压喷射注浆击入钉、气动射击钉等。钻孔注浆钉是最常用的一种类型，它是通过钻孔、置入钢筋、注浆、补浆来设置的；击入钉是把作为土钉的角钢、圆钢（常为螺纹钢筋）或钢管用振动冲击钻或液压锤直接击入土中，不需注浆，土钉长度一般不超过6.0m；注浆击入钉是用端部密封、周围带孔的钢管作为土钉，击入后从管内注浆并透过壁孔将浆体渗透到周围土体；高压喷射注浆击入钉是利用高频冲击锤将具有中孔的土钉击入土中，同时以一定的压力将水泥浆从土钉端部的喷嘴射出，起润滑作用并渗入周围土体，提高土钉与土体的黏结力；气动射击钉是以高压气体为动力，作用于土钉的外部扩大端，直接将土钉射入土中，可以采用圆钢或钢管。

已建工程的土钉实际长度L均不超过土坡的垂直高度H；拉拔试验表明，对高度H小于12m的土坡采用相同的施工工艺，在同类土质条件下，当土钉长度达到土坡垂直高度时，再增加其长度对承载力无显著提高。另外，土钉越长，施工难度越大，单位长度费用越高，所以，选择土钉长度要综合考虑技术、经济和施工难易度。

土钉孔直径是根据土钉直径和成孔方法选定的，常用的孔径为120～150mm。选定行、列距的原则是以每个土钉注浆对其周围土的影响区与相邻孔的影响区相重叠为准。按防腐要求，土钉孔直径应大于土钉直径加60mm。

为增强土钉与砂浆（或细石混凝土）的握裹力，土钉宜选用Ⅱ级以上的螺纹钢筋。由于土钉端头需进行锚固，用高强度变形钢筋做土钉，需焊接高强螺栓端杆，但高强变形钢筋的可焊性却较差。近年来，土钉墙中常用Ⅳ级SiMnV精轧螺纹钢筋，可在钢筋螺纹上直接配与钢筋配套的螺母，连接方便、可靠。

另外，也可采用多根钢绞线组成的钢绞索作为土钉。由于多根钢绞索的组装、施工设置与定位以及端头锚因装置较复杂，目前国内应用尚不多。

土钉墙的护面板虽不是结构的主要受力构件，但它是传力体系的一个重要部分，也起到保证各土钉间土体的局部稳定性、防止土体被侵蚀风化的作用，护面板应在第一阶段开挖后立即设置，以限制原位土体的减压，并阻止原位土体的力学性质发生改变，特别是抗剪强度的降低。

护面板通常用50～100mm厚的钢筋网喷射混凝土做成，钢筋直径为6～10mm，网格尺寸为200～300mm。喷射混凝土强度等级不应低于C20，与土钉连接处的混凝土层内应加设局部钢筋网以增加混凝土的局部承压能力。此外，为了分散土钉与喷射混凝土护面板处的应力，在螺母下垫以承压钢板，尺寸一般为20cm×20cm，厚度为8～15mm，也可用预制混凝土板作为护面板。

对于永久工程，喷射混凝土护面板的厚度不应少于150～250mm，可分两次喷成。为了改善建筑外观，也可在第一次喷射混凝土的基础上现浇一层混凝土或铺上一层预制混凝土板。护面板的构造及土钉与护面板的连接形式如图7-7所示。

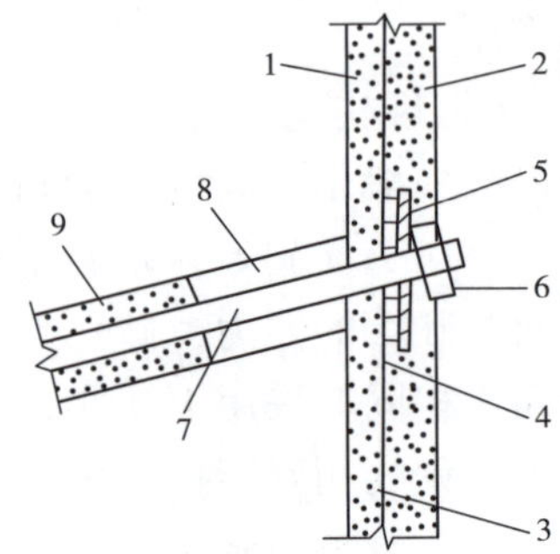

图7-7 土钉墙护面构造

1-第一道喷射混凝土；2-第二道喷射混凝土；3-钢筋网；4-局部加强钢筋；5-钢垫板；6-螺母；7-土钉；8-填塞段；9-注浆段

土工织物也可作为护面，即先把土工织物覆盖在边坡上，然后设置土钉，当拧紧土钉端部的螺母时，将土工织物拉向坡面形成拉膜，同时使坡面受到压力作用。

3）土钉墙施工要点

土钉墙施工流程见图7-8，具体施工步骤如下。

（1）基坑降水

根据施工场地周围建（构）筑物结构及水文地质条件，实施合理的降水。在周围环境允许降水的情况下，施工开挖前应提前降水；当分层开挖时，要求水位降低到本开挖层底以下0.5m。应合理配置降水机具，使水位按设计要求连续不断下降，防止水位出现大的升降；并严格控制水位，保证地面沉降不超过设计允许值。

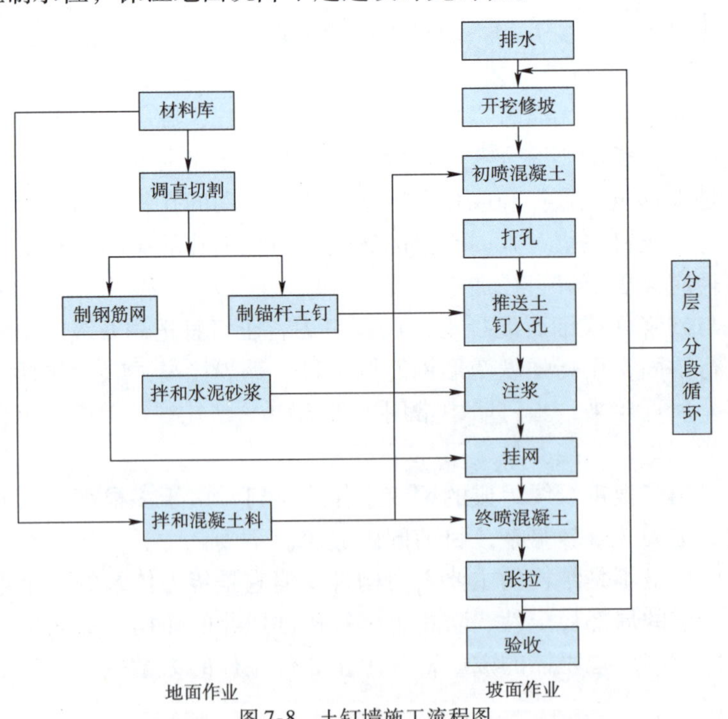

图7-8 土钉墙施工流程图

（2）开挖修坡

按施工方案要求，分层分段开挖修坡。开挖顺序通常是先开挖基坑周边，后开挖基坑中央；采用挖掘机挖土时，留下距基坑设计边线一定厚度的土层，利用人工开挖并修坡，坡角大小和坡面平整度应达到设计要求。每段开挖时，开挖深度须符合设计要求，一般为0.8～2.5m，严禁超挖；基坑一次开挖长度应视边坡允许变形范围、自稳时间和施工流程相互衔接情况而定，地质条件好、含水率小、施工速度快，长度可大些，反之要小些，通常应控制在20m以内。

（3）初喷混凝土

喷射混凝土前，应对机械设备、风、水、电管线进行全面检查及试运转，清理受喷面，埋设好控制喷层厚度的标志。

喷射混凝土的强度等级不应小于C20，配合比应通过试验确定，一般采用的配合比——水泥与砂石的质量之比为（1∶4）～（1∶4.5），砂率为45%～55%，水灰比宜为0.33～0.45。混凝土用料称量要准确，拌和要均匀，随拌随用；不掺速凝剂时，存放时间不应超过2h；掺速凝剂时，存放时间不应超过20min。

喷射混凝土应分段分片依次进行，同一段内喷射顺序应自下而上；段片之间，层与层之间做成45°角的斜面，以便混凝土牢固凝结成整体。喷射混凝土时，喷头与受喷面保持垂直，并视情况保持0.8～1.2m的距离；喷射手应控制好水灰比，保持喷射混凝土表面平整，湿润光泽，无干斑或滑移流淌现象。喷射混凝土终凝2h后，应喷水养护，并在至少7d内始终保持其表面湿润。初喷混凝土厚度应控制在5～7cm。

基坑边坡角有渗水或渗水土层时，喷射混凝土前要施工排水孔，在用于排水孔的硬塑料管（通常管长为1.5～2.5m）的管壁上，按一定密度钻孔，然后插入孔内即成（还可以在管内充填粗砂和砾石）。

（4）成孔

按设计要求定孔位，允许误差±5cm，孔径允许误差±2cm，孔深允许误差±20cm，孔倾角允许误差±5°。

孔内碎土、杂质及泥浆应清理干净，成孔后用织物等将孔口临时堵塞，并编号、登记。

（5）土钉制作

按设计要求检查制作土钉的钢筋有无缺陷。调直钢筋，按设计要求截取长度，将钢筋除锈、除油。土钉每隔2m设置一个对中支架，每个对中支架下方设置一个用铁皮等制作的船形滑动装置。将注浆管捆扎在土钉上，注浆管端头距土钉端头约20cm；设置的排气管距土钉内端头约5cm；在距孔口50～70cm处，设置一止浆袋。

土钉制作完成后，应编号、登记，并在土钉上做好标记，以备安装。

（6）土钉推送

推送土钉前，应对钻孔进行检查，若发现有碎土、石、杂物及泥浆应立即清除。

沿钻孔轴线，将土钉推送入孔内至设计位置，并使土钉位于钻孔的轴线上。推送过程中，切勿转动土钉，以防止破坏孔壁，并防止土钉插入孔壁土体中。

推送完毕后，随即检查孔中是否有碎土堵孔；若有，应立即处理，必要时应将土钉拔出，清除碎土后，重新将土钉推入孔内。

(7) 注浆

对朝下倾斜的孔，可采用孔底注浆法；注浆管随着注浆慢慢拔出，但要保证注浆管端头始终在注浆液内。对上仰的钉孔，注浆管和排气管将留在孔内，不拔出；在注浆前，务必将孔口堵死密封。注浆应连续进行，并且要饱满。随着浆液慢慢渗入土层中，孔口会出现缺浆现象，应及时补浆。

二次压力注浆，注浆压力应控制在0.6～1.5MPa。为增加浆液的和易性和水泥浆的早期强度，可在浆液中掺入适量的减水剂和早强剂；同时为防止注入的水泥浆凝固收缩，可在浆液中掺入适量膨胀剂。

(8) 施加预应力

对于有预应力要求的土钉，在注浆7d后，方可对土钉进行张拉和锁定，使钉体内部产生预应力，以有效控制边坡的变形。

按设计要求对土钉进行张拉，施加预应力。预应力通常为设计抗拔力的20%～30%；在特殊情况下，根据施工现场的需要可对部分土钉进行张拉，预应力的大小根据需要确定。

土钉张拉时，加载速率要平稳，速度宜控制在设计预应力值的（1/10～1/15）/min；张拉时，当土钉的实际伸长与理论值相差较大时，应暂停张拉，待查明原因并采取相应措施后，方可进行张拉。

(9) 编制钢筋网

钢筋网通常用热轧圆钢编制，网眼尺寸由设计确定。横竖钢筋交叉处用细丝固定或点焊连接。

层片之间的钢筋网连接方法为：竖筋和横筋先用扎丝固定，然后点焊；网片与网片之间的搭接长度不小于20cm，搭接处均须点焊。

土钉头与垫板连接要牢固，连接方式可用焊接（张拉后），也可用螺栓连接；垫板与邻近钢筋网的连接要牢固焊接。

(10) 终喷混凝土

经检查确认钢筋网敷设、连接符合设计要求后，立即进行终喷混凝土至设计厚度。终喷混凝土与初喷混凝土的工艺要求相同。

(11) 排水沟

应在坡顶距边坡约1m处修筑坡顶排水沟，以便将坡顶积水和从基坑内抽出的水及时排走。在基坑挖至设计深度后，可沿坡底修筑环向排水沟，相距10～20m修筑一个集水坑，以便把基坑积水抽至地面（坡顶）排水沟内排走。

7.6.4 锚索框架

7.6.4.1 预应力锚索

1) 预应力锚索特点和应用场合

在边坡工程中，当潜在滑体沿剪切面的下滑力超过抗滑力时，即会出现沿剪切面的滑移和破坏。坚硬岩体中，剪切面多发生在断层、节理、裂隙等软弱结构上。在土层中，砂质土的滑移面多为平面，黏性土的滑移面则呈现圆弧状。有时也会出现上覆土和下卧岩层的临界面滑动的情况。为了保持边坡的稳定，这种方法是大量削坡，直至达到稳定的边坡角；另一种方法是设置挡土墙结构。在许多情况下，这些方法往往不够经济，或不可能实现。

采用预应力锚杆（索）加固边坡，能提供足够的抗滑力，并能提高潜在滑移面上的抗剪强度，有效地阻止坡体滑移。这是被动支挡结构所不具备的力学特点。预应力锚杆（索）由钻头、杆体和锚固体组成；其中，杆体由锚固段、自由段和锚头构成，锚头由垫墩、钢垫板和锚具组成。锚头位于锚索外露端，通过它实现对锚索施加预应力，杆体通过弹性变形特性施加预应力，锚固体位于锚索根部，把拉力由杆体传给地层，其结构示意图见图7-9。

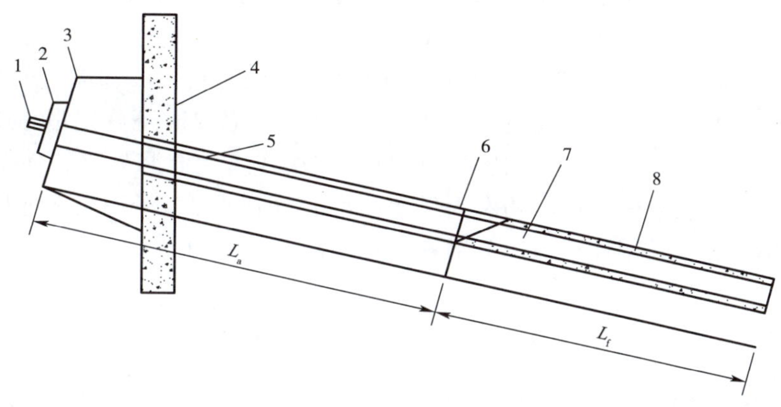

图7-9　预应力锚杆（索）结构示意图

1-锚具；2-承压板；3-台座；4-支挡结构；5-钻孔；6-自由玻璃板；7-预应力筋；8-注浆体；L_a-自由段长度；L_f-锚固段长度

预应力锚索属于主动抗滑结构，适用于有条件施加预应力的边坡预加固和边坡加固，常用于加固处理单斜构造岩石边坡，对保证此类边坡的稳定有较好的效果。

在土层中，边坡稳定问题常用条分法求解，边坡安设预应力锚杆（索）后所提高的安全系数可表示为式（7-22）：

$$m = [f(\sum \Delta N + P_n) + \sum c\Delta L]/(\sum \Delta T \pm P_t) \tag{7-22}$$

式中：ΔN——作用在一条剪切面上的重力 G 的垂直分量；

$f=\tan\varphi$——剪切面上的黏结力；

c——剪切面上的单位黏聚力；

ΔL——剪切面宽度；

ΔT——作用于一条剪切面上的重力 G 的切向分量；

P_n——锚杆（索）锚固力的垂直分力；

P_t——锚杆（索）锚固力的切向分力。

一般地，安全系数 m 在1.5~2.0之间。

在岩体中，由于岩石产状及软硬程度存在严重差异，岩石边坡可能出现不同的失稳和破坏模式，如滑移、倾倒、转动破坏或软弱风化带侵蚀等。锚索的安设部位、倾角应当最有利于抵抗边坡的失稳或破坏，一般锚索轴线应与岩石结构面或潜在的滑动面成大角度相交。

2）锚索类型

目前，国内外常用的岩土锚杆（索）类型主要有圆柱形锚杆（索）、端部扩大型锚杆（索）和连续球体型锚索等三种。圆柱形锚杆（索）是国内外早期开发的一种锚杆（索）形式，施加拉力时，预应力由自由端传递给锚固体，再由锚固体上段逐渐往下传递，靠锚固体与周围岩土介质间的摩阻强度传递给结构物；圆柱形锚杆（索）工艺简单，适用于各类岩石和较坚硬的土层，但在软弱黏土中，往往难以满足设计拉力值的要求。端部扩大型锚杆（索）可用爆炸及叶片切削两种施工方法扩孔，国外及中国台湾等地采用较多的是在锚固段最底端设置扩孔叶片，平时为闭合状，当钻至预定深度时，叶片张开进行扩孔作业，叶片上端与旋转变化头连接，扩孔完成后灌满灰浆，扩孔叶片置留于孔底，作为加强锚固结构之用，其构造见图7-10。连续球体型锚索利用设于自由段和锚固段交界处的密封袋和带许多环圈的套管，可对锚固段进行高压注浆处理，必要时还可使用高压破坏原来已有一定强度（0.5MPa）的灌浆体，对锚固段进行二次或多次灌浆处理，使锚固段形成一连串球体，使之与周围土体有更高的嵌固强度；对锚固于淤泥、淤泥质土地层或要求较高锚固力的土层锚索，宜采用连续球体形锚索，其构造见图7-11。

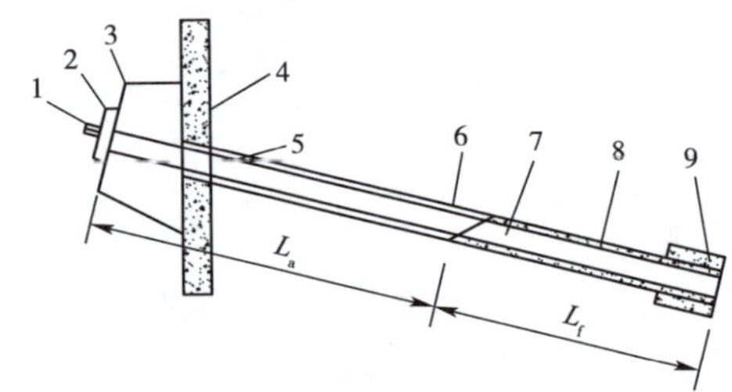

图7-10　端部扩大型锚杆（索）

1-锚具；2-承压板；3-台座；4-支挡结构；5-钻孔；6-塑料套管；7-预应力筋；8-注浆体；9-端部扩头体；L_a-自由段长度；L_f-锚固段长度

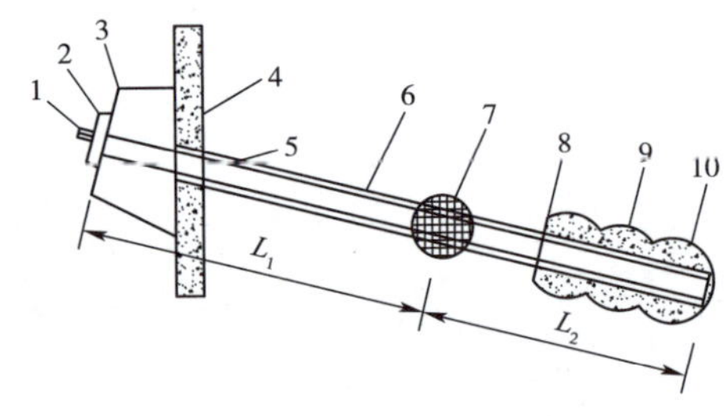

图7-11　连续球体型锚杆（索）

1-锚具；2-承压板；3-台座；4-支挡结构；5-钻孔；6-塑料套管；7-止浆密封装置；8-预应力筋；9-注浆套管；10-锚固体；L_1-扩体段长度；L_2-非扩体段长度

3）设计一般规定及锚索结构设计

边坡预应力锚索的设计总锚固力应根据边坡抗滑稳定分析和应力变形分析确定，锚索的布置及其设计参数应根据边坡岩土体性状和拟采用的施工条件研究确定。对于岩质边坡，应按设计总锚固力分解出的沿滑面抗滑力与滑面法向力产生的抗滑力之和计算总抗滑力；对于土质边坡和堆积体边坡则只计算沿滑面的抗滑力。

预应力锚索布置间距宜为4～10m，锚索间距小于4m时，应进行群锚效应分析。预应力锚索长度不宜超过50m，单根锚索设计吨位不宜超过300t。内锚固段长度可根据砂浆与锚索或砂浆与岩石胶结强度计算确定，也可采用工程类比或根据拉拔试验确定；内锚固段深度应深浅交错布置，其深浅差宜不小于内锚固段长度的1/2倍。施加预应力时应考虑群锚的相互干扰作用，以保证受力均匀且基本同步。锚固段内的预应力筋每隔1.5～2.0m应设置隔离架。预应力筋的保护层厚度不应小于20mm，临时性锚杆预应力筋的保护层厚度不应小于10mm。

预应力锚索钻孔方向应根据边坡可能滑动方向确定，钻孔设计倾角应根据稳定分析并结合地形地质情况和施工条件分析确定。自由注浆锚索的钻孔宜向坡内倾斜，倾角不宜小于10°，否则应做止浆环进行压力注浆。

预应力锚索锚固段应位于边坡内部稳定岩土体内，必要时可对内锚固段进行预灌浆处理；锚固段位于地下水位以下时，宜先实施排水设施，再进行锚固处理。预应力锚索外锚墩基础应具备一定刚度；当边坡表面为风化破碎岩体或边坡为堆积体和土体时，应采用扩大基础的外锚墩或与混凝土梁、格构等组成组合外锚墩结构。

一般情况下，边坡预应力锚索按照设计吨位锁定。当被加固的边坡岩体结构松散，预计锚索预应力损失较大时，应采用超张拉锁定；当被加固的边坡岩体完整坚硬，预计卸荷回弹量较大，或锚索与抗滑桩协同作用时，应采用欠张拉锁定。有条件时，宜选择对拉式预应力锚索。预应力锚索成群布置时，应避免在坡体内部形成大面积拉应力带。

预应力锚索结构应按下列方法进行设计，并根据边坡的重要性，确定预应力锚索的监测措施：

（1）锚杆体截面积计算

预应力锚杆（索）的截面积A应采用式（7-23）计算：

$$A=\frac{K\cdot P_{d}}{F_{ptk}} \tag{7-23}$$

式中：A——锚杆体截面积（m^2）；

P_d——锚杆设计锚固力（kN）；

K——安全系数，按表7-9选取；

F_{ptk}——锚杆体材料抗拉强度标准值（kPa）。

预应力锚杆锚固体设计安全系数 表7-9

锚杆破坏后危害程度	安全系数	
	锚杆服务年限≤2年（临时性锚杆）	锚杆服务年限>2年（永久性锚杆）
危害轻微，不会构成公共安全问题	1.4～1.6	1.6～1.8
危害较大，但公共安全无问题	1.6～1.8	1.8～2.0
危害大，会出现公共安全问题	1.8～2.0	2.0～2.2

注：如果在土体或全风化岩中，应取表中较高值。

锚固体的承载能力由注浆体与锚孔壁的黏结强度、锚杆与注浆体的黏结强度及锚杆强度等三部分控制，设计时取其小值。

（2）地层与注浆体间黏结长度计算

预应力锚杆宜采用黏结型锚固体，地层与注浆体间黏结长度L_r应按式（7-24）计算：

$$L_{r}=\frac{K\cdot P_{d}}{\xi\cdot\pi\cdot d\cdot f_{rb}} \tag{7-24}$$

式中：L_r——地层与注浆体间黏结长度（m）；

ξ——锚固体与地层黏结工作条件系数，对永久性锚杆（锚杆服务年限>2年）取1.00，对临时性锚杆（锚杆服务年限≤2年）取1.33；

d——锚固段钻孔直径（m）；

f_{rb}——地层与注浆体间黏结强度（kPa），按表7-10选取。

土体与锚固体黏结强度特征值 表7-10

土体类型	土的状态	黏结强度f_{rb}（kPa）
黏性土	坚硬	32～40
	硬塑	25～32
	软塑	15～20
砂土	松散	30～50
	稍密	50～70
	中密	70～105
	密实	105～140
碎石土	稍密	60～90
	中密	80～110
	密实	110～150

注：①表中数据适用于注浆强度等级为M30。

②表中数据仅适用于初步设计，施工时应通过试验检验。

（3）注浆体与锚杆体间黏结长度计算

注浆体与锚杆体间黏结长度L_g应满足下式（7-25）要求：

$$L_g = \frac{K \cdot P_d}{\xi' \cdot n \cdot \pi \cdot d_g \cdot f_b} \tag{7-25}$$

式中：L_g——注浆体与锚杆体间黏结长度（m）；

ξ'——锚杆体与砂浆黏结工作条件系数，对永久性锚杆（锚杆服务年限>2年）取0.60，对临时性锚杆（锚杆服务年限≤2年）取0.72；

d_g——锚杆体材料直径（m）；

f_b——注浆体与锚杆体间黏结强度（kPa）；

n——锚杆体根数。

锚杆总长度由锚固段长度、自由段长度及外露段长度组成，各部分长度确定应满足下列要求：

①在确定锚杆锚固段长度时，应分别对锚杆黏结长度L_r和L_g进行计算，实际锚固段长度应取L_r和L_g中的大值，且不应小于3m，也不宜大于10m；

②锚杆自由段长度受稳定地层界面控制，在设计中应考虑自由段伸入滑动面或潜在滑动面的长度不小于1m，且自由段长度不得小于5m；

对全长黏结型锚杆，锚杆应按轴心受拉构件设计，其所需锚筋面积A_s应按下式（7-26）计算：

$$A_s = K\frac{N_t}{f_y} \tag{7-26}$$

式中：A_s——普通钢筋的截面面积（m^2）；

K——荷载安全系数，可采用2.0；

N_t——锚杆轴向拉力设计值（kN）；

f_y——普通钢筋的抗拉设计强度（kPa）。

全长黏结型锚杆长度包括非锚固长度和有效锚固长度。非锚固长度应根据边坡滑裂面的实际距离确定。有效锚固长度 L 应根据锚杆的拉力，按下式（7-27）计算：

$$L = \frac{K \cdot N_t}{\pi \cdot d \cdot f_{rb}} \tag{7-27}$$

式中：L——锚杆有效锚固长度（m）；

d——锚孔直径（m）；

K——安全系数，可采用2.5。

对采用黏结料的黏结型锚杆，还应按下式（7-28）验算锚杆与黏结料间的容许黏结力，有效锚固长度不宜小于2.0m，也不宜大于10.0m：

$$L = \frac{K \cdot N_t}{n \cdot \pi \cdot d_s \cdot \beta \cdot f_b} \tag{7-28}$$

式中：n——锚杆钢筋根数；

d_s——锚杆钢筋直径（m）；

f_b——注浆体与锚杆间黏结强度（kPa）；

β——考虑成束钢筋系数，对单根钢筋取1.0，两根一束取0.85，三根一束取0.7。

杆体材料宜采用Ⅱ、Ⅲ级钢筋，杆体钢筋直径宜为16～32mm；钻孔直径不宜小于42mm，也不宜大于100mm；杆体钢筋保护层厚度，采用水泥砂浆时不应小于8mm，采用树脂时不应小于4mm；长度大于4m或杆体直径大于32mm的锚杆，应采取杆体居中的构造措施。

③锚杆（索）布置和安设角度

a. 锚杆（索）上覆地层厚不应小于0.4m，以避开车辆行驶等反复荷载的影响，也避免由于采用较高注浆压力而使地表隆起。

b. 锚杆（索）的水平和垂直间距，一般不宜大于4.0m，以避免应力集中，亦不得小于2.5m，以免群锚效应而降低锚固力。

c. 锚杆（索）的安设角度，对基坑或近似直立的边坡而言。需考虑邻近状况、锚固地层位置及施工方法。一般锚杆（索）的俯角不小于13°且不大于45°，以15°～35°为佳。俯角越大，则有利于抵抗侧压力的水平分力越小，而由于垂直分力加大，会引起护壁桩向下压力增加等不良影响。此外，在可能条件下，锚杆（索）锚固体应固定于较好的地层中。

④锚杆（索）设计流程

锚杆（索）设计包括：计算外荷载，决定锚杆（索）布置和安设角度，锚杆（索）锚固体尺寸，预应力筋的确定，稳定验算，锚头设计等。

7.6.4.2 预应力锚索框架梁

预应力锚索梁是最近几年发展起来的一种新型加固技术，分为锚索和锚梁两部分。预应力锚索框架是边坡锚固工程的预制构件。由于它的形成使整个被加固范围内的临空面表面受到了框架平面的覆盖，使加固的整体性得到加强。同时，它又是预应力钢绞线锚固结构的锚垫着落点。因此，它的施工质量的优劣直接影响着预应力锚索的加固效果。预应力锚索梁适用于裂隙和断层发育、防缓边坡工作量巨大的高陡边坡，可与喷射混凝土或框格护坡相结合。

预应力锚索梁的作用机理是把破碎松散岩层组合连接成整体，并锚固在地层深部稳固的岩体上，通过施加预应力，使锚索长度范围内的软弱岩体（层）挤压密实，提高岩层层面间的正压力和摩阻力，阻止开裂松散岩体位移，从而达到加固边坡的目的。这种方法的最大特点是：

（1）可保持既有坡面状态下深入坡体内部进行大范围加固；

（2）预先主动对边坡松散岩层施加正压力，起到挤密锁固作用；

（3）锚索孔高压注浆，浆液充填裂隙和孔隙，可提高破碎岩体的强度和整体性；

（4）结构简单、工期短、造价低廉。

格子（框架）梁截面可采用矩形或T形，截面宽度不应小于0.30m。梁单元形状可采用矩形或菱形；当采用矩形时，梁单元尺寸不宜小于3m×3m；当采用菱形时，梁单元尺寸不宜小于5m×3m。梁的设计宜分单元进行，梁内弯矩、剪力按框架梁或连续梁计算。梁内主筋应分单元配置通长钢筋，梁底嵌入坡面岩体内深度不宜小于0.20m，水泥混凝土强度等级不宜低于C20。

作用于地梁与单锚墩的荷载，应按两地梁或两单锚墩中至中的距离计算。地梁与单锚墩截面可采用矩形或T形，截面厚度不应小于0.30m。地梁弯矩、剪力应根据梁上锚的根数，按简支梁或连续梁计算；单锚墩设计应根据锚力大小，满足岩体承载要求，并配置适量的构造钢筋。地梁与单锚墩水泥混凝土强度等级不得低于C20，地梁宜嵌入坡面岩体内不小于0.20m。

预应力锚索梁的锚梁和预应力锚索的施工工艺如下。

（1）锚梁为钢筋混凝土梁，宜采用C30混凝土浇注，它不仅为预应力锚索提供反力装置，而且也对边坡岩土有着框箍和压紧作用。锚梁的施工顺序为：防线挖槽→绑扎钢筋→支模→浇注混凝土。

锚梁与锚索交叉部位应预留塑料套管，便于锚索从中间穿过；在锚头部位应预埋承压钢板，并与锚梁浇注成整体。

（2）预应力锚索施工程序为：放点钻孔→编制钢绞线→注浆→张拉锁定。

预应力锚索梁施工中钢筋混凝土工程与一般混凝土结构一样，必须符合相关的施工及验收规范，不同之处在于：在混凝土灌注前，必须将锚其中的螺旋钢筋、波纹管和铺垫板按设计要求固定在横梁与竖肋交点处的钢筋上，方向与锚孔方向一致，摆放要平整。浇捣时必须仔细，确保混凝土密实，并不能使锚具走动。在锚索下孔注浆后，即进行结构框架的施工，施工采用分片进行，每片由两至三根竖肋及其横梁、顶梁、底梁组成，两相邻框架接触处（横梁、顶梁、底梁）留2mm宽伸缩缝，用浸沥青木板填塞。

由于框架底面受坡面凹凸情况影响，凸出部位采用局部打凿；凹入部位可先用C10混凝土衬垫，再进行钢筋安装；凹入量不大的可一次性与C25混凝土一起浇筑。混凝土浇筑后，应安排专人养护。在混凝土达到设计强度后，才能进行锚索张拉。

经预应力锚索格梁加固的边坡增加了坡体稳定性，但是并没有恢复生态景观，因此，加固后进行生物护坡是必要的。针对预应力锚索格梁加固的边坡，在反力体预应力锚索格梁基础上进行喷播绿化，效果很好，如图7-12所示。

图7-12　经预应力锚索格梁加固的边坡绿化

7.6.5　抗滑桩

1）抗滑桩结构特点和应用场合

抗滑桩是穿过滑坡体将其固定在滑床的桩柱，是承受侧向荷载用以整治滑坡的支撑结构物，它是一种广泛采用的抗滑技术。抗滑桩穿过滑体在滑床的一定深度处锚固，抵抗滑坡推力的作用，见图7-13。

抗滑桩适用于浅层及中层滑坡的前缘，当采用重力式支挡建筑时，工程量大、不经济的工点；或施工开挖滑坡前缘时，易引起滑坡体剧烈滑动的工点。抗滑桩对于非塑性滑坡十分有效，特别在由于两种岩层间夹有薄层塑性滑层时，效果明显；但抗滑桩对于塑性滑坡，效果较差，尤其对呈塑流状滑坡体，不宜使用。

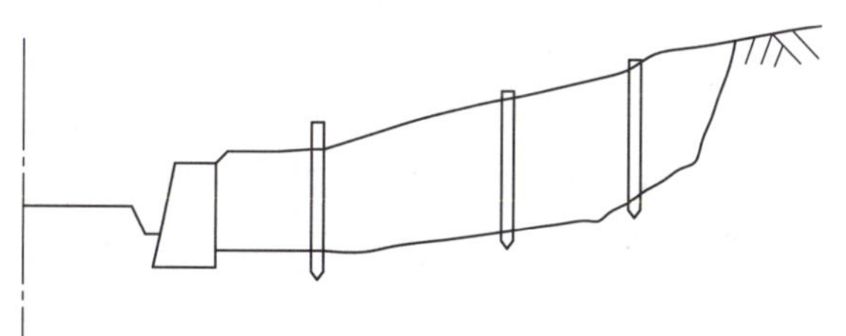

图7-13　抗滑桩示意图

抗滑桩具有如下的一些优点。

（1）抗滑能力大，圬工数量小，在滑坡推力大、滑动面深的情况下，较其他抗滑工程经济、有效，桩位灵活，可以设在滑坡体上最有利于抗滑的部位，单独使用，也能与其他建筑物配合使用。分排设置时，可将巨大的滑体切割成若干分散的单元体，对滑坡起到分而治之的功效。

（2）挖空抗滑桩可以根据弯矩沿桩长变化布设钢筋，因此，较打入的管桩等要经济。

（3）施工方便，设备简单，具有工程进展快、施工质量好、比较安全等优点。施工时间可间隔开挖，不致引起滑坡条件的恶化，因此，对整治已通车线路上的滑坡和处在缓慢滑动阶段的滑坡特别有利。

（4）开挖桩孔能校核地质情况，检验和修改原有的设计，使其更符合工程实际。

但是，抗滑桩是利用桩周土体对桩的嵌制作用稳定土体的，所以不适用于软塑体滑坡。另外，较之其他抗滑支撑措施，需用较多的钢材。

抗滑桩作为加固滑坡体的一种有效措施，与其他抗滑工程如抗滑挡土墙、锚杆等相比，其具有抗滑能力强、施工安全简便，并能进一步核实地质条件等突出优点，现已广泛应用于边坡工程中。工程实践表明，使用抗滑桩，土方量小，省工省料，施工方便，工期短。由于抗滑桩能迅速、安全、经济地解决一些问题，所以发展较快。

抗滑桩埋入滑面以下的部分称为锚固桩，埋置于滑面以上的部分称为受力段。抗滑桩的受力段承受滑坡推力作用，传递到锚固桩，在滑床的桩周底层产生反力嵌住桩身。如桩的强度能承受这些推力和反力，就可以阻止桩背滑体的滑动。

抗滑桩按制作材料分，有混凝土桩、钢筋混凝土桩及钢桩；按断面形式分，有圆桩、管桩、方桩及“H”形桩；按布置形式分，有密排式（桩顶以混凝土承台联结的为承台式桩）、间隔式、单排式及多排式；按埋入情况分，有全埋式和半埋式（悬臂桩）；按施工方法分，有打入法、钻孔法、挖空法等。对于浅层滑坡或路基边坡滑坡，可用混凝土桩或混凝土钻孔桩，使滑体稳定。

对于岩层整体性强、滑动面明确的浅层或中厚层滑坡，当修建抗滑挡土墙圬工量大，或因开挖坡脚易引起滑动时，可在滑坡前缘设置混凝土或钢筋混凝土钻孔桩。对于推力较大的大型滑坡，可采用大截面的挖空桩，采用分排间隔设置或与短型抗滑挡土墙结合的形式，以分散滑坡推力，减小每级抗滑建筑物的圬工体积。

2）抗滑桩的设计要求与计算步骤

抗滑桩的设计主要要解决桩群的平面布置、桩的锚固深度以及桩的截面形状与强度等问题，这些问题是相互关联的。合理的抗滑桩设计应使整个桩群的工程经济合理，充分发挥作用。

抗滑桩的横向间距是根据滑体的密实程度、含水情况及滑坡推力和桩截面作经济比较来确定的，一般桩间距最大15m，常用的桩间距为6～10m。抗滑桩的断面应根据作用在桩背上下滑力的大小、施工要求、土石性质和水文等条件来选定，一般以1.5m×2.0m和2.0m×3.0m两种截面使用较多。

抗滑桩设计应满足如下的要求。

（1）整个滑坡体具有足够的稳定性，即抗滑稳定安全系数满足设计要求值。

（2）桩身要有足够的强度和稳定性，桩的断面和配筋合理，能满足桩内应力和桩身变化要求。

（3）桩周的地基抗力与滑体的变形在容许范围内。

（4）抗滑桩的间距、尺寸、埋深等都较适当，保证安全、方便施工，并使工程量最省。

抗滑桩的设计任务就是要根据以上要求，确定抗滑桩的桩位、间距、尺寸、埋深、配筋、材料和施工要求等。这是一个较复杂的问题，常常要经分析研究才能得出合理的方案。

抗滑桩的计算步骤如下：

（1）首先弄清楚滑坡的原因、性质、范围、厚度，分析滑坡的稳定状态、发展趋势。

(2) 根据滑坡地质断面及滑动面处岩（土）的抗剪强度指标，计算滑坡推力。

(3) 根据地形、地质及施工条件等，确定设桩的位置及范围。

(4) 根据滑坡推力大小、地形及地层性质，拟定桩长、锚固深度、桩截面尺寸及柱间距。

(5) 确定桩的计算宽度，并根据滑体的地质性质，选定地基系数。

(6) 根据选定的地基系数及桩的截面形式、尺寸，计算桩的变形系数及计算深度，据此判断是按刚性桩还是按弹性桩来设计。

(7) 根据桩底的边界条件，采用相应的公式计算桩身各截面的变位、内力及侧壁应力等，并计算确定最大剪力、弯矩及其产生的部位。

(8) 校核地基强度。若桩身作用于地基的弹性应力超过地层容许值或小于其容许值过多，则应调整桩的埋深、截面尺寸或桩的间距，重新计算，直至符合要求为止。

(9) 根据计算结果，绘制桩身的剪力图和弯矩图。

(10) 对于钢筋混凝土桩，还需进行配筋设计。

在抗滑桩设计计算中，常需要做以下的一些基本假定。

(1) 作用于抗滑桩上的力系假定

作用于抗滑桩的外力包括滑坡推力、受荷段地层（滑体）抗力、锚固段地层抗力、桩侧摩阻力和黏结力以及桩底应力等，这些力均为分布力。

滑坡推力作用于滑面以上部分的桩背上，可假定与滑面平行。由于尚未完全弄清桩间土对滑坡推力的影响，通常假定每根桩所承受的滑坡推力等于桩距（中至中）范围之内的滑坡推力。推力的分布及其作用点位置，与滑坡的类型、部位、地层性质、变形情况及地基系数等因素有关。对于液性指数小、刚度较大和较密实的滑体，从顶层至底层的滑动速度常大体一致，故可假定滑面以上滑体作用桩背的推力分布图形为矩形；对于液性指数较大、刚度较小和密实度不均匀的塑性滑体，其靠近滑面的滑动速度常较大，而滑体表层的滑动速度则较小，滑坡推力分布图形可假定为三角形；介于上述两者之间的情况，可假定推力分布图形为梯形。

当抗滑桩前滑坡体不能保持稳定可能滑动时，抗滑桩应按悬臂式桩考虑；而当桩前滑坡体能保持稳定，抗滑桩按全埋式桩考虑。此时，关于桩前滑体对桩的抗力作用有两种处理方法：第一种方法是将桩前滑体所能提供的抗力（剩余抗滑力或被动土压力）作为已知外力作用于桩前考虑，因此，其桩的变形与内力计算如同悬臂式桩；第二种方法是桩前滑体弹性抗力较剩余抗滑力或被动土压力小时，则按弹性抗力来考虑，后一种情况一般较难出现。

埋于滑床中的桩将滑坡推力传递给桩周的岩（土），桩的锚固段前后岩（土）受力后发生变形，从而引起岩（土）的抗力作用；抗力的大小与岩（土）变形状态有关，处于弹性变形阶段时，可按弹性力计算；处于塑性变形阶段，则抗力近似地等于该地层的地基系数乘以相应的与变形方向一致的岩（土）在弹性极限状态时的压缩变形值，或用该地层的侧向允许承载力代替，如沿桩身的岩（土）处于塑性变形阶段的范围较大或岩体松散时，则全桩可用极限平衡方法，计算滑床内桩周岩（土）的抗力值。

抗滑桩截面大，桩周面积大，桩与地层间的摩阻力、黏结力必然也大，由此产生的平衡弯矩对桩显然有利，但其计算复杂，所以一般不予考虑。

抗滑桩的基底应力，主要是由自重引起的；而桩侧摩阻力、黏结力又抵消了大部分自重。实测资料表明，桩底应力一般相当小，为简化计算，对桩底应力通常也忽略不计，计算略偏安全，对整个设计影响不大。

（2）抗滑桩的计算宽度假定

抗滑桩受滑坡推力的作用产生位移，则桩侧岩（土）作用着抗力。当岩（土）变形处于弹性变形阶段时，桩受到岩（土）的弹性抗力作用，岩（土）对桩的弹性抗力及其分布与桩的作用范围有关。试验表明，桩在水平荷载作用下，不仅桩身宽度内被侧土挤压，而且在桩身宽度以外的一定范围内的土体也受影响（空间受力）；对不同截面形状的桩，土体的影响也不相同。

为了将空间受力问题简化为平面受力问题，并考虑桩截面形状的影响，将桩的设计宽度（或直径）换算成相当于实际工作条件下的矩形桩宽 B_p，此 B_p 称为桩的计算宽度。

试验表明，对不同尺寸的圆形桩和矩形桩，施加水平荷载时，直径为 d 的圆形桩与正面边长为 $0.9d$ 的矩形桩，在其两侧土体开始被挤出的极限状态下，其临界水平荷载值相等。所以，矩形桩的形状换算系数为 $K_f=1$，而圆形桩的形状换算系数为 $K_f=0.9$。同时，由于将空间受力状态简化成为平面受力状态，在决定桩的计算宽度时，应将实际宽度乘以受力换算系数 K_b。由试验资料可知，对于正面边长 b 大于或等于 1m 的矩形桩，受力换算系数为 $1+1/b$，对于直径 d 大于或等于 1m 的圆形桩，受力换算系数为 $1+1/d$。

根据以上所述，桩的计算宽度可按下式（7-29）、式（7-30）确定：

$$B_P = K_f \cdot K_B \cdot b = 1.0 \times (1+1/b) \times b = b+1\text{（矩形桩）} \tag{7-29}$$

$$B_P = K_f \cdot K_B \cdot d = 0.9 \times (1+1/d) \times d = 0.9(d+1)\text{（圆形桩）} \tag{7-30}$$

（3）地基系数计算假定

桩侧岩（土）的弹性抗力系数简称地基系数，是地基承受的侧压力与桩在该处产生的侧向位移之比，也即在弹性变形范围内、单位面积的土发生单位压缩变形时所需的侧向压力。

有关地基系数目前有两种不同的假定：一是假定地基系数为常数，不随深度而变化，并用“K”表示，相应的计算方法称为“K”法，可用于地基为较完整岩层的情形；另一种是假定地基系数随深度按线性比例变化，即在地基内深度为 H 处的水平地基系数为

$$C_H = m_H\gamma \text{ 或 } C_H = A_H + m_H\gamma$$

竖直方向地基系数为

$$C_V = m_V\gamma \text{ 或 } C_V = A_V + m_V\gamma$$

式中：A_H、A_V——表示某一常量；

m_H、m_V——分别表示水平及竖向地基系数的比例系数。

相应这一假定的计算方法称为“m”法，可用于地基为密实土层或严重风化破碎岩层的情形。

“m”法的水平及竖向地基系数的比例系数应通过试验确定；当无试验资料时，可参照表 7-11 确定。较完整岩层的地基系数 K 值可参照表 7-12 及表 7-13 确定。

非岩石地基 m_H 和 m_V　　表7-11

序　号	土 的 类 型	m_H 和 m_V（kN/m^4）
1	流塑黏性土 $I_L \geq 1$，淤泥	3 000 ~ 5 000
2	软塑黏性土 $1 \geq I_L \geq 0.5$，粉砂	5 000 ~ 10 000
3	硬性黏性土 $0.5 > I_L > 0$，淤泥	10 000 ~ 20 000
4	半坚硬的黏性土、粗砂	20 000 ~ 30 000
5	砾砂、角砾砂、砾石土、碎石土、卵石土	30 000 ~ 80 000
6	块石土	80 000 ~ 120 000

注：由于表中 m_H 和 m_V 采用同一值，而平均深度约为10cm时，m_H 值接近于垂直荷载作用下的垂直方向地基系数 C_V 值，故 C_V 值不得小于 $10m_V$。

非岩石地基 R 和 K_V　　表7-12

序号	饱和极限抗压强 R（$\times 10^4$kPa）	K_V（$\times 10^5 kN/m^3$）	序号	饱和极限抗压强 R（$\times 10^4$kPa）	K_V（$\times 10^5 kN/m^3$）
1	1.0	0.1 ~ 0.2	6	5.0	8.0
2	1.5	2.5	7	6.0	12.0
3	2.0	3.0	8	8.0	15.0 ~ 25.0
4	3.0	4.0	9	8.0	25.0 ~ 28.0
5	4.0	6.0			

注：①在 $R = 10 \sim 20$MPa 的半岩质岩层或位于构造破碎影响的岩质岩层 V，根据实际情况可采用 $K_H = A + m_H \cdot \gamma$。
②一般侧向 K_V 为竖向 K_V 的 0.6 ~ 0.8，当岩层为厚度或块状整体时，$K_H = K_V$。

围岩分类及物理力学指标　　表7-13

围岩类别	主要工程地质条件		重度（kN/m^3）	弹性抗力系数 K（$\times 10^5$）
	主要工程地质特征	结构特征和完整状态		
Ⅵ	硬质岩（饱和极限抗压强度 $R_b > 6 \times 10^4$kPa）受地质构造影响轻微，节理不发育，无软弱面（或夹层）；层状岩层为厚层，层间结合良好	被切割呈块状整体结构	26 ~ 28	18 ~ 28
Ⅴ	硬质岩（$R_b = 3 \sim 6 \times 10^4$kPa），受地质影响较重，有少量软弱面（或夹层）和贯通微张节理，但其产状及组合关系不致产生滑动，层状岩层为中厚层，层间结合一般，很少有分离现象，或为硬质岩，偶夹软弱质岩	被切割呈大块状砌体结构	25 ~ 27	12 ~ 18
	软质岩（$R_b \approx 3 \times 10^4$kPa），受地质构造影响轻微，节理不发育，层状岩层为厚层，层间结合良好	被切割呈巨块状整体结构		

续上表

围岩类别	主要工程地质条件		重度 (kN/m³)	弹性抗力系数 K ($\times10^5$)
	主要工程地质特征	结构特征和完整状态		
Ⅳ	硬质岩（$R_b=3\sim6\times10^4$kPa），受地质构造影响严重，节理发育，但其产状及组合关系不致产生滑动，层状岩层为薄层，层间结合差，多有分离现象，或为软硬岩石互层	被切割呈块（石）、碎（石）状镶嵌结构	23~25	5~12
	软质岩（$R_b=0.5\sim3\times10^4$kPa），受地质构造影响较重，节理较发育，层状软弱或夹层基本被破坏	被切割呈大块状砌体结构		
Ⅲ	硬质岩（$R_b=3\sim6\times10^4$kPa），受地质影响很严重，节理发育，层状软弱或夹层基本被破坏	被切割呈碎（石）状压碎结构	19~22（老黄土用17~18）	2~5
	软质岩（$R_b=0.5\sim3\times10^4$kPa），受地质影响很严重，节理发育	被切割呈块（石）、碎（石）状镶嵌结构		
	土：①略具压密或成岩作用的黏性土及砂类土；②老黄土；③一般泥质胶结的碎卵、石；④大块石土	①②呈大块状压密结构；③呈巨块状整体结构；④呈堆石状松散结构		
Ⅱ	土质围岩位于挤压强烈带内，裂隙杂乱，呈石土或土夹石状	围岩呈角碎砾石状松散结构	17~20（新黄土用15）	1~2（不包含黄土）
	一般第四系可塑的黏性土及稍湿至潮湿的碎卵砾石土及新黄土	黏性土呈松软结构，非黏性土呈松散结构		
Ⅰ	石质围岩位于挤压极强烈带内，裂隙杂乱，呈砾石土及黄土	围岩呈泥沙角砾状松散结构	15~16	<1
	软状黏性土及潮湿的粉细砂等	黏性土呈蠕动的松散结构，沙性土呈潮湿的松散结构		

3）抗滑桩施工工艺及质量检验

（1）施工中稳定滑坡的措施

抗滑桩在施工中，应采取如下的稳定滑体的措施：

①清顺滑体坡面，铲除陡坡、陡坎壁，填塞裂缝。如有可能，可根据设计需要，先在滑体范围内外，分别浆砌圆圈形截水沟，以减少地表水下渗。

②在抗滑桩施工范围，应大致整平地面，靠山一侧刷出宽度不小于2m的平台，另一侧如系弃渣或松散滑体，即应填平夯实，避免对桩产生侧压。

③桩孔开挖时，应视下滑力的大小、滑体的土石结构破坏程度及地下水等不同情况，

采用全面同时开挖或跳跃式间隔开挖。

④根据地质条件，护壁可采用混凝土、钢筋混凝土、木质和喷护等方法。如地质条件许可，且开挖不深，能确保施工安全，可不支护，一直挖至设计高程，符合桩基已置于较好的基岩上、井孔垂直且不小于设计尺寸和已达最低一层滑动面下5m以上时，立即绑扎钢筋（或下预制钢筋笼），灌注桩身混凝土，不容拖延时间。

⑤桩孔孔径10m内不存放大堆材料，弃置亦应在30m以外，产生振动大的机械应设在50m以外。

（2）桩孔开挖的准备工作

在抗滑桩挖孔之前，应做好如下的准备工作：

①现场核对设计，按设计测定桩位，进行施工放样。放样时，要根据工地具体情况和施工可能发生的误差，每边较设计尺寸略大一些（一般为5cm），然后整平孔口场地。

②在井口上竖立井架式三角架或摇头扒杆出渣、进料，起吊高度应高出井口3m以上，搭设临时风雨棚，做好井门排水沟。为了施工人身安全，井口设栏杆（薄壳支护高出地面者可不设）及供起吊人员装卸料用的脚踏板和井口开关门。

③备置起吊用箩筐或特制的活底箱以及0.5t的卷扬机。当桩间距离较短（5~7m）时，要考虑开挖与护壁混凝土灌注的工序间隙时间。

④配置井内开挖用的短镐、铲、锹和钻岩机、风镐与空压机及管道，供人员上下用的梯子。

⑤配备井内用的高压送电路及低压照明、发电机和变配电设备、爆破器材、通风设备及管路和安装材料。

⑥当井内有地下水时，还应配备潜水泵或其他类型的高扬程抽水机。

（3）抗滑桩孔开挖

①劳动力组织：根据开挖、提升、出渣及断面形式等条件，一般每孔10人，其中分配下井内开挖作业4人，卷扬机及抽水机驾驶员1人，制作、安装支撑2人，井口安卸、拴套重物1人，接运出渣2人，另组织混凝土工班1个，人数视具体情况而定（无混凝土工作时转作备料），钢筋加工亦应有专门的组织负责。

②井下放炮：在开挖中常会遇到孤石或基岩，须进行放炮，在滑动面以下土质坚硬的地方，为加快施工进度，也需爆破松土。爆破时要注意眼孔布置和装药量。

③井壁塌方处理：在施工过程中，因上层软弱、松散、地下水作用，或因放炮作用引起塌方面积较小时，必须严格控制井内及邻近孔的放炮，立即进行护壁支护，在塌空处填充块石，护壁适当加筋，浇灌混凝土未达到设计强度80%前不宜拆除模板顶撑；当塌方严重，土地过于松软和地下水作用继续塌坍时，必须加强观察，清除危石及悬土，在塌方处搭制托梁暗柱，并用木楔、长钉加固钉牢，里面用块石或废木填充，以阻止土石继续坍塌，并立即支护，适当加密塌方处钢筋，浇灌混凝土未达到设计强度80%前不宜拆除模板顶撑。

④井孔的开挖支护有混凝土薄壳护壁和木支护两种。混凝土薄壳护壁的每节开挖深度为0.6~2m，护壁厚度可参考表7-14。当桩孔位于堆积层中或土质松散地点时，则需使用木质支撑，随挖随支，井口密，下部稀，底部开挖岩石后视情况可少支或不支。

护壁厚度 表7-14

顺序	土质类别	每节挖深（m）	护壁厚（m）	说明
1	扰动松散土或弃渣	0.6～1.0	0.25～0.30	①含水地层灵活掌握；②井口一节宜高出地面0.3～0.5m
2	中密土夹石	1.0～1.5	0.20～0.25	
3	密实黏土、砂黏土、夹卵石、碎石	1.5～2.0	0.20	

在抗滑桩挖孔施工时，应参照竖井施工的安全注意事项，尤应注意以下几点。

①工具必须放在吊斗内。上班时先送工具后送人入井，下班时，先送人后吊工具出井。工作人员上下井时，必须空手扶稳钢筋梯，严禁借用起吊绳索或吊上下。

②井门必须设专人值班看守防护，不准任何料具、小石块落入井内伤人。

③装料时，吊斗不能装得太满。起吊架子、安全栅，绳索、滑轮、辘轳、机具等，每次操作前要认真检查，发现问题及时处理。

④注意检查木支撑和已成护壁有无变形，如有问题，立即撤出工作人员，并报告有关部门。

（4）灌注抗滑桩身混凝土

①核对断面尺寸从桩底地质资料，放出桩底十字线。当混凝土护壁作为桩身断面时，护壁必须清刷干净。

②钢筋绑扎、焊接定位：绑扎钢筋有两种做法：一种是单根钢筋放到井下定位绑扎，但井下绑扎，电焊工作量大，对工人健康不利。另一种是根据起吊设备和抗滑桩深度情况，整体吊装，将钢筋预制成每节5～7m的钢筋笼，逐节放到井下搭接焊牢。为防止钢筋笼在搬运和下井过程中变形，每节钢筋笼可增设直径25～28mm加劲箍筋两道或增加钢轨、型钢等，钢筋笼就位后，其与护壁的间距应用混凝土块楔紧。

③灌注桩身混凝土：最好使用输送泵搅拌机置于井口，应随时观察井内情况以防止意外。当钢筋笼定位后，以串筒漏斗将混凝土传送至井中捣固。一般混凝土灌至一节钢筋笼外露部分40cm时，进行下节钢筋笼搭接电焊（要注意上下节钢筋笼长短钢筋对口面），经检查合格方可继续灌注混凝土。如此反复循环直到灌完桩身混凝土。

④抗滑桩的承台施工：当设计为承台式抗滑桩时，在灌完桩身混凝土后，根据承台底面高程及承台底面轮廓尺寸进行放样，开挖土石方。凿除高出承台底面的桩孔混凝土护壁，安装承台模板，绑扎钢筋，分层灌注承台混凝土。

（5）抗滑桩施工注意事项

在施工过程中，为确保施工人员的安全和建筑物部位的准确性，应建立观测系统，布置对滑坡体、建筑物部位的准确观测，防止发生突然事故。

抗滑桩若有支挡建筑物、永久排水和防渗设施等，应使这些建筑设施与抗滑桩体正确连接，配套完成。

（6）抗滑桩质量检验

抗滑桩质量检验内容包括原材料质量、桩孔开挖、护壁、钢筋制作与安装、桩身混凝土灌注质量检验。

在桩孔开挖时，应检验桩孔开挖中心位置、开挖断面尺寸、孔底高程、孔底浮土厚度、桩周土与滑带土等项目。

护壁的检验项目包括混凝土强度、混凝土与围岩的结合情况、护壁后净空尺寸、壁面垂直度。

桩身的检验项目包括钢筋配置、钢筋笼焊接、竖向主钢筋的搭接位置、主筋间距、箍筋间距、混凝土种类、混凝土强度、混凝土密实度、混凝土与护壁的结合情况、桩顶高程等。

抗滑桩的整体桩身质量检测按表7-15规定执行。

抗滑桩检测数据表 表7-15

序号	用　　途	检验数量		检测方法
		占总桩数	最少数量	
1	建设用地	8%	4	动力检测或钻孔取芯检测
2	农、林、渔等其他用途	3%	2	动力检测或钻孔取芯检测

抗滑桩质量评定标准如下。

①保证项目：

a. 成桩深度、锚固段长度和桩身断面必须达到设计要求；

b. 实际浇筑混凝土体积严禁小于计算体积，桩身连续完整；

c. 原材料和混凝土强度必须符合设计要求和有关规范的规定；

d. 钢筋配置数量应符合设计要求，竖向主钢筋或其他钢材的搭接应避免设在土石分界和滑动面处。

②允许偏差项目参照表7-16。

抗滑桩允许偏差项目 表7-16

序　　号	检查项目	允许偏差（mm）	检查方法
1	桩位	±100	每桩，经纬仪测、尺量
2	桩身断面尺寸	-50	尺检，每桩上、中、下部各一点
3	桩的垂直度	50（$H \leqslant 5$m）； 10H，但不大于250（$H > 5$m）	每桩吊线测量
4	主筋间距	±20	每桩2个截面，尺量
5	箍筋间距	±10	每桩5~10个间距，尺量
6	保护层厚度	±10	每桩沿护壁检查8处，尺量

7.6.6 格构锚固

适用于坡面坍塌和深部滑动的综合防护，有腐蚀性地下水的地段不应采用。

当滑坡整体性较好，但前缘表层开挖可能失稳、滑塌时，可采用现浇混凝土格构护坡，并用锚杆固定。

当滑坡稳定性差且滑坡体厚度不大时，宜采用现浇钢筋混凝土格构加锚杆（索）进行滑坡防护，且锚杆（索）应穿过滑动面。

当滑坡稳定性差且滑坡体较厚、下滑力较大时，应采用现浇钢筋混凝土格构加预应力锚杆（索）进行滑坡防护，锚杆（索）应穿过滑带。

应在格构锚固体系的周边设置排水沟。

7.6.7 桩基承台挡土墙

桩基承台挡土墙是一项新的支挡加固技术，由抗滑桩、承台和衡重式挡土墙组成，适用于软土地区沿河路基，既能满足承载力不足和局部冲刷的问题，又能节约成本。

1）设计原理

（1）挡土墙采用衡重式，挡土墙土压力计算与一般的挡土墙一样按库伦土压力第一、第二破裂面进行计算。

（2）根据沿线地质条件，桩基断面尺寸和间距根据墙高和地基土承载力综合计算确定，桩间土要求充分碾压、夯实，达到设计要求的承载力。

（3）承台埋置土中深度不小于0.5m。

（4）桩、承台和块石土作为复合地基，共同承担上部挡土墙荷载。桩和承台材料采用C15片石混凝土，要求桩基嵌入弱风化基岩内不少于0.5m。在挡土墙和桩基连接部位设锚固钢筋，钢筋深入桩基顶面以下不少于2m，穿过承台，伸入挡土墙不少于1m，以加强挡土墙和桩基的连接。

2）施工工艺

（1）桩基础开挖中，原则上以人工凿挖为主。对局部确实需要爆破的地段，应严格控制药量，确保基础部分岩体的完整性不受破坏。

（2）施工工序：基坑开挖→浇筑桩基→浇筑承台→按规范进行回填→当承台强度达到预期强度后缓慢砌筑路肩墙→按规范进行回填。

（3）桩基按跳桩施工，并及时做好护壁，有专人进行现场监测，确保施工安全。

（4）挡土墙墙背填料采用内摩擦角为35°的碎石土进行填筑。填筑时应严格按路基填筑要求进行，并应分层夯实。

（5）施工中加强地质验槽的配合工作，进一步明确每根桩基础所揭露的实际滑面的位置，以及桩嵌入段基岩的岩性和完整情况进行验查，并及时做好各桩基础的地质编录工作。

7.7 明　　洞

在崩塌落石地段常采用的遮挡建筑物就是明洞。明洞指的是用明挖法修建的隧道。常用于地质不良路段或埋深较浅的隧道。明洞的结构类型，根据地形、地质、回填土状况而定，通常由顶部结构和边墙组成。当底部地层可能挤入洞内时，须设置仰拱。

7.7.1 明洞适用条件

在洞口仰坡自然坡面较缓，若采用管棚进行超前支护地段较长，而仰坡开挖高度不大时，可开挖明洞槽修建明洞；一些无法回避地质病害的路段也可修建明洞。修建明洞，可以以明洞接长隧道，也可采用独立的明洞隧道。明洞顶回填可恢复原有地表形态，恢复原有植被，同时节约工程投资。下列情况下可考虑设置明洞：

（1）洞顶覆盖层薄，围岩成洞条件差，难以用暗挖法修建隧道的路段。

（2）路基或隧道口受不良地质等危害（如滑坡、落石、坍塌），且无法避开，若清理会造成更大病害的地段。通过明洞拱背回填，可达到降低边坡裸露高度、对滑坡前沿反压的目的，同时具有防御落石、坍塌的作用。

(3) 隧道轴线与地形等高线斜交，为防止洞口边仰坡开挖过大，对隧道洞口边仰坡存在影响的地段，采用明洞接长隧道。对存在偏压的明洞，可设反压墙克服偏压。

(4) 保护洞口自然环境，恢复原有地表，接长明洞。

(5) 有其他公路、铁路、沟渠从公路上方通过时，暗挖隧道通常困难或造价较高。

(6) 为控制边坡开挖高度，减少对原生植被的破坏，或降低傍山公路高、陡边坡的滚石、碎落对公路的影响，可采用棚洞结构。

7.7.2 明洞设计原理

从结构类型上，明洞可分为拱形明洞、板式棚洞和悬臂式棚洞。目前采用较多的是拱形明洞。拱形明洞由拱圈和两侧边坡构成，是一种广泛使用的明洞形式，其结构较坚固，可抵抗较大的崩塌冲击力，适用于路堑，半路堑及隧道进出口等处。在一般情况下，可采用钢筋混凝土拱圈和浆砌片石边墙。但在较大规模崩塌地段或山体压力较大处，拱圈和内外边墙以采用钢筋混凝土为宜。

拱形明洞衬砌结构和隧道整体式衬砌基本相似，由拱圈、边墙、铺底（或仰拱）组成，按隧道整体式衬砌进行设计。当洞顶仰坡有落石威胁时，应验算落石冲击荷载下的安全性。

半路堑拱形明洞因衬砌所受荷载不对称，应按不对称荷载进行设计。当地形允许时，首先应考虑进行反压回填以平衡偏压荷载，没有条件反压回填时应设反压墙。

拱形明洞通常情况下应设仰拱，明洞衬砌应采用钢筋混凝土结构。

为防御仰坡落石、崩坍危害而设明洞时，明洞顶以上的危石应清除或作加固处理，并保证明洞拱背有一定的填土厚度，以防止落石、滚石直接作用在拱圈上。明洞顶填土厚度不宜小于1.5m，如图7-14所示。洞顶回填土表面坡度应以能顺畅排出坡面水为原则，在此基础上，愈缓愈好。一般采用（1：1.5）～（1：5）。

明洞式洞口仰坡按自然山坡坡率回填，部分明洞拱背裸露。采用这种形式的条件是，裸露的拱背不受仰坡上方碎落、滚石的威胁，如图7-15所示。

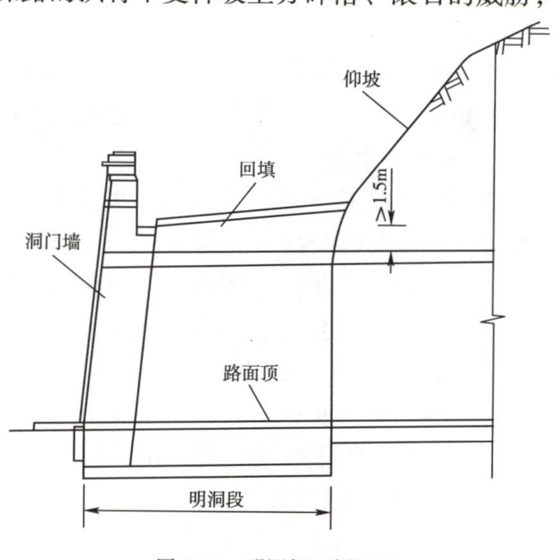

图7-14 明洞侧面剖视图

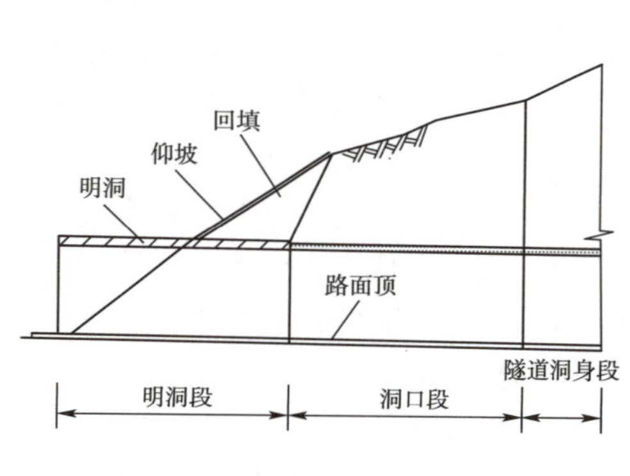

图7-15 仰坡按自然坡率回填

当明洞顶部需设置排泄山沟洪水的渡槽时，应注意洪水、泥石流的影响，应考虑泥石流淤积引起的漫溢和大漂砾通过时对槽底、槽身的撞击磨损等。排洪沟渠应有足够的强度，可采用条石砌筑或采用钢筋混凝土结构，并使沟渠底距洞顶外缘的距离不小于1.5m，如图7-16所示，普通截水沟沟底距洞顶外缘厚度不小于1.0m。

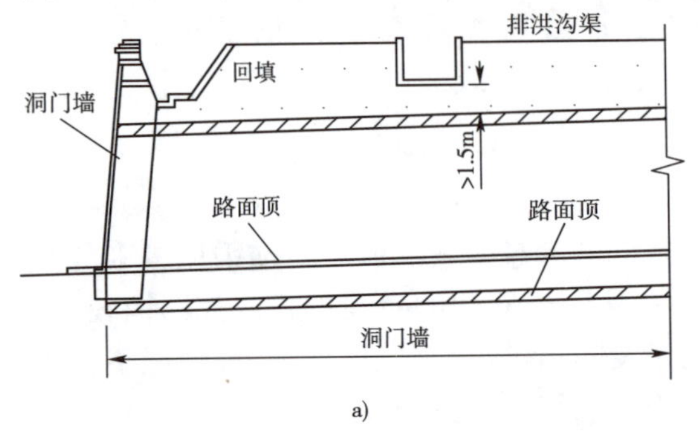

a)

b)

图7-16　顶部排洪沟渠的处理

拱形明洞通常情况下应设仰拱，明洞衬砌应采用钢筋混凝土结构。

拱背可采用土石回填、浆砌片石回填、裸露或部分裸露；仰坡坡面宜按自然稳定坡率回填；需防护时应尽可能采用植物防护。

7.8　滑坡防治工程养护

7.8.1　填平坑洼、夯实裂缝

滑坡体坡面产生坑洼和裂缝，往往是滑坡的先兆，也是导致严重滑动的主要原因。因此，仔细地查找，认真地夯填，是一件十分有意义的工作。滑坡的发生，一般首先出现裂缝，大气降雨、地表径流就会沿裂缝渗入土层，使土的黏着力和抗剪强度降低，造成山体滑动。

山体发生裂缝的原因很多，由于人工边坡开挖，山体失去稳定，也可能因温度的急剧变化而发生裂缝。如黏土和砂黏土的表面没有任何覆盖层时，在干燥季节太阳光使土表面晒干时，最容易出现很多不规则的裂缝（龟裂），亦称收缩裂缝。

山体裂缝表示路基的稳定系数下降，K值接近于1，但就路基整体来说还大于1。在这种情况下，路基的个别部分将开始发生局部移动，出现局部裂缝、局部脱离、局部凸起等现象。在滑坡体内的裂缝，长度较短，上口张开。滑动体越薄，土体的振动越频繁，裂缝越深。有时土体中含水率大，处于塑性状态时，在滑动中不会发生很多很宽的裂缝，所以不能认为没有裂缝就绝对不会发生滑坡。

发现坡面有坑洼、塌陷、裂缝时，应立即进行处理。要夯实整平坡面，减少坑洼，夯填裂缝，防止积水，尽量减少表水入渗。对于裂缝，应沿裂缝挖至尖灭为止，若裂缝太深，至少需挖深1m，挖至一定宽度，裂缝两侧的扰动土也要挖掉，再用当地有适当含水率的黏性土分层填塞夯实。在夏季或气候干燥的时候，如有必要，在分层填塞时要随时洒水。填塞山坡裂缝切忌采用砂或透水性强的土。

必须注意，夯实裂缝时，顶部要夯成鱼背形，可以防止地表水在已夯实的裂缝处滞留而渗入。夯实裂缝后要不断进行观测，尤其是雨后几天内及每年的雨季前后都要细致检查。有裂缝出现要立即夯实。

滑坡体内外的坑洼，为地表水的渗透提供了很好的条件。因此，在滑坡区应该采取削高补低、填平坑洼，排出积水。

滑坡体外的地面也应整平，清除坡面坑洼积水，堵塞滑坡体附近的缝隙洞穴。在山坡上湿地、泉眼等处修筑明沟及引水疏干工程。

7.8.2 地表排水设施的养护

山区公路路基的地表排水设施有截水沟、排水沟、急流槽、边沟等。它们都应该以最大效率来拦截、疏导、排引路堑边坡地表径流，防止边坡遭受冲刷，减少地表水下渗，以保证路基边坡的稳定性。为此，在路基的日常养护维修中，对截水沟、排水沟、边沟、急流槽应做到无淤积、无漏水、无冲刷，沟涵相连，排水畅通。滑坡上的排水设施容易变形堵塞，更应做到有水必流，涓滴不漏。在不稳定的滑坡面上修筑临时性排水设施，一般可用木板、塑料软板、沥青砖和混凝土板等作柔性铺砌，砂胶沥青勾缝，以防渗漏。

路基养护人员要经常（特别是雨前、雨中、雨后）检查排水设备的状态，尤其是要检查进出水口及沟边、沟底的完好状况。观察沟底有无裂缝，防止由于沟底与坡面之间淘空、冲刷而导致排水沟与边坡脱离而破坏。一般来说，排水沟裂缝常在沟底两侧出现，发现裂缝后要马上采取措施处理。如果是由于山坡土体滑动，裂缝切断截水沟，要立即将截水沟改在裂缝的上侧，并将原有被切断的截水沟堵实夯紧。否则会加速土体的滑动，造成不良后果。

截水沟、急流槽应经常保持清洁，拔除杂草，清除淤积，勾补裂缝，沟底纵坡平顺，排水畅通。路基养护工作者应该十分重视截水沟、排水沟的检查和维修。经验证明，雨季前后的仔细整修滑坡区的截水沟、排水沟，是保证截水沟发挥最大作用的有效措施。

7.8.3 地下排水设施的养护

在滑坡区内设地下排水设施的目的是降低和疏导地下水，使土体相对干燥。滑坡区设置的地下排水设施有敞开式渗沟、掩盖式渗沟等（边坡渗沟、支撑渗沟、纵横暗沟、渗井、渗管、平孔排水等）。对这些渗沟、暗沟、渗管等都应做到定期检查。雨季前后必须观察和测量流量，作出记录，分析其流量变化规律，检查排水效果。若发现这些设施有变形堵塞现象，应立即采取措施，进行整修。

路基边坡的渗沟水流，通常只在雨季和春融时出现，有时流水很少，以致只能看出渗沟的出口附近土壤湿润。经验证明，路基边坡渗沟防止表层滑动的效果很显著。

7.8.4 滑坡区防护和加固设施的养护

滑坡区中的建筑物，一般都是保证滑坡稳定的必要设施，不容许有任何变形损坏。滑坡区的路基防护和加固建筑物，一般有抗滑挡土墙、抗滑干砌片石垛、抗滑桩、锚杆挡土墙、锚索地梁等。在路基日常养护维修工作中，应定时作细致的检查和记录，如有损坏应立即采取修补加固措施，应注意：

(1) 圬工建筑物是否完整无损，如有开裂、推移、折损，应及时分析原因，立即采取加固措施。在路基日常维修中，修补防护加固设施时，还应清除坡面及泄水孔内的杂草及堵塞物；勾补脱落损坏的勾缝。

(2) 滑坡区路基边坡遭受破坏时，应当及时采取措施，作加固防护，并经常保持边坡平整。对坡面裂纹、坑穴、拉沟应填平夯实，防止渗水、积水和水土流失。

(3) 在滑坡区修建的一切支挡防护措施，应当注意基础的稳定。当发现抗滑挡土墙推移，墙基冲刷等问题时，应及时采取措施。滑坡区抗滑挡土墙的泄水孔或泄水窗，可采用较密的排列，才能充分发挥排水效果。挡土墙顶要封闭，以防地表水渗入墙后。

(4) 对砌筑的各种河岸防护及调治设施，如各种护岸、丁坝、顺坝、沉排、导流堤等，一旦破损裂缝或局部破坏，将在水流的冲击下，迅速扩大而破坏。所以，对各种沿河防护均应在洪水时期加强观察，必要时立即进行抢修或加固，在水位下降之后，再进行检查。

7.9 滑坡治理工程实例

滑坡治理工程多采取排水、减载、反压与支挡加固等综合治理措施。

7.9.1 挡土墙

1) 柳坑滑坡

国道山深线柳坑滑坡位于建瓯城关柳坑境内，线路北东侧为山坡，南西侧为建溪。滑坡场地为风华剥蚀残丘地貌，地势较陡，原始地形边坡约25°~35°，场地上部分布①坡积残土、②残积黏性土，下伏基岩为前震旦纪的云母片岩及白垩纪的赤石群的砂砾岩、泥岩及其风化层，场地在滑坡的中部发育一条正断层，断层产状：135°∠75°。北西盘上升，南东盘下降。两侧底层分别为云母片岩和泥质岩。泥岩与砂砾岩（底砾岩）在南东盘与下伏的云母片岩呈不整合接触。由于受2005年“6·17”特大暴雨侵袭引起该处山体滑坡，长158m，主轴方向纵深230m，厚度约5.0m，滑坡土方约21万m^3，将其下国道堵塞，并造成了较大的人员伤亡事故。

为保证滑坡稳定，采取治理方案如下：

①刷坡减载。按1∶1.5、1∶1.25、1∶1.0坡率逐级变陡进行刷坡卸载，并在距路面8m高度处设置宽4m防滑平台和高度每增8m处设置宽2m的防滑平台，平台内侧设60cm×60cm浆砌片石水沟，且坡面每约100m或山凹汇水处设置急流槽。

②三维网植被网防护。沿坡面采用三维挂网和植草进行防护。

③平孔排水。在K2 069+180~K2 069+230之间按高度分两排，间距为5m设置16个平孔排水，总长为504.5m。

④浆砌片石截水沟及挡土墙。在距边坡面顶边大于5.0m处设置M7.5浆砌片石厚30cm梯形截水沟，并在坡脚采用M7.5浆砌片石重力式挡土墙进行处理等。

经过以上方案治理后，柳坑滑坡体上植被生长茂盛，治理成效见图7-17。

图7-17　柳坑滑坡治理成效图

2）高砂滑坡

高砂滑坡位于沙县高砂镇境内的205国道左侧山坡，该路段为1994～1995年间的公路先行工程新建路段，路线走向为穿山线路，路基为全幅挖方，原山坡为左侧高右侧低。

该山坡土质表层2～3m厚为黏性土，以下为粉质砂性土。

路基全断面开挖后，上边坡沙性土质受雨水的冲刷，当年就形成了滑塌。以后若干年间受雨水多年的影响，路基上边坡土的滑移牵引了边坡顶部的土体，致使边坡顶部的土体整体下滑，并形成了纵横向裂缝，形成了明显的滑坡体特征。由于坡面土质松散，每下一次阵雨就会有大量的烂泥冲入路面。由于该路段为6%的纵坡，上行车辆会由于打滑无法行走、下行车辆制动会打滑危及行车安全，特别是雨季期间该路段长时间浸泡在烂泥中，对路面的使用质量造成影响，对行车安全存在着极大的安全隐患，且每年的清理费用累加也要数万元。

高砂滑坡体沿路线方向长约60m。纵深约70m。相对高差约40m，土体平均厚6～8m。总方量约3万m^3。由于多年的雨水冲刷，已在坡面处产生了不少的冲沟，冲走了5 000～8 000m^3的土体。原有裂缝经当时夯实填塞地表水无法渗入，加上多年的自然地表植被生长，该滑坡体已趋于相对平衡状态。只要在路基边缘砌筑人工构造物加以支挡，即可达到彻底治理的目的。

具体治理方案如下：

（1）沿公路水沟坡脚处设置长度60m，高度3.5m，面宽2.0m的片石混凝土抗滑挡土墙。抗滑挡土墙基础切入边沟底1m以下，以增加抗滑挡土墙的抗滑力。片石混凝土抗滑挡土墙总方量为969m^3。

（2）重新对上方裂缝进行夯填、在坡面没有自然植被处补种草皮。

（3）在边坡上方设置截水沟。

整治后经过多年的使用，整治效果明显，滑坡体不再有滑移的迹象，也没有发现新的变形现象。滑坡体上自然植被生长茂盛，如图7-18所示，加上2008年度的绿化工程，该路段呈现出清晰整洁的路容路貌，行车通行顺畅，过往行人安全通行，取得了明显的经济效益和社会效益。

图 7-18　高砂滑坡治理成效图

3）涌溪滑坡

涌溪滑坡位于沙县青州镇境内的 205 国道左侧山坡。该滑坡区为低山丘陵地貌，公路从一北西向延伸的山坡中前部横切通过，山坡前部为与公路基本平行的沙溪河右岸。山坡上地势较为平缓，自然坡度 20°左右，植被茂盛。山坡两侧坡陡，坡度可达 35°～40°。该段公路路堑左侧坍塌边坡高 13～24m。

该滑坡地层主要为白垩系沙县组（Ks）的砂砾岩、砂岩、粉砂岩层。在滑坡体后部，受马铺—茅坪断层的影响，岩石风化深度大，基本呈砂土状强风化岩层。滑坡体地层结构基本为坡残积碎块石土层—强风化砂土状或碎块状砂岩、粉砂岩层—中—微风化砂岩层。滑坡体地下水较少，主要为岩石裂隙水及部分上层滞水，补给通过后部构造带和地表降雨补给，地下水向西北部沙溪河径流，地下水位在公路内侧埋深一般 2.4～3.0m。山坡内地下水位不连续，上层滞水的水位顶面埋深一般 12～15m。

该滑坡体长约 100m、纵深约 80m，滑动岩土体约 7 万 m^3，属于大型滑坡。该路段右侧为沙溪河。该滑坡体产生明显滑移时间为 2002 年年底。当时发现上边坡边沟挡土墙受推挤开裂，水沟挤窄，同时在距公路 80 余米的山坡上，发现有环状裂缝，表明已经出现滑坡变形的特征。以后几年滑坡体缓慢向路侧滑移，水沟墙倒塌、水沟被滑坡土体全部挤占，雨季时土体占用 1/3 左右的路面，排水系统受阻，雨水冲刷坡面形成的泥浆布满全幅路面，行车时会发生车辆方向失控、造成车辆横向滑移，严重影响了行人和行车的安全。每年雨季清除烂泥和雨季过后清除土石方的费用都在 3 万元左右。交通事故（死亡以下）在此路段上也常有发生。

根据滑坡地层、岩性、地质构造、环境背景条件等的分析，该滑坡产生主要由以下原因共同作用造成：

（1）坡体受构造作用影响，风化严重，一般成强风化砂土状、碎块状，岩土的工程性质差，是滑坡产生的基础。受构造作用产生的比较贯通的结构面，成为滑动面的依附面。

（2）由于坡体地层较为破碎，降雨等形成的地下水对坡体的长期作用，加速了对岩层和其中结构面的改造，降低了坡体岩土体的抗剪强度。

（3）公路改路在滑坡体前部的开挖，是滑坡产生的直接诱发因素。

综上所述，滑坡的产生是不良地质条件及改路破坏山体平衡因素共同作用的结果，从变形情况分析，滑坡前缘出口已经基本形成，侧界局部贯通，后缘连通并形成下错，表明滑坡处于蠕动挤压阶段，在外界条件的作用下，会继续发展，继而产生一些变形和滑动。

根据滑坡后部钻孔分析，地层与滑坡体内基本一致，而且风化深度更大。如果滑坡体向前进一步滑动，有构成继续向后牵引发展的条件。从裂缝发展和变形情况分析，滑坡活动具有整体性的特点，且滑坡整体相对而言，后缘下错变形大，前部变形较小，也具有推动式变形的特点。根据分析结果，采用以下治理措施。

（1）刷方卸载：因滑坡体的卸载只能卸其后缘的土体，以减轻滑坡体的后缘重量。前缘只能加载或保持现状而不能卸载。因此，在滑坡后缘裂缝5m处分两级按1：1和1：1.5的坡率进行刷方卸载，每级高度约10m。第一级设平台12m，第二级设平台20m。滑坡前级坡率保持现有坡率，只进行表面清理。总卸方量约2.2万m^3。

（2）因该滑坡体的滑动面出口大约在公路内侧边沟面，因此，沿公路方向在坡脚处设置长度100m，高度2.5m，面宽1.5m的片石混凝土抗滑挡土墙。抗滑挡土墙基础切入边沟底1m以下，以增加抗滑挡土墙的抗滑力。片石混凝土抗滑挡土墙总量632m^3。

（3）在卸方后的边坡表面种植草皮、香根草等植物覆盖边坡表层。植草总面积6300余平方米。

（4）排水系统工程：增设滑坡体外围截水沟、平台排水沟。夯填周边裂缝。

整治一年后的现场回访和工后观测显示，整治效果明显，滑坡体的滑移得到抑制，滑坡体上植被正在生长，没有发现新的明显变形现象，滑坡已经向着压密固结的方向发展，如图7-19所示。沿线排水通畅，路面整洁。彻底消除了原有潜在的安全隐患、有效地保障了公路的畅通。树立了公路系统的良好社会形象和声誉。方便了沿线村民的过往通行，得到了沿线村庄村民的赞誉，取得了较好的经济效益和社会效益。

图7-19 涌溪滑坡治理成效图

7.9.2 抗滑桩

1）箭丰滑坡

永安箭丰滑坡位于国道205线K2 295+920～K2 296+100洪田镇路段，当时是福建省发现的最大典型古滑坡，滑坡体积达65万m^3。该滑坡处于南北向的文川溪右岸，坡顶与河床相对高差约130m，其前部为一北东65°舌状山梁，显示明显的老滑坡外貌。据了解，

1949 年前此处曾发生过多次滑坡，20 世纪 60 年代以来也曾出现多次坍塌和浅层滑坡。

箭丰滑坡区出露的地层主要为碎石土，泥岩和砂岩。自然边坡上部和沟台表层主要分布碎石土，岩性为：稍密至中密，潮湿，碎石以砂岩为主，碎石含量25%左右。次表层为泥岩，岩性为：破碎、质软，浅灰至灰黄色，风化强烈。再次表层为破碎细砂岩，岩性为：青灰、黄褐色，裂隙发育，强风化—中风化。以上三层岩共同组成滑坡体。滑坡体以下为较完整细砂岩，呈青灰、灰黑色，硅质胶结，中风化，坚硬，组成坡体变形的稳定基底。滑坡体与较完整细砂岩之间有一层泥岩夹泥质粉砂岩，灰黄、黄绿色，强风化，呈碎石土、角砾土状，质软，并发育有软弱夹层，是滑坡滑动的依附面。从地质钻孔样本上可以看到明显的滑动面滑动的擦痕。以上各层在滑坡范围以外基本呈层状分布，且层面向河倾斜，而在滑坡范围内由于受断层和错落影响，层位紊乱，且岩体结构松弛。该坡体结构可分为北部边坡段坡体和南部自然斜坡段坡体。北部边坡段坡体长 120m，其由中风化细砂岩为稳定基底，上方为 5 ~ 7m 厚的断层破碎带（向河倾角 5° ~ 15°），上覆盖 40 多米厚的破碎细砂岩、泥岩，形成了老错落基础上的破碎岩石老滑坡。南部自然斜坡段坡体长 130m，从下层至上层的地质为细砂岩、泥岩和泥质粉砂岩（向河倾角 12° ~ 20°），泥质粉砂岩中的错动带或夹层为老滑坡的滑动面，滑动方向为南西 65°。滑坡区地下水主要有两种：一种为上层滞水，主要受大气降雨补给，以老错落带或泥岩风化带为相对隔水层，以破碎细砂岩及粉砂岩为相对持水层，因而水虽小，但随降雨的季节性变化大，对滑坡的稳定性有直接的影响。另一种为基岩裂隙水，主要受来自后山地下水的补给，其水量水位均较稳定，且水位低于滑带，因而对滑坡的稳定无直接作用。该滑坡处于南北走向的文川溪峡谷右岸，河谷呈不对称的“V”形。右岸顶部稍缓约 20°，但前部陡约 45°。公路坐落于右岸二级基座阶地上。滑坡区后山、橘园看守房以东为一东西向的稳定山梁，其前部为一北东约 65°的舌状山梁，并与北侧高边坡所夹持的凹地，呈圈椅状，具有明显的老滑坡典型地貌特征。此外，山梁的南坡、光缆沟的北西侧的陡坡也呈陡—缓—陡的老滑坡外貌。可见，该山坡具备滑坡破坏的地貌特征，在外界条件变化时可能导致稳定性降低。

通过对滑坡体稳定性分析监测，确认滑坡正处于蠕滑向滑动过渡阶段，存在重大的安全隐患，必须尽快治理。当时又逢雨季，为安全考虑，先采取了卸载和平孔排水等应急措施，滑坡渐趋稳定。之后，对滑坡又采取了以下彻底治理措施。

（1）在公路内侧坡脚布设一排预应力抗滑桩，共 23 根，截面为 2m × 2. 5m。

（2）为抵抗北山坡的另一浅层滑坡，在北滑坡的边坡上设置预应力锚索框架，设两排共 58 孔，框架竖肋、横梁为 0. 5m × 0. 6m。

（3）对南、北两段滑坡沿东西向自后部起分层进行刷方，利用弃方压住南坡脚，并设两道拦渣墙、一道防洪坝挡土。约卸 6. 5 万 m^3。

（4）沿河岸设置挡土墙、边坡上设置浆砌片石骨架、草皮护坡。

（5）在沿公路内侧设置已设平孔排水孔基础上，又在滑坡后缘另设截水沟，在刷方边坡平台设排水沟。

目前，该滑坡已经历了多年考验，基本达到预期治理效果，如图 7-20 所示。

在箭丰滑坡治理后，在紧接箭丰滑坡路段，又先后出现贵湖滑坡和箭丰尾滑坡，并先后进行了有效和成功的整治，但投资巨大，这也提示了公路选线应避开滑坡地质不良路段的重要性。

图7-20　箭丰滑坡治理成效图

2）鲤鱼坑大桥滑坡

郊三线鲤鱼坑大桥南桥头上边坡滑坡位于省道郊三线大田境内（原省道205线K161+200处）。滑坡后壁呈“圈椅状”，外貌清晰，两侧为相对较高的斜坡，中部（滑坡地段）为一“槽”状的斜坡洼地，滑动带（面）为层厚20~80cm的泥岩风化土，结构中密，潮湿，基岩的岩体节理裂隙发育，裂隙水不十分丰富，但上层滞水是引起滑坡的主导作用。自1997年2月修建通车后，曾先后产生过多次坍塌和滑动，特别是1998年2月产生大滑，掩埋公路，一度中断行车，又危及鲤鱼坑大桥的安全。

为治理滑坡采取了下列工程措施：

（1）抗滑桩工程——在距公路中心线山侧约30m一线浇捣钢筋混凝土抗滑桩一排9根，各桩长轴方向平行于主滑方向，桩间距为6.0m。

（2）边坡挡土墙工程——支挡滑坡和山体的零星坠落土石。

（3）截、排水沟工程——防止地表水集中入灌，完善滑坡场区地表排水系统。

（4）在浇制混凝土抗滑桩时，在2号和4号桩内埋置土压力盒进行桩侧应力监测。

本工程于1998年11月动工，1999年3月完工，取得满意效果，如图7-21所示。

图7-21　鲤鱼坑大桥滑坡治理成效图

7.9.3 预应力锚索框架

上杭县吊钟岩滑坡位于国道319线233K+750~945处，是通往上杭、连城、长汀和江西省的重要公路。该滑坡斜坡表面层为含夹碎石的砂黏土，最大厚度6m；其次为从微风化到强风化粉砂岩，层厚10~16m，是构成滑坡体的主要物质，其中夹有角砾层间错动带，再次层为石英砂岩。滑坡区内有三条断裂带，岩体结构破碎、风化强烈，构成滑坡的不良地质基础。同时滑坡北侧冲沟及前缘斜坡有泉水出露，路基下方边坡较陡，河流对该段岸坡构成冲刷。综合判断，该滑坡体正处于蠕动挤压向微动过渡阶段。

因国道改建降坡路面高程降低4米多，削弱了坡脚支撑力，破坏山体的内部平衡，使老滑坡局部复活。滑坡体周界多处拉裂，内侧路面拱起开裂、外侧路肩剪断塌陷，并随时有公路中断的可能，严重威胁着国道行车安全和畅通。

为确保安全，采取的具体治理方案如下：

（1）根据地形地势，并考虑投资经济，治理时对滑坡进行分块分别处理；

（2）在公路内侧设置预应力锚索抗滑桩；

（3）在路肩挡土墙外设预应力锚索框架作为主体工程；

（4）进行刷方卸载；

（5）设置地表排水等综合治理措施。

整治工程完工后，经过雨季的考验，目前已基本稳定，滑坡体上植被生长茂盛，如图7-22所示。

图7-22　吊钟岩滑坡治理成效图

第 8 章　公路工程水灾害抢通与修复

通过科学实施公路水灾害防治技术，及时消除水毁隐患，可以明显提高公路防毁抗灾能力，减少公路水毁损失。但在台风、暴雨、洪水等自然灾害袭击下，公路仍会遭到毁坏。因此，在加强防毁治水工作的同时，还需切实做好公路的抢通和修复工作，确保公路通行安全。

8.1　基本原则

公路工程水灾害抢通与修复工作应坚持“统一指挥、协调配合，预防为主、防治结合，反应迅速、处治有力”的基本原则，实行分级管理、属地负责，在各级政府统一领导下，开展相应工作。公路出现重大险情和交通中断的，各级交通公路部门应按照“先干线后支线，先抢通后修复”和“确保国省干线重点路段优先抢通，确保受灾严重的县、乡、村生命通道优先抢通”的要求，优先抢通交通阻断的干线公路，同时要密切结合抢通工作和修复工作，抢通工作要便于修复工作，服务修复工作，从而避免人力、物力、财力的浪费。一时无法抢通的，要采取修筑便道、架设便桥或绕行等措施，尽一切可能保证公路运输通畅，并对水毁缺口采取必要措施，防止毁情扩大。

8.2　日常管理

加强日常水灾害检查与管理是防治公路工程水灾害的重要手段。各单位应积极主动与气象、水文、国土等部门建立信息共享与应急联动机制，密切监视水情、雨情、风情，及时掌握气象灾害变化情况，及时掌握地质灾害点发展情况，适时作出防御部署。同时，应加强应急人员、物资、机械设备日常管理，加强公路水灾害隐患排查与加固，确保汛前各项准备工作落实到位。

1）人员准备

逐级落实责任，切实将汛前准备工作落实到具体部门、具体人员，确保组织到位、制度到位、责任到位。抢险救灾队伍、抢险救灾突击队根据需要随时待命。

2）物资及机械设备准备

要加强对防汛设备、器材、物资的维护和保养，要确保抢险物资存储布局合理，抢险机械保持完好状态。对重点工程和水毁多发路段，应在现场就近预先储备一定数量的抢毁材料和机械设备。必要时，实行定点储备和调集，一旦有灾情，集中指挥、统一调度。

3）气象监控

应随时关注并掌握气候、水情的变化情况，并根据各级防汛抗旱部门和上级主管部门发布的信息，随时做好防汛抗台各项准备。

4）排查隐患

汛前应重点加强公路沿线地质灾害和危桥、高边坡等隐患点的监控，以及临江、沿河、傍山等水毁易发路段的桥涵构造物、防护设施和班站用房等的日常巡查和检查，着重做好涵洞、边沟、截水沟等排水沟设施的清淤和局部缺损修复；在建公路项目应及时做好施工材料、机械设备的保管情况的检查，做好洪水、台风等应急情况下的保护和转移准备，具体包括：

（1）检查桥梁墩台、调治构造物、涵洞、引道、护坡和挡土墙基础有无冲空或损坏；

（2）桥下有无杂物堆积淤塞河道，涵洞、透水路堤有无淤塞，以及河流上游堆积物、漂浮物的情况；

（3）河床冲刷情况和傍河路基急流冲刷处有无淘空或下沉；

（4）浸水路堤和陡边坡路段的路基有无松裂；

（5）边沟、盲沟、跌水等排水系统有无淤塞，路面、路肩横坡是否适当，路肩上的临场堆积物是否阻碍排水。

8.3 抢通与修复

（1）尽快组织抢通。灾情发生后，各级养护单位应按照“先干线后支线，先抢通后修复”和“确保国省干线重点路段优先抢通，确保受灾严重的县、乡、村生命通道优先抢通”的要求，在第一时间内组织抢险队伍、物资、机械设备赶赴现场抢通受阻路段，尽快打通救灾运输通道。

（2）抓紧核实灾情。各级交通部门成立核灾小组，收集水毁路线、桩号、类型、数量等基础资料，登记存档，并建立受毁公路数据库。

（3）确定修复方案。认真研究分析水毁原因、机理，各组织实施单位应尽快研究提出各水毁点修复方案，明确总体实施计划，明确工期时限。

（4）加快工程设计。一般水毁点现场直接确定修复方案，山体滑坡、桥梁、大型支挡结构等技术难度大的工程可以采取招标或直接委托方式选择具备相应资质的设计单位开展设计。

（5）强化专家论证。各级交通公路部门应加强设计审查把关，组织专家对严重水毁路段、地质复杂路段、高边坡路段修复设计方案认真审查，保证修复方案科学、安全、合理。

（6）组织工程实施。按照灾害应急工程组织水毁工程施工，一般水毁工程可按养护工程由管养单位直接组织施工，水毁桥梁、大型滑坡治理等重大水毁工程可采用招标方式或经设区市、县政府批准确定施工单位。施工队伍应严格履约管理，上足劳力、机械，逐个节点落实时限，确保修复工期，并参照标准化建设要求，规范水毁工程工地建设、施工工艺、过程控制、施工机械和模板管理，提高水毁修复工程管理水平。

（7）完善建档资料。水毁工程施工完成后，新建桥梁工程要按照交通运输部《公路工程竣（交）工验收办法》（交通部令 2004 年第 3 号）由市或县交通运输主管部门组织验收或委托相应部门组织验收；其余水毁工程由养护部门按养护工程验收确认。工程验收时应将实施过程的设计文件、原始记录等同步验收移交，归档入库。

8.4 技术措施

1）路基

（1）边坡

①上边坡。及时清除路基边坡溜（塌）方。视水毁成因，可采取适度削坡，增设截水沟、坡面防护、挡墙等工程措施防护边坡。

②下边坡。及时清除坍塌路基土石方，待清理至路基稳定面后，开挖台阶，分层填筑压实修复。同时，可视水毁成因，增设必要的护脚、坡面防护、挡墙等设施。

（2）路基缺口

沿河（溪）缺口，应增设驳岸、挡墙等防护设施，采用片石混凝土（或混凝土）结构，基础埋深大于冲刷线以下1m，并回填透水性良好的材料。

非沿河（溪）缺口，可采用黏土或砂石材料逐层填筑夯实，并视水毁成因，增设必要的护脚、挡墙等防护设施。

（3）路基冲断

视水毁成因，采取按原样或适度提高标准修复。

2）排水设施

（1）涵洞

①优先采用钢筋混凝土盖板涵的结构形式，孔径根据汇水面积计算确定，原则上应不小于1m；同时，视实际需要，可增设引水沟、跌水、急流槽、窨井等排水附属设施。

②原涵洞孔径偏小造成损毁的，应适当增加孔数或扩大孔径。

③原涵洞位置不当的，可采取完善引水沟槽或在适当位置增设涵洞等措施改善排水条件。

④涵洞进出水口、翼墙等附属设施损毁的，视水毁成因，采取按原样或提高标准修复。

⑤强降雨期间（过后），及时巡查沿线涵洞，并清除影响涵洞排水的淤塞物，出现病害应及早处治。

（2）地表排水设施

①重点修复和完善地势低洼、易积水路段的排水设施。

②上边坡易溜方路段，按其汇水面积及地形情况，可增设截水沟。

③下边坡易冲刷或坍塌路段（尤其是农村公路），可在路缘增设拦水带和排水沟槽。

④国省干线公路的截水沟、边沟、排水沟等设施，应采用片石混凝土结构；农村公路中冲刷严重的土质边沟也应采用此类材料硬化。

（3）地下排水设施

地下水丰富路段，应考虑增设盲沟、渗沟或平孔排水等设施，将水引出路基以外。具体的设置尺寸、长度及数量，应综合地形、地质及地下水量等因素合理确定。

3）支挡防护

（1）挡土墙

①基础冲空时，应用片石混凝土或水泥混凝土填充，并视冲刷情况增设片石混凝土或水泥混凝土套基。

②断裂倾斜时，应将损坏部分拆除重建，在新旧挡墙结合处应设置沉降缝。

③新建挡土墙尺寸及基础埋深应经过计算确定，同步加强挡土墙的排水设计及墙背填料的质量控制。

④国省干线上新建的挡土墙应采用片石混凝土或水泥混凝土结构，农村公路上的则视情况选择采用。

（2）护坡

①适宜植物生长的土质边坡，可采用植物防护，如撒草籽、种草皮、植树等。

②边坡坡度过陡或不宜生长植物时，根据具体情况选用骨架护坡、护面墙、锚喷、注浆、嵌补、锚固或柔性防护等方法进行处治。

③受洪水侵蚀的路基边坡，可采用铺砌片石护坡或种植植物防护。

④坡面局部损坏的，应及时将损坏部分拆除重修，并注意夯实护坡内填料。

⑤填方路段的下边坡坡脚应设置片石混凝土护肩墙。

（3）驳岸

①基础掏空但尚未危及墙体时，可采取抛石加固或用片石混凝土填筑。

②对已坍塌的驳岸，应分析原因，重新设计新建。沿河急弯冲刷严重的驳岸，应采用片石混凝土或水泥混凝土结构形式，同时可考虑增设调治构造物等间接措施防护。

4）路面

（1）水泥混凝土路面

①路面冲毁。新修路面厚度、强度标准应不低于原有路面设计标准，基层损坏的应先对基层进行处理。

②面板悬空。面板悬空不超过板宽 1/2 时且未断裂的，可通过修复路肩墙或路肩矮墙再回填砂（砾）石等方式进行修复利用；悬空宽度超过 1/2 面板的，应根据面板损坏程度和现场实际，采取修复路基、临时过渡或挖除，并重新铺设水泥路面等方式修复。

（2）沥青路面

沥青路面的坑槽与局部松散，可采取挖除面层，用沥青混合料修补；对基层损坏的，应挖除基层，自下而上逐层处治。

（3）砂土路面

砂土路面的松散、坑槽、沉陷、翻浆等，可采用砂石、泥灰结碎石等材料修复。

5）桥梁

（1）新建桥梁

①桥址选择应充分考察河流水文地质条件，选择河道顺畅、水文地质条件较好的地段修建桥梁，尽量避免在河汊、河湾等水文地质条件较复杂的地段修复桥梁。

②宜采用标准化跨径及装配式结构，选择“简单、经济、安全、实用”的桥型结构。

③小桥采用扩大基础时，应确保基础埋深大于冲刷线以下 1m；大中桥应尽量采用桩

基础。

④桥梁净宽应综合交通量、路基宽度等因素合理确定，为避免重复建设，国省道上的桥梁净宽不得低于前后路基宽度，县道上桥梁净宽不得低于7.5m、乡道上桥梁净宽不得低于5.5m、村道上桥梁净宽不得低于4.5m。

⑤桥下过水断面应满足泄洪和排除漂浮物的要求。

(2) 局部修复

①墩台基础冲空：

a. 原桥扩大基础冲空时，可采用围堰抽水，在冲空部位填充混凝土或增设混凝土套基等方式修复。

b. 造成桩基缩径露筋的，应视病害成因及损坏程度，采取抱箍、抬桩等方法加固。

c. 根据河床宽度、水位深度、水流冲刷范围等，选择适当的墩台基础防冲刷构造物。

②锥坡毁坏。按原样恢复或视损毁程度适当提高标准修复。

③桥面损毁。按规范或设计要求修复或重铺桥面铺装层。

④栏杆损坏。条件允许时，宜采用钢筋混凝土防撞墙修复。

⑤桥梁引道冲毁。按规范或设计要求修复。若引道影响泄洪时，可考虑在引道路基内增设涵洞或增加原桥孔数等方式提高泄洪能力。

6) 滑坡治理

(1) 预防措施

①建立应急机制。山体滑坡路段应设立相应警示标志，同时合理设置观测点，加强监测、预警和监控，准确掌握滑坡体动态，同时制订专项应急预案。在恶劣天气或不稳定因素增大时，应立即采取应急措施。

②截引地表水流。采取增设截水沟、引水沟等措施，将地表水引到滑坡体外，同时封堵地表裂缝，防止地表水渗入滑坡体。

③排除地下水。采取增设盲沟、平孔排水等措施，将滑坡体内部地下水引出。

(2) 治理措施

①可采取排水、支挡、卸载、反压、锚固等措施综合治理，实施前应委托有相应资质的设计单位进行专项勘查设计，并聘请专家进行方案论证。

②若有条件改线避让滑坡体，且经济比选合理，可优先考虑。

附　　录

（资料性附录）

附录A　边沟断面构造设计图例

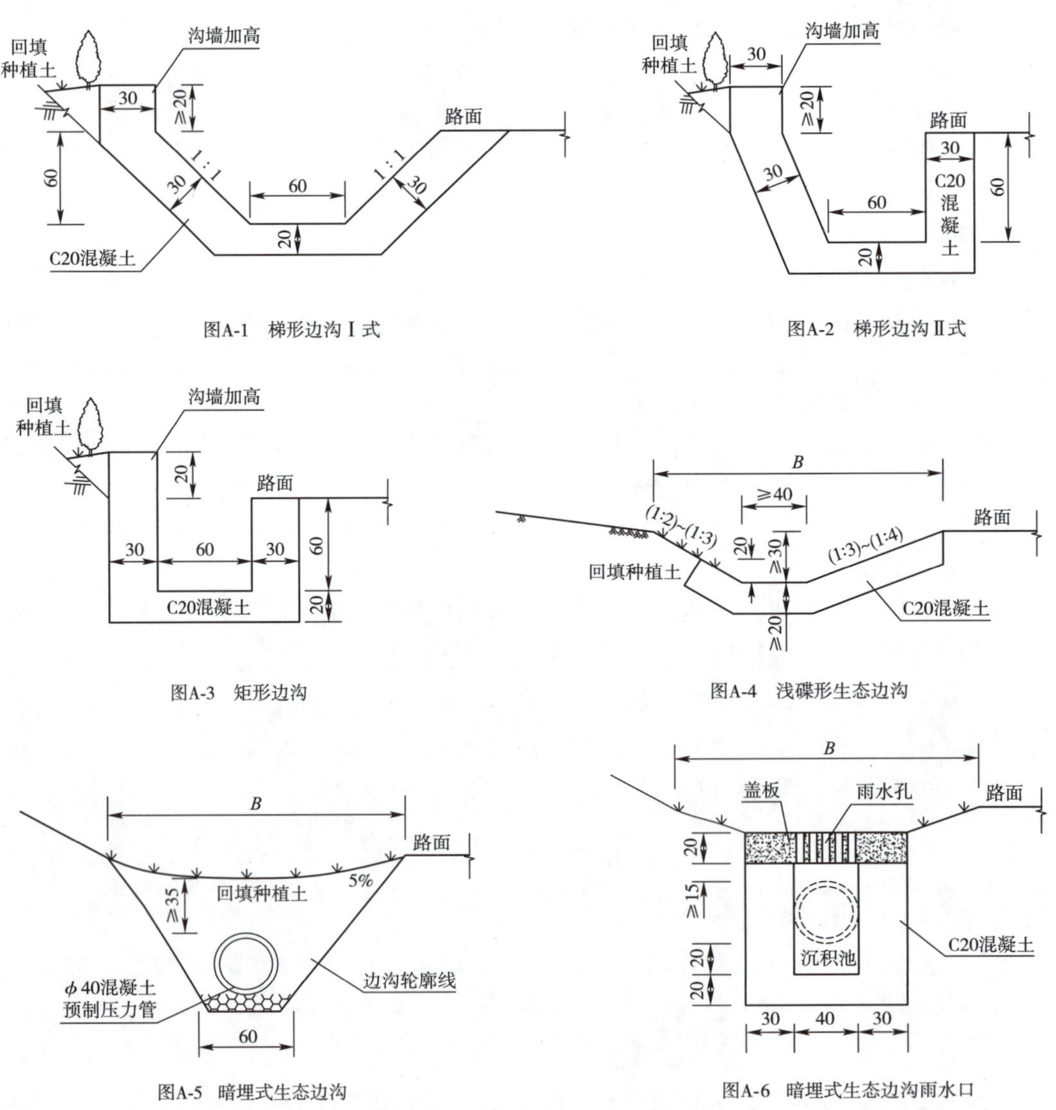

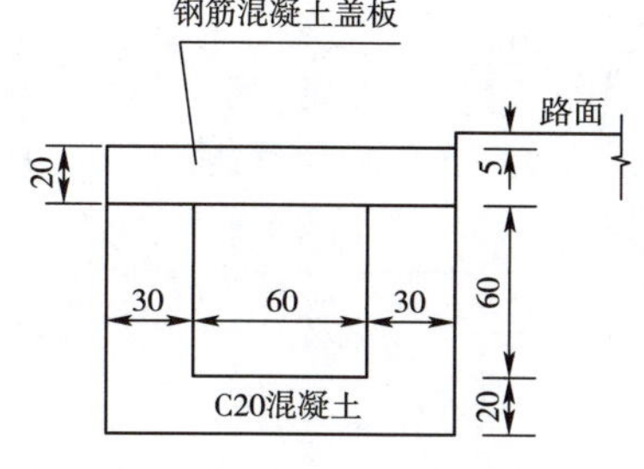

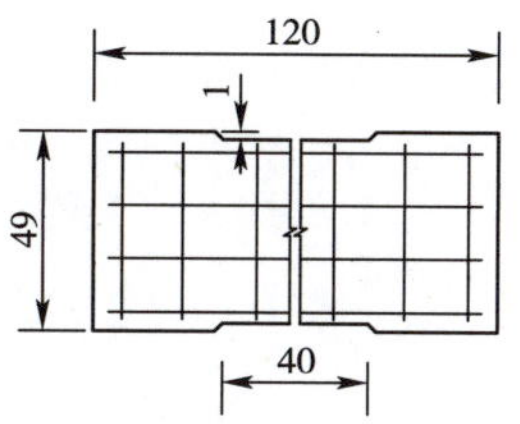

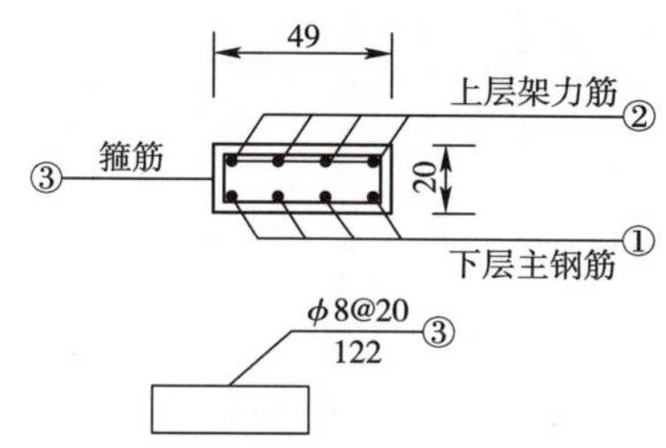

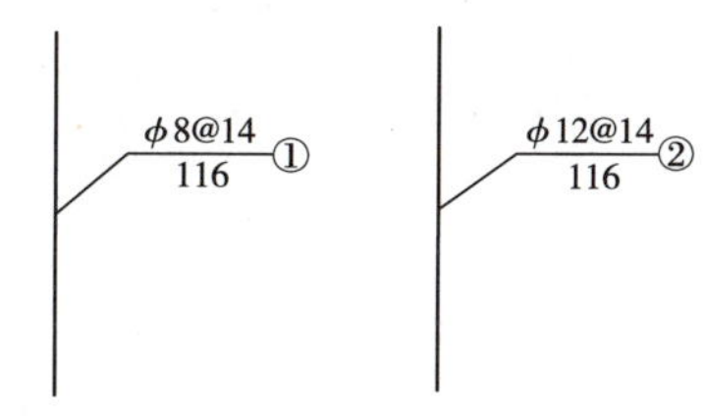

图A-7 盖板边沟

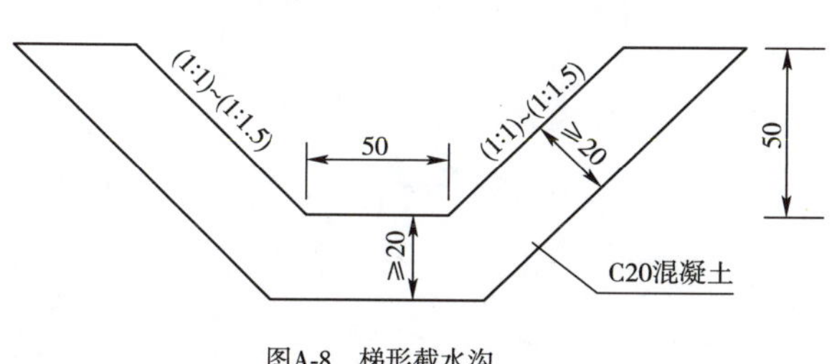

图A-8 梯形截水沟

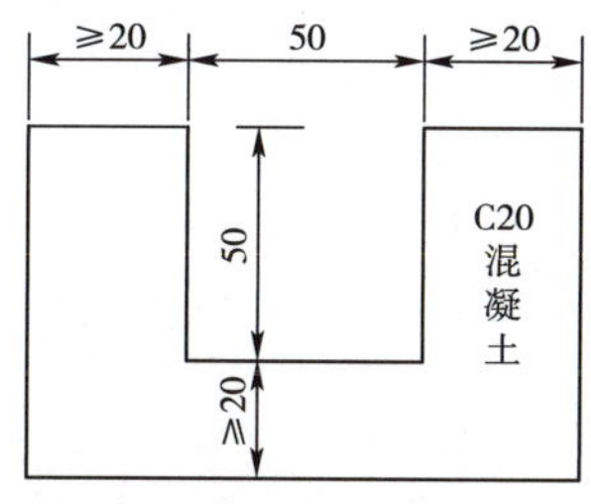

图A-9 矩形截水沟

说明：图A-1~图A-9图中，

（1）尺寸单位除钢筋直径以毫米计外，余均以厘米计。

（2）水沟侧坡坡率和水沟尺寸可根据土质和汇水面积实际情况调整确定。

附录 B　种草、植树防护设计图例

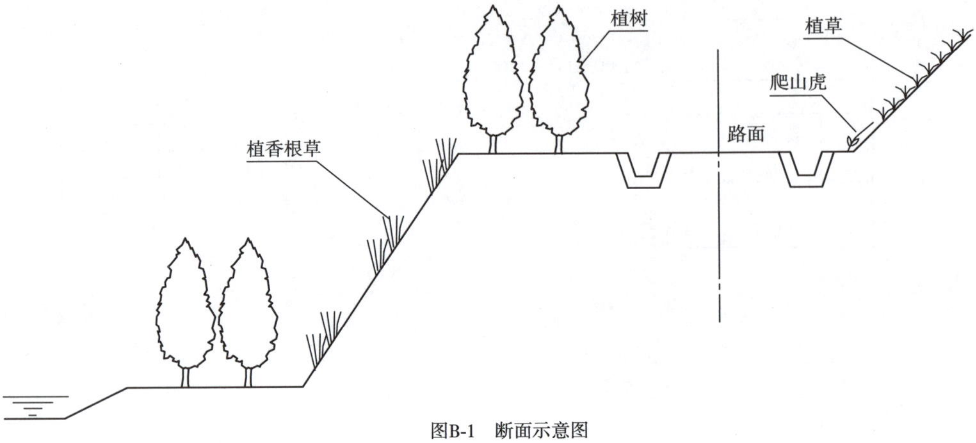

图B-1　断面示意图

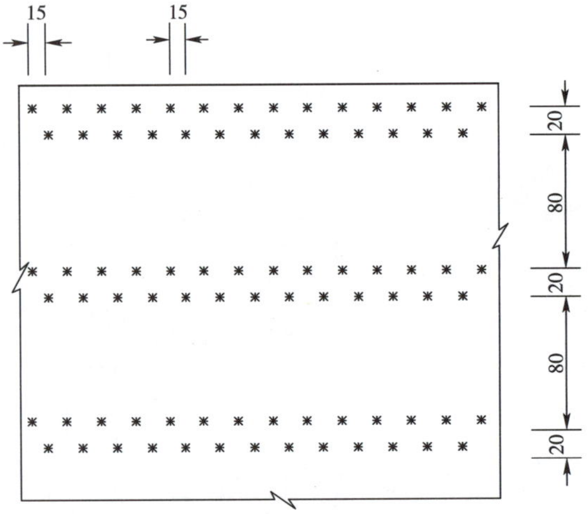

图B-2　香根草行距、株距示意图（尺寸单位：cm）

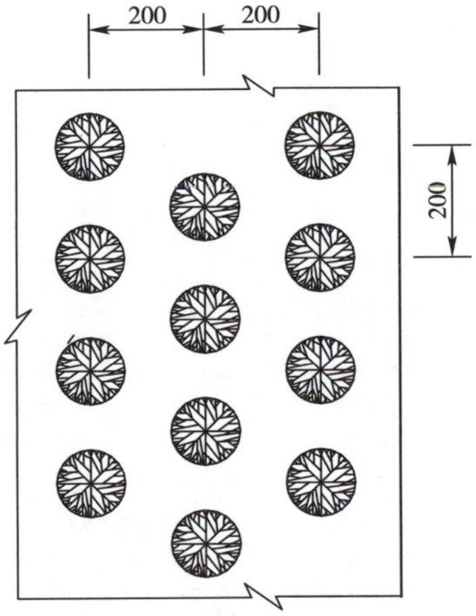

图B-3　植树间距示意图（尺寸单位：cm）

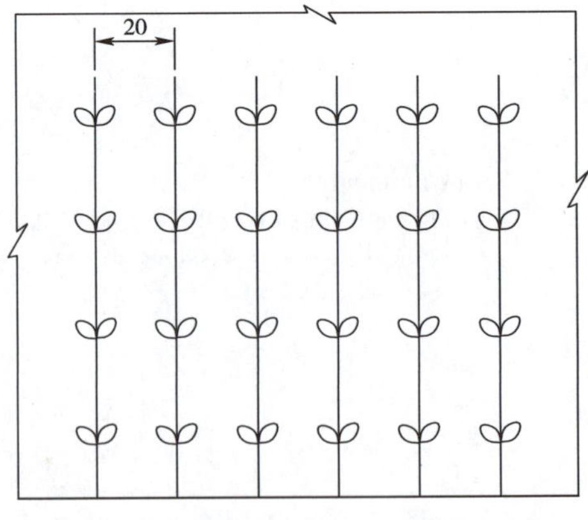

图B-4　植爬山虎间距示意图（尺寸单位：cm）

附录 C　客土喷播设计图例

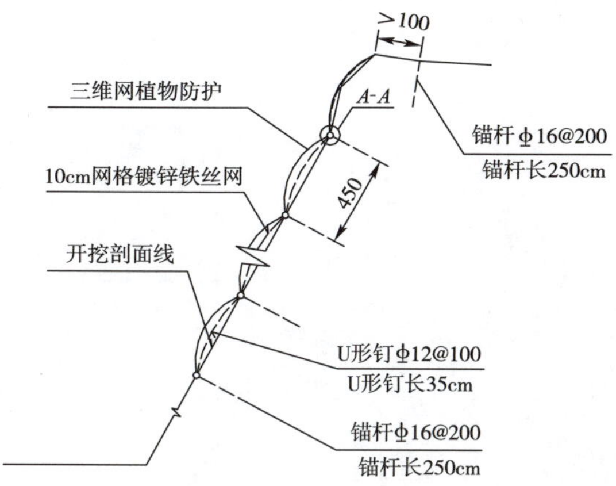

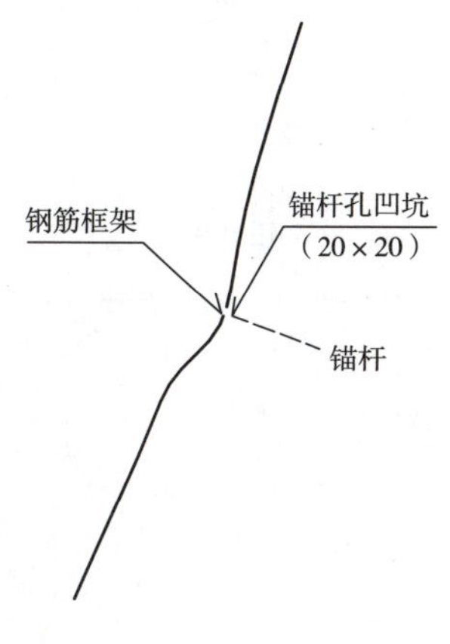

A-A局部放大图

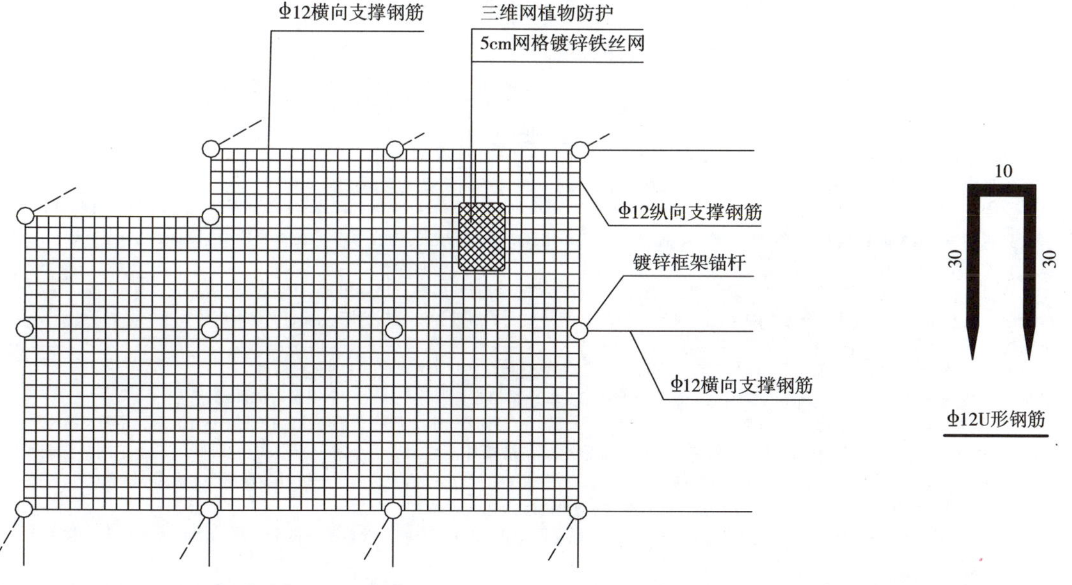

ϕ12U形钢筋

系统标准布置及搭接图

说明：图中尺寸单位除钢筋直径以毫米计外，余均以厘米计。

附录D 三维网防护设计图例

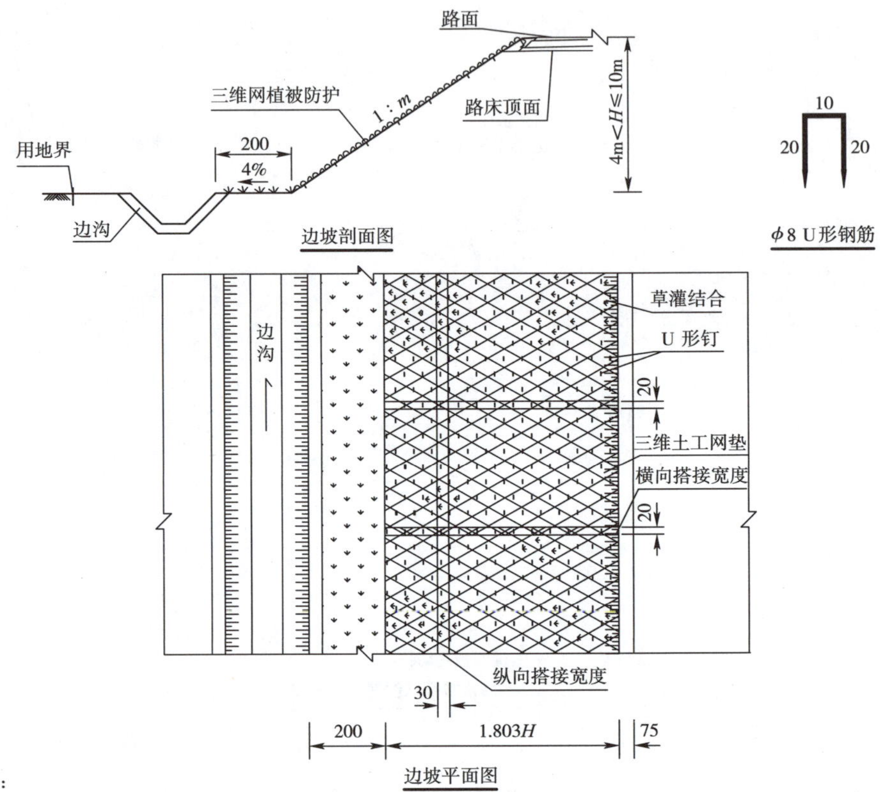

说明：

1.本图尺寸单位除H以米计外，余均以厘米计。

2.本图适用于路堤一级边坡高度4m<H≤10m和H>10m多级边坡防护的第一级边坡防护。

3.三维土工网垫主要物理力学技术指标要求如下：黑色，单位面积质量≥260g/m²，厚度≥12mm（3层网垫），纵、横向拉伸强度≥1.4kN/m 。有关检测方法、试验、标志、运输、储存、质量管理的内容可参见土工合成材料的相关国家标准和行业规范。

4.草灌结合种子的选择应符合以下原则：对土质适应性强，耐旱耐涝和耐寒；出芽迅速、生长快，根系长而发育,价格适宜。具有稳定边坡、抵抗病害虫的能力，且易于管理，能与附近的植被和景观相协调。灌木应选择植株矮小的品种。

5.施工步骤：

（1）按设计坡率刷坡并进行坡表整理，坡面应倾斜一致、平整且稳定，将坡面松土或杂物清除。

（2）在刷坡表面覆盖平均7cm厚的耕植土，人工修平并拍实坡面耕植土，清除土块及杂草根至边沟外侧。

（3）从坡顶向下铺设三维土工网垫至坡脚，铺展平顺，坡顶预留不小于50cm，压在土路肩或上护坡道平台下面，用ϕ8U形钉固定，三维同时加强搭接部的U形钉锚固，搭接宽度30cm，搭接时应注意将下一级网垫压在上一级网垫，土工网垫横向搭接20cm，并每隔1m用ϕ8U形钉进行固定，同时加强搭接部的U形钉锚固，最下一级可一直铺设至路基坡脚。

（4）土工网垫铺好后，向边坡面均匀洒水，水应该透入边坡表面不小于5cm。

（5）将种子与肥料及细粒土按一定比例混合好后，均匀撒在网上,应注意在边坡上部多洒一部分，尽量做到当天用多少拌和多少。

（6）向土工网垫表面抛洒厚1～2cm的细粒耕植落肥土，轻轻耙土，使土和草种能漏入土工网垫及其下的空隙中，并修整表面及清除杂物。

（7）然后向坡面均匀洒水，为保持边坡表面水分，用30g/m² 无纺土工布覆盖，在生长初期，应加强管理，每天向边坡洒水，定期施肥，养护成型（建议：当幼苗植株长到5～6cm或2～3片叶时，可揭去无纺布），视情况采用广谱消毒剂喷洒，以防治病虫害。

（8）若在养护成型期内有较大降雨，应采取有效措施防止坡面受直接冲刷。

（9）禁止在土工网垫上行驶车辆或机械。

图D-1 三维网防护（填方）

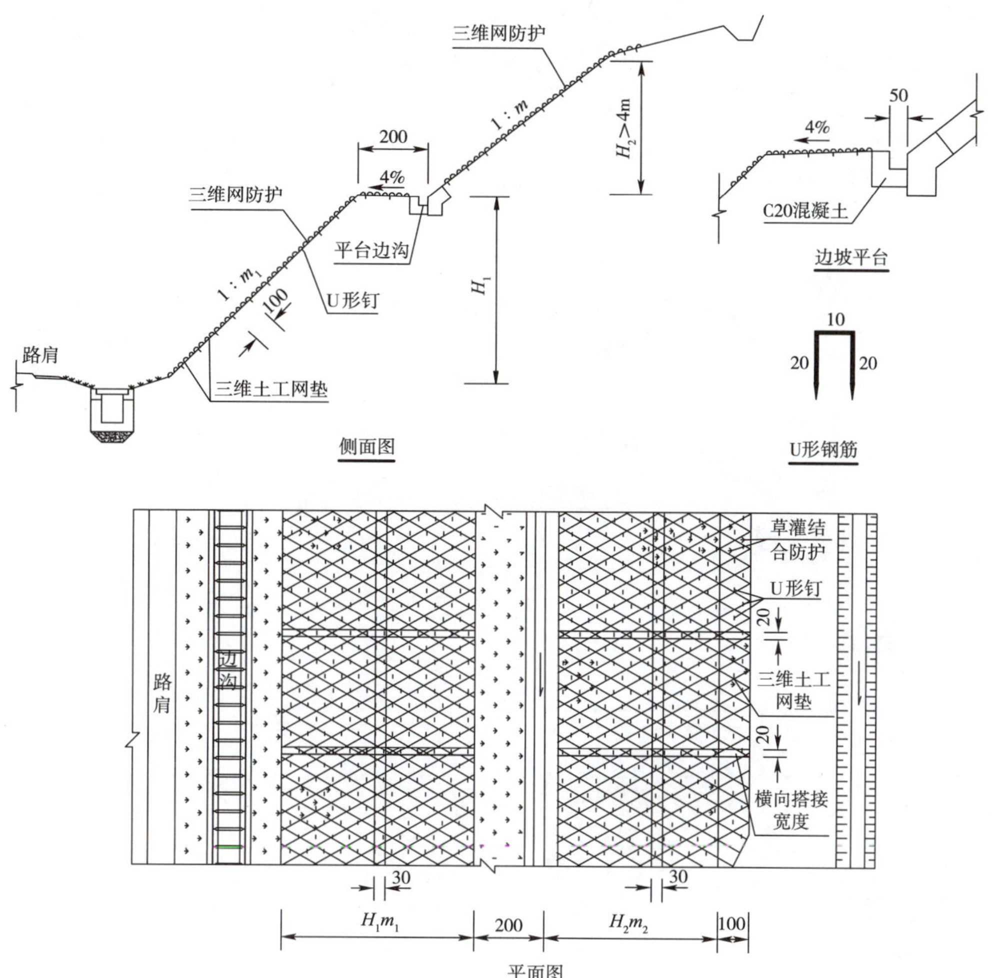

说明：

1.本图尺寸单位除H以米计外，余均以厘米计。

2.本图适用于路堑一级土质边坡4m<H<12m边坡防护和多级边坡，最上两级土质（并且最上一级的边坡高度大于4m）边坡的防护。

3.三维土工网垫主要物理力学技术指标要求如下：黑色，单位面积质量≥260g/m²,厚度≥12mm(3层网垫),纵、横向拉伸强度≥1.4kN/m。有关检测方法、试验、标志、运输、储存、质量管理的内容可参见土工合成材料的相关国家标准和行业规范。

4.三维网防护的中间平台边沟采用C20混凝土砌筑，其上级边坡采用C20混凝土砌筑，踏步流水槽的设置与其他防护相同。

5.施工工艺:坡表处理→挂网→固定→回填土→喷播→揭膜。

6.施工方法及要求：

（1）坡表处理。坡面应倾斜一致、平整且稳定，将坡面不稳定石块或杂物清除。

（2）挂网。三维网在坡顶延伸0.8～1.0m固定后，埋入截水沟或土中至少0.5m，然后自上而下平铺至坡底，三维土工网垫横向搭接宽度20cm，纵向搭接宽度30cm,网紧贴坡面，无褶折和悬空现象。

（3）固定。用ϕ8钢筋做成U形钉进行固定，坡面固定间距100cm，坡顶间距50cm，固定时，钉与网紧贴坡面。

（4）回填土。选用路基清表的耕植土或黏性土填入三维网内，填土平均厚度7cm，填土后坡面应平整，无网包外露、悬空和空包现象。

（5）喷播种子。在填好土的坡面上喷播符合要求的草灌结合的种子，向土工网垫表面抛洒厚1～2cm的细粒耕植落肥土，使土和 种子能漏入土工网垫及其下的空隙中，并修整表面及清除杂物。向坡面均匀洒水，再用30g/m 的无纺布覆盖好。

（6）揭膜。喷播后应加强管理，适时适度喷水。当幼苗植株长到5～6cm或2～3片叶时，揭去无纺布。

图D-2 三维网防护（挖方）

附录E 坡面防护设计图例

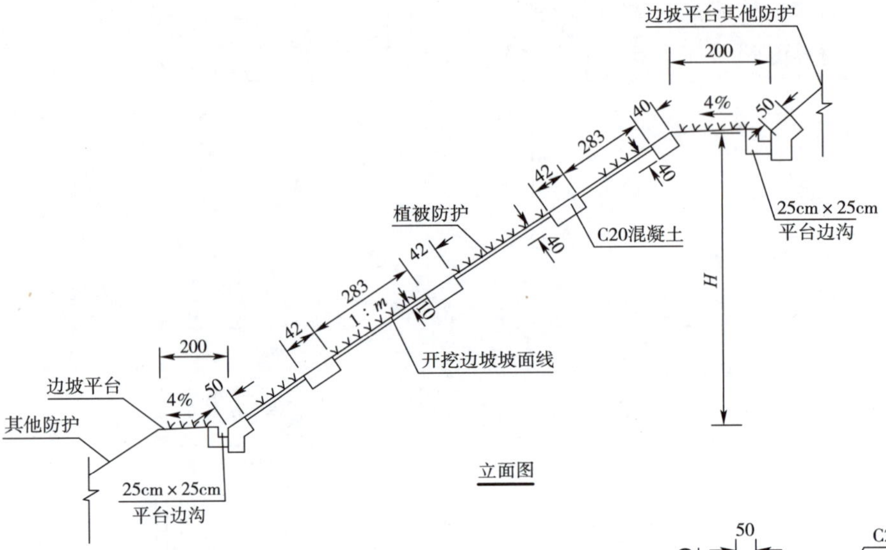

边坡平台其他防护

200

4%

50

40

283

42

40

植被防护

C20混凝土

42

283

1 : m

10

42

200

开挖边坡坡面线

边坡平台

4%

50

其他防护

25cm × 25cm

平台边沟

25cm × 25cm

平台边沟

H

立面图

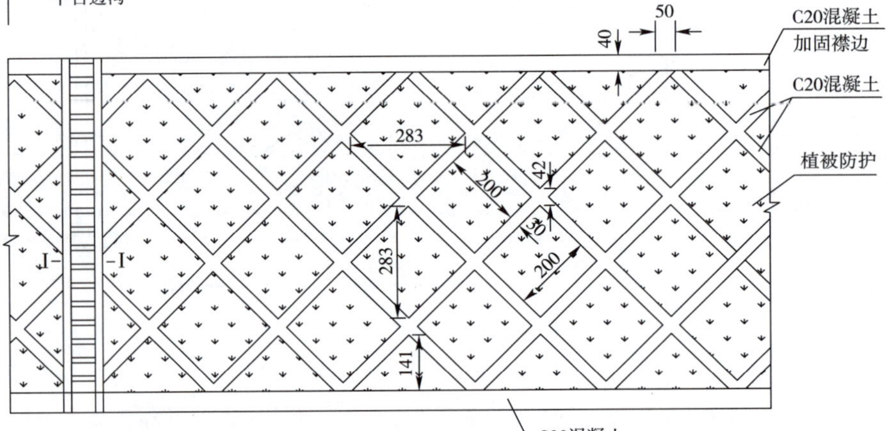

50

40

C20混凝土

加固襟边

C20混凝土

植被防护

283

200

42

50

200

283

141

I

I

C20混凝土

方格平面图

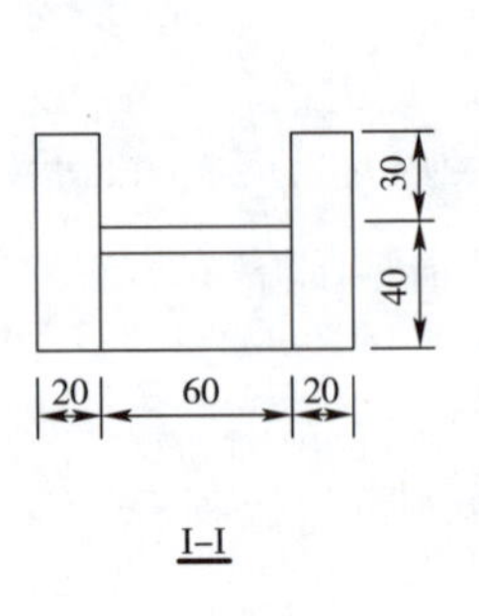

I–I

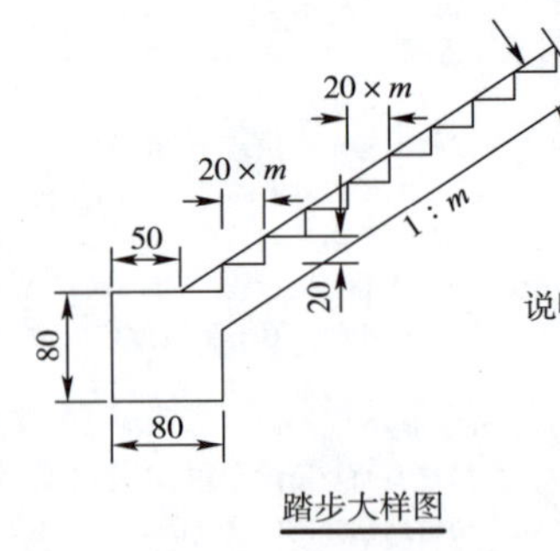

踏步大样图

说明:

1. 本图尺寸单位除H以米计外，余均以厘米计。
2. 本图适用于严重风化的岩石边坡或土质边坡的边坡防护；根据边坡的实际情况方格内采用植被防护。
3. 踏步根据地形每间隔50m左右设置一处，每一挖方路段至少设置一道。

图E-1 方格骨架防护

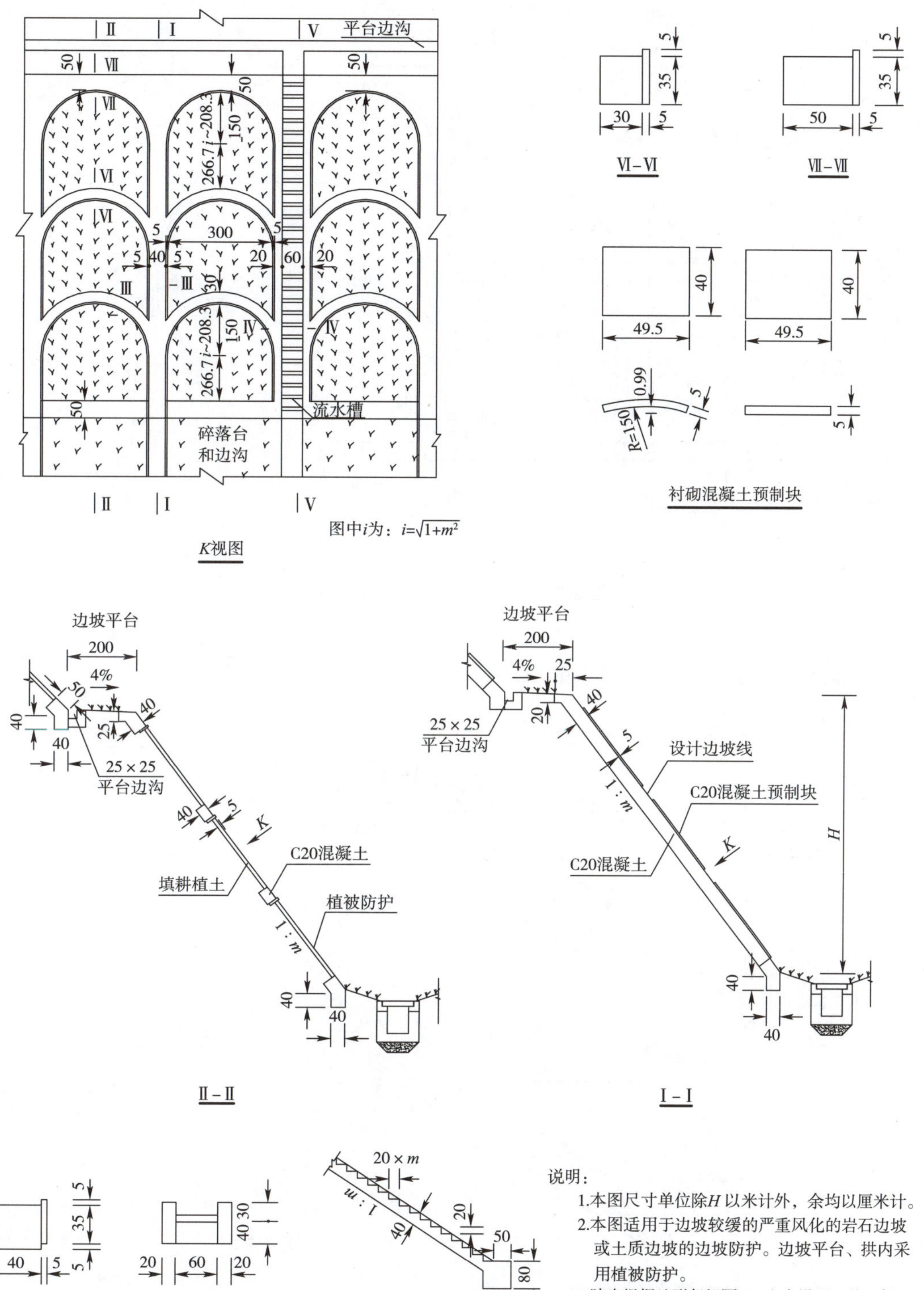

说明：

1.本图尺寸单位除H以米计外，余均以厘米计。

2.本图适用于边坡较缓的严重风化的岩石边坡或土质边坡的边坡防护。边坡平台、拱内采用植被防护。

3.踏步根据地形每间隔50m左右设置一处，每一挖方路段至少设置一道。

图E-2　挖方拱形骨架防护

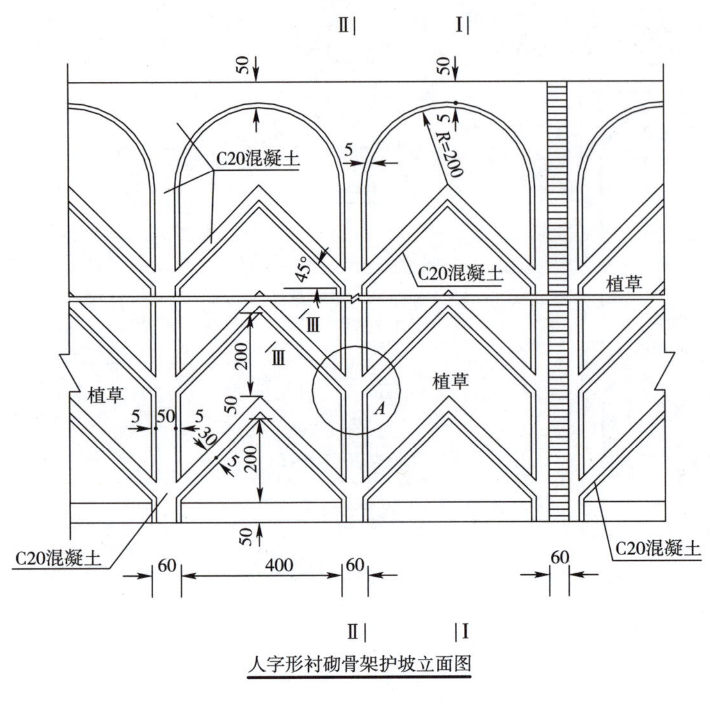

人字形衬砌骨架护坡立面图

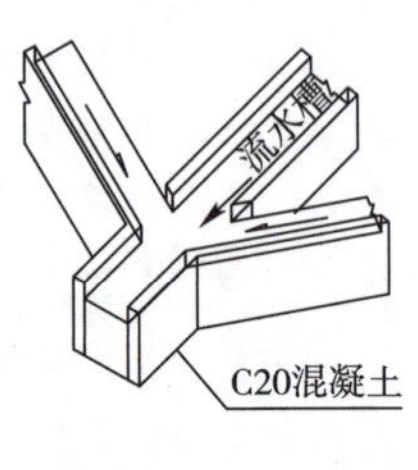

*A*节点立体图

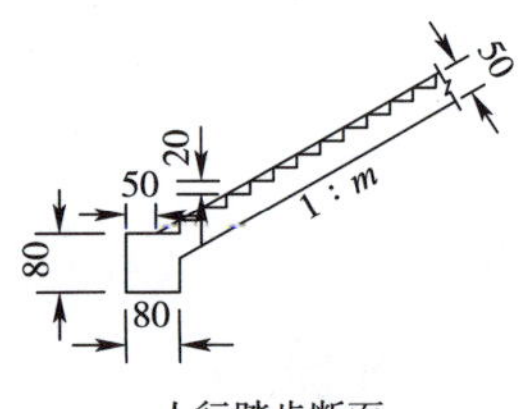

人行踏步断面

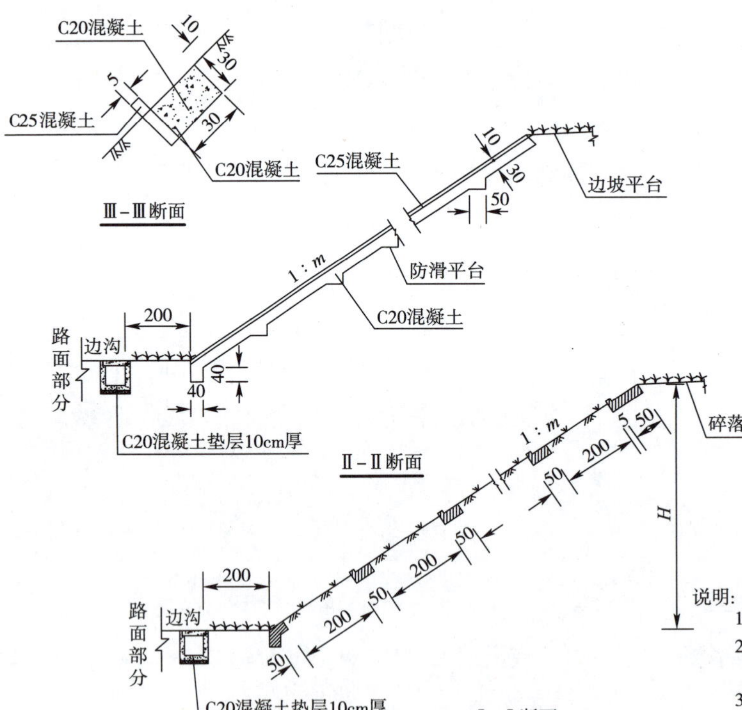

说明：

1.本图尺寸单位均以厘米计。

2.本图适用于坡面为土质或全风化岩石，且边坡高度$H>8$m的路段。

3.人行踏步设置间距为50m，每一挖方路段至少设置一道。

4.防滑平台以水平间距2m设置一处。

图E-3　人字形坡面防护

附录F 喷锚网设计图例

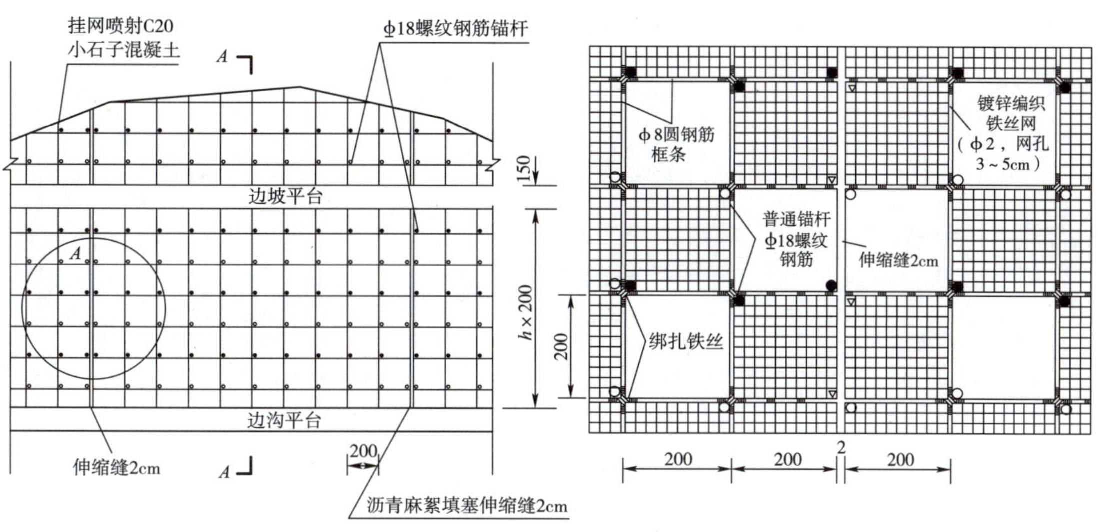

坡面布置图　　　A大样图

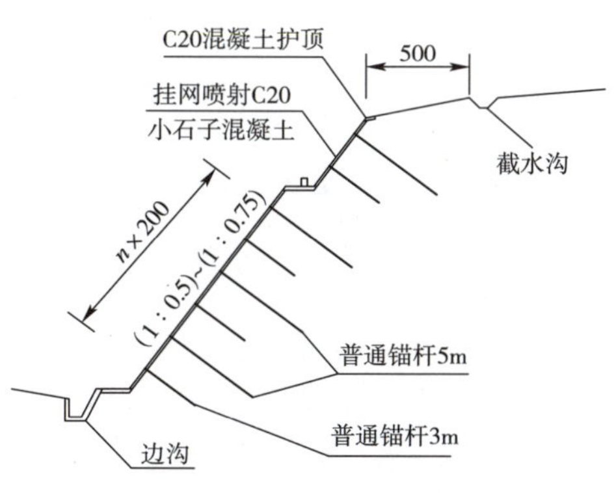

A-A剖面图

说明：

1.本图中尺寸单位除钢筋、铁丝直径以毫米计外，余均以厘米计。
2.挂网喷射混凝土防护适用于易风化碎落的粉砂质泥岩、页岩、泥岩夹砂岩等岩体的坡面防护。此类岩体边坡开挖后易产生崩塌、剥落，故挂网锚杆采用(5m)短(3m)结合的方法，以达到加固防护的目的。当岩体完整性较好时，锚杆采用长(3m)短(2m)组合形成。
3.铁丝网设计为成卷镀锌编织网，铁丝直径2mm，网孔3～5cm。框条为预制件，框条首先与锚杆焊接或绑扎牢固，框条之间、框条与铁丝网均应绑扎牢固。
4.清除坡面风化层，按设计放样挂网锚杆位置，钻孔施工锚杆，固定框条、铁丝网，铁丝网应尽量贴合岩面(间隙不大于4cm)，岩面凸出部分采用人工找平，凹陷处应增加挂网锚杆固定。铁丝网上下埋压入平台或坡顶浆砌片石之下长度不短于20cm。
5.泄水孔采用ϕ50mmPVC管，按2～3m间距布设，每处管长20cm，泄水管后部应用渗水土工布包裹，宜埋入岩体内5cm左右。每级坡面设三至四排泄水孔。在岩体裂隙发育处且有地下水渗出时应增设泄水孔。
6.每20m应设置伸缩缝，缝宽2cm，并用沥青麻絮填塞。
7.设计喷射10cm厚C20小石子混凝土，其配合比、催凝剂掺量、气压、水量、喷距、每次喷厚、层次等应经现场试验确定。
8.未尽事宜参照相关设计施工技术规范。

图F-1　路堑边坡挂网喷射混凝土（一）

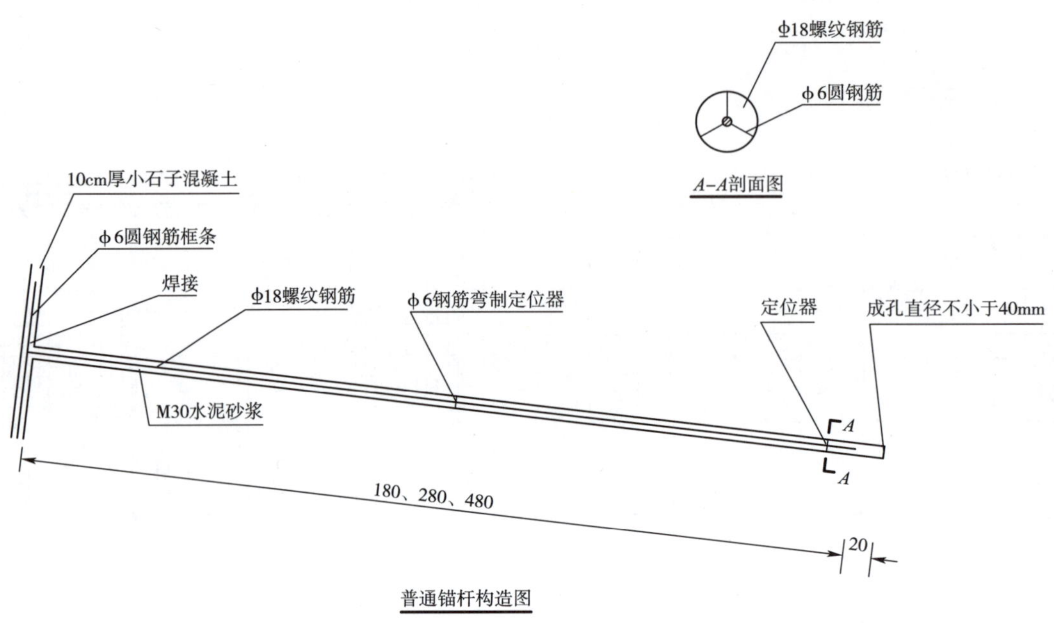

普通锚杆构造图

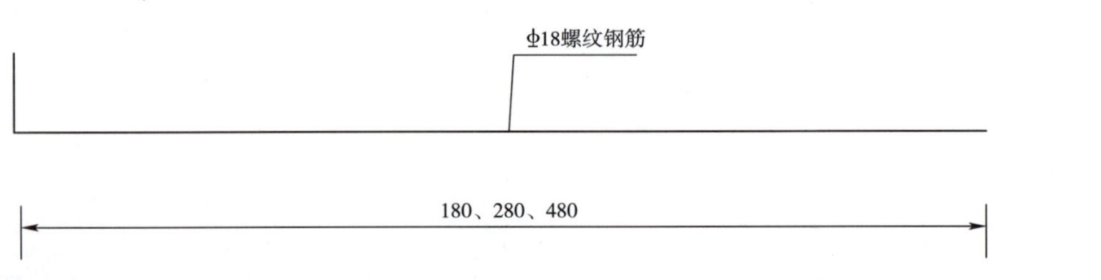

钢筋尺寸图

说明:

1.本图尺寸单位除钢筋直径以毫米计外，余均以厘米计。

2.锚杆成孔直径不小于40mm，采用气腿式或向上式凿岩机。孔内灌注M30水泥砂浆，砂浆填塞应饱满。

3.定位器采用ф6钢筋弯制，并与主筋焊接或绑扎。

4.锚杆弯折段与框条钢筋焊接牢固。

图F-2 路堑边坡挂网喷射混凝土（二）

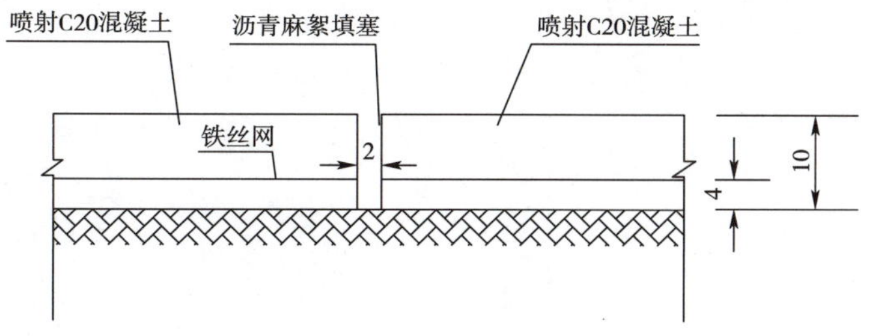

伸缩缝大样图

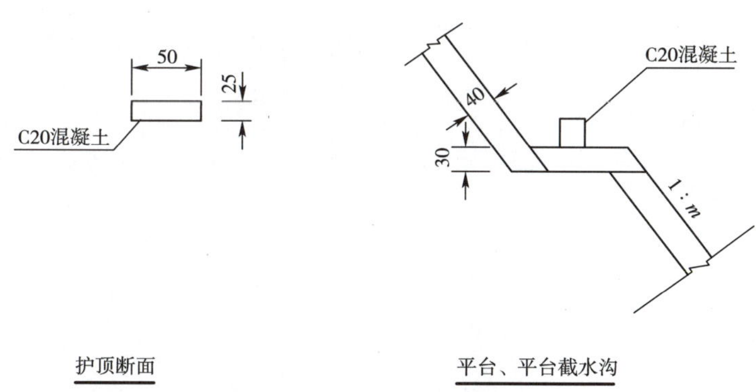

护顶断面

平台、平台截水沟

说明:

1.本图尺寸单位除钢筋直径以毫米计外，余均以厘米计。

2.平台、平台截水沟、镶边石护顶均用C20混凝土浇筑。

图F-3 路堑边坡挂网喷射混凝土（三）

附录G 护面墙设计图例

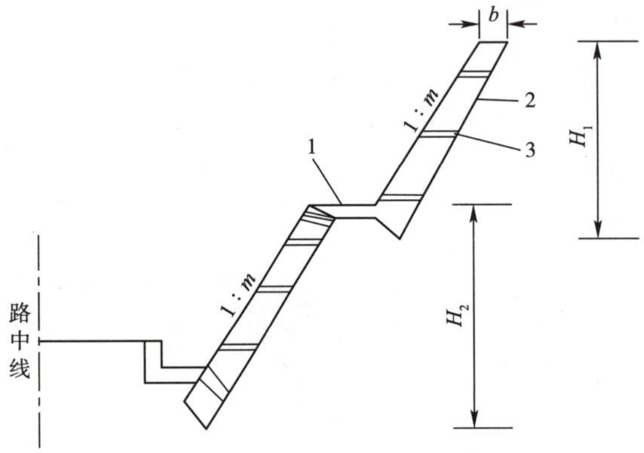

a)双层式

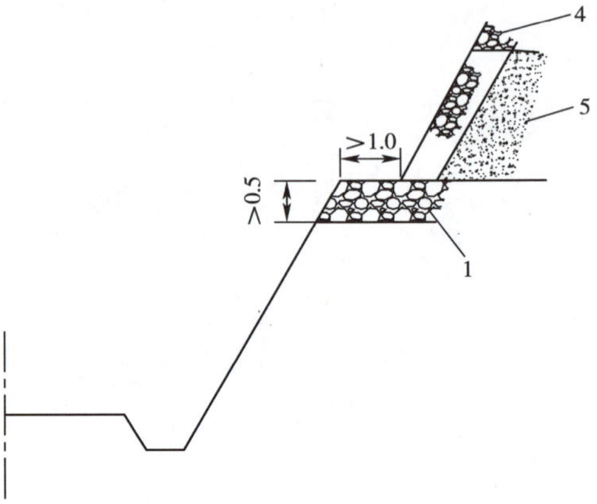

b)单层式

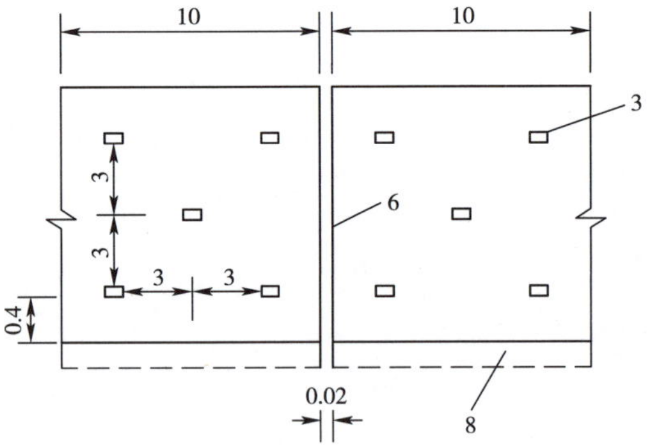

c)墙式

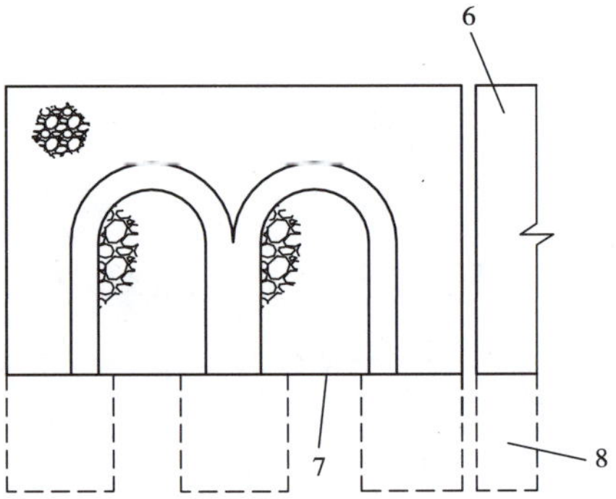

d)拱式

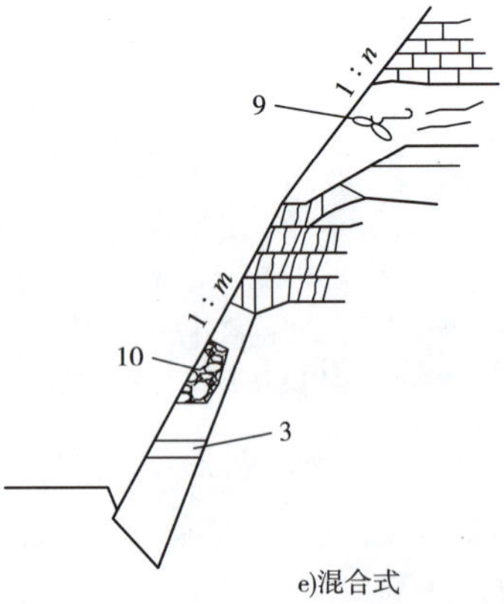

e)混合式

说明：图中尺寸单位以米计。

图G-1 护面墙示意图

1-平台；2-耳墙；3-泄水孔；4-封顶；5-松散夹层；6-伸缩缝；7-软地基；8-基础；9-支补墙；10-护面墙

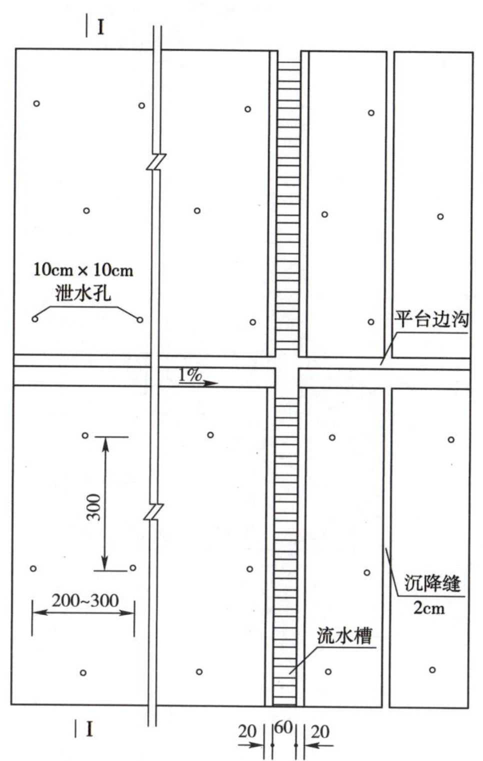

护坡正视图

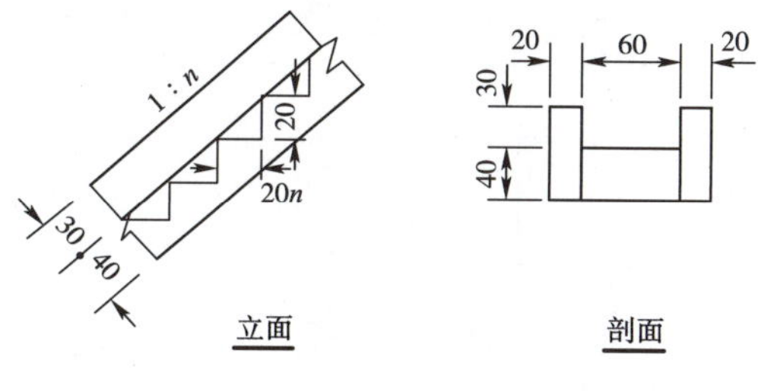

立面

剖面

护坡踏步结合流水槽

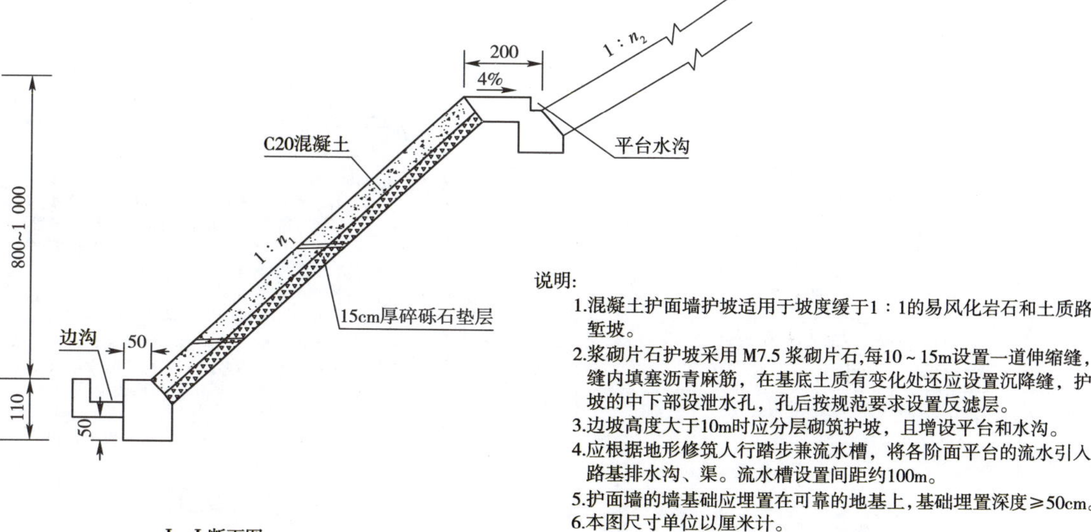

I－I 断面图

说明:

1.混凝土护面墙护坡适用于坡度缓于1：1的易风化岩石和土质路堑坡。
2.浆砌片石护坡采用 M7.5 浆砌片石,每10～15m设置一道伸缩缝，缝内填塞沥青麻筋，在基底土质有变化处还应设置沉降缝，护坡的中下部设泄水孔，孔后按规范要求设置反滤层。
3.边坡高度大于10m时应分层砌筑护坡，且增设平台和水沟。
4.应根据地形修筑人行踏步兼流水槽，将各阶面平台的流水引入路基排水沟、渠。流水槽设置间距约100m。
5.护面墙的墙基础应埋置在可靠的地基上，基础埋置深度≥50cm。
6.本图尺寸单位以厘米计。
7.未尽事宜参照相应规范办理。

图G-2　护面墙防护（一）

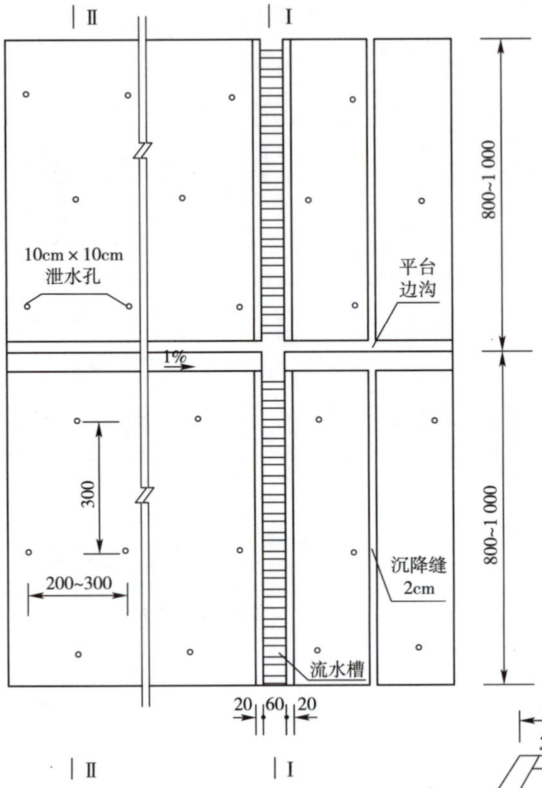

护面墙正视图

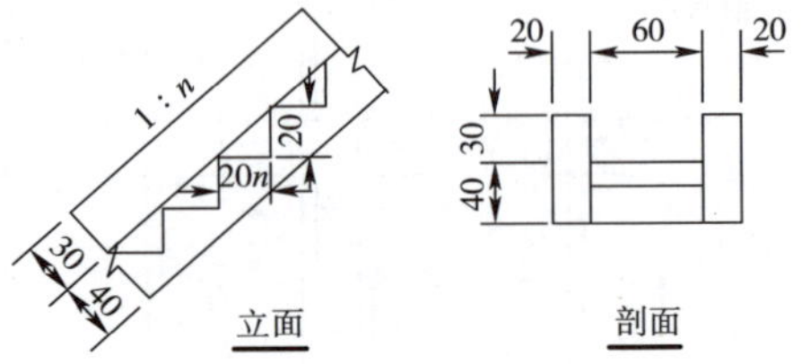

立面　　剖面

护面墙侧面踏步结合流水槽

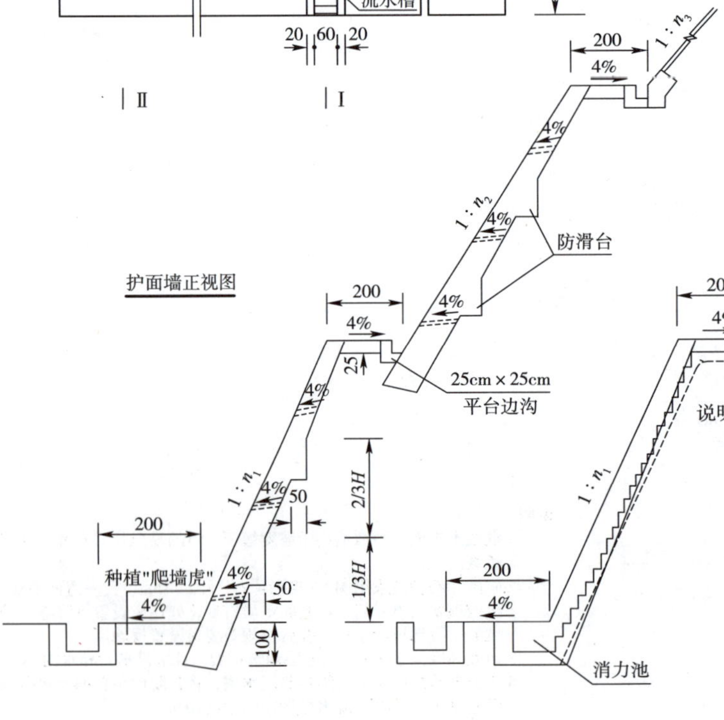

Ⅱ－Ⅱ断面图

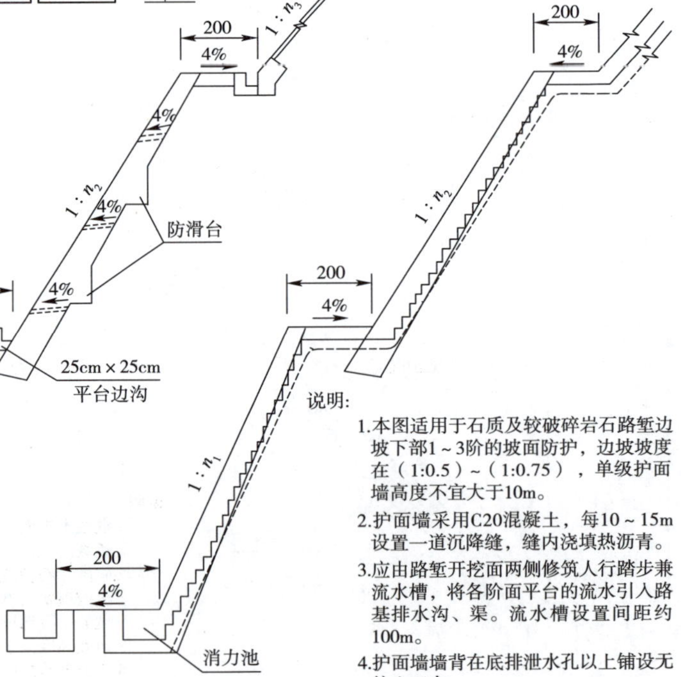

Ⅰ－Ⅰ断面图

说明:

1.本图适用于石质及较破碎岩石路堑边坡下部1～3阶的坡面防护，边坡坡度在（1:0.5）～（1:0.75），单级护面墙高度不宜大于10m。

2.护面墙采用C20混凝土，每10～15m设置一道沉降缝，缝内浇填热沥青。

3.应由路堑开挖面两侧修筑人行踏步兼流水槽，将各阶面平台的流水引入路基排水沟、渠。流水槽设置间距约100m。

4.护面墙墙背在底排泄水孔以上铺设无纺土工布。

5.护面墙的墙基础应埋置在可靠的地基上（承载力大于300kPa）。

6.本图尺寸单位以厘米计。

7.未尽事宜参照相应规范办理。

图G-3　护面墙防护（二）

参考文献

[1] 中华人民共和国地方标准. DB 35/T 1110—2011 福建省公路工程水灾害防治技术规范 [S].

[2] 中华人民共和国行业标准. SL 386—2007 水电水利工程边坡设计规范 [S]. 北京：中国电力出版社，2007.

[3] 中华人民共和国行业标准. GB 50086—2001 锚杆喷射混凝土支护技术规范 [S]. 北京：中国计划出版社，2001.

[4] 中华人民共和国行业标准. JT/T 528—2004 公路边坡柔性防护系统构件 [S]. 北京：人民交通出版社，2004.

[5] 中华人民共和国行业标准. JTG D30—2004 公路路基设计规范 [S]. 北京：人民交通出版社，2004.

[6] 中华人民共和国行业标准. JTG D70—2004 公路隧道设计规范 [S]. 北京：人民交通出版社，2004.

[7] 中华人民共和国行业标准. JTG H11—2004 公路桥梁涵养护规范 [S]. 北京：人民交通出版社，2004.

[8] 中华人民共和国行业标准. JTG/T D33—2012 公路排水设计规范 [S]. 北京：人民交通出版社，2012.

[9] 戴金水，张玉昌，王坤堂，等. 工程护坡与生物护坡 [M]. 沈阳：东北大学出版社，2008.

[10] 邓学钧. 路基路面工程 [M]. 3 版. 北京：人民交通出版社，2008.

[11] 高冬光. 公路与桥梁水毁防治 [M]. 北京：人民交通出版社，2002.

[12] 黄家城. 公路路政管理与公路养护 [M]. 北京：人民交通出版社，2003.

[13] 黄家城. 公路桥梁建设设计与质量监督 [M]. 北京：人民交通出版社，2003.

[14] 黄新，金菊良，李帆. 桥涵水文 [M]. 北京：人民交通出版社，2006.

[15] 蒋焕章. 公路水文勘测设计与水毁防治 [M]. 北京：人民交通出版社，2001.

[16] 交通部科技教育司. 公路养护与管理 [M]. 北京：人民交通出版社，2007.

[17] 李继业，刘经强，张玉稳. 现代道路材料与施工工艺 [M]. 北京：化学工业出版社，2006.

[18] 凌天清，曾德荣. 公路支挡结构 [M]. 北京：人民交通出版社，2006.

[19] 刘培文，周卫，张君纬，等. 公路小桥涵设计示例 [M]. 北京：人民交通出版社，2005.

[20] 吕康成，崔凌秋，等. 隧道防排水工程指南 [M]. 北京：人民交通出版社，2005.

[21] 彭立敏，刘小兵. 隧道工程 [M]. 长沙：中南大学出版社，2009.

[22] 舒森，李家春，朱钰，等. 陕西省公路灾害防治技术指南 [M]. 北京：人民交通出

版社，2009.

[23] 孙家驷．公路小桥涵勘测设计［M］．北京：人民交通出版社，2009.

[24] 王书斌，杜群乐．公路路基施工要点与质量控制［M］．北京：人民交通出版社，2005.

[25] 王毅才．隧道工程［M］．北京：人民交通出版社，2006.

[26] 伍石生，郭平，张倩．公路养护与抢修实用技术［M］．北京：人民交通出版社，2008.

[27] 杨航宇，颜志平，朱赞凌，等．公路边坡防护与治理［M］．北京：人民交通出版社，2002.

[28] 杨新安，黄宏伟．隧道病害与防治［M］．上海：同济大学出版社，2003.

[29] 姚玉玲，刘清伯．公路工程施工组织学［M］．北京：人民交通出版社，2008.

[30] 张林洪，吴华金．公路排水设施施工手册［M］．北京：人民交通出版社，2005.

[31] 张新天，李荣均，罗晓辉．公路工程质量管理系统［M］．北京：中国水利水电出版社，2003.

[32] 中交第二公路勘察设计研究院有限公司．公路挡土墙设计与施工技术细则［M］．北京：人民交通出版社，2008.